SOCIEDADE & EMPRESA

www.editorasaraiva.com.br

ROBERTO MARTINS FERREIRA

SOCIEDADE

& EMPRESA
SOCIOLOGIA APLICADA À ADMINISTRAÇÃO

ISBN 978-85-472-0104-3

DADOS INTERNACIONAIS DE CATALOGAÇÃO NA PUBLICAÇÃO (CIP)
ANGÉLICA ILACQUA CRB-8/7057

Ferreira, Roberto Martins
  Sociedade e empresa: sociologia aplicada à administração / Roberto Martins Ferreira. – São Paulo: Saraiva, 2016.
  368 p.

  ISBN 978-85-472-0104-3

  1. Administração de empresas – Aspectos sociais.
  2. Sociologia. I. Título.

16-0054
CDD 658.408
CDU 658:316

Índices para catálogo sistemático:
1. Administração de empresas – Aspectos sociais

Rua Henrique Schaumann, 270
Pinheiros – São Paulo – SP – CEP: 05413-010
PABX (11) 3613-3000

SAC | 0800-0117875
De 2ª a 6ª, das 8h30 às 19h30
www.editorasaraiva.com.br/contato

Copyright©
2016 Saraiva Educação.
Todos os direitos reservados

Diretora editorial	Flávia Alves Bravin
Gerente editorial	Rogério Eduardo Alves
Planejamento editorial	Rita de Cássia S. Puoço
Editores	Ana Laura Valerio do Nascimento
	Fernando Alves
	Fernando Penteado
	Isabella Sanches
	Patricia Quero
Assistente editorial	Marcela Prada Neublum
Produtores editoriais	Alline Garcia Bullara
	Amanda Maria da Silva
	Daniela Nogueira Secondo
	Deborah Mattos
	Rosana Peroni Fazolari
	William Rezende Paiva
Comunicação e produção digital	Mauricio Scervianinas de França
	Nathalia Setrini Luiz
Suporte editorial	Juliana Bojczuk
Produção gráfica	Liliane Cristina Gomes
Preparação	Regiane Stefanelli
Revisão	Negrito Produção Editorial
Arte, diagramação e capa	Negrito Produção Editorial
Impressão e acabamento	Corprint Gráfica e Editora Ltda.

1ª edição

Nenhuma parte desta publicação poderá ser reproduzida por qualquer meio ou forma sem a prévia autorização da Editora Saraiva. A violação dos direitos autorais é crime estabelecido na lei nº 9.610/98 e punido pelo artigo 184 do Código Penal.

383.468.001.001

SOBRE O AUTOR

(José) Roberto Martins Ferreira é formado em História pela Pontifícia Universidade Católica do Rio de Janeiro (PUC-Rio) e tem mestrado e doutorado em Ciências Sociais pela PUC-SP.

Leciona há mais de 20 anos a matéria Sociologia Aplicada à Administração I e II no Departamento de Administração da Faculdade de Economia, Administração, Contabilidade e Atuária da PUC-SP. Orienta trabalhos de TCC no Departamento de Administração da FEA-PUCSP, na área temática de liderança. Foi vice-presidente do sindicato dos professores do ABC. Lecionou a matéria de Sociologia em várias instituições de ensino superior: Univale (São José dos Campos), FMU, Anhembi-Morumbi, São Marcos, OSEC, etc. Participou, como professor, do curso de formação de professores de Sociologia ministrado pela PUC-SP em associação com a Secretaria Estadual de Ensino de São Paulo.

APRESENTAÇÃO

Há mais de duas décadas leciono a matéria de Sociologia Aplicada à Administração. No início, seguia um programa que abordava principalmente os clássicos da sociologia, mas que vinha até a autores atuais. No seu perfil original, o objetivo era familiarizar o estudante de administração com as ideias de autores relevantes na produção do conhecimento no campo da sociologia. Os resultados eram satisfatórios, mas eu sentia que algo poderia e deveria ser modificado, pois, para os alunos, não ficava claro como o estudo desses autores poderia enriquecer a sua formação acadêmica como administrador. Diante disso, fiz uma mudança levando em conta que o conteúdo da matéria deveria evidenciar para o aluno como a reflexão da sociologia e das demais ciências sociais pode ajudá-lo a entender melhor as empresas e organizações. O curso deixou de ser um passeio pela história do pensamento sociológico e passou a ser uma demonstração da sociologia em ação.

Diante da necessidade da mudança, a questão que se colocava era: em que direção deveria caminhar o conteúdo do livro? Para resolver esse problema, parti de duas ideias. A primeira é que as empresas existem em um ambiente social que influencia ou determina vários aspectos da sua maneira de ser. A segunda é que há, no interior das empresas, um ambiente social que também influencia ou determina a sua maneira de ser. Não seria exagero dizer que esses dois ambientes sociais – o externo e o interno – podem contribuir tanto para o sucesso quanto para o fracasso da empresa. Diante disso, é mais do que necessário que os futuros administradores possam conhecer os principais elementos de cada um desses ambientes sociais e como eles podem interferir nas empresas.

Convém destacar que os autores clássicos do pensamento sociológico não serão abandonados. Eles estão presentes em grande parte deste livro e aparecerão todas as vezes em que as suas teorias puderem ajudar os alunos a compreender tanto o ambiente social externo como o interno.

Basicamente, a principal preocupação da abordagem que fazemos neste livro consiste em aproximar a sociologia do futuro administrador. Isso se manifesta tanto por meio da linguagem coloquial do livro (um texto que o aluno lê e entende por si próprio) quanto em inúmeras atividades que possibilitam estabelecer uma relação entre os conceitos, as teorias sociológicas e a realidade vivenciada pelas empresas.

Este livro, como não poderia deixar de ser, tem um compromisso com a transmissão do conhecimento. Porém, tão importante quanto isso é o desenvolvimento de competências. Com diferentes estratégias, ele contribui para desenvolver as seguintes capacidades: comunicar-se de forma clara, objetiva e correta; ler textos acadêmicos e fazer trabalhos acadêmicos. Essas competências foram escolhidas porque elas são extremamente necessárias para a vida profissional e acadêmica dos jovens alunos.

Damos destaque à competência da leitura de textos acadêmicos que este livro procura desenvolver. No colegial, os alunos leem livros didáticos que foram escritos sob medida para eles. Quando entram na faculdade, no entanto, grande parte dos textos são de intelectuais expondo suas ideias, e os alunos podem enfrentar certa dificuldade nesse processo se não tiverem a prática de leitura desses textos. Por isso, é bom que, desde agora, o aluno vá se familiarizando com textos de maior complexidade. E este livro o ajudará nisso. Lembre-se de que um dia você deixará de ser estudante, mas nunca deixará de ser leitor. O administrador que para de ler se fossiliza.

Grande parte dos textos que constam deste livro são de intelectuais que imprimiram e ainda imprimem o rumo dos debates nos seus respectivos campos do conhecimento. São autores que os alunos das universidades de ponta nos Estados Unidos e na Europa estão lendo. As questões que acompanham os textos funcionam como um avaliador da compreensão dos temas tratados. Por isso, é importante respondê-las.

Espero que, lendo este livro, o aluno possa perceber a importância que a Sociologia tem para a formação acadêmica do futuro administrador.

O AUTOR

SUMÁRIO

Capítulo 1	O pensamento gerencial na sociedade.	1
Capítulo 2	Empresa: a história da organização que mudou o mundo	23
Capítulo 3	A sociedade moderna.	53
Capítulo 4	A empresa cria uma nova realidade social.	75
Capítulo 5	As duas faces da empresa	111
Capítulo 6	A sociedade do trabalho.	141
Capítulo 7	O poder sobre a empresa.	177
Capítulo 8	O poder na empresa	211
Capítulo 9	Cultura e sociedade	243
Capítulo 10	Cultura e empresa.	265
Capítulo 11	A sociedade do consumo	289
Capítulo 12	Globalização e empresa	319
	Referências	351

CAPÍTULO 1 — O PENSAMENTO GERENCIAL NA SOCIEDADE

1.1 INTRODUÇÃO

Você começou a estudar Administração. O conhecimento adquirido ao longo do curso o capacitará a ocupar altos cargos em empresas privadas. Porém, esses conhecimentos são necessários também para gerir, além das organizações empresariais, a própria sociedade. Esse tipo de gestão é denominado *administração pública*. Muito se fala da má administração pública, envolvendo montanhas de dinheiro público gasto em obras inacabadas, falência do sistema de saúde, fracasso da educação, colapso da segurança pública, entre outras mazelas. Alguns administradores públicos falam da necessidade de um choque de gestão. Basicamente, isso significa que a administração pública deveria seguir muitos dos mesmos princípios de gestão adotados pela administração privada, ou seja, os que regem a vida das empresas. Aceitando-se isso, e temos tudo para concordar com eles, percebe-se que os conhecimentos que você vai aprender no curso de Administração servirão não apenas para garantir a sobrevivência das empresas, mas também são de extrema importância para resolver os problemas do país.

Além das empresas e dos órgãos da administração pública, o conhecimento aprendido no curso de Administração também servirá a um sem-número de organizações privadas sem fins lucrativos que desempenham relevantes funções para os indivíduos que compõem a sociedade. São exemplos as igrejas, os clubes de futebol e as organizações ambientalistas. Essas organizações devem mobilizar recursos materiais, financeiros e humanos para atingir o fim proposto, e, para isso, precisam de uma estratégia. O que estamos dizendo é: essas organizações sem fins lucrativos enfrentam problemas semelhantes aos de qualquer empresa e precisam otimizar a utilização dos seus recursos para continuar existindo e quiçá crescerem. Por isso, precisarão dos mesmos conhecimentos que as empresas.

Neste capítulo, veremos de que forma os conhecimentos em Administração estão se tornando cada vez mais importantes para toda a sociedade.

1.2 O QUE É O PENSAMENTO GERENCIAL

No Brasil e em muitos outros países, o campo de conhecimento referente à administração denomina-se *administração de empresas*. As editoras e livrarias também utilizam a expressão para designar essa área de estudo.

A expressão "administração" designa tanto as práticas gerenciais como o conhecimento teórico. Nesta seção, vamos tratar apenas do conhecimento teórico, por isso utilizaremos a expressão *pensamento gerencial*. Assim, ao empregarmos a expressão, estamos nos referindo às diferentes teorias da administração, seja do passado ou do presente. Essas duas expressões são sinônimas e tanto poderíamos utilizar uma quanto a outra. Contudo, preferimos a noção de pensamento gerencial porque, além de indicar o conjunto das teorias da administração, ela também indica uma ênfase na eficiência e é exatamente essa ênfase na eficiência, típica do pensamento gerencial que, segundo a tese defendida neste capítulo, está se tornando dominante nas sociedades industriais contemporâneas.

1.2.1 O caráter teórico do pensamento gerencial

O pensamento gerencial, ou as teorias da administração, se constitui como um conhecimento teórico. Isto quer dizer que ele depende da criação de teorias. Teorias são enunciados que construímos para descrever, explicar e interpretar o mundo natural, social e psicológico. Esses enunciados devem ser confiáveis. Isso quer dizer que eles devem ser formulados de tal forma que os membros da comunidade de um determinado campo do conhecimento possam submetê-los à crítica para verificar se eles se sustentam. Enquanto resistirem à crítica ou gerarem previsões que se confirmam, eles são confiáveis. As teorias não são a verdade, mas têm a verdade como um fim. Isso porque, por mais confiáveis que possam ser, elas não passam de hipóteses que adotamos. Tanto que elas podem ser (e frequentemente são) refutadas ou trocadas por teorias com maior poder explicativo. Desse modo, o pensamento gerencial é formado por um conjunto de teorias que dão inteligibilidade aos fenômenos relacionados com o caráter e com o funcionamento das empresas e demais organizações.

1.2.2 O caráter prático do pensamento gerencial

Há campos de conhecimento que são estudados com o objetivo explícito de obter resultados práticos considerados benéficos para as pessoas. A administração é um desses campos. Todo conhecimento no campo da administração é produzido com um objetivo prático, visando à solução de algum problema no mundo real das organizações. Esta é a sua dimensão utilitária. As principais dificuldades enfrentadas pelas organizações abrangem o controle, a eficiência, a produtividade, a lucratividade, a inovação, a excelência etc. O êxito de uma organização resulta do seu sucesso em encontrar boas soluções para um ou mais desses problemas. E para isso precisará utilizar o pensamento gerencial.

1.2.3 As duas fontes do pensamento gerencial

Além desse caráter prático, o pensamento gerencial, ou seja, o conhecimento em administração, tem uma diferença fundamental em relação a outros conhecimentos considerados científicos. Nestes o saber é produzido exclusivamente por pessoas com elevada titulação acadêmica e em laboratórios ou centros de pesquisa. Neles, o conhecimento está intrinsecamente ligado à universidade. No campo da administração, o conhecimento também é produzido nas universidades. Há departamentos de administração, com cursos de graduação e pós-graduação, que fazem pesquisas importantes e que enriquecem a nossa visão sobre as organizações. Os pesquisadores observam a realidade e formulam explicações, criam teorias e as testam seguindo os procedimentos do método científico. Eles publicam as suas explicações em revistas especializadas, em livros e as divulgam em congressos e encontros tal qual é feito em campos do conhecimento considerados científicos.

Por isso, muitos autores afirmam que o conhecimento gerado pelos pesquisadores em administração é uma *ciência*. Na língua inglesa há a expressão *"management science"*, criada para destacar o caráter científico da administração.[1] Pode-se dizer que o desejo de ser ciência acompanha a administração desde

---

[1] Em inglês, há inúmeros livros sob o rótulo de *"management science"*. Cito: ANDERSON, David R. et al. *An Introduction to Management Science*. 13. ed. Boston: South-Western College Pub, 2010. Não há nessa obra, assim como em outras que têm *"management science"* no título, a preocupação em justificar por que a administração deve ser vista como uma ciência. Nesse livro em particular, os autores dizem que a administração científica é uma forma de tomada de decisões baseadas em métodos científicos, ou seja, ela em si não é científica, mas os métodos que utiliza o são. Logo adiante eles afirmam que a expressão *"management science"* pode ser substituída por "pesquisa de operações" ou "ciência da decisão". O mesmo tipo de argumento é encontrado no verbete *"management science"*, escrito por Samuel Elion, que consta em: OUTHWAITE, William; BOTTOMORE, Tom (Orgs.). *The Blackwell Dictionary of Twentieth-Century Social Thought*. London: Blackwell, 1993, pp. 352-353 (há tradução em português). Nele, o autor proclama ser a administração uma ciência porque o estudo dos fenômenos típicos da administração exige a objetividade típica dos cientistas

os seus primórdios. Basta lembrar o título que Frederick W. Taylor deu ao seu livro: *Princípios da gerência científica*. O adjetivo que qualifica gerência deixava clara a intenção de Taylor, que considerava a administração uma ciência porque o seu trabalho foi resultado de um longo processo de observação e, acima de tudo, porque, como ele previra, o seu método teve sucesso em aumentar a produtividade do fator trabalho. A cultura da sociedade moderna colocou a ciência como o conhecimento que está acima de todas as demais formas de conhecimento. Dessa maneira, daria grande prestígio ao pensamento gerencial ser considerado uma ciência, tal como a física e a química.

Porém, há quem discorde da pretensão do pensamento gerencial em considerar-se uma ciência. Para estes, a administração é mais uma *arte*. Sendo arte, as soluções no campo da administração dependeriam fundamentalmente da criatividade, e os grandes executivos que marcaram a história da administração teriam sido grandes por serem extremamente criativos, assim como os artistas que marcaram a história da arte.

Ninguém coloca em dúvida que o exercício da administração requer criatividade. A organização moderna está sempre enfrentando novos desafios que requerem soluções criativas.

Sem dúvida, ambos os lados dessa discussão apresentam sólidos argumentos para fundamentar suas teses. Talvez, paradoxalmente, ambos os lados possam estar certos. Isso só é possível pela peculiaridade apresentada pelo pensamento gerencial. Parece-nos correto afirmar que ele possui um caráter científico, mas não no mesmo sentido que a física, a química e outras ciências. A situação do pensamento gerencial seria igual à da medicina e da engenharia.[2] Ela é tão científica quanto estes dois campos puderem ser. O que eles têm em comum é o fato de que usam os conhecimentos gerados por diferentes ciências para criar conhecimentos e soluções técnicas, mas eles mesmos não são considerados uma ciência. A medicina utiliza conhecimentos da fisiologia, bioquímica, farmacologia, biofísica e vários outros para diagnosticar e tratar doenças. A administração utiliza conhecimentos produzidos pela matemática, economia,

---

das chamadas ciências puras (química, física etc.). Assim, ela também implicaria na aplicação da chamada metodologia científica. Porém, ele também acaba reduzindo a ciência da administração à pesquisa operacional. No verbete se lê: "Essencialmente, não há diferença entre a definição de pesquisa operacional e ciência da administração [...]" (tradução do autor).

[2] BUNGE, Mario. *Social Science Under Debate*: A Philosophical Perspective. Toronto: University of Toronto Press, 1998. Nessa obra se lê: "O estudo da administração não é uma ciência, mas ele pode se tornar tão científico quanto a engenharia e a medicina". Para Bunge, o pensamento gerencial, e mais especificamente a administração, seria uma tecnologia social porque o seu objetivo último é "mais utilitário do que cognitivo" (p. 387).

sociologia, psicologia e vários outros para estabelecer fórmulas que melhorem a eficiência das organizações.

Assim, os enunciados produzidos pelo pensamento gerencial dentro das universidades seriam um conhecimento que se legitima por agrupar de forma criativa conhecimentos de diferentes áreas e, com isso, produzir um conhecimento capaz de dar soluções a problemas práticos.

A peculiaridade do pensamento gerencial apontada por nós consiste no fato de que muito do conhecimento produzido neste campo não é feito nas universidades seguindo as regras do método científico. Ele resulta de tentativas bem-sucedidas de resolver problemas práticos. Nesse caso, elas são feitas não por pesquisadores, mas por pessoas que trabalham na organização. Essas pessoas são em sua quase totalidade administradores, ou seja, pessoas dotadas do poder para criar estruturas ou estabelecer estratégias. Todas as organizações que tenham condição de aproveitar a experiência bem-sucedida o farão. Assim, o conhecimento produzido numa determinada organização se dissemina por muitas outras.

Em 2007, a experiência bem-sucedida de uma empresa brasileira, transformada em livro, virou um estudo de caso na Escola de Administração da Universidade de Harvard, uma das mais prestigiadas instituições universitárias do mundo. A empresa estudada era a Casas Bahia. O seu fundador, Samuel Klein, que a presidiu durante toda a fase do seu gigantesco crescimento, não tinha curso superior, nem sequer o colegial. O que os estudantes do curso de pós-graduação em Administração de Harvard tinham a aprender com ele? A Casas Bahia se notabilizou por ter tido uma experiência inovadora e bem-sucedida no comércio com clientes de baixa renda. Em termos simples, a Casas Bahia cresceu optando ter como clientes pessoas que os bancos e outras redes de comércio queriam ver pelas costas.[3] Ao ter sucesso vendendo a prazo para esse segmento social, ela criou um conhecimento que pôde ser utilizado por outras empresas. Exemplos como esse poderiam ser citados aos montes. Eles têm em comum o fato de que são resultado de uma intuição, da criatividade de determinadas pessoas.

---

[3] Para pegar um empréstimo no banco ou comprar numa rede comercial, o cliente precisava apresentar comprovante de salário, o que provava que ele tinha renda e estava empregado. Sem isso, nada feito. Na Casas Bahia, ele só precisava apresentar um documento com o seu endereço para conseguir crédito e sair da loja com mercadorias. A história de Samuel Klein e da empresa que ele criou está narrada no livro: AWAD, Elias. *Samuel Klein e Casas Bahia*: uma trajetória de sucesso. 4. ed. São Paulo: Novo Século, 2011.

Portanto, uma característica do pensamento gerencial é a de ser o resultado de conhecimentos produzidos tanto na universidade como no interior das organizações.

1.3 A CRESCENTE IMPORTÂNCIA DO PENSAMENTO GERENCIAL

1.3.1 O que faz um pensamento se tornar dominante

Nesta parte, vamos defender a seguinte ideia: o pensamento gerencial está se tornando um dos conhecimentos mais importantes nas modernas sociedades industriais. Importante em que sentido? Para responder a esta questão, primeiro vamos falar dos conhecimentos que, ao longo da história do ocidente, foram considerados superiores a todos os demais. Vamos voltar no tempo até a Grécia clássica. A sobrevivência dos gregos dessa época dependia bastante da agricultura e da navegação. São duas atividades que requerem conhecimentos. No entanto, nenhum grego pagaria para que seu filho aprendesse qualquer uma dessas atividades; todavia, pagaria com prazer, se pudesse, para que seu filho ouvisse as aulas de um filósofo. A maioria dos cidadãos atenienses, em especial a elite, valorizava a filosofia e a considerava o conhecimento mais importante de todos.[4] Essas pessoas se preocupavam em encontrar respostas para questões como: O que é o cosmos? O que é a mudança? O que é o belo? O que é o justo? Qual é a melhor forma de governo? Para a época, essas eram questões tipicamente filosóficas. Por isso, a filosofia era o conhecimento que dava as melhores respostas para as questões que consideravam as mais importantes.

> **ATIVIDADE 1.1** Com frequência lemos que, no Brasil, os cursos universitários de Filosofia estão sofrendo um esvaziamento, ou seja, a procura por tais cursos tem declinado de forma crescente. O parágrafo anterior oferece uma explicação para esse fenômeno? Qual?

Na Idade Média, a teologia assumiu o posto de conhecimento mais importante. Isto porque as pessoas que viveram nessa época acreditavam que o que existia e o que acontecia, de bom ou de mal, expressava o desígnio de Deus. Para elas, a ordem do mundo era regida pela vontade de Deus. Assim, a grande questão era entender como os desígnios de Deus se manifestavam e saber se e

---

[4] "A escola de Aristóteles, nascida da escola de Platão, assume entre as demais um lugar preponderante, pelo menos até o final do século IV a.C., como doutrina oficial da aristocracia ateniense". In: GRIMAL, P. et al. *História geral da Europa*. Volume 1. Portugal: Publicações Europa-América, 1996, p. 150.

como poderiam exercer algum tipo de influência sobre eles. A teologia é o conhecimento que fala da natureza de Deus e que tenta explicar como o mundo e a nossa vida expressam os seus desígnios. Por isso ela era considerada, à época, o conhecimento mais importante.

> Em meados do século XIV, a Europa foi devastada pela peste negra. Quase metade da população europeia morreu devido a essa doença. Grande parte da população europeia acreditava que isso tinha sido um castigo de Deus pelos pecados cometidos. Padres pediam que as pessoas fizessem procissões, rezassem e implorassem a Deus pedindo misericórdia. Uma procissão que impressionava muito era a dos flagelantes. O movimento dos flagelantes, nascido nessa época, era formado por pessoas que se auto-impunham dolorosos castigos físicos para com isso tentar aplacar a ira de Deus.

Desde o surgimento da sociedade moderna, a ciência passou a ser vista como o conhecimento superior a todos os demais, e assim ocorre até hoje, na sociedade contemporânea. E a razão para que isso tenha acontecido é a mesma do passado. A ciência começou a ser vista como o conhecimento superior porque, para nossa cultura, só ela tem as melhores respostas para as questões que a nossa sociedade considera importantes. Por exemplo, se hoje uma das questões que atormenta as pessoas é como viver mais tempo, a resposta para essa questão só poderá vir da ciência. Se as pessoas querem fazer viagens cada vez mais rápidas, só a ciência poderá dar a solução para esse problema. No século XVI, os homens se viam como criaturas insignificantes e frágeis diante dos desígnios de Deus. Hoje, no século XXI, os seres humanos se veem como próximos à onipotência e isso lhes foi dado pela sua crença na ciência.

Anteriormente, afirmamos que o pensamento gerencial faz parte do conhecimento científico. Nas sociedades modernas, as atividades ligadas à ciência têm elevado reconhecimento social e recebem grande quantidade de dinheiro para fazer suas pesquisas. Porém, quando se fala em ciência, as grandes estrelas são a física, a química, a biologia e algumas outras. Do pensamento gerencial, pouco ou nada se fala. Isso, a princípio, vai contra a tese que defendemos aqui, de que o pensamento gerencial vem assumindo enorme importância nas sociedades modernas. Além do mais, a própria sociedade parece não dar valor para o pensamento gerencial, pois, por exemplo: não há grandes homenagens públicas ao administrador, embora tenhamos o costume de homenagear políticos e artistas dando seus nomes a estradas, avenidas e aeroportos; mais raras ainda são as estátuas com a figura de um administrador; os jornais têm cadernos de economia, mas não há um de administração; ao contrário de economistas e demais cientistas sociais, os administradores pouco são chamados para dar entrevistas aos meios de comunicação de massa, como se eles nada tivessem a dizer sobre os problemas que afligem a sociedade brasileira.

1.3.2 Fator que promoveu a crescente importância do pensamento gerencial

Não há dúvida de que os sinais anteriormente citados evidenciam que a nossa sociedade dá pouca importância para o pensamento gerencial; para a opinião pública em geral, a ideia que se tem é que esse pensamento serve apenas para fazer as empresas ganharem mais dinheiro. Não é necessário esforço para provar que o pensamento gerencial é importante para as empresas. Porém, a nossa intenção aqui vai mais longe que isso. Pretendemos provar que este pensamento está se tornando cada vez mais importante para todas as organizações que existem numa sociedade.

Para fundamentar essa tese, inicialmente vamos recorrer a Peter Drucker.[5] Ele afirma:

> Em todos os países desenvolvidos, a sociedade se transformou numa sociedade de organizações, na qual todas ou quase todas as tarefas são feitas em e por uma organização: empresas, e sindicatos; as forças armadas e os hospitais; escolas e universidades; uma série de serviços comunitários – alguns deles repartições públicas, muitas outras instituições sem fins lucrativos do "setor social". Mas também orquestras sinfônicas, os museus, as fundações, associações comerciais e defensores dos consumidores e assim por diante.[6]

Nesse trecho, Drucker aponta uma característica marcante da nossa sociedade: as atuais sociedades industriais se tornaram sociedades de organizações.

Ainda segundo o autor, uma organização é um conjunto de pessoas que se juntam de forma permanente para atingir determinado fim. A ideia de permanência nos remete a tempo. Uma organização, por mais breve que seja a sua existência, pretende se perpetuar no tempo. Torcedores que vão em grupo ao

---

[5] Peter Drucker (1909–2005) é um dos autores mais renomados no campo da administração. No mês do seu falecimento, a revista *Newsweek* (edição de 28 nov. 2005) fez uma matéria para ressaltar a importância que ele teve para a construção do pensamento gerencial. Pelo título da matéria, *The Man Who Invented Management*, pode-se imaginar a importância que lhe era dada. Na sua edição de 14 nov. 2005 o jornal inglês noticiava a morte colocando como subtítulo "Pai da moderna teoria da Administração foi o primeiro a vê-la como uma função distinta".

[6] DRUCKER, Peter. *Sociedade pós-capitalista*. São Paulo: Pioneira, 1993, p. 28.

estádio não formam uma organização. Porém, uma torcida organizada, como o próprio nome diz, forma.

Se você vivesse na Idade Média ocidental, talvez estivesse ligado a, no máximo, uma ou duas organizações. Se fosse católico, estaria ligado à Igreja católica, que é uma organização e, dependendo da sua atividade laboral, poderia fazer parte de uma corporação de ofício. Na sociedade contemporânea há muito mais organizações ao nosso redor. Veja a sua vida. Caso more em prédio, este provavelmente é administrado por um condomínio, que é uma organização. Você vem para a faculdade, que é outra organização. Vai para a academia, que é outra organização. Depois, segue para o trabalho numa empresa. Saindo do trabalho, vai se divertir um pouco e certamente o fará em um estabelecimento que é uma organização. Ainda tem o trânsito que você pega, que é coordenado por uma organização, a segurança por outra e por aí afora. Não há dúvida de que Peter Drucker está certo: na sociedade contemporânea, as pessoas vivem envoltas em organizações.

O número de organizações existentes já é muito grande, mas ele tende a aumentar. Isso porque todas as vezes que as pessoas perceberem que têm um interesse ou ideal comum e estiverem dispostas a dar um passo à frente na defesa desse interesse ou ideal, certamente perceberão que o melhor que têm a fazer é criar uma organização. Isso explica o surgimento de associações de moradores que se mobilizam para conseguir melhorias na sua rua ou bairro; de organizações que lutam por causas ambientais, de organizações que lutam pelos direitos civis, e muitas outras. Vítimas de acidentes aéreos, portadores de uma mesma doença que exige cuidados especiais e pessoas interessadas em salvar um museu são exemplos de grupos que também chegaram à conclusão de que o melhor a fazer é criar uma organização. Enfim, seria impossível enumerar todas as várias formas de organizações. Elas variam imensamente, mas todas têm algo em comum: elas existem para cumprir o fim para o qual foram criadas.

> **ATIVIDADE 1.2** Você já deve ter ouvido falar das siglas PCC (Primeiro Comando da Capital) ou CV (Comando Vermelho). A existência desses grupos reforça ou nega a ideia defendida por Peter Drucker de que a nossa sociedade é uma sociedade de organizações?

A ERA DAS ORGANIZAÇÕES

O sociólogo Rodney Stark afirma que, no século XIX, foram criadas as primeiras grandes organizações formais e também as primeiras tentativas de organizá-las segundo critérios científicos.* Elas surgiram no exército, no setor empresarial e no governo.

As primeiras organizações formais surgiram no campo militar. Com o fim das guerras napoleônicas (1815), os exércitos europeus se desmobilizaram e voltaram a ser compostos por pequenas unidades. Mas o perigo da guerra rondava a Europa. Por volta de 1850, Helmuth von Moltke, comandante do exército prussiano, chegou à conclusão de que a vitória na guerra dependeria de uma organização militar cada vez mais eficiente. Ele sabia que as novas guerras envolveriam milhões de soldados e que não podiam ser comandadas por alguns poucos oficiais. A primeira medida foi dar uma excelente formação a todos os oficiais do exército prussiano. Eles passavam um tempo estudando excessivamente táticas de guerra e executavam manobras militares para pôr em prática o que tinham aprendido. Ele também dividiu o exército prussiano em divisões. Antes, o exército estava dividido em diferentes armas: a infantaria, a cavalaria e a artilharia, cada setor com uma função específica e fundamental e com comandos separados. Em 1871, Moltke testou o seu modelo de organização na Guerra Franco-Prussiana. A França, a maior potência militar do continente, foi derrotada rapidamente. O exército prussiano se mostrou uma organização mais eficiente, e por isso o seu modelo de organização foi imitado em todo o mundo, inclusive no Brasil.

Enquanto a Prússia revolucionava a organização militar, os Estados Unidos revolucionavam a grande empresa privada. Embora já houvesse fábricas e lojas comerciais, quase nenhuma chegava a ter cem empregados. As grandes ferrovias foram as primeiras a empregar milhares de funcionários. Por volta de 1850, havia um problema. As pequenas ferrovias eram lucrativas, enquanto as grandes ferrovias davam prejuízo. Coube a Daniel C. McCallum encontrar uma solução para esse problema. Ele dividiu a empresa em diferentes unidades territoriais e deu a cada uma delas um superintendente. Além disso, criou em cada uma dessas unidades divisões por funções que eram necessárias para controlar o serviço ferroviário (suprimentos, manutenção, operação, comercial, pessoal etc.) com um gerente para cada uma subordinado ao superintendente da região. Este, por sua vez, estava subordinado a um comando central. A mudança funcionou, e as grandes ferrovias americanas se tornaram lucrativas. Ao fazer isso, eles deram o modelo para se formar grandes empresas em qualquer setor da economia: bastava dividir em gerências, cada uma com uma função diferente e necessária para a operação da empresa. Este modelo é adotado até hoje.

* STARK, Rodney. The Organizational Age. In: *Sociology*. Stanford: Cengage Learning, 2006. No quadro, apresentamos um resumo do conteúdo desse capítulo.

Por muitos séculos, o governo não passava de mais uma das tarefas realizadas pela corte dos reis. Os funcionários que realizavam as tarefas de governo, como escrivães, contadores e coletores de impostos, eram servos do rei tal como os seus cozinheiros e copeiros. Quando o rei precisava de um administrador com mais competência, ele chamava um nobre e lhe atribuía a tarefa. Para o nobre, essa não era uma ocupação de tempo integral. Esse tipo de governo mínimo podia funcionar porque a maioria da população vivia no campo e as tarefas do governo também eram mínimas. Consistiam em coletar impostos, administrar a justiça, garantir a ordem e se defender de invasores. Porém, no século XIX, com a industrialização, o crescimento da população e a crescente urbanização, uma nova realidade foi criada. O governo foi levado a se preocupar com a saúde pública (condições sanitárias), com o exercício de certas profissões (as que colocavam a vida das pessoas em risco), com obras públicas e vários outros assuntos. Aconteceu com o governo o mesmo que já tinha acontecido com o exército e com as grandes empresas. Ele foi levado a criar diferentes órgãos públicos (secretarias) para cuidar de assuntos específicos. Além disso, para ganhar eficiência, foi preciso acabar com a prática comum de que o novo governante demitia todos os funcionários contratados pela administração passada, caso ela fosse do partido adversário. Com isso, a administração perdia eficiência porque era preciso treinar novamente os novos funcionários. Para dar eficiência à administração pública, foi instituído o concurso público e os melhores eram selecionados para ocupar os cargos públicos. Eles seriam funcionários de carreira e não poderiam ser demitidos a cada novo governo que entrasse.

Se as organizações existem para atender a uma determinada finalidade, elas estão obrigadas a atingir da melhor forma possível o fim para o qual foram criadas (e serão cobradas por isso). Será requisito para a organização, portanto, promover a *eficiência*. Vamos dar um exemplo: uma escola é uma organização criada com o fim de educar os seus alunos. Não basta recebê-los, colocá-los em sala e dar-lhes merenda, ela deve oferecer um ensino que, segundo os padrões da sociedade, seja de qualidade. Pode-se dizer então que, se o ensino oferecido não for de qualidade, o fim a que se propõe não está sendo alcançado. O mesmo poderia ser dito de um hospital. Ele foi criado para oferecer serviços médico-hospitalares. Porém, se há excessiva demora em atender os pacientes numa consulta ou se há filas intermináveis e pessoas sendo atendidas nos corredores, esse hospital também poderá ser cobrado porque não está realizando a contento o fim para o qual foi proposto. Assim, não basta a organização persistir no tempo, ela precisa ser eficiente.

As organizações estão condenadas a buscar eficiência. E por que as organizações estão obrigadas a se preocupar com a eficiência? Há duas razões para esta busca permanente. A primeira é que grande parte das organizações opera numa estrutura competitiva (que as empresas privadas existem num mercado competitivo, ninguém duvida!). Por causa da competição, se uma empresa não for eficiente, sofrerá perdas e, caso não recupere eficiência, poderá ser levada à falência. Por exemplo, em várias cidades brasileiras, quando sai o resultado do Enem (Exame Nacional do Ensino Médio), as escolas particulares mais bem colocadas recebem um grande número de matrículas. Claro que esses alunos não surgem do nada. Eles vêm de outras escolas, que, por sua vez, perdem alunos. Neste caso, as escolas particulares existem num mercado competitivo e as que se mostram mais eficientes crescem porque "tomam" alunos das menos eficientes.

Mas o que nem sempre se percebe é que outras organizações que não apenas as empresas privadas também atuam num mercado competitivo. Elas disputam entre si, e os objetos dessa disputa podem ser os mais variados possíveis. Uma pesquisa realizada pela Fundação Getulio Vargas do Rio de Janeiro em 2011, por exemplo, revelou que o número de católicos vem diminuindo no Brasil, passando de 83,7% da população brasileira em 1991 para 68,4% em 2011. O percentual de seguidores das religiões afro-brasileiras e das orientais se manteve estável. Já o de evangélicos (tradicionais e pentecostais) apresentou um crescimento significativo, passando de 9,05% em 1991 para 20,2% em 2011.[7] As variações apontadas indicam que as pessoas migraram de religião nesse período. Isso mostra que as igrejas também vivem numa estrutura competitiva.

A outra razão que obriga as organizações a buscarem a eficiência está no fato de que mesmo as organizações que não estão num mercado competitivo também são cobradas para serem eficientes. Veja, por exemplo, o condomínio de um prédio. O condomínio de um prédio não compete com o de outros prédios. Basicamente, ele é formado pelo síndico e por membros do conselho eleitos pelos moradores. Os moradores cobram eficiência das pessoas que administram o prédio. Elas devem se preocupar, por exemplo, em gastar menos ou resolver problemas caso queiram permanecer no cargo ou serem lembradas de forma positiva Os serviços públicos também não estão numa estrutura competitiva, mas, mesmo assim, as pessoas exigem que a polícia

---

[7] Ver pesquisa *Novo mapa das religiões*, coordenada por Marcelo Neri. Rio de Janeiro: FGV, 2011.

seja mais eficiente, ou seja, que prenda os criminosos e assim proporcione maior segurança pública. A sociedade cobra que as escolas públicas sejam capazes de ensinar às crianças e aos jovens o conteúdo correspondente à série que estão cursando. A sociedade cobra que os hospitais públicos possam lhe prestar um atendimento médico-hospitalar de boa qualidade sem que seja necessário esperar meses por esse atendimento.

E como saber se uma organização é eficiente? Pode-se dizer que uma organização é eficiente quando consegue atingir de forma ótima os fins a que se propõe. Então só podemos avaliar a eficiência quando temos em vista o fim ou os fins pretendidos. Para isso, é necessário estipular critérios de mensuração da eficiência. Uma das formas de se avaliar a eficiência de uma organização é medindo sua lucratividade, que, nesse caso, é um critério exclusivo das empresas privadas. Uma empresa que obtém uma lucratividade maior do que as suas concorrentes demonstra ser mais eficiente.

A eficiência também pode se expressar por meio de outro critério: a produtividade. Empresas podem ser avaliadas pela sua produtividade. A produtividade de uma empresa pode ser calculada de várias formas. Uma das formas de calcular a produtividade do fator trabalho é dividindo a produção total num determinado período pelo número de trabalhadores empregados na produção. Porém, há organizações que não buscam o lucro e que também acharam conveniente implantar o critério de produtividade. Um exemplo dessa aplicação ocorre na universidade. Veja esta notícia:

> **USP lidera ranking ibero-americano de produtividade em pesquisa**
> *USP tem quase 38 mil publicações publicadas entre 2003 e 2008, mais que o dobro da segunda colocada*
> O ranking ibero-americano do SCImago Institutions Ranking (SIR), divulgado no final de maio, traz a Universidade de São Paulo (USP) como primeira colocada na produtividade em pesquisa (número de trabalhos publicados) entre os países da América Latina, mais Portugal, Espanha e Caribe. No ranking mundial, divulgado no ano passado, a universidade aparece como 19ª colocada.[8]

---

[8] USP lidera ranking ibero-americano de produtividade em pesquisa. Disponível em: <http://www.cidadao.sp.gov.br/noticia.php?id=210599>. Acesso em: 29 set. 2015.

ATIVIDADE 1.3 Leio o texto a seguir:

CHOQUE DE GESTÃO NA SEGURANÇA PÚBLICA DE PERNAMBUCO

"No gráfico que desenha o avanço da criminalidade no Brasil, Pernambuco segue uma trajetória contrária. É o único Estado da Federação a apresentar, nos últimos sete anos, uma redução contínua da taxa de homicídios. Para um Estado que já foi campeão de assassinatos, a atual posição é o maior trunfo do governador Eduardo Campos na área de segurança. O Pacto pela Vida, programa implantado em maio de 2007 com a missão de frear e reduzir a matança que ocorria em Pernambuco, fez mais do que salvar vidas. Mostrou que a violência não é um fenômeno natural, que acontece à revelia dos poderes constituídos. Ao levar para o ambiente da polícia um programa com metas objetivas, controle de produtividade, planejamento e monitoramento das ações, o governador deu um choque de gestão numa área pouco acostumada à cobrança de resultados. Foi o que fez a diferença.

A mudança de comportamento gerencial no trato com a violência é apontada por especialistas como a variável mais importante para a queda dos homicídios no Estado. "A implantação de mecanismos mais flexíveis de administração, o acompanhamento sistemático das ações e, principalmente, dos resultados, criaram as condições necessárias para mudar a estratégia de enfrentamento da criminalidade. A partir daí o plano começou a dar certo", avalia o cientista político José Maria Nóbrega, coordenador do Núcleo de Estudos da Violência da Universidade Federal de Campina Grande. Ele lembra que os primeiros dois anos do pacto tiveram resultados tímidos. "Não havia um ambiente político nem administrativo favorável a essa política de metas e de cobrança de produtividade. Os próprios atores institucionais, as polícias Militar e Civil, agiam como concorrentes. Outro fator relevante foi a participação direta do governador na condução desse processo. Pessoalmente à frente das reuniões de monitoramento das ações, Eduardo Campos sinalizou a importância que o governo dava para o sucesso do pacto", afirma Nóbrega."

Fonte: *Jornal do Comércio*, Pernambuco, 4 abr. 2014. Disponível em: <http://jconline.ne10.uol.com.br/canal/politica/pernambuco/noticia/2014/04/04/choque-de-gestao-na-seguranca-publica-de-pernambuco-123745.php>. Acesso em: 29 set. 2015.

Com base no texto, responda: Os fatos narrados no texto podem ser interpretados como reconhecimento dos conhecimentos gerados pela administração? Justifique sua resposta.

Um dos critérios, sem dúvida o principal, através do qual uma universidade é avaliada é pela qualidade e pela quantidade das pesquisas que realiza. Sabendo disso, a universidade que quer melhorar no *ranking* terá que encontrar formas de fomentar a pesquisa e cobrar resultado dos seus professores.

Algumas organizações podem ter a sua eficiência medida através de avaliações, como é o caso do Ministério da Educação, que todo ano realiza o Enem e publica um resultado por escola.

> **ATIVIDADE 1.4** Leia o trecho da notícia a seguir:
>
> "O secretário municipal da educação, Alexandre Schneider, pretende implantar uma nova forma de avaliação para as escolas municipais. Segundo Schneider, a rede vai manter os indicadores já adotados como índices de evasão e de absenteísmo, e pretende incluir outros relativos à organização da escola: 1) se os professores faltam ou não; 2) se a escola tem uma associação de pais e mestres; 3) se os pais participam do processo pedagógico. "Premiaremos financeiramente as escolas que tiverem melhor desempenho com base nesses indicadores".
>
> Fonte: *Jornal do Sindicato dos Profissionais de Ensino do Município de São Paulo*, 21 fev. 2007.
>
> Com base na notícia, responda: Você acha que essa estratégia pode aumentar a eficiência das escolas públicas do município de São Paulo? Justifique a sua resposta.

Se as organizações devem ser eficientes, caberia então perguntar o que garante a eficiência delas. Todas as organizações dispõem de recursos humanos (pessoas) e recursos materiais. Evidentemente, a quantidade e a qualidade dos recursos humanos e materiais pode interferir sobre a eficiência da organização. Se ela não tiver pessoal suficiente ou preparado ou se tiver carência material, será difícil ter êxito. Porém, tão ou mais importante do que estes dois recursos são as estratégias adotadas pela organização para atingir o seu objetivo.

Vamos comparar o desempenho da Igreja católica com o da Igreja Universal do Reino de Deus, uma das igrejas pentecostais. A Igreja católica vem perdendo fiéis de forma acelerada. A Igreja Universal do Reino de Deus foi criada em 1977 e entre 1980 e 1990 apresentou um crescimento de 2.600%. Inegavelmente, este crescimento só pode ser explicado pelo sucesso que esta Igreja tem tido na arregimentação de novos fiéis. Trocando em miúdos, podemos dizer que as estratégias da Igreja Universal têm sido mais bem-sucedidas que as estratégias da Igreja católica.

> **ATIVIDADE 1.5** Atualmente nos Estados Unidos o alistamento militar é voluntário, ou seja, só serve às Forças Armadas quem quiser. No Brasil ele é obrigatório, ou seja, em tese, todos estão obrigados a servir. Temos aqui dois critérios de seleção. As empresas dão muita importância à seleção de quem será contratado, pois sabem que a qualidade da sua mão de obra é o seu recurso mais importante. Sabendo disso, responda: Qual dos dois critérios de seleção garante uma organização militar mais eficiente? Justifique a sua resposta.

Poderíamos citar vários exemplos, quer seja de organizações não lucrativas que adotaram métodos ou estratégias de empresas que visam ao lucro, quer seja de organizações que criaram métodos ou estratégias bem-sucedidas num determinado campo e que são copiadas por outras organizações. Vamos citar apenas mais um. Veja-se, por exemplo, o caso dos times de futebol. Comparando o PIB (2013) somos mais ricos que a Espanha, porém os principais times espanhóis são bem mais ricos que os principais times brasileiros. O que explica isso? Um dos fatores responsáveis por este sucesso financeiro são estratégias de marketing, ou seja, o pensamento gerencial.[9]

PORQUE OS TIMES ESPANHÓIS SÃO BEM MAIS RICOS QUE OS PRINCIPAIS TIMES BRASILEIROS

"Em palestra no CRA-SP, Rinaldo Martorelli, presidente do Sindicato dos Atletas Profissionais do Estado de São Paulo, deixou claro que faltam aos clubes de futebol uma administração mais séria, mais competente. 'O futebol é entretenimento, mas também é negócio e trabalho. Dos US$ 250 bilhões que o esporte movimenta por ano em todo o mundo, o Brasil contribui com US$ 32 bilhões. Se é tudo isso, por que a maioria dos clubes vive em situação de penúria?', questionou. E deu a resposta: 'Os clubes precisam partir para a busca de novas fontes de receitas, não ficando presos basicamente ao dinheiro da bilheteria e da televisão'. Nesse quesito, os clubes europeus são um 'show de bola'. Eles costumam recuperar a maioria dos investimentos feitos com grandes contratações apenas com a venda de camisas que levam o nome do contratado e licenciamento de produtos.

De acordo com levantamento da Casual Auditores, os 19 maiores clubes brasileiros faturaram R$ 826 milhões em 2004. Só o Real Madrid, da Espanha, considerado o segundo

---

[9] AIDAR, Antônio Carlos K. et al. *A nova gestão do futebol*. Rio de Janeiro: Editora da FGV, 2002.

clube mais rico do mundo, faturou R$ 860 milhões; o Manchester United, da Inglaterra, arrecadou R$ 943 milhões. Um contrassenso se a análise for levada para a paixão que o futebol representa para o brasileiro. Mas é o retrato fiel da falta de estrutura e de profissionalismo que cerca a maioria dos clubes. O resultado não poderia ser diferente: clubes praticamente falidos, salários incompatíveis, receitas fracas. Como consequência, a debandada de atletas para o exterior, em particular para a Europa, é inevitável."

Fonte: *Jornal do Administrador Profissional*, editado pelo Conselho Regional de Administração de São Paulo, n. 233, jan. 2005.

Poderíamos avançar mais ainda afirmando que o governo de um país pode e, até mesmo deve, ser visto como uma experiência de gestão. Afinal, o presidente da República, tal qual o presidente de uma empresa, comanda vários departamentos (ministérios) que devem ser eficientes. Evidentemente, o presidente de um país não é apenas um gerente. Mas ele realiza um planejamento, seleciona os melhores recursos humanos para ocupar postos de comando da máquina de governo e, tal como um gerente, cobra resultados. O seu governo sempre será avaliado por resultados práticos. Fazer a máquina de governo agir, e agir na direção certa, com o menor custo possível e no prazo estipulado, são questões gerenciais que todo presidente tem que enfrentar.

ATIVIDADE 1.6   O texto a seguir é um trecho de um artigo do professor Stephen Kanitz. Segundo o autor, qual é o principal problema do nosso país? Que argumento ele dá para fundamentar sua tese?

UM PAÍS MAL ADMINISTRADO

"Um país do tamanho do Brasil, com os recursos naturais e a população que tem, não é exatamente um país com problemas econômicos. Somos, sim, um país muito mal administrado. Não sabemos administrar os Estados, não sabemos administrar nossas dívidas, não sabemos administrar nossa previdência nem nossa segurança. Nossos governantes e ministros normalmente não são formados em administração nem fizeram aqueles cursos de MBA que proliferam por aí.

A maioria dos nossos ministros nunca trabalhou numa das 500 maiores empresas do país, nem como presidente nem como diretor. Fernando Henrique Cardoso teve como ministros muitos professores brilhantes, que administravam sessenta obedientes

> alunos e de um momento para o outro passaram a administrar mais de 5.000 funcionários públicos, sem formação em administração, recursos humanos, motivação, liderança nem avaliação de desempenho. Teriam sido bons assessores, não executivos.
>
> Embora o Brasil forme administradores públicos competentes, eles são os primeiros a ser preteridos para os principais cargos da administração pública. O escolhido é amigo de campanha ou colega da época estudantil. Os Estados Unidos são a maior potência econômica não pela qualidade de suas teorias econômicas, mas pela qualidade de suas teorias administrativas. Algumas são modismos, outras funcionam."
>
> Fonte: KANITZ, Stephen. Um país mal administrado. Revista *Veja*, edição 1772, ano 35, n. 40, 9 out. 2002, Editora Abril.

Neste capítulo, procuramos mostrar que, mesmo não havendo homenagens públicas ao administrador e mesmo que nos meios de comunicação os temas gerenciais não recebam destaque, o pensamento gerencial está assumindo uma enorme relevância nas organizações existentes na sociedade. Falamos que o número de organizações existentes é muito grande e que tende a crescer. Deixamos claro que, quer seja por existirem numa estrutura competitiva, quer seja porque precisam apresentar resultados na consecução dos objetivos para os quais foram criadas, as organizações precisam ser eficientes. Para serem eficientes elas precisam aprender e adotar o pensamento gerencial existente ou criar soluções próprias e inovadoras para os problemas que enfrentam. Ao fazer isso, estarão criando pensamento gerencial que poderá e deverá ser aprendido e imitado por organizações que enfrentam problemas semelhantes.

Porém, além da pressão interna dentro das próprias organizações, notamos que as organizações também estão submetidas a pressões externas por eficiência. A opinião pública parece estar cada dia mais convencida de que uma parte da solução dos problemas que afligem a sociedade depende de soluções gerenciais. Isso acontece porque uma parte expressiva dos formadores de opinião passou a criticar o mau gerenciamento dos recursos públicos. No passado, acreditava-se que um maior aporte de recursos era a solução para resolver quase todos os problemas da administração pública e de muitas organizações não estatais. Hoje, muitas pessoas que são formadoras de opinião e muitos veículos de comunicação defendem a seguinte mensagem: o Brasil não gasta pouco, mas gasta mal.[10] Quando o problema é colocado dessa maneira, avulta-se a importância

---

[10] Há uma acirrada controvérsia se o Brasil gasta pouco ou não. Os que defendem que o Brasil não gasta pouco usam o seguinte critério: proporção dos recursos destinados a um serviço público (saúde, educação, segurança etc.) em relação ao PIB. Seguindo este critério, por exemplo, observa-se que o Brasil

do pensamento gerencial, pois é esse tipo de conhecimento que possibilita que os recursos aplicados sejam mais bem gerenciados.

A crítica à má gestão dos recursos públicos também é feita nos editoriais dos jornais. Os editoriais não assinados expressam a opinião do jornal sobre determinado tema. Acredita-se que os jornais expressam, de certa forma, a opinião pública, ou seja, imagina-se que a opinião emitida pelo jornal seria a opinião emitida pela sociedade. Mesmo que não seja assim, a opinião emitida por um jornal acaba formando a opinião pública.

A leitura do texto do quadro transmite a impressão de que o setor público também deveria ser regido pelos mesmos princípios gerenciais que regem a empresa privada. O termo *gerencialismo* (em inglês, *managerialism*) foi criado para criticar o que os autores usuários deste termo consideram a cultura dominante na nossa sociedade. Para esses autores, o pensamento gerencial é a cultura dominante, e as pessoas acreditam que todos os problemas podem ser resolvidos gerencialmente. Eles acham isso um absurdo. Uma das críticas que esses autores fazem é em relação à crença de que as empresas privadas e as organizações públicas possuem grandes semelhanças, a ponto de poderem ser gerenciadas pelo mesmo princípio.[11] A bibliografia que utiliza este termo

---

gasta em educação e saúde um percentual do PIB semelhante ao de países mais ricos em renda *per capita*. Segundo o economista Raul Veloso, especialista em contas públicas: "É a qualidade do gasto público que está no centro do problema. A análise de áreas específicas no serviço público mostra o desequilíbrio dos gastos brasileiros. Nossas despesas com saúde são quase 9% do PIB. Mesmo com esse desembolso, a taxa de mortalidade infantil no Brasil é de 20 mortos por cada 1.000 bebês nascidos vivos. Já a Suíça gasta com saúde o equivalente a 7% do PIB e tem menos de quatro mortes por cada 1.000 nascimentos" (*Exame.com*, 4 jul. 2013). Porém, há quem afirme que o Brasil gasta pouco e para isso se baseia no gasto *per capita*. Pegam o total de recursos aplicados num setor pelo governo e dividem pelo número de habitantes. Seguindo essa metodologia, em 2012 o gasto *per capita* do Brasil na Saúde foi de US$ 466,00, enquanto nos EUA foi de US$ 3.700,00 e na Holanda de US$ 4.800,00 (Gasto *per capita* em saúde pública no Brasil é menor do que a média mundial. *O Estado de S. Paulo*, 16 maio 2013). Gastando pouco ou igual, o problema persiste. Isto porque uma pesquisa do Inepad (Instituto de Ensino e Pesquisa em Administração) concluiu que "municípios com maiores gastos *per capita* em saúde e saneamento básico não oferecem, necessariamente, os melhores serviços à população ou têm os melhores indicadores [...] Na área de saúde o problema não está apenas no gasto, mas na gestão e eficiência no uso dos recursos. Não há correlação direta entre os investimentos e a qualidade na prestação do serviço – diz o professor Alberto Borges Matias, presidente do Inepad, que reúne 252 professores doutores de universidades públicas federais e estaduais" (Cidades com maior gasto *per capita* em saúde apresentam deficiências na prestação de serviços. *O Globo*, 9 nov. 2013).

[11] KLIKAUER, Thomas. *Managerialism*: A Critique of an Ideology. New York: Palgrave Macmillan, 2013, p. 1. Na página seguinte, num quadro em destaque, Klikauer afirma: "Gerencialismo combina o conhecimento em administração com uma ideologia de forma a se estabelecer sistematicamente em organizações e na sociedade com o objetivo de justificar o despojamento dos empresários, funcionários e de toda a sociedade civil em relação às decisões tomadas nessas organizações. O gerencialismo justifica a aplicação de técnicas gerenciais para todas as áreas da sociedade, [justificação essa] fundada na crença da superioridade desta ideologia, do conhecimento técnico e da posse exclusiva do conhecimento gerencial necessário para gerir de forma eficiente organizações e a própria sociedade" (p. 2).

é unânime em criticar essa crença.[12] Para eles, a ideia de que os órgãos da administração pública podem e devem (aqui está a ideologia) seguir os mesmos princípios das empresas privadas soa tão absurda quanto prejudicial. Vamos ficar apenas no prejudicial. Se entendermos o gerencialismo como uma forma de tecnocracia, conforme uma parte da definição de Klikauer nos quer fazer ver, obviamente que ela seria condenável, uma vez que se dispõe a substituir os mecanismos democráticos de tomada de decisão. Seria como implantar a república platônica, só que em vez do rei-filósofo teríamos o rei-gerente. Da mesma forma, não há como concordar com a soberba dos administradores. Isto porque não há como concordar com a premissa que fundamenta esta soberba, qual seja, a crença de que a solução dos grandes problemas que afligem a humanidade é de natureza gerencial.

Porém, afirmar que é um absurdo supor que as organizações públicas possam ser geridas pelos mesmos princípios que as empresas privadas nos parece descabido. Evidentemente, as empresas públicas, como uma universidade pública, não se pautam pelo princípio da lucratividade. A ideia de lucratividade deve estar fora do horizonte das organizações públicas, sejam elas universidades, escolas, hospitais ou delegacias de polícia. Entretanto, não há como evitar que as organizações públicas, sejam elas de saúde, educação ou segurança, gastem para fazer o mesmo que os seus congêneres no exterior. Reduzir custos, uma preocupação típica das empresas privadas, também deve ser uma preocupação das organizações públicas. Afinal, elas gastam o nosso dinheiro. Quanto menos elas gastarem para fazer o mesmo, menos terá que ser tirado de nós sob a forma de impostos. As empresas privadas têm como prática premiar os funcionários que atingem as metas propostas. Elas os avaliam segundo seu desempenho. Atualmente, em quase todos os Estados brasileiros tanto faz uma escola pública ser a melhor ou a pior nos resultados do Enem. Nada muda para a pior colocada, como nada muda para a melhor colocada. Havendo uma avaliação por desempenho, no mínimo, se está sinalizando com recompensas materiais ou simbólicas que se almeja o bom desempenho. Assim, o que nos parece absurdo

---

[12] Além do livro de Klikauer (2013) citado na nota anterior, há: ENTEMAN, Willard F. *Managerialism*: The Emergence of a New Ideology. Madison: Wisconsin University Press, 1993; LOCKE, Robert R.; SPENDER, J.C. *Confronting Managerialism*: How the Business Elite and Their Schools Threw Our Lives Out of Balance. London: Zeb Books, 2011; CHANLAT, Jean-François. *O gerencialismo e a ética do bem comum*: a questão da motivação para o trabalho nos serviços públicos, texto para VII Congreso Internacional del CLAD sobre la Reforma del Estado y de la Administración Pública, Lisboa, Portugal, 8-11 out. 2002. A expressão gerencialismo é utilizada como uma crítica à crença de que as organizações públicas podem e devem ser administradas pelos mesmos princípios das empresas privadas.

é supor que os critérios de eficiência não possam ou não devam ser aplicados aos órgãos públicos.

Se se concordar que a sociedade está cobrando de forma crescente maior eficiência das organizações, sejam elas privadas ou públicas, então ter-se-á que concordar também que as sociedades industriais contemporâneas valorizam de forma crescente o pensamento gerencial. Isto porque ele é o único tipo de conhecimento que pode garantir uma maior eficiência às organizações. Não há, acreditamos, nenhuma defesa do gerencialismo nisso. Apenas a defesa de que todas as organizações, sejam elas privadas ou públicas, sejam eficientes. E, por eficiência, entendemos que devem estar sempre procurando coadunar custos e resultados de forma ótima.

Neste capítulo você aprendeu que o pensamento gerencial está se tornado um dos conhecimentos mais importantes para a vida social. Certamente que isso valoriza o curso que você decidiu fazer. Mas há um detalhe que pode ter passado desapercebido. Você também teve uma aula de sociologia. Isso porque a explicação para a crescente importância do pensamento gerencial está numa das características das sociedades contemporâneas: elas são sociedades de organização. A sociologia é basicamente isso: explicar o social (a crescente importância do pensamento gerencial) pelo social (uma determinada característica da nossa sociedade).

QUESTÕES DE FIXAÇÃO

1. Qual é a relação entre o conhecimento gerado pelo pensamento gerencial e o conhecimento gerado, por exemplo, na medicina ou na engenharia?

2. O que diferencia o pensamento gerencial de conhecimentos como, por exemplo, os gerados pela astrofísica ou sociologia?

3. Por que a filosofia, a teologia e a ciência assumiram a posição de conhecimento dominante em diferentes épocas da história?

4. Por que é possível supor que, embora o número de organizações existentes na nossa sociedade já seja muito grande, ele tende a aumentar?

5. Por que se pode dizer que as organizações estão condenadas a buscar a eficiência?

6. Explique a crescente importância do pensamento gerencial nas sociedades modernas.

CAPÍTULO 2 — EMPRESA: A HISTÓRIA DA ORGANIZAÇÃO QUE MUDOU O MUNDO

2.1 INTRODUÇÃO

Na Itália renascentista, acreditava-se que o mundo futuro seria dominado por uma organização, a Igreja católica. A palavra *católica* vem do grego e significa "universal". Assim, a Igreja católica surgiu com a pretensão de converter a humanidade ao catolicismo e, com isso, se tornar um poder mundial. Como podemos perceber atualmente, este objetivo não foi conquistado. O projeto universalista, no entanto, foi retomado pelo comunismo de Marx, que pretendia unir todos os proletários do mundo para destruir o capitalismo e construir a nova sociedade comunista. Lênin, o líder da Revolução Russa, acreditava que caberia a uma organização, o partido político (comunista), a tarefa de dirigir esse processo global. Isso também não se realizou. No século XX, alguns chegaram a pensar que outra organização, a ONU, assumiria a governança global. Isso está longe de acontecer, e muitos duvidam que possa acontecer um dia. Em suma, o sonho de um projeto universalista encabeçado por uma organização fracassou ou se mostra, por enquanto, utópico.

Há, porém, uma organização que assumiu uma proeminência mundial e da qual se pode dizer que exerce uma influência inigualável sobre a humanidade. Essa influência é exercida independentemente da filiação étnica ou nacional, da filiação (ou não filiação) religiosa e da ideologia política dos grupos no poder. Trata-se da *empresa*.

Vários autores defendem a tese de que, hoje, as corporações controlam o mundo, ou seja, têm poder sobre o mundo.[1] Livros e filmes de ficção científica (um exemplo clássico é *Blade Runner*, com direção de Ridley Scott, EUA, 1982) narram histórias em que, num futuro próximo, a humanidade será controlada por uma ou mais corporações que acabarão subordinando e substituindo os Estados nacionais. Deixamos claro que não compartilhamos da crença. Consideramos que a empresa não é um poder político mundial porque não é uma organização monolítica; trata-se, na verdade, de uma miríade de organizações. Não existe "a empresa", mas milhões de empresas com interesses diferentes, concorrentes e contraditórios.

No entanto, concordamos que, de certa forma, é possível sim afirmar que as empresas controlam o mundo atual, se considerarmos que isso aconteça não através de um poder político para impor a submissão, mas pela preponderância que ela assumiu na vida social da maior parte das sociedades existentes.

Para caracterizar tal preponderância, basta citar que bilhões de pessoas trabalham em empresas e delas dependem direta ou indiretamente para a sua sobrevivência material. Grande parte dos serviços que os Estados prestam é paga com os impostos cobrados das empresas. Além disso, vivemos num mundo material, cercados de produtos criados pelas empresas. Além de moldar o nosso presente, as empresas desenham o nosso futuro, porque são as inovações e invenções por elas produzidas que moldarão a nossa forma de vida futura.

Não há dúvida de que a empresa tem uma gigantesca importância no mundo contemporâneo.

A história das empresas é um campo acadêmico recente, pois só se institucionalizou na década de 50 do século XX. Isso quer dizer que foi só a partir dessa época que surgiram nas universidades (americanas) as primeiras cadeiras para o ensino dessa matéria, os primeiros congressos científicos, e também foi quando as editoras passaram a se interessar pelo tema. Embora recente, ela tem adquirido grande destaque e respeitabilidade no mundo acadêmico.[2] Se a sua importância se tornou relevante no mundo acadêmico, fora dele ela é ainda maior. Uma evidência dessa importância é o enorme sucesso editorial de livros,

---

[1] Ver: KORTEN, David C. *When Corporations Rule the World*. San Francisco: Berrett-Koehler Publishers, 2001; BALKAN, Joe. *The Corporation*: The Pathological Pursuit of Profit and Power. New York: Free Press, 2005. Korten é um dos autores mais expressivos dessa corrente intelectual, e as ideias do livro de Balkan, embora não afirmem que as empresas controlam o mundo, atribuem a elas uma gigantesca capacidade de fazer o mal em escala mundial.

[2] FRIEDESON, Patrick. Business History and History. In: JONES, Geoffrey; ZEITLIN, Jonathan (orgs.). *The Oxford Handbook of Business History*. Oxford: Oxford University Press, 2007. ROBERTHS, Keith. *The Origins of Business, Money and Markets*. New York: Columbia University Press, 2011.

autobiográficos ou não, que contam a vida de empresários ou de empresas. Há um ponto em comum entre a literatura acadêmica e a não acadêmica: os dois tipos de obras se concentram em determinadas empresas. São raríssimas as obras gerais.[3] Mas é exatamente isso que pretendemos fazer neste capítulo: apresentar um panorama da história geral da empresa.

> **ATIVIDADE 2.1** Você imagina como seria o mundo se não houvesse as empresas? Faça uma descrição.

2.2 ELEMENTOS QUE ANTECEDERAM A EMPRESA MODERNA

Veremos a seguir alguns elementos que propiciaram o surgimento da empresa.

2.2.1 O mercado

Desde os primórdios, a principal preocupação do ser humano tem sido a sobrevivência. Para sobreviver, ele deve interagir com o seu meio ambiente, pois é a experiência bem-sucedida nessa interação que garante a sobrevivência das espécies. Vários tipos de hominídeos fracassaram e, por isso, acabaram extintos. Os nossos ancestrais, no entanto, foram bem-sucedidos. A que se deve esse sucesso?

A evolução biológica selecionou indivíduos com um polegar anteposto, próprio para segurar objetos com firmeza, um cérebro avantajado para o nosso tamanho e um aparelho vocal capaz de emitir um sem número de diferentes sons. Munidos desses equipamentos biológicos, os nossos ancestrais utilizaram elementos da natureza a seu favor. Descobriram como produzir o fogo e o utilizaram para se proteger do frio e das feras. Aprenderam a manusear a pedra, a madeira e os ossos para criar instrumentos que lhes dariam maiores chances de conseguir alimentos. A sobrevivência da nossa espécie não estava predeterminada (tanto que, por volta de 195 mil anos atrás, quase fomos extintos).[4]

---

[3] O patrono dos estudos de história da empresa é Alfred Chandler Jr., o criador da cadeira de história empresarial em Harvard. Porém, ao que se sabe, as obras de Chandler Jr., embora tratem de processos que podem ser considerados universais em termos de história das empresas (verticalização, departamentalização etc.), lidam exclusivamente com a história empresarial norte-americana. Duas obras fazem uma história geral da empresa: LANDES, David et al (orgs.) *The Invention of Enterprise*: Entrepreneurship from Ancient Mesopotamia to Modern Times. Princeton: Princeton University Press, 2010 e MICKLETWAITH, John; WOOLDRIDGE, Adrian. *Companhia*: breve história de uma ideia revolucionária. Rio de Janeiro: Objetiva, 2003.

[4] Nessa época, a Terra passou por mais um período de glaciação que durou mais de 70 mil anos. Com isso, as regiões habitadas pelos nossos ancestrais ficaram inóspitas e a população de *Homo sapiens* caiu de

Não é possível afirmar qual dessas invenções ou descobertas foi a mais importante, mas há um tipo de comportamento adotado pelos nossos ancestrais que muito contribuiu para a sobrevivência da espécie. Trata-se da *cooperação*. É possível que a cooperação seja um comportamento inato herdado dos nossos ancestrais primatas.[5] Contudo, foi só entre os seres humanos que ela se tornou o comportamento padrão, a rotina. Lembre-se de que a competição tem um grande atrativo, pois nela o ganho individual pode ser maior, uma vez que não seria preciso, por exemplo, dividir a caça com outras pessoas. Contudo, os primitivos humanos optaram pela estratégia cooperativa. Acredita-se que os nossos ancestrais optaram pela estratégia cooperativa porque ela era mais benéfica para cada um individualmente. Atividades como a caça de grandes animais, a defesa contra grupos rivais, o cuidado com filhos pequenos e com os mais idosos fizeram os nossos ancestrais verem as vantagens de cooperar. Assim, em vez de competirem, eles se ajudavam, trocavam informações e conhecimentos, traçavam estratégias de caça em comum. A cooperação implicou no estabelecimento das regras (normas sociais) e pode-se dizer que ela deu base para a vida social.

A primeira grande mudança na história da humanidade foi a criação da agricultura. Ela transformou radicalmente o nosso modo de vida. Tanto que alguns autores chamam essa criação de *revolução agrícola*. Sem a cooperação, não haveria a agricultura. O trabalho agrícola exigia cooperação para obras de irrigação e drenagem que beneficiariam a todos. A coordenação dessas tarefas coletivas era uma tarefa intelectual, mas extremamente importante, pois organizava o trabalho coletivo. Pode-se dizer que assim surgiram os primeiros administradores. Concomitantemente, os nossos ancestrais passaram a domesticar animais que também contribuíram para aumentar a produção de alimentos, que passaria a não depender apenas da sorte e da coragem, mas do trabalho persistente e da aplicação do conhecimento (seleção e casamento de sementes, seleção de animais, novas ferramentas e técnicas agrícolas etc.). O aumento da produção criou um excedente que podia ser trocado. Pessoas com habilidades manuais se especializaram na produção de bens (ferramentas, armas, móveis, potes de barro etc.) que podiam ser trocados por outros produtos.

---

aproximadamente 10 mil pessoas para poucas centenas. O domínio do fogo e as grandes reservas de mariscos garantiram a sobrevivência deles e, assim, possibilitou-se que, quando as condições climáticas voltassem a ser propícias, eles pudessem voltar a povoar várias áreas do nosso planeta. Fonte: MAREAN, Curtis W. *Quando o mar salvou a humanidade*. Disponível em: <http://www2.uol.com.br/sciam/reportagens/quando_o_mar_salvou_a_humanidade.html>. Acesso em: 1º out. 2015.

[5] ZIMMER, Carl. Chimps Display a Hallmark of Human Behavior: Cooperation. *New York Times*, 3 mar. 2006. O estudo deixa claro que a cooperação existe, mas não é um comportamento rotineiro entre os chimpanzés.

Assim, lentamente foi sendo criada uma instituição que tem enorme importância para explicar o surgimento da empresa: o mercado. A palavra *mercado* vem do latim *mercatus*, que significa comércio. Quando se observa a planta urbana das primeiras cidades criadas no mundo, Jericó e Çatal Huyuk, ambas em aproximadamente 7000 a.C., não se vê uma praça do mercado, mas isso não significa que nelas não havia um espaço para as trocas. A ideia do mercado localizado numa praça chegou até nós pelas plantas das antigas cidades gregas e romanas. Nas cidades da Grécia Antiga, a Ágora era o local ao qual as pessoas iam para trocar, vender ou comprar algo. Na Roma Imperial, o espaço de mercado era a praça denominada Fórum.

O mercado impulsiona a produção e os negócios porque as pessoas se sentem estimuladas a produzir mais, pois sabem que poderão trocar o excedente por produtos de que necessitam. A grande força do mercado está no fato dele ter se transformado em um elemento da nossa cultura. O mercado faz os produtos se tornarem mercadorias. Isto quer dizer que os produtos deixam de ser feitos apenas para satisfazer as necessidades humanas e passam a ser produzidos para a troca ou para se obter ganhos.

DUAS VISÕES SOBRE O MERCADO

A palavra *mercado* pode designar tanto um espaço físico como sistemas de trocas ou compra e venda onde quer que eles existam. Nesse último caso, não se trata de estabelecimentos, mas de práticas. Assim, há mercado quando, numa prisão, um preso compra algo utilizando cigarros como moeda.

Hoje em dia, com a expansão da internet, o mercado ganhou novos contornos. A internet faz do comércio mundial o comércio local, pois coloca à mão do comprador produtos que antes ele comprava no mercado local. A internet desmaterializa o mercado. Vendedor e comprador não precisam mais estar face a face. Além disso, a internet também deslocaliza o mercado. Vendedor e comprador podem estar em qualquer parte do mundo. O mundo se tornou um gigantesco mercado global.

Para muitos economistas o mercado tem uma função positiva. Primeiro porque ele equilibra oferta e procura. Quando o preço de um bem sobe, mais pessoas passarão a produzir ou a ofertar esse bem. Ao fazerem isso, aumenta a oferta e o preço acabará caindo. Em segundo, porque ele promove a inovação tecnológica, pois estimula que as pessoas produzam mais e para fazer isso elas são levadas a estarem sempre criando novas tecnologias (ferramentas, máquinas ou aparelhos). Além disso, o mercado também melhora a qualidade dos produtos e serviços oferecidos, pois no mercado as pessoas ou empresas que ofertam os mesmos bens ou serviços competem entre si e, por isso, necessitam oferecer algo melhor para derrotar seus concorrentes. O mercado também beneficiaria a todos nós consumidores, porque uma das formas de vencer a concorrência é reduzir o preço dos bens ou serviços que ofertam em mercado. Em suma, o mercado faria com que produtores estivessem obrigados a oferecer produtos cada vez melhores e mais baratos. Um dos maiores defensores das virtudes do mercado foi Adam Smith (1723-1790). Para ele, o mercado era o encontro de pessoas livres e que, cada uma buscando o seu próprio interesse, acabaria beneficiando a todos.

Porém, nem todos veem o mercado de forma tão positiva. Um dos seus primeiros críticos foi Karl Marx (1818-1883). Ele criticou a anarquia que o mercado cria. Ao acenar com preços altos, o mercado estimula a produção e oferta desmesuradas de bens e serviços que acabam não encontrando compradores. Dependendo da intensidade dessa situação, ela pode gerar uma grave crise econômica, pois muitos produtores acabam falindo ou reduzindo drasticamente a produção, o que acaba gerando demissões. Isso gera uma reação em cadeia que afeta outros setores, também os obrigando a reduzir suas atividades e a demitir. Na sua visão, o mercado é uma força incontrolável, e se deixado agir livremente, acabará, cedo ou tarde, criando novas crises de graves consequências econômicas e sociais. Para evitar essa anarquia da produção (oferta), os países que implantaram o comunismo impuseram um planejamento central nas suas economias, e um órgão central determinava o que podia ser produzido e quanto deveria ser produzido. Mas isso não deu certo, e os países comunistas só produziram a carência. Os países capitalistas também tentaram encontrar formas de interferir sobre o mercado. Hoje um dos mais acalorados debates que o mundo trava é o da regulação econômica, ou seja, qual deve ser a natureza e a intensidade da intervenção do Estado e do governo sobre as atividades econômicas.

Além disso, Marx via o mercado como a forma de expressão da essência do capital. O mercado age como uma força avassaladora que submete a tudo e a todos, mas no fundo não se trata da submissão à força de mercado, mas à do capital. De um lado, os empresários estão submetidos aos preceitos de acumulação capitalista que os faz colocar o lucro em primeiro lugar. De outro lado, estão os trabalhadores submetidos a regimes de trabalho que são mais benéficos ao capital. Para Marx, a competição levaria à concentração do capital, ou seja, os grandes devorando os pequenos, e a uma degradação da classe operária, pois reduziria os salários e promoveria o desemprego, já que, segundo ele, a tecnologia avança destruindo postos de trabalho. O capitalismo fez da força de trabalho uma mercadoria e vai mais longe ao transformar tudo em mercadoria. Essa crítica ganhou força e, atualmente, muitos autores, mesmo reconhecendo os méritos do capitalismo, criticam essa tendência do mercado em transformar tudo em mercadoria, pois tudo tem um preço e pode ser comprado e vendido. Nesse diapasão, há quem afirme que, por exemplo, saúde e educação não podem ser tratadas como mercadoria, e há também quem critique, por exemplo, o fato de que no mundo atual podemos comprar um rim, uma moça pode vender a sua virgindade e um rapaz pode vender o espaço da sua testa para uma empresa tatuar a sua marca.

> **ATIVIDADE 2.2** Em 2014, a União Nacional dos Estudantes (UNE) lançou uma cartilha intitulada "Educação não é mercadoria" (disponível em: ‹http://www.une.org.br/2014/03/une-lanca-cartilha-educacao-nao-e-mercadoria/›. Acesso em: 1º out. 2015).
> Pelo título, você acha que a publicação da UNE tem uma visão positiva ou negativa do mercado? Justifique sua resposta.

2.2.2 O dinheiro

Uma segunda criação humana, posterior ao mercado, muito contribuiu para seu crescimento: o *dinheiro*. As moedas de metal precioso passaram a ser um intermediário de troca. Antes delas outros bens serviram de elemento de troca. Porém, a moeda de metal precioso tinha muitas vantagens: ela podia ser fracionada, facilitando a troca; por ser de metal, ao contrário do sal e de outros gêneros alimentícios, ela conservava o seu peso eternamente; além disso, pelo metal ser precioso, ela se tornava uma reserva de valor, o que quer dizer que ela sempre poderia ser trocada por bens e serviços.

Sem ela, por exemplo, um artesão que tivesse usado o seu tempo para fazer uma sandália e precisasse alimentar a sua família teria que esperar até que encontrasse alguém com a quantidade de alimentos suficientes para trocar pela sandália. Para resolver este problema, algumas mercadorias assumiram o papel da moeda. Dependendo da sociedade, grãos de cacau, gado, sal, tecido, manteiga, peixe seco etc. serviam como intermediários de troca. O vendedor de um produto recebia alguma dessas mercadorias e a usava para comprar o que necessitasse. O problema com esse tipo de moeda é que muitas delas não eram fracionáveis e outras, como o sal, dependendo do clima, perdiam peso e consequentemente valor. Além disso, elas só valiam no ambiente cultural que valorizasse essas mercadorias. Por volta de 3000 a.C., na Mesopotâmia, se passou a usar prata e ouro como intermediário das trocas. O metal precioso tinha muitas vantagens. Podia ser facilmente transportado, podia ser subdividido e não sofria as injunções da natureza (como o sal, a manteiga ou o gado). Mas o dinheiro, ou seja, a moeda de ouro e prata com um valor de face, surgiu por volta de 650 a.C. na Lídia. A ideia do rei foi dividir as peças de metal precioso em pequenas unidades padronizadas de modo que, com uma delas, se pudesse pagar alguns dias de trabalho ou uma porção de cereais. Cada unidade era estampada com uma figura que demonstrava o seu valor e a sua autenticidade. A moeda era uma boa solução e foi adotada por todas as civilizações da Antiguidade e da Idade Média.

A moeda facilitava o comércio. Na Idade Média ela podia cumprir esta função porque o seu valor estava na proporção direta da quantidade de ouro e prata que continham. Assim, quando um comerciante aceitava receber moeda pela sua mercadoria, o que ele efetivamente estava fazendo era trocar mercadoria por ouro ou prata. Nesse caso, a expansão das atividades econômicas na Europa dependeria de se encontrar sempre novas minas para que se pudessem cunhar mais moedas.

A associação entre moeda e metal precioso perdurou até a metade do século XX, porque até essa época predominou o chamado padrão-ouro e isso implicava que os países que adotavam esse padrão só poderiam emitir moeda no valor correspondente às suas reservas de ouro. Dessa forma, quando uma pessoa aceitava uma nota de papel, presumia-se que o governo do seu país tivesse reserva de ouro para garantir o valor daquela moeda. Tanto que, nas notas de cruzeiro, o nome do dinheiro brasileiro entre 1942 e 1967, havia a seguinte frase "Pague-se ao portador dessa a quantia de....".

As pessoas aceitavam a moeda porque sabiam que ela continha certa quantidade de ouro ou prata. Num mundo assim, a ideia de aceitar papel-moeda era absurda. Afinal, tratava-se apenas de papel, e não de metal precioso. Mesmo assim o papel-moeda acabou prevalecendo. Foi na China, em 1189, a primeira vez que se usou o papel-moeda. Não é estranho isso ter acontecido lá, pois foi a China o primeiro lugar a fabricar o papel de forma barata e volumosa a partir de uma árvore (a amoreira), e não utilizando tecidos, como ainda era feito na Europa. Mas a China à época também era um grande império com diferentes regiões e diferentes moedas, com diferentes valores em metal precioso. Para facilitar o comércio entre as regiões, um imperador da dinastia Yuan proibiu o uso de moeda de metal e obrigou o uso do papel-moeda. Quem não aceitasse ou quem falsificasse essa forma de dinheiro seria executado. Dinastias mais fracas não conseguiram manter a confiança nesse tipo de dinheiro e ele desapareceu por volta de 1500. No ocidente foi na Suécia, em 1661, a primeira vez que se usou o papel-moeda; era uma solução para a falta de prata, mas a experiência não durou 20 anos.

A experiência no uso do papel-moeda mais bem-sucedida foi nos Estados Unidos, em 1729, quando ainda era uma colônia inglesa. A economia norte-americana estava se expandindo, mas dependia da cunhagem de moedas feitas na Inglaterra. Para resolver esse problema, Benjamin Franklin, em 1729, sugeriu a criação de notas e a sugestão foi aceita. Após a independência, o governo federal assumiu o monopólio da emissão de dinheiro. Daí para a frente o uso do papel-moeda se disseminou.

Posteriormente, novas formas de dinheiro foram sendo criadas. Em 1717, o Bank of England criou o cheque, mas ele só podia ser usado pelo próprio depositante para sacar o seu dinheiro do banco. Em 1811 o Commercial Bank of Scotland criou cheques com o nome do cliente impresso, e isso possibilitou que fosse usado como forma de pagamento. No século XX por volta de 1950 foi criado, nos EUA, o cartão de crédito. Em 1966 foi criado, também nos EUA, o cartão de débito. Ambos têm uma existência material, pois são dinheiro de plástico. Recentemente o dinheiro se desmaterializou, pois quantias podem ser transferidas e pagamentos podem ser feitos através da internet ou do celular. Seja sob qual forma for, a história da humanidade provou que não podemos viver sem essa invenção dos antigos fenícios, o dinheiro.[6]

Durante todo o período de tempo que vai do surgimento da moeda, no século VII a.C., até o século XV d.C., o que predominou foi a economia de subsistência. A imensa maioria da população vivia nas áreas rurais e a quase totalidade das unidades produtivas eram propriedades rurais nas quais os membros de uma família trabalhavam juntos e tinham que tirar da terra quase tudo o que precisavam para viver. Para essas famílias, a autossuficiência era a estratégia mais adequada para a sobrevivência. Se quisessem roupas, por exemplo, deviam plantar ou coletar o vegetal que desse um fio que pudesse ser tecido para com ele produzir as roupas que vestiam a família. Na economia de subsistência, o mercado e a moeda tinham pouca importância. As pessoas podiam circunstancialmente ir ao mercado da cidade ou vila mais próxima para trocar o excedente produzido. Havia um intercâmbio entre bens produzidos nas áreas rurais e bens produzidos pelos artesãos da cidade. Através dele a população rural podia obter bens que considerava necessários para a sua sobrevivência, e os artesãos da cidade conseguiam os alimentos necessários para a sua sobrevivência. O objetivo dessa troca era garantir a subsistência.

---

[6] WEATHEFORD, John. *A história do dinheiro*. São Paulo: Negócio Editora, 1999; QUINN, Stephen; ROBERDS, Williams. The Evolution of Check as a Means of Payment: A Historical Survey. *Economic Review*, v. 93, n. 4, 2008. Disponível em: <https://www.frbatlanta.org/research/publications/economic-review/2008/vol-93no4_evolution-of-the-check.aspx>. Acesso em: 1º out. 2015.

2.2.3 O comércio de longa distância

Desde a Antiguidade, alguns poucos grupos sociais acumulavam riqueza sob a forma de excedente agropecuário ou de moeda, que era usado para comprar produtos que vinham de lugares distantes. O *comércio de longa distância* foi a primeira atividade econômica exclusivamente voltada para o mercado. Tratava-se de um empreendimento comercial, mas não de uma empresa, pois ele tinha como característica uma existência limitada no tempo. No comércio de longa distância, um grupo de pessoas financiava uma expedição comercial que ia a lugares distantes em busca de produtos exóticos. Uma vez de volta ao local de origem e tendo vendido os produtos, o grupo dividia os lucros e se desfazia. Esse tipo de comércio se esgotava assim que a mercadoria trazida era vendida. Passado um tempo, as pessoas envolvidas nesse empreendimento poderiam se unir novamente ou se juntar a outras, desde que fossem de confiança, para um novo empreendimento comercial.

2.2.4 A eficiência e o lucro

De acordo com a pesquisadora Cornellia Wunsch, na economia da Babilônia, por volta do século VI a.C. foram introduzidos outros dois elementos fundamentais que, tempos mais tarde, influenciariam a criação da empresa: a *eficiência* e o *lucro*.[7] Estes dois elementos têm mais chance de existirem, de se desenvolverem e de se tornarem orientadores de atividades econômicas quando existe a propriedade privada. Um dos primeiros conjuntos de leis de que se tem notícia na história da humanidade foi o Código de Hamurabi (1700 a.C.), e nele já havia vários artigos em que ficava clara a garantia da propriedade privada. O artigo 25 diz: "Se na casa de alguém ocorrer um incêndio e aquele que vem apagá-lo lança os olhos sobre a propriedade do dono da casa, e toma a propriedade do dono da casa, ele deverá ser lançado no mesmo fogo". A propriedade privada estimula que se busque maior produtividade, ou seja, formas mais eficientes para produzir e formas mais lucrativas para comerciar. Quanto maior a eficiência, melhor será a situação da própria família. A busca da eficiência pode ser constatada na preocupação que muitas famílias tinham em fazer uma contabilidade simples dos seus negócios para calcular as despesas e a rentabilidade e, com isso, ter uma visão mais clara de como iam os seus negócios.

---

[7] WUNCH, Cornellia. Neo-Babylonian Entrepreneurs. In: LANDES, David et al. (orgs.). *The Invention of Enterprise*. Entrepreneurship from Ancient Mesopotamia to Modern Times. Princeton: Princeton University Press, 2010.

Além da propriedade privada, na Babilônia havia leis que garantiam que os envolvidos nos negócios não seriam prejudicados por práticas desonestas. Isso dava mais segurança e estimulava os negócios. No Código de Hamurabi havia artigos que garantiam as relações comerciais. Veja-se, por exemplo, o artigo 245: "Se alguém aluga um boi e o faz morrer por maus tratamentos ou pancadas, deverá indenizar ao proprietário boi por boi".

Porém, apesar da economia da antiga Babilônia ter desenvolvido várias atividades econômicas voltadas para o mercado, que buscavam a eficiência, elas não se constituíam como empresas no sentido moderno do termo, pois as entidades econômicas não configuravam uma organização autônoma independente da família.

A não separação entre o mundo da família e o mundo dos negócios está consagrada na palavra *economia*. De origem grega, ela significa administração doméstica. A autossuficiência continuou sendo uma necessidade e um ideal. Tanto na Grécia quanto em Roma a economia continuou sendo eminentemente de subsistência, mas se nota em ambas, mais em Roma do que na Grécia, um crescimento da economia voltada para o mercado. Isso quer dizer que aumentou consideravelmente o número de pessoas que passaram a depender do mercado. Embora em número pequeno, surgiram várias propriedades rurais especializadas na produção de um único gênero e trabalhadas por escravos. Havia minas nas quais trabalhavam 300 escravos, e oficinas que produziam armas e escudos também empregavam grande número de trabalhadores.[8] Crescia o número de pessoas ocupadas com o comércio local e de longa distância. Constata-se também na Grécia uma preocupação com a eficiência e com o aumento da produtividade do trabalho. Num certo sentido se poderia afirmar que as empresas foram criadas na Grécia. Afinal, as grandes propriedades rurais voltadas para o mercado, as minas e as oficinas eram unidades produtivas que empregavam muitas pessoas e que, portanto, tinham problemas tipicamente gerenciais de controle da mão de obra e eficiência produtiva, além do fato de todas elas visarem ao lucro. Contudo, apesar disso, ainda faltava a elas autonomia jurídica. Continuava não havendo distinção entre a unidade produtiva e os negócios da família. Tanto que

---

[8] Não há dúvida de que o lucrativo negócio das minas empregava muita gente, a maioria escravos. Tanto que por causa do caos instaurado durante a Guerra do Peloponeso, 20 mil escravos conseguiram fugir das minas na região de Deceleia. As oficinas de armas também empregavam muita gente. O pai do orador Lísias empregava 120 escravos. O pai de Demóstenes empregava, na sua oficina, 30 escravos. Pasion, um ex-escravo, tinha 65 empregados na sua oficina para fabricar escudos. APPLEBAUN, Herbert A. *The Concept of Work*: Ancient, Medieval, and Modern. Albany: State University of New York, 1992, p. 46.

grande parte delas, com a morte do dono, deixavam de existir pela divisão da herança entre os herdeiros.

Embora, no geral, as áreas do Império tenham continuado uma economia de subsistência, a cidade de Roma promoveu um grande aumento da economia de mercado. No seu auge a cidade de Roma chegou a ter 1 milhão de habitantes que demandavam cereais e outros gêneros importados. Parar atender à demanda em Roma foram criadas as sociedades comerciais. Nesse caso, vários sócios entravam com o capital, administravam o negócio e repartiam o lucro segundo o capital investido. Porém, pela lei romana, a morte de um dos sócios obrigava ao fechamento da associação. Além disso, elas eram regidas pelo princípio da responsabilidade ilimitada, ou seja, os sócios eram responsáveis, com todos os seus bens, pela dívida total. Pela lei romana não havia distinção entre os recursos pessoais e o capital investido na associação comercial, ou seja, ela não configurava uma associação autônoma. Além do mais, se essas associações tivessem contrato com o governo, ele tinha a duração de cinco anos.[9] Depois disso, a associação comercial tinha que se dissolver. Por isso, essas associações comerciais romanas não podem ser classificadas como empresas.

O declínio do Império Romano prejudicou grandemente o mundo dos negócios. Para enfrentar crises de abastecimentos, alguns imperadores romanos como Diocleciano impuseram um rígido controle de preços, anulando assim os efeitos positivos da economia de mercado. Para conseguir mais recursos, outros imperadores investiram contra a propriedade privada, criando um clima de insegurança econômica. A invasão dos povos bárbaros agravou esse quadro, pois houve um retorno de grande parte da população urbana para as áreas rurais e, por quase mil anos, a Europa viu o pequeno espaço ocupado pela economia de mercado ser reduzido drasticamente ao quase total predomínio da economia de subsistência.

2.3 PRECURSORAS DA EMPRESA MODERNA

A partir do século XIV, a Europa viveu um período de grande expansão das atividades econômicas conhecido como *revolução comercial*.[10] Embora este nome faça menção à atividade comercial, o período testemunhou a expansão de várias

---

[9] HUDSON, Michael. Entrepreneurs: From the Near Eastern Takeoff to the Roman Collapse. In: LANDES, David et al. (orgs.). *The Invention of Enterprise*. Entrepreneurship from Ancient Mesopotamia to Modern Times. Princeton: Princeton University Press, 2010, p. 28.

[10] Ao que se sabe, o nome "revolução comercial" foi cunhado por Robert S. Lopez no livro *The Commercial Revolution of the Middle Ages: 950-1350*. Cambridge: Cambridge University Press, 1971. O período abrangido por essa revolução é alvo de polêmica. Para alguns, ela se estenderia do século XVI ao XVIII. O próprio Lopez discorda e vê a fase do Renascimento como sendo de declínio econômico.

outras atividades econômicas, como a agricultura e o setor bancário. Pode-se até dizer que o gatilho foi o crescente aumento do comércio, porém, junto a esse fenômeno, assiste-se também ao crescimento das cidades, ao aumento da população e ao aumento da produtividade agrícola – todos esses fatores imbricados num processo de sinergia em que o crescimento de cada um desencadeia um processo semelhante nos demais. Tudo isso, enfim, cria um ambiente muito favorável para os negócios.

Mesmo com a expansão dos negócios, a quase totalidade das unidades produtivas e comerciais se mantiveram como pequenas unidades familiares. Porém, em três setores começaram a surgir grandes empreendimentos que, sob inúmeros aspectos, podem ser vistos como os precursores da empresa moderna. Seguindo a ordem cronológica, vemos, no decorrer do século XIV, surgirem as companhias e, o que nos interessa marcar, as supercompanhias.[11] Estas últimas se destacam em termos empresariais pela quantidade de capital aplicado, pela diversidade das suas áreas de atuação, pela complexidade da sua gestão e pelo número de pessoas empregadas. Elas surgem porque alguns reis, no caso de Estados, ou chefes políticos, no caso das cidades italianas, conscientizaram-se de que o seu poderio militar dependia do vigor dos negócios. Para promover os negócios, eles garantiam privilégios (monopólios) a certos grupos que pagavam elevadas somas por isso. Os privilégios e a expansão dos negócios criaram as supercompanhias.[12]

Para Hunt e Murray (1999) só cabem no rótulo de supercompanhias os grupos Peruzzi, Bardi e Acciaiuoli. A primeira característica moderna dessas unidades econômicas era que elas estavam deixando de ser uma empresa familiar no sentido estrito do termo, pois a maioria dos seus sócios não fazia parte da mesma família. Porém, ainda podiam ser consideradas empresas familiares porque as famílias dos sócios eram de alguma forma aparentadas entre si e os poucos sócios se conheciam desde havia muito. Convém notar que, embora esses empreendimentos fossem conhecidos como bancos, pois uma das suas atividades consistia em emprestar dinheiro, os negócios dessas supercompanhias também englobavam a participação direta no comércio de longa distância, na compra e venda de grãos, no transporte, na aquisição e operação de propriedades rurais

---

[11] Nunca é demais lembrar que o nome "companhia", dado a vários empreendimentos comerciais e bancários dessa época, expressa bem a matriz familiar desses empreendimentos, pois, etimologicamente, a palavra *companhia* é de origem latina e significa "os que compartem o pão" ou "os que fazem refeições juntos", o que caracteriza uma típica atividade familiar.
[12] HUNT, Edwin S.; MURRAY, James M. *A History of Business in Medieval Europe*: 1200-1550. Cambridge: Cambridge University Press, 1999, p. 101.

e até de manufaturas. Todas as suas atividades tinham como objetivo a busca do lucro. Outra característica moderna era o seu sistema contábil de controle. Devido à complexidade das operações envolvidas nos negócios das supercompanhias elas precisavam ter um acurado sistema de contabilidade, já usando o de partidas dobradas.

Porém, duas características dessas supercompanhias não permitem que elas sejam classificadas como uma empresa moderna. A primeira era a extrema dependência dos privilégios reais. A segunda era o fato de não estarem regidas pela responsabilidade limitada. Isso quer dizer que o responsável pelo negócio respondia com todos os seus bens pelos prejuízos causados pela companhia.[13] Isso significa que elas não tinham uma personalidade jurídica própria. Nenhuma das supercompanhias completou três anos de vida. Elas entraram em uma crise financeira e fecharam as portas.[14]

QUEM PAGOU A CONTA DO RENASCIMENTO?

A família Medici era uma das famílias que, durante o século XIV, dominou a vida política de Florença. A riqueza dos Medici vinha da atividade bancária. O Banco dos Medici, criado em 1397, foi a mais rica e importante instituição bancária europeia do século XV. Embora fosse um banco que lucrava com empréstimo e câmbio, os negócios da família também envolviam o comércio e as manufaturas de tecido. O banco chegou a ter filiais e representantes em várias cidades da Europa; em cada uma dessas sedes trabalhavam de 4 a 5 pessoas. A importância do banco estava no volume de depósitos. Ele foi, durante bastante tempo, o banco dos papas (Vaticano), de outras autoridades da Igreja, de rainhas etc. Eles lucravam fazendo empréstimos para a guerra (nobres precisavam de dinheiro para pagar mercenários), emprestando à nobreza para ela manter um luxuoso estilo de vida, financiando o comércio de longa distância.

---

[13] No século XIV, em especial nas cidades italianas, havia um esboço de responsabilidade limitada, pois apenas a pessoa em nome de quem estava o negócio respondia integralmente com a sua riqueza pessoal (responsabilidade ilimitada) por ele. Os demais sócios só eram responsáveis pelo capital investido no negócio (neste caso, eles já estavam submetidos ao princípio da responsabilidade limitada.)

[14] A explicação usual para a falência dessas supercompanhias foi, por volta de 1340, o calote aplicado por Eduardo III, rei da Inglaterra, tanto no grupo dos Bardi como no dos Peruzzi. Esse calote criou um grave problema de caixa para essas organizações. Já Hunt e Murray (1999, p. 119) afirmam que o problema que levou essas companhias à falência está associado a uma série de anos de más colheitas. Os armazéns dessas supercompanhias estavam abarrotados de grãos e elas poderiam ganhar muito dinheiro com o aumento do preço dos grãos, porém os governantes, temendo revoltas por causa da fome, obrigaram as companhias a vender o seu estoque a um preço muito baixo, o que as descapitalizou.

Quando se fala em Renascimento, logo se pensa numa lista de pintores, escultores, arquitetos e outros artistas. Ninguém discute que o Renascimento é a expressão da genialidade desses homens. O que geralmente se esquece é que, para se fazer suas obras, até mesmo a pintura de um quadro, era preciso de vários materiais e quase todos bem caros para essas pessoas. Várias obras desse período requeriam o trabalho de ajudantes. O criador tinha que ser remunerado e a genialidade precisava do dinheiro para poder se materializar. De onde veio esse dinheiro? Ele veio de fontes privadas e públicas. Os patronos ou mecenas, tanto quanto os artistas, compartilhavam dos ideais filosóficos e estéticos do Renascimento. Por isso, eles patrocinavam as obras, e também porque isso aumentava o seu prestígio, além do fato de que eles apreciavam a beleza daquelas obras.

O Renascimento surgiu em Florença. Um dos maiores patronos (financiadores) desse movimento foi a família Medici. Eles utilizaram o lucro do banco para criar bibliotecas que se tornaram centros de estudo de autores humanistas. Com o lucro do banco, pagaram a construção de belíssimos prédios e de magníficas esculturas. Nos períodos que estiveram à frente do governo de Florença, eles utilizaram os recursos públicos para patrocinar a construção de prédios e monumentos. Eles não foram os únicos. Em outras cidades italianas e depois em outras cidades europeias havia outras pessoas como os Medici, dispostos a investir na nova forma de expressão artística.

O Renascimento alterou a visão que até então se tinha sobre o homem e sobre o mundo e a forma de retratá-los. Em grande parte, este sucesso se deve ao sucesso comercial de companhias como o banco dos Medici.*

---

* Um estudo sobre o funcionamento do banco Medici, sua origem, seu crescimento, o envolvimento político da família e a sua repercussão sobre os negócios do banco, até o seu fechamento em 1494, encontra-se em PARKS, Tim. *Banco Medici*: poder, dinheiro e arte na Florença do século XV. Rio de Janeiro: Record, 2005.

Séculos depois, no início do século XVII outro tipo de companhia assumiu um papel relevante no mundo dos negócios. Trata-se das grandes companhias de comércio. Nessa época, os europeus já tinham conquistado grande parte do continente americano e tinham conseguido estabelecer entrepostos de comércio em vários pontos da África e da Ásia. Eram muitas as oportunidades de ganho. O ganho era certo e elevado, porém, para tanto se requeria grande soma de capital, pois muitas eram as despesas, já que os negócios dessas companhias dependiam de conquistas militares. Armar, manter e pagar grandes contingentes era extremamente dispendioso. Além do mais, nas áreas de atuação dessas companhias era preciso financiar produtores locais e garantir a compra dos seus produtos. Era gigantesco o volume de capital necessário para esse tipo de negócio. Individualmente ninguém tinha tanto capital assim. Numa época em que a tradição era o negócio familiar, as companhias de comércio foram as primeiras nas quais estranhos se associavam. Neste caso, calculava-se o montante necessário e dividia-se o total por um número. Tinha-se assim um número de ações e o valor de cada ação. Cada sócio comprava cotas (ações) e teria um percentual no lucro de acordo com a quantia investida. Essas companhias são, em parte, as precursoras da nossa sociedade anônima (S.A.). O passo final seria negociar com o rei o privilégio do monopólio do comércio em alguma região do mundo. A permissão sempre era dada por um determinado período de tempo. Entre os séculos XVI e XVIII, essas companhias atuaram em todos os cantos do mundo e marcaram a história mundial.[15]

Essas companhias tinham que ser grandes porque dependiam de uma frota armada e de um poderoso exército para conquistar e se manter nas áreas conquistadas. A Companhia Holandesa das Índias Orientais (WOC), criada em 1602 com o capital de 1.800 investidores, possuía 150 navios de carga e 40 navios de guerra. No auge do seu poder tinha 50 mil empregados e 10 mil soldados.[16] Controlar tantas pessoas, gerenciar inúmeras e diferentes tarefas exigiam uma administração profissional. Nisso as companhias inovaram. Foram as primeiras a terem um corpo de administradores profissionais. Além do mais, em alguns países, em especial na Holanda, essas companhias tinham instaurado a responsabilidade limitada, embora, ela tivesse uma curta duração.[17]

---

[15] Embora as grandes companhias de comércio mais conhecidas sejam as da Inglaterra e da Holanda, elas foram criadas em vários países europeus, inclusive pela Rússia. Aliás, a da Rússia foi a primeira a ser criada, em 1555. Para mostrar como essas companhias de comércio marcaram a história mundial, basta-nos ficar com o caso do Brasil. As chamadas invasões holandesas (Bahia em 1624 e Pernambuco em 1630) foram empreendidas pela recém-criada Companhia Holandesa das Índias Ocidentais (West-Indische Compagnie, ou WIC). Na mesma época vários reis portugueses também viram na criação de companhias de comércio a solução para problemas da colonização do Brasil. Elas foram criadas nos mesmos moldes das suas congêneres europeias, com grande parte do seu capital fornecido por investidores privados numa sociedade por ações. Em 1647, foi criada a Companhia do Comércio do Brasil com o objetivo de ajudar na luta contra os holandeses e monopolizar o tráfico de escravos. Em 1682 foi criada a Companhia de Comércio do Maranhão (as suas práticas comerciais monopolistas foram a causa da Revolta de Beckman). Em 1759 foi criada a Companhia de Comércio de Pernambuco e Paraíba. Em 1755 foi criada a Companhia de Comércio do Maranhão e Grão-Pará.

[16] BONW, Stephen R. Merchant Kings. *When Companies Ruled the World*. Vancouver: D&M Publishers, 2009. Nem todas as companhias tinham o tamanho da WOC, mas todas deviam ser gigantescas para os padrões da época.

[17] A responsabilidade limitada na Inglaterra e em outros países durou pouco, pois o sucesso financeiro das grandes companhias comerciais, garantindo vultosos dividendos aos seus acionistas, atraíram para o mercado pessoas inescrupulosas que criaram empresas que existiam apenas no papel. Quando se descobriu o embuste, milhares de pessoas perderam o que tinham investido e os que deram o golpe saíram ricos e livres. Para evitar isso, o Parlamento inglês aprovou em 1720 o Bubble Act, que acabava com a responsabilidade limitada e colocava o funcionamento das companhias sob controle rigoroso do governo. Outros países seguiram esse exemplo.

Mesmo assim, elas não podem ser classificadas como uma empresa moderna, pois dependiam para funcionar de uma permissão do governo. É verdade que a Companhia Inglesa das Índias Orientais existiu por 274 anos e a Companhia da Baía de Hudson, criada em 1640, existe até hoje, porém, a história registra o caso de muitas delas que, por causa de problemas políticos, não tiveram sua permissão renovada. A existência delas dependia da vontade do soberano. Além disso, elas mais pareciam um pequeno Estado. Nos locais onde se instalavam, elas tinham, na maior parte das vezes, plenos poderes, o que implicava em fazer leis, impor taxas e impostos, prender, julgar e aprisionar. O uso da força militar fazia parte da estratégia de negócios dessas companhias e com certa frequência elas se envolviam em guerras e outros atos violentos. Nelas o comercial e o militar se combinavam.

Nessa mesma época em vários países da Europa a produção de alguns bens passou a ser feita em manufaturas. Na manufatura, o dono contratava vários trabalhadores e os reunia num mesmo espaço. O objetivo de tal estratégia é aumentar a produtividade do trabalho, o que é conseguido por meio da divisão do trabalho. Na manufatura, a produção de um bem é dividida e cada trabalhador é responsável por uma tarefa. Segundo Adam Smith, o ganho de produtividade foi espetacular. Ele estudou uma manufatura de alfinetes e constatou que a produtividade do trabalho (4.800 alfinetes/dia por operário) na manufatura era 240 vezes maior do que a do artesão (20 alfinetes/dia por artesão).[18] Não resta dúvida de que a manufatura coloca um problema gerencial de coordenação do trabalho coletivo. O que é bastante atual, pois até hoje as empresas têm essa preocupação. Nas manufaturas havia ferramentas e máquinas movidas pela força humana ou por forças da natureza. Um exemplo deste último é o engenho real, ou seja, os engenhos de açúcar do Brasil Colônia movidos à força d'água.

Podemos ver as fábricas como uma consequência lógica, mas não inevitável, da manufatura. O que levou à criação da manufatura foi a necessidade de aumentar tanto a produção em termos absolutos, ou seja, produzir mais, como a produtividade do fator trabalho, neste caso o total produzido num período dividido pelo número de trabalhadores. A manufatura foi uma engenhosa solução, pois com a divisão do trabalho se atingia os dois objetivos. O mesmo deve ter acontecido com a fábrica. Embora nas primeiras fábricas não houvesse uma grande divisão do trabalho, elas também aumentaram enormemente a produtividade do fator trabalho devido ao uso das máquinas.

---

[18] SMITH, Adam. *A riqueza das nações*: investigação sobre sua natureza e suas causas. São Paulo: Abril Cultural, 1986, p. 17.

O que efetivamente diferencia a manufatura da fábrica está no fato desta última introduzir a máquina a vapor na produção. Até então as poucas máquinas utilizadas na produção usavam energia humana, eólica ou hídrica (como os moinhos de vento e os engenhos reais). Neste último caso, a produção dependia de forças da natureza. A falta de vento e um menor volume d'água faziam a produção parar. Com a introdução da máquina a vapor, a produção se tornou independente das forças da natureza. Ela poderia produzir 365 dias por ano. Além do mais, a fábrica poderia ser instalada onde fosse mais interessante para o empresário.

Para alguns autores, a fábrica marca o surgimento da empresa moderna. Não há como negar que, sob vários aspectos, a fábrica já pode ser considerada a empresa moderna. Seguindo as ideias de Louis Bergeron, destacamos que a fábrica apresenta três preocupações que, segundo esse autor, são próprias da empresa moderna: a necessidade de controle da mão de obra, a preocupação com o lançamento de novos produtos e a preocupação com inovações tecnológicas.[19] Enquanto alguns autores classificam a fábrica como a primeira empresa moderna por ter introduzido a máquina a vapor e uma nova disciplina do trabalho, Bergeron afirma que ela é moderna por passar a ter essas três preocupações.

2.4 O SURGIMENTO DA EMPRESA MODERNA

Não se coloca em dúvida que a fábrica, mais precisamente o sistema fabril, teve um enorme impacto sobre a sociedade, transformando-a de forma radical; afinal, ela é uma das principais responsáveis pela passagem da sociedade tradicional para a sociedade moderna. Só isso já bastaria para dimensionar o seu papel revolucionário. Mas, segundo alguns autores, a fábrica, como unidade produtiva inovadora em termos tecnológicos, por si só, não representa o que entendemos por empresa moderna. Tudo isso certamente foi importante, mas não foi suficiente.

Para eles, embora várias características da empresa moderna já estivessem configuradas em diferentes organizações econômicas, só se pode falar efetivamente em empresa moderna, ou seja, tal qual ela existe atualmente, a partir da segunda metade do século XIX. Segundo Micklethwait e Wooldridge: "Somente com uma combinação de mudanças jurídicas e econômicas a empresa moderna começou a tomar forma".[20] Para eles, até 1820 as companhias existentes eram

---

[19] BERGERON, Louis. O homem de negócios. In: VOVELLE, Michel. *O homem do iluminismo*. Lisboa: Editorial Presença, 1997, p. 99-117.
[20] MICKLETHWAIT, John; WOOLDRIDGE, Adrian. *Companhia*: breve história de uma ideia revolucionária. Rio de Janeiro: Objetiva, 2003, p. 71.

extremamente dependentes da boa vontade do governo para subsistir e, além disso, "os governos podiam modificar a licença de funcionamento por motivos fúteis".[21] Por isso, para esses autores a empresa moderna só passou a existir quando ela conseguiu se libertar dos desígnios dos governantes.[22] Curiosamente, a iniciativa para essa libertação partiu de alguns governos estaduais dos EUA, que viram nessa medida uma forma de atrair empresas que gerariam empregos e impostos. Nesses Estados, para existir e funcionar, elas precisavam apenas obter um registro (e não mais de licenciamento e permissões concedidas e retiradas a bel prazer de governantes). Outros Estados americanos e mais tarde outros países adotaram medidas semelhantes.

O complemento para a criação da empresa moderna foi a responsabilidade limitada. Recriada de forma definitiva na Inglaterra, em 1850, ela logo foi adotada em inúmeros outros países. A responsabilidade limitada tem o efeito de separar de forma radical a empresa da pessoa dos seus sócios.[23] O princípio da responsabilidade limitada abrangia tanto as empresas por ações como as com um número pequeno de sócios (que passariam a se chamar limitadas). Com a responsabilidade limitada, mesmo nas chamadas empresas familiares os bens da empresa não se confundiam com os da família e as pessoas se sentiam mais confiantes para investir em novos negócios sabendo que seriam responsáveis apenas pelo montante de capital que subscrevessem. Essas duas modificações jurídicas, nas palavras de Peter Drucker:

> Essa nova *corporation*, essa nova *société anonyme*, essa nova *Aktiengesellschaft* [sociedade anônima em alemão] não podia ser explicada como uma reforma, que era como o novo exército, a nova universidade, o novo hospital se apresentavam. Era claramente uma inovação... Foi a primeira instituição nova autônoma em centenas de anos, a primeira a criar um centro de poder que estava dentro da sociedade, mas era independente do governo central do Estado Nacional.[24]

---

[21] MICKLETHWAIT & WOOLDRIDGE, 2003, p. 71.
[22] Devemos notar, como ficará mais claro no Capítulo 7 deste livro, que se trata da relação do Estado com a empresa; que se libertar das injunções dos governantes não faz da empresa um ente imune ao poder do Estado. Nas modernas sociedades industriais todas as empresas, tal como todos os cidadãos, devem se submeter ao poder do Estado e às suas leis. Mas trata-se agora de uma situação diferente da existente antes do século XIX, pois os órgãos do Estado estão sujeitos às leis. Nas sociedades democráticas as empresas estão protegidas de qualquer tipo de ação arbitrária e violenta por parte do Estado.
[23] Embora o princípio vigente no direito empresarial seja o da responsabilidade limitada, a lei brasileira, bem como a de outros países, estabelece poucas exceções para romper este princípio. No caso das leis brasileiras os sócios são responsáveis com os seus bens pessoais no caso de fraude, de danos a terceiros, de débitos fiscais e das obrigações trabalhistas.
[24] DRUCKER, Peter. *Fronteiras da administração*. Rio de Janeiro: Campus/Elsevier, 2011, p. 170

Com isso, a empresa passou a existir como um ente público. Isto quer dizer que foi igualada a uma pessoa com direitos e deveres que não podiam ser alienados pelos governantes. Ela se tornou uma pessoa jurídica.

Precisa ficar claro que a constituição da empresa moderna como um ente público possuidor de direitos e deveres e com responsabilidade limitada, embora possa ter contribuído, não é uma condição indispensável para o aumento do número das empresas de um país e nem para que elas cresçam.[25] O mais importante a ser destacado é que, com esses dois princípios, a empresa ganhou autonomia e passou a existir como uma pessoa jurídica portadora de direitos e deveres.

2.5 AS EMPRESAS SE AFIRMAM NA VIDA SOCIAL

Se nós estabelecessemos o ano de 1850 como um marco, veríamos que a essa época o mundo poderia ser dividido em duas áreas desiguais em tamanho. Na maior delas predominava a sociedade tradicional, ou seja, sociedades agrícolas com unidades produtivas familiares voltadas em grande parte para a subsistência e com escassa ou circunstancial interação de mercado. É bem verdade que em muitas dessas sociedades havia enclaves com unidades produtivas e comerciais voltadas para o mercado externo. O Brasil dessa época é um bom exemplo. Na outra parte, a sociedade de alguns países da Europa ocidental e dos Estados Unidos pode ser caracterizada como moderna. As sociedades modernas realizaram a Revolução Industrial e, por isso, possuem um expressivo parque industrial. Nos centros urbanos dessas sociedades, havia uma expressiva atividade comercial e financeira. Observando os centros urbanos das sociedades modernas então existentes se constata que a atividade empresarial se tornava cada vez mais importante tanto na vida econômica quanto social.

Não há como negar o caráter extraordinário da Revolução Industrial. Nenhum outro evento anterior teve um impacto tão profundo e permanente sobre a história da humanidade. Porém, não devemos ver esse processo inaugurado com a adoção da máquina a vapor na produção como sendo um feito

---

[25] Para certos pesquisadores da história empresarial, alguns países, no século XIX, tiveram um expressivo crescimento no número e na dimensão das empresas mesmo sem a garantia do princípio da responsabilidade limitada. A. Colli e Mary Rose afirmam que, embora muitos autores atribuam o atraso britânico (em relação aos EUA) em criar grandes empresa à demora deste país em introduzir o princípio da responsabilidade limitada, isso não pode ser visto como uma "lei de ferro", pois Itália e Espanha criaram grandes e prósperas empresas sem adotar esse princípio. Ver: COLLI, A.; ROSE, Mary. Family Business. In: JONES, Geoffrey; ZEITLIN, Jonathan. *The Oxford Handbook of Business History*. Oxford: Oxford University Press, 2007, p. 202. Mas não há como negar que o princípio da responsabilidade limitada deu mais segurança para que um número maior de pessoas pudesse se associar e, com isso, reunir o volume de capital necessário para empreendimentos de maior porte.

avassalador e que de forma rápida e inexorável transformou a forma de produção. Até 1850, em todos os setores em que a força do vapor estava sendo introduzida, a transformação foi um processo lento. Basta ver que, até 1830, na Inglaterra, no setor têxtil, o setor símbolo da Revolução Industrial, o número de teares manuais superava em muito o de teares mecânicos. Havia algumas poucas fábricas de grandes proporções como a Soho Manufactory, de Matthew Boulton, a qual ocupava um prédio monumental e empregava 800 pessoas. Havia também grandes fábricas de cerveja e mineradoras. Porém, a maior parte delas era formada por pequenas unidades fabris, com baixo investimento de capital e com poucos empregados. Veja-se, por exemplo, o caso das cervejarias. Nesse ramo, a maior parte da oferta era feita por pequenas cervejarias artesanais com uma produção pequena, pois era voltada apenas para o mercado local.

Pode-se dizer que até 1850 as empresas não tinham grande importância na vida da maior parte da população mundial. Grande parte das pessoas ainda vivia em aldeias nas áreas rurais. Entre essas, a maioria vivia num sistema de autossuficiência e comprando em artesãos locais alguns poucos produtos que eles mesmos não produziam. Nas cidades, a quase totalidade das empresas era formada por pequenos negócios. Mesmo as que podiam ser consideradas médias, pelo número de empregados que tinham, estavam limitadas no crescimento, pois atendiam apenas ao mercado local. Destacamos isso para afirmar que nada indicava que num futuro próximo as empresas passariam a assumir uma importância crescente na economia e na vida social.

Para que as empresas pudessem crescer, algumas transformações tiveram que ocorrer.[26] A bem dizer, há aqui uma interação de distintos processos que criam uma situação de retroalimentação, na qual cada um desses processos age sobre os demais, potencializando os seus efeitos.

A primeira dessas transformações foi no setor de transportes. Sistemas de canais, ferrovias e, posteriormente, o navio a vapor passaram a integrar de forma rápida e segura diferentes regiões. Rapidez é a palavra que marca a revolução nos transportes ocorrida no século XIX. No mar, o vapor substitui a vela. Em 1863, um veleiro, dependendo dos ventos, fazia a viagem do Rio de Janeiro a Lisboa em 50 dias. Nesse mesmo ano, um navio a vapor francês, o *Extremadure*, fez esse mesmo percurso em 18 dias carregando muito mais passageiros e carga.[27]

---

[26] PORTER, Glen. *The Rise of Big Business*: 1860-1920. Arlington Heights: Harlan Davidson, 1992, p. 41-45. HOUNSHELL, David A. *From the American System to Mass Production*: 1800-1930. Baltimore: The Johns Hopkins University Press, 1985.

[27] LEITE, Joaquim da Costa. O transporte de emigrantes: da vela ao vapor na rota do Brasil, 1851-1914. *Revista Análise Social*, vol. XXVI, 1991, p. 744-745.

Em terra acontecia o mesmo, o trem a vapor aposentava as carruagens com grande vantagem. Em 1832, uma viagem de Manchester a Liverpool (50 km) durava 20 horas de barco pelos canais, 4 horas de carruagem e 40 minutos por trem.[28] Pessoas e mercadorias podiam se deslocar com grande rapidez e com menor custo. Até então, o elevado custo dos transportes dificultava a competição de empresas de fora com empresas locais. As novas formas de transporte reduziram drasticamente o custo dos transportes. Isso possibilitou mandar mercadorias para os mais diferentes lugares, abrindo assim um amplo mercado para quem oferecesse menores preços. No final do século XIX, veículos movidos a combustível fóssil (querosene, óleo diesel e gasolina) circulavam pelas estradas fazendo entregas.

A segunda transformação foi no campo das comunicações. Desde o início do século XIX, o sistema de correios vinha sendo alvo de melhorias. Até então, um comerciante mandava várias cartas ao seu fornecedor para ter certeza de que ao menos uma delas chegaria. As ferrovias deram mais rapidez e segurança ao correio e, depois, principalmente com a invenção do telégrafo (1837) e do código Morse, a comunicação se tornou quase que instantânea. A emissão, o recebimento e a entrega de telegramas fez surgir a Western Union, a primeira grande empresa no campo das comunicações. Através dos fios dos telégrafos circulavam importantes informações sobre oferta e procura que orientavam o aumento da produção e não deixavam faltar produtos nas prateleiras das lojas. Em 1866, um cabo submarino ligava a Europa aos Estados Unidos e, com ele, investidores, banqueiros e produtores podiam acompanhar a cotação dos ativos que negociavam em todo o mundo. No final do século XIX, o telégrafo com fios cedeu lugar ao telégrafo sem fio e, com ele, as informações eram transmitidas através de ondas eletromagnéticas. Inventado em 1860, o telefone, próximo ao final do século XIX, já estava incorporado à vida das empresas, facilitando a comunicação entre fornecedores e compradores.

A terceira transformação foi no campo da tecnologia. Em 1856 descobriu-se como fazer o aço. Em termos gerais, o aço é quase igual ao ferro, só que mais resistente e maleável. Isso possibilitou criar máquinas mais ajustadas e precisas que, por isso, produziam bem mais. Além disso, o aço possibilitava uma melhor modelagem das peças fabricadas, e assim se podia começar a fazer peças intercambiáveis. Antes, por exemplo, a produção de um relógio ou de um revólver era um trabalho artesanal em que cada peça era feita individualmente e depois todas eram montadas. Com o sistema de peças intercambiáveis, as peças de

---

[28] Ver: *Railways in early nineteenth century Britain*. Disponível em: <http://www.parliament.uk/about/living--heritage/transformingsociety/transportcomms/roadsrail/kent-case-study/introduction/railways-in-early-nineteenth-century-britain/>. Acesso em: 1º out. 2015.

metal usadas num relógio ou revólver eram produzidas aos milhares, cada uma idêntica à outra nas suas medidas. O artesão com seu trabalho quase artístico cedeu lugar aos operários, cada um com a sua função na montagem do produto. Com isso, a produção aumenta enormemente. Na agricultura, a introdução da máquina de semear, de colher, de debulhar e dos silos também teve o mesmo efeito sobre a produção. No final do século XIX, o motor a vapor foi sendo substituído pelo motor elétrico, bem mais prático porque não precisava funcionar junto às máquinas, uma vez que a energia gerada por ele podia ser transmitida através de fios. Era uma energia barata, e assim milhares de pequenas oficinas puderam sobreviver adotando a nova tecnologia. Posteriormente, subprodutos do petróleo foram usados como combustível para gerar a combustão que daria força às máquinas.

Na segunda metade do século XIX, impressiona o número de patentes registradas. Em sua maioria, eram inovações tecnológicas que iam aumentar a produção ou melhorar transportes e comunicações. Porém, o fato mais marcante no campo das inovações tecnológicas foi o início da associação entre ciência e produção. Até então a produção era o campo dos técnicos, dos experimentadores. Porém, com os avanços da química e de várias outras ciências, percebeu-se que elas podiam contribuir em muito para a produção de novos produtos ou para o aperfeiçoamento dos existentes.

Em suma, as transformações nos transportes e nas comunicações contribuíram para criar um mercado nacional e fazer, segundo alguns, no final do século, um mercado global.[29] Essas transformações ampliaram o mercado, mas, da mesma forma, acirraram a concorrência. Isso colocava a seguinte questão: era preciso produzir mais e reduzir os custos de cada unidade produzida. Em economia, isso é chamado de economia de escala.

Transformações no campo da tecnologia contribuíram para resolver esse problema, mas outra transformação também teve um papel preponderante: as transformações do pensamento gerencial. O processo de criação das grandes empresas teve nas ferrovias uma poderosa alavanca. Já vimos que elas foram as principais responsáveis pela criação de um sistema de transporte rápido e seguro. A operação ferroviária necessitava de informação sobre o tráfico e por isso junto aos trilhos corriam os postes telegráficos. Uma ferrovia não podia ser uma pequena empresa, ela já tinha que nascer grande. Basta lembrar que o capital inicial para entrar no negócio era, por volta de 1850, de 10 milhões

---

[29] GRAY, John. O que a globalização não é. *Falso amanhecer*: os equívocos do capitalismo global. Rio de Janeiro: Record, 1999, p. 84.

de dólares, uma fortuna para a época. Elas tinham que ter centenas e até milhares de funcionários para administrar o tráfico ferroviário, lidar com os passageiros e com a carga. Tinham que ter e administrar armazéns para depósito das mercadorias transportadas e com material de reposição. Elas foram as primeiras empresas a fazer uma contabilidade de custos e avaliação de desempenho. Enfim, a operação das ferrovias implicava um grande número de tarefas que precisavam ser coordenadas. Na busca pela eficiência, as ferrovias foram levadas a sistematizar procedimentos e a estabelecer rígidos controles sobre todas as tarefas para garantir que elas seriam feitas. Por tudo isso, para Alfred Chandler as ferrovias foram as primeiras grandes empresas a criar e a aplicar conhecimentos gerenciais que foram a base da moderna administração.[30] As ferrovias podem ter sido as primeiras, mas no decorrer da segunda metade do século XIX a administração de empresas de vários outros setores também se tornou mais complicada e exigia conhecimentos (gerenciais) específicos. O pensamento (conhecimento) gerencial estava começando a ser criado e a mostrar a sua importância.

Assim, a segunda metade do século XIX foi de grande crescimento econômico. No mundo empresarial dois fenômenos merecem destaque. Um deles, como já falamos, é o grande aumento da produção e da produtividade das empresas existentes. O outro é o grande aumento do número de empresas para atender a um mercado em franco crescimento por causa da revolução nos transportes e nas comunicações. O aumento do número de empresas, bem como o aumento da produção das empresas existentes, requeria um grande aumento da mão de obra. Assim, cada vez mais pessoas encontravam empregos nas empresas e, portanto, dependiam delas para o seu sustento. Pelo tempo que o trabalho em empresas tomava das suas vidas, pode-se dizer que eles passavam uma parte das suas vidas trabalhando dentro de empresas. Por trabalharem grande parte do dia não havia mais tempo para a produção de autossubsistência. As empresas produziam roupas, utensílios domésticos, cigarros, bebidas, alimentos enlatados e vários outros produtos a preços convidativos. Em 1900, por exemplo, nos EUA, 60% das pessoas usavam roupas fabricadas em empresas de confecção.

---

[30] CHANDLER, Alfred. D. *The Visible Hand*. Cambridge: Harvard University Press, 1977. Para ele, a criação de um pensamento gerencial, oriundo das ferrovias, mas que logo passa a outros setores da economia, teve um enorme peso nas transformações e no enorme crescimento que a economia mundial teve na segunda metade do século XX. Até então, podia-se dizer, as atividades econômicas estavam submetidas à mão invisível do mercado (Adam Smith), porém, as transformações levadas a cabo pelo pensamento gerencial provam que a mão visível da gerência substitui a mão invisível do mercado (p. 6). Retirado certo exagero que esta frase contém, não há dúvida de que ela expressa o forte poder transformador que o pensamento gerencial teve nesse período e uma forte crença no seu poder transformador para todos os tempos.

Em suma, quer seja pelo fato da empresa se tornar o local típico do emprego e pelo fato das empresas fornecerem de forma crescente os produtos e serviços, elas passaram a ocupar um lugar central na vida social – uma posição que só tendeu a crescer ao longo do século XX.

A inovação tecnológica possibilitou que as fábricas pudessem produzir cada vez mais, e reduzindo os seus custos. Em 1880, a Procter & Gamble, utilizando nova tecnologia, obteve aumento gigantesco da produção de sabão. Com Henry Ford, a produção em massa chegou ao setor automobilístico. A produção em massa exigia novas formas de comercialização e distribuição, mas, principalmente, ela também exigia o consumo de massa. Por isso, no final do século XIX a atenção dos fabricantes se voltou para o marketing e a publicidade. Os produtos que antes eram vendidos a granel passaram a ser embalados e passaram a ter uma marca. Promover a marca se tornou uma preocupação. Assim eles podiam fazer os consumidores exigirem dos comerciantes que tivessem aqueles produtos em suas lojas. A publicidade se tornou um importante instrumento de marketing. Antes havia o cliente, agora estava sendo criado o consumidor.[31]

Para atender a toda e qualquer necessidade, seja das empresas ou dos consumidores, novas empresas estavam sempre sendo criadas. Veja-se, por exemplo, o caso dos lares no final do século XIX. Nessa época passou a predominar entre a classe alta e média a ideia de que as habitações deviam oferecer conforto e bem-estar. Surgem fábricas de móveis, cortinas, tapetes etc. O banheiro foi trazido para dentro da casa. As louças do banheiro precisavam ser fabricadas. A luz elétrica trouxe maior bem-estar, mas exigia a compra de vários bens e isso criava um novo mercado para nascentes empresas. Novas invenções provocam novas necessidades (assim foi com o telefone), e novas empresas surgem para satisfazer essas necessidades.

Assim, na primeira década do século XX, nos Estados Unidos e em alguns países da Europa, as empresas dominavam o espaço da vida social – uma tendência que rapidamente se espalharia pelo resto do mundo.

2.6 AS GRANDES CORPORAÇÕES DA ATUALIDADE

Na história mundial das empresas, as companhias de comércio, no século XVII, foram as primeiras grandes corporações. Quer seja pelo número de pessoas que empregavam, quer seja pelo capital envolvido e pelos seus lucros, os números

---

[31] KLEIN, Maury. *The Genesis of Industrial America*: 1870-1920. Cambridge: University of Cambridge Press, 2007, p. 190.

eram impressionantes. Porém, essas companhias não sobreviveram por muito tempo. Eram empreendimentos que dependiam de grandes contingentes armados e do monopólio concedido pelos monarcas dos países a que estavam ligadas. Devido aos seus elevados custos operacionais, elas só podiam sobreviver porque se fundavam no monopólio. No último quarto do século XVIII, a quase totalidade delas já tinha desaparecido. No século XIX, empresas com mais de duzentos empregados eram raríssimas. O cenário empresarial era dominado pelo que hoje chamamos de pequenas e médias empresas.

No final do século XIX, as grandes corporações voltaram à cena. Não eram mais companhias de comércio, mas, inicialmente, dos setores de transporte e energia. Ao longo do século XX, elas se tornaram uma forte presença em todos os setores da economia.

No mundo empresarial atual, tal como no passado, o número de pequenas e médias empresas é infinitamente maior do que o das grandes empresas. Porém, são as grandes empresas que mais chamam atenção. Faz sentido, pois empregam milhares de pessoas em dezenas de países e movimentam bilhões de dólares ao ano. Um levantamento feito em 2000 pelo Institute for Policy Studies comparou a receita bruta de grandes empresas com o PIB dos países e constatou que das 100 maiores economias do mundo 51 são empresas.[32] Em 2010, o site *Business Insider* mostrou que o faturamento de algumas empresas supera o da maioria dos países. Por exemplo, em faturamento, o Wal-Mart supera o PIB da Noruega e a General Electric (GE) supera o da Nova Zelândia.[33] Em vários setores, as grandes empresas controlam o mercado, isto é, elas são responsáveis pela maior parte dos produtos ofertados. Muitas pessoas concluem daí que elas controlam as nossas escolhas.[34] Independentemente do juízo que se faça sobre as grandes corporações, é inegável que elas são atores importantes no cenário econômico e social no mundo contemporâneo.

É conveniente lembrar que a chamada centralização do capital não ocorre apenas no setor industrial. É um processo que ocorreu também em setores como o bancário. No Brasil, por exemplo, existiam 336 bancos em 1964, e este

---

[32] Empresa: maior que país. *Superinteressante*, edição 337, dez. 2004. Disponível em: <http://super.abril.com.br/comportamento/empresa-maior-que-pais>. Acesso em: 1º out. 2015.
[33] 10 gigantes do capitalismo que são maiores do que muitos países. *Exame.com*, 28 jun. 2011. Disponível em: <http://exame.abril.com.br/negocios/noticias/dez-gigantes-do-capitalismo-que-sao-maiores-que-muitos-paises>. Acesso em: 1º out. 2015.
[34] Esta é, por exemplo, a tese defendida pela Oxfam International, uma ONG criada na universidade de Oxford e que hoje está presente em 100 países. Segundo o seu Informativo 166, de 26 fev. 2013: "Em um mundo com 7 bilhões de consumidores de alimentos e com 1,5 bilhões de produtores de alimentos, pouco mais de 500 empresas controlam 70% das escolhas" (p. 5).

número caiu para 164 em 2003, mesmo tendo a economia brasileira crescido enormemente neste período. Porém, quando se trata de mediar a centralização no setor bancário, há dados mais significativos. Em 2003, os 10 maiores bancos concentravam 76,3% do crédito e 80% dos depósitos.[35] No Brasil, no ramo do comércio a concentração é grande. Basta ver que as cinco maiores redes de mercados faturam quase a metade de toda a receita gerada por um setor composto por milhares de empresas. Em São Paulo, a concentração chega a 60%.[36] No ramo de mercados a centralização não significa, pelo menos por enquanto, destruição massiva dos menores, mas uma concentração das vendas. O mesmo processo ocorre no campo. Segundo o Censo Agropecuário de 2009, havia 5,2 milhões de estabelecimentos agropecuários ocupando 330 milhões de hectares (36,7% do território brasileiro). As propriedades com mais de 1.000 hectares, que representam 3% do número total de estabelecimentos, concentram 43% da área ocupada.[37]

Um dos primeiros autores a estudar este fenômeno foi Karl Marx. Ele o chamou de centralização do capital.[38] A centralização do capital é o processo através do qual uma empresa cresce e, por estar numa estrutura competitiva, ela destrói ou absorve empresas concorrentes e assim se torna cada vez maior. O resultado final desse processo é que, em vários setores da economia, um pequeno número de empresas controla grande parte da oferta. Na visão de Marx, a centralização era uma decorrência direta da conjuntura econômica, pois surgia em função das crises do capitalismo. A crise fragilizava algumas empresas que acabam sendo levadas à falência ou compradas por outras. Na visão de Marx, o surgimento das grandes corporações é atribuído por ele às chamadas leis do capitalismo. Na sua lógica de funcionamento interno, o grande capital inexoravelmente expropria o pequeno capital.

A conjuntura econômica pode favorecer a centralização do capital, mas os estudos mais atuais sobre o processo, pelo menos na sua fase inicial, apontam para outros fatores. Convém lembrar que originalmente as grandes empresas

---

[35] TROSTER, Roberto Luis. *Concentração bancária*. Disponível em: <www.febraban.org.br/arquivo/servicos/imprensa/conc0404.pdf>. Acesso em: 1º out. 2015.
[36] Concentração de supermercados sobe para 46% no país, diz estudo. *Folha de S. Paulo*, 1 jul. 2011. Disponível em: <http://www1.folha.uol.com.br/fsp/mercado/me0107201109.htm>. Acesso em: 1º out. 2015.
[37] Concentração de terras aumenta no Brasil, diz IBGE. *O Estado de São Paulo*, 30 set. 2009. Disponível em: <http://economia.estadao.com.br/noticias/geral,concentracao-de-terras-aumenta-no-brasil-aponta-ibge,443398>. Acesso em: 1º out. 2015.
[38] Segundo alguns autores, Marx distinguiu a concentração do capital da centralização do capital. Utilizamos aqui esta última expressão para o processo que estamos tratando, porém, é mais frequente a ocorrência da expressão *concentração do capital* para se referir a esse processo. Neste texto, mantivemos a expressão usada por Marx, mas deixamos claro que elas são intercambiáveis e o termo concentração é de uso mais corrente.

são um fenômeno tipicamente americano. Eles apontam para a revolução nos transportes e nas comunicações que, ao criarem um mercado nacional, aumentaram enormemente a concorrência, forçando os preços para baixo. Num cenário como esse, as empresas que conseguissem reduzir custos e fossem mais eficientes tenderiam a ser mais bem-sucedidas. Para atingir esses objetivos podia-se recorrer à fusão. Há uma fusão quando duas ou mais empresas de um setor se unem para formar uma única empresa, com isso reduzem custos operacionais e detêm maior poder de negociação com fornecedores, clientes e com os seus empregados. Mas esses objetivos também podem ser alcançados através da formação de trustes ou cartéis.[39] Em tese, os trustes são formados quando diversas empresas que se unem, sem perder a sua autonomia, para tomar decisões unificadas ou quando criam uma empresa única com participação acionária equitativa de diferentes empresas de um mesmo ramo, para que essa empresa aja em defesa dos interesses das empresas por ela representadas. Já os cartéis são acordos entre empresas para controlar a oferta de produtos no mercado, estabelecer preços etc. Todas essas são estratégias competitivas, ou seja, uma forma de enfrentar e vencer a concorrência.

Há uma tendência a ver o processo de centralização ou concentração do capital de forma trágica. Segundo essa visão, o mundo empresarial se assemelharia a uma selva na qual os mais fortes devoram os mais fracos. Que as grandes devoram as pequenas é um fato. Porém, as grandes empresas não nasceram grandes. Elas só conseguiram crescer como resultados de estratégias bem-sucedidas e de estruturas eficientes. Duas histórias ilustram bem o que estamos falando. É interessante observar como a vida desses homens está interligada com as grandes transformações que estavam ocorrendo na segunda metade do século XIX. Eles não foram apenas fruto das circunstâncias. Eles criaram as circunstâncias.

Pegue-se, por exemplo, o caso de Andrew Carnegie (1835-1919). De origem humilde, ele trabalhou bastante e conseguiu capital para se associar numa empresa de produção de aço. Até 1870, a Grã-Bretanha produzia o dobro do aço produzido por todos os países do mundo. Em 1900 a Carnegie Steel produzia mais aço que toda a indústria britânica. Como ele conseguiu isso? Ele era obcecado

---

[39] A distinção entre trustes e cartéis também não é muito simples, a ponto de vários dicionários, tais como o Merrian Webster e o Houaiss, além de outros, tratarem as duas palavras como sinônimas. Jeffrey Fear escreveu o capítulo sobre cartéis para historiar a concentração do capital e não viu necessidade de falar dos trustes. A única vez em que essa palavra aparece é para informar que não é adequado utilizá-la ("Política antitruste é um termo impróprio, o nome mais correto seria política anti-cartel" (p. 272). Para nós, isso indica o imbróglio envolvendo o uso dessas duas palavras. Ver: FEAR, Jeffrey. Cartels. In: JONES, Geoffrey; ZEITLIN, Jonathan (orgs.). *The Oxford Handbook of Business History*. Oxford: Oxford University Press, 2007, p. 272.

por novas tecnologias e inovou na produção do aço. Ele também era obcecado pela redução de custos. Criou uma empresa verticalizada envolvendo mineração, siderurgia e metalurgia, pois extraía o ferro, produzia o aço e fabricava trilhos e peças de aço para pontes e prédios. Assim, eliminava intermediários e baixava custos. Ele foi um dos primeiros a introduzir um minucioso sistema de contabilidade que permitia identificar quais setores da sua empresa deveriam merecer atenção. Foi pioneiro em oferecer ações da sua empresa como bônus pela superação de metas. Com isso, ele fez o preço do aço despencar de 84 dólares em 1870 para 14 dólares em 1900. A busca constante pela eficiência e pela redução de custos criou um grave problema para os seus concorrentes. Tendo custos mais elevados de produção, a eles sobrava duas opções: vender suas empresas para Carnegie ou falir.[40] Isso levou à centralização e uma empresa gigantesca passou a dominar o mercado. Porém, por outro lado, a constante redução no preço do aço levou a uma redução no custo do transporte ferroviário, de pontes e de construções que utilizavam o metal, beneficiando um grande número de pessoas. O mesmo poderia ser falado de John D. Rockfeller ou Henry Ford. Ambos criaram empresas gigantescas. O primeiro no setor do petróleo (Standard Oil Company) e o segundo no setor automobilístico (Ford Motor Company). Eles cresceram porque ofereciam produtos melhores e mais baratos,[41] o que fez com que muitos concorrentes saíssem do mercado. Houve processo de concentração do capital, resultado de estratégias empresariais bem-sucedidas.

Quando olhamos para o mundo empresarial, as grandes empresas são as que mais chamam a atenção. Entretanto, nunca devemos esquecer o número infinito de médias e pequenas empresas que formam esse universo. No século XX, as empresas se firmaram nos mais variados setores. A diversão, a educação, a saúde e a nossa segurança dependem, em grande parte, de serviços diretos ou indiretos fornecidos por empresas. As empresas garantem o emprego da maior parte da população empregada. Elas recolhem impostos que possibilitam que o Estado cumpra as funções a que se propôs. E o mais importante de tudo, elas criam riquezas. Se hoje vivemos mais tempo, com mais conforto e bem-estar que os nossos antepassados isso se deve em grande parte aos bens e serviços oferecidos pelas empresas. Por tudo isso, não seria exagero afirmar que vivemos num mundo criado pelas empresas.

---

[40] GÓMEZ, Alejandro. *Creadores de riqueza*: empreendores que cambiaron nuestras vidas. Santiago: Instituto Democracia y Mercado, 2011.
[41] Durante grande parte do século XIX a iluminação das casas era feita com óleo de baleia. Esse produto era caro e, por isso, poucos tinham condições de comprá-lo.

QUESTÕES DE FIXAÇÃO

1. Cite aspectos positivos e negativos associados ao mercado.

2. Quais são as vantagens da utilização da moeda feita com metal precioso?

3. Cite duas semelhanças entre as empresas existentes na Antiguidade e a empresa moderna.

4. Cite uma característica das supercompanhias medievais que as assemelham às empresas modernas.

5. Cite uma semelhança e uma diferença entre as grandes companhias de comércio dos séculos XVI e XVII e as grandes empresas modernas.

6. Qual foi a grande inovação (em relação à produção artesanal) introduzida pela manufatura? E pela fábrica? Justifique sua resposta.

7. Segundo alguns autores, quais são os dois elementos que efetivamente criaram a empresa moderna?

8. Cite as grandes transformações que possibilitaram o surgimento das grandes corporações.

9. Explique o surgimento do marketing e da publicidade.

10. Há no texto do capítulo duas hipóteses que explicam o surgimento das empresas gigantescas que hoje dominam o meio empresarial. Quais são elas?

CAPÍTULO 3 — A SOCIEDADE MODERNA

3.1 INTRODUÇÃO

O conceito que será tratado nesse capítulo é o da sociedade moderna. Por que é importante fazermos uma reflexão sobre esse conceito? A primeira razão é que a sociedade moderna é a sociedade em que vivemos. Assim, esta reflexão nos levará a entender um pouco melhor a nossa realidade social. A segunda razão é que muitas das características da sociedade moderna acabam tendo impacto sobre a empresa. Por exemplo, se hoje as mulheres reivindicam maior participação na direção das empresas, está fundamentada em uma característica da sociedade moderna, a da igualdade.

3.2 A IDEIA DE MODERNIDADE

A palavra *moderno* vem do latim *modernus*, que significa o tempo atual ou recente. Entre os romanos, ela era apenas uma referência temporal, não trazia um julgamento sobre a época vivida.

Fazendo um salto para o final do século XVII, a produção artística da Europa nessa época ainda se dava sob o espírito do Renascimento, um movimento que exaltava a cultura da Antiguidade Clássica, ou seja, da Grécia e de Roma. Para os renascentistas, de modo geral, a melhor forma de exaltar essa cultura pela arte era imitando-a. Porém, no final do século XVII, começou a haver discordâncias em relação a essa valorização da arte antiga. Surgiram autores que passaram a considerar a produção artística que estava ocorrendo nessa época superior à dos antigos.

Estabeleceu-se assim uma oposição entre os que queriam seguir os modelos do passado e os que passaram a intitular-se modernos. Para estes, o passado tinha sido superado. Dessa forma, a noção de moderno começou a ser associada não apenas ao tempo presente (entenda-se a produção artística do tempo presente), mas também a um julgamento de valor. A noção de moderno, pelo menos em termos de arte, em especial na pintura e na literatura, trazia de forma implícita a ideia de que o presente era superior ao passado.

> **ATIVIDADE 3.1** Se alguém dissesse que você tem um jeito moderno, você veria como uma virtude ou um defeito? Justifique a sua resposta.
> R. Com certeza o aluno verá como um elogio (virtude). Professor, isso servirá para comprovar que a palavra moderno assumiu um sentido valorativo positivo na nossa cultura. É a construção desse sentido positivo que estamos tratando nesta parte do capítulo

Por muito tempo, a noção de moderno como expressão de algo superior ficou restrita aos debates sobre arte. Como então ela chegou às ciências sociais?

Essa noção passou a fazer parte das ciências sociais associada a outro conceito, o de progresso. A palavra *progresso* é bem antiga. No latim, indicava avanço. Entretanto, não se empregava o conceito de progresso para descrever a história. Os gregos da Antiguidade acreditavam que todas as sociedades passavam por um ciclo de ascensão seguido por decadência. Nesse caminho "normal", não cabia, portanto, a ideia de progresso. Na Idade Média, acreditava-se que a história humana era um retorno a Deus. Os homens tinham sido criados por Deus em um passado longínquo e em um futuro distante, no juízo final, voltariam para ele. Também não cabia a ideia de progresso nessa visão.

Foi só no século XVIII que a concepção de progresso ganhou força nas ciências sociais,[1] principalmente em razão dos autores do Iluminismo. Ao estudar os registros do passado, esses pensadores consideraram que, embora os povos do passado fossem diferentes dos europeus, eles faziam parte de uma mesma história, pois todas as pessoas faziam parte de um mesmo grupo, a humanidade. Assim, acreditava-se que era possível escrever uma história da humanidade, a qual seria dividida em diferentes fases, cada uma delas com um modo de vida específico. Na escala criada por eles, a primeira fase da história da humanidade era considerada a mais primitiva, e quanto mais o modo de vida de um povo

---

[1] BOCK, Keneth. Teorias do progresso: desenvolvimento e evolução. In: BOTTOMORE, Tom; NISBET, Robert (orgs.). *História da análise sociológica*. Rio de Janeiro: Zahar, 1980.

se diferenciasse dessa fase, mais avançado ele seria. Estabeleceu-se com isso uma escala, ou seja, uma hierarquia e, de acordo com a fase que uma sociedade estivesse, ela seria colocada em um dos pontos dessa escala.

Dessa forma, tornou-se possível escrever e dar um sentido à história da humanidade. Ela seria uma grande narrativa que mostraria como os seres humanos evoluíram de um estágio primitivo a um mais avançado.

Então já podemos perceber como a noção de progresso foi construída. Basicamente, ela também significa uma mudança para melhor. Nesse caso, ela se confunde com a de evolução. Porém, o que os autores do Iluminismo fizeram foi dar uma explicação para a evolução. Para eles, a aplicação da razão e da ciência nas diferentes esferas da vida social são as forças que promovem e explicam o avanço, ou seja, a evolução. A ideia de progresso representa uma das maiores mudanças na visão dos homens sobre si mesmos, pois, na nossa cultura, ela se tornou um ideal.[2] Basta ver que é como ideal que ela se inscreve na bandeira do nosso país. Como um ideal ela implicou na valorização da mudança, desde que ela seja em direção a um controle crescente do homem sobre a natureza e à libertação dos homens das crendices e superstições.

A criação da sociologia no século XIX é fruto dessa crença, ou seja, a de que era possível e necessário reconstruir o mundo através do uso da razão. Os autores iluministas acreditavam que a ignorância é que nos mantinha em estágios primitivos e nos aprisionava. Por isso, quanto mais conhecêssemos o mundo, e aqui eles também estão falando do mundo social, e não apenas do natural, mais poderíamos transformá-lo em algo melhor. O projeto da sociologia era exatamente esse.[3] Os primeiros sociólogos, como Augusto Comte (1798-1857), Karl Marx (1818-1883) e Émile Durkheim (1858-1917), pensavam que era possível e necessário transformar a realidade social segundo um plano racional. Esse plano seria fornecido pelo conhecimento gerado pela sociologia.

Na primeira metade do século XIX, quando os pensadores europeus, em especial os franceses, ingleses e alemães, caracterizavam o estágio superior de evolução das sociedades humanas, eles se viam, junto com os norte-americanos, como os únicos povos a terem alcançado essa etapa. Eles se autoproclamaram como a expressão máxima do progresso. Eles se viram como as únicas sociedades modernas.

---

[2] TUVESON, Ernest. Verbete *Progress*. In: OUTHWAITE, William; BOTTOMORE, Tom. *The Blackwell Dictionary of Twentieth-Century Social Thought*. London: Blackwell, 1993, p. 516.

[3] THOMAS, Helen; WALSH, David F. Modernity/Postmodernity. In: JENKS, Chris Core. *Sociological Dichotomies*. London: Sage, 1998, p. 370.

É nesse contexto intelectual que surge o conceito de sociedade moderna, criado para designar as sociedades que estavam no ponto mais alto da evolução humana.[4] Na visão iluminista, a história da humanidade poderia ser representada por uma linha ascendente e, segundo o estágio em que se encontrassem, as sociedades humanas, do passado e do presente, seriam distribuídas ao longo dessa linha. Algumas estariam na base ou em pontos intermediários, como as chamadas sociedades primitivas ou tradicionais. Outras (poucas) estariam no topo, como as sociedades europeias, que se julgavam superiores e, por isso, seriam a mais alta expressão do progresso humano. Logo, o conceito de sociedade moderna surgiu exatamente para designar aquelas que se encontram no topo.

Assim, a expressão "sociedade moderna" surgiu para demonstrar não só o olhar da Europa e dos Estados Unidos sobre eles próprios, mas também sobre o resto do mundo. Ao se classificarem como modernas, essas sociedades estavam se colocando como superiores e, automaticamente, considerando como inferiores e primitivas todas as sociedades que fossem diferentes.

A noção de sociedade moderna expressa uma visão etnocêntrica ou eurocêntrica, pois faz de uma determinada sociedade, a sociedade europeia do século XIX, o estágio superior da humanidade. Entretanto, a visão etnocêntrica não é exclusiva da sociedade europeia nem foi criada no século XIX. Na Antiguidade, os gregos usavam a palavra *bárbaro* para denominar todos os povos que não falavam grego. Essa palavra também continha um juízo de valor, pois, para os gregos, significava "inferior". Os romanos usavam a palavra *bárbaro* para denominar os povos que viviam nas fronteiras do Império Romano e que eles consideravam atrasados. Os chineses da Antiguidade se consideravam "o império do centro do mundo". Os antigos persas faziam o mesmo, e quanto mais distante o povo vivesse do centro do Império, mais selvagens os persas os considerariam. Esses são exemplos de etnocentrismo.

Portanto, o etnocentrismo é bem antigo, não é uma criação dos europeus nem é exclusivo deles. Mas há uma diferença fundamental entre o etnocentrismo

---

[4] Não se sabe quem teria criado ou utilizado pela primeira vez o conceito de "sociedade moderna". Já a palavra *modernismo*, entendida como um afastamento do modo de ser dos antigos e dos clássicos, foi criada por Jonathan Swift em 1703 (*Online Etymology Dictionary*). Raymond Williams afirma que, ao longo do século XIX, a palavra *moderno* se tornou "quase equivalente a melhorado, satisfatório, eficiente" (WILLIAMS, Raymond. *Palavras-chave*. São Paulo: Boitempo Editorial, 2007, p. 282). O processo que está sendo descrito nesta parte do nosso livro é o da construção do sentido positivo dado à palavra *moderno*. Criaram-se então as condições para o surgimento de expressões como "sociedade moderna", "arte moderna", "arquitetura moderna", "dança moderna" e várias outras, todas elas demarcando uma ruptura e certa superioridade em relação à situação existente em cada um desses campos.

do passado e o que caracterizou a sociedade moderna. No passado, os povos considerados bárbaros, inferiores ou atrasados não se viam assim, nem viam como superiores os povos que se autointitulavam como tal. Quando um grego chamava um persa de bárbaro ou um romano chamava as tribos germânicas de bárbaras, isso não fazia o menor sentido para esses povos. Os persas queriam derrotar e submeter os gregos. Nada na Grécia os impressionava. As tribos germânicas destruíram o Império Romano. De Roma queriam apenas o que podiam saquear. Os chineses consideravam os mongóis como bárbaros, construíram uma grande muralha para afastá-los, mas os mongóis derrotaram os chineses. Pouca coisa ou quase nada na cultura dos povos que, no passado, se autoproclamavam como superiores parecia atrair os povos "bárbaros" e fazê-los imitar esse modo de vida.

A grande novidade que o conceito de sociedade moderna trouxe para a história da humanidade foi o fato de que, no final do século XIX, uma determinada sociedade se autoproclamou superior, e muitas das que eram consideradas inferiores aceitaram esse rótulo e viram a sociedade europeia como um modelo a ser imitado. O que a história contemporânea registra é a adoção do modelo de sociedade moderna – criado na Europa no século XIX – em várias partes do mundo. Pela primeira vez na história, um modelo de sociedade, originalmente criado em dois ou três países, teve tamanha aceitação. É por isso que muitos autores afirmam que a modernidade se tornou um valor universal.[5]

Tornar-se moderno é um processo, é uma construção. Algumas sociedades adotam algumas características da modernidade, mas resistem a adotar outras. Há sociedades que avançam rapidamente, enquanto outras caminham de modo mais lento rumo à modernidade. Mas o fato inegável é que, ao longo dos últimos 200 anos, um número crescente de sociedades tem seguido nessa direção.

---

[5] Ver: FUKUYAMA, Francis. *O fim da história e o último homem*. Rio de Janeiro: Rocco, 1999. As ideias desse livro podem ser vistas como um endosso à ideia de que a modernização está se tornando um valor universal, pois uma das teses defendidas afirma que a história teria chegado a um fim não porque não haveria mais eventos históricos, mas porque a humanidade não conseguiria encontrar alternativa melhor para a democracia liberal. Embora note que ainda há muitos países não democráticos, o autor acredita que no médio ou longo prazo a democracia liberal acabará sendo o único regime político existente. O livro de John Gray (*Al Qaeda e o que significa ser moderno*. Rio de Janeiro: Record, 2004) também pode ser visto como confirmação da ideia de que a modernidade está se tornando um valor universal, pois, segundo o autor, a organização terrorista Al Qaeda, que tem como um dos seus objetivos a destruição, pelo menos em território islâmico, de todos os sinais da modernidade, recorre a elementos típicos da modernidade para atingir seus objetivos.

ATIVIDADE 3.2   Abaixo você lerá um trecho da biografia da imperatriz Cixi, que exerceu o poder na China nas três últimas décadas do século XIX. O trecho abaixo nega ou confirma o que foi falado no parágrafo acima? Justifique a sua resposta.

"E assim, Cixi eliminou todos os obstáculos e reconduziu o império ao rumo que tinha definido antes. Dessa vez ela aceleraria o ritmo do progresso. Durante a reclusão forçada no harém, sua mente não estivera ociosa, e ela aprendera muito a respeito do cenário internacional, a partir dos relatórios e diários dos viajantes que enviara para o exterior naquelas primeiras expedições. Em Hong-Kong e nos Portos do Tratado, haviam surgido novos jornais ao estilo ocidental disponíveis na corte, onde tinham se tornado fontes de informação imprescindíveis. Em comparação com uma década atrás, quando pela primeira vez ela chegara ao poder, Cixi tinha agora muito mais conhecimento, não só do Ocidente, como também da modernidade. Estava convencida de que a modernização era a resposta para os problemas do império – e sabia também que tinha perdido muito tempo."

Fonte: CHANG, Jung. *A Imperatriz de Ferro, a concubina que criou a China moderna*. São Paulo: Companhia das Letras, 2013, p. 153.

Se isso acontecer, ter-se-á a vitória do modelo de sociedade moderna. O mundo se tornará tediosamente igual? Não, porque, pelo menos em médio prazo, as particularidades culturais de cada sociedade serão mantidas. Em outras palavras, as características gerais da sociedade moderna assumirão formas particulares para se adaptar ao modo de vida de cada povo. Nos Estados Unidos, por exemplo, a prática da democracia tem especificidades que a diferenciam da democracia praticada na Inglaterra.

3.3 CARACTERÍSTICAS DA SOCIEDADE MODERNA

Raras foram as vezes em que os cientistas sociais do século XIX utilizaram a expressão "sociedade moderna". O termo só passou a ser empregado com mais frequência na segunda metade do século XX. A partir daí, a sociologia nunca mais abandonou esse conceito.[6]

---

[6] Na bibliografia das ciências sociais, nota-se que há duas maneiras de conduzir a reflexão sobre a modernidade. Uma delas prefere falar em modernidade procurando enfatizar, com este termo, o seu caráter processual e as tensões inerentes ao processo de modernização. Melhor dizendo, para esta corrente, compreender a modernidade seria compreender essas tensões e os seus desdobramentos. Essa é a linha

Os cientistas sociais costumam designar como sociedades modernas aquelas que apresentam certas características específicas. E não é pura coincidência que tais características sejam exatamente as de algumas sociedades europeias e da norte-americana da segunda metade do século XIX. Quando se fala de sociedade moderna, a referência é a Europa e os Estados Unidos dessa época.

Como identificar as características da sociedade moderna? Em primeiro lugar, pelos aspectos relevantes que a diferenciam radicalmente da sociedade que a antecedeu. Deve ficar claro que nenhuma sociedade surge já como moderna. A sociedade moderna hoje existente surgiu de mudanças sociais ocorridas na sociedade tradicional, mudanças essas que foram tornando-a diferente da tradicional. Então, para entender a sociedade moderna, é preciso conhecer as suas principais características e como elas se contrapõem às da sociedade tradicional.

3.3.1 Características econômicas da sociedade moderna

3.3.1.1 Ter um parque industrial expressivo

As sociedades tradicionais eram sociedades agrárias, ou seja, a maior parte da população vivia das atividades agropecuárias. Diferentemente desta, a sociedade moderna se caracteriza pelo predomínio do sistema fabril.

Na sociedade tradicional, havia máquinas. Por exemplo, um moinho produzia farinha usando a força do vento. Alguns engenhos do Brasil colonial usavam a força da água para moer a cana. Mas todas essas máquinas dependiam da força da natureza. Com a invenção da máquina a vapor, a humanidade criou uma fonte própria de energia e a partir daí foi possível produzir de forma crescente e permanente. Em pouco tempo, diversos produtos passaram a ser fabricados de forma industrial. Até a produção agrícola passou a depender de máquinas, ferramentas e adubos produzidos nas fábricas. Com isso, as fábricas contribuíram para aumentar de modo gigantesco a produção de alimentos, tornando-se o centro da vida econômica de vários países da Europa e dos Estados Unidos.

---

seguida, por exemplo, no livro: RUNDEL, John. *Origins of Modernity*: The Origins of Modern Social Theory from Kant to Hegel, to Marx. Cambridge: Polity Press, 1987. Neste caso, a modernidade é um projeto intelectual para um mundo futuro (e melhor). A outra maneira de conduzir a reflexão sobre a modernidade concentra a sua reflexão nas instituições que caracterizam a sociedade moderna. Esta é a linha desenvolvida, por exemplo, na coleção de quatro volumes editada por Stuart Hall, intitulada *Understanding Modern Societies*: an Introduction. Cambridge: Polity Press/Blackwell Publishers/Open University, 1993. Esta última é a que adotamos neste livro.

O sistema fabril alterou profundamente o modo de vida nas cidades. Por exemplo, a fábrica separou os espaços de trabalho dos espaços do lar. Até então, grande parte das pessoas vivia no mesmo local onde trabalhava, como os artesãos urbanos; ou a casa e o local de trabalho faziam parte de uma mesma unidade produtiva, como era o caso dos agricultores. Com a fábrica, o local da residência e o do trabalho passaram a ser espaços distintos. A fábrica também instituiu uma nova divisão do tempo. A sociedade tradicional era regida pelo tempo natural: dia, noite e estações do ano. A fábrica implantou o horário do relógio e o dia passou a ser contado pelas horas dedicadas ao trabalho e ao tempo livre. Foram mudanças que moldaram profundamente a vida social e assim demarcaram uma radical separação entre a sociedade moderna e a tradicional.

A fábrica é tão importante na caracterização da sociedade moderna que alguns autores utilizam a expressão "sociedade industrial" como sinônimo de "sociedade moderna".[7] Na segunda metade do século XIX, os viajantes estrangeiros que visitavam as cidades industriais inglesas (Manchester, Bristol, Liverpool, Londres e outras) voltavam impressionados. Suas narrativas diziam que tinham visto o futuro e afirmavam que ou seus países seguiam os passos da Inglaterra e se industrializavam ou ficariam irremediavelmente para trás.

Há autores que colocam o capitalismo e a economia de mercado como mais uma característica econômica da sociedade moderna. Aceitando-se isso teríamos que classificar como não modernas as economias industrializadas das repúblicas socialistas da Europa oriental, o que obrigaria a criar uma categoria à parte para classificá-las, pois não seria possível classificá-las como tradicionais tendo em vista que a maioria delas apresentava um expressivo parque industrial. Há uma solução mais prática que consiste em não considerar a economia de mercado (ou seja, o capitalismo) como característica econômica da sociedade moderna. É possível imaginar uma economia moderna, entenda-se industrializada, funcionando sob a forma de propriedade estatal e sob o rígido controle do Estado. À exceção do fato da fábrica capitalista ser propriedade privada e estar guiada pela noção do lucro, nada a diferencia do funcionamento e da organização de uma fábrica em uma sociedade comunista. Os efeitos que o sistema fabril teve sobre a vida social foram semelhantes em ambas as sociedades. Por isso, vamos considerar que a principal característica

---

[7] A associação entre sociedade moderna e sociedade industrial é feita por vários autores. Dentre eles podemos citar: DAHRENDORF, Ralf. *As classes e os seus conflitos na sociedade industrial*. Brasília: Editora da UNB/Fundação Roberto Marinho, 1978; ARON, Raymond. *18 lições sobre a sociedade industrial*. São Paulo: Martins Fontes/Editora da UNB, 1981.

econômica da sociedade moderna é ter um parque industrial expressivo, seja ela capitalista ou socialista.[8]

3.3.2 Características políticas da sociedade moderna

3.3.2.1 Se organizar como Estado-Nação

A primeira característica política da sociedade moderna é estar organizada politicamente como um Estado moderno.[9] O conceito de Estado no vocabulário político tem três significados distintos: 1) Pode significar um país, por exemplo quando se diz que a Organização das Nações Unidas (ONU) é, atualmente (em 2015),[10] formada por 193 Estados-membros; 2) Também pode significar a organização política de uma nação, por exemplo quando lemos ou ouvimos as seguintes expressões: chefe de Estado, política de Estado, o Estado brasileiro; 3) E também pode designar a divisão política de alguns países, por exemplo, a divisão do Brasil em estados. Neste capítulo utilizaremos este conceito tanto no primeiro quanto no segundo sentido, pois um país só pode ser chamado como tal se estiver politicamente organizado sob a forma de Estado.

O Estado como organização política da sociedade é muito antigo.[11] Há mais de 6 mil anos já havia Estado no Egito e em vários reinos da Mesopotâmia. Em termos bem simples, isso quer dizer que havia uma autoridade central na figura de um soberano que controlava o poder, ajudado por um corpo de funcionários e por um grupo armado para manter a ordem e fazer cumprir as ordens do soberano. Dentre os funcionários reais havia o grupo dos coletores de impostos, encarregados de cobrar impostos. O Estado era mantido com os recursos arrecadados sob a forma de impostos.

Durante parte da história, a organização política que dominou o cenário internacional foi o império. Os impérios são unidades políticas nas quais um centro com poder impõe a sua dominação sobre muitos povos. Nem o Império Romano, nem o Persa, nem o Chinês, nem qualquer outro do passado formava uma nação. Os impérios eram unidades multiétnicas, em outras palavras, eles agrupavam povos com diferentes idiomas e culturas. Geralmente, cada

---

[8] Sobre a não inclusão do capitalismo como uma característica econômica da sociedade moderna nos baseamos em: BROWN, Viviene. The Emergence of Economy. In: HALL, Stuart; GIEBEN, Bran (orgs.). *Formations of Modernity*. Cambridge: Polity Press/Open University Press, 1992.

[9] A caracterização do Estado Moderno apresentada neste capítulo foi extraída de: PIERSON, Christopher. *The Modern State*. London: Routledge, 1996. Além das características citadas acima, o autor elenca outras, porém, optamos por não citar todas porque algumas nos pareceram redundantes.

[10] http://nacoesunidas.org/conheca/paises-membros/

[11] FUKYYAMA, Francis. A chegada do Leviatã. _____. *As origens da ordem política*: dos tempos pré-humanos até a Revolução Francesa. Rio de Janeiro: Rocco, 2013.

povo dominado podia manter os seus costumes e a sua realeza. Desses povos, os impérios só queriam tributos e ajuda em guerras. No centro político de um império havia uma unidade política organizada sob a forma de Estado, por exemplo, Roma, que submetia outros estados (reinos) e povos, por isso formava um império. Evidentemente que havia reinos e povos independentes, ou seja, entidades políticas que por uma razão qualquer não tinham sido anexados a um império.

Na Europa ocidental, o grande império da Antiguidade foi o romano. Depois de sua queda, a Europa viveu por quase mil anos fragmentada politicamente. Apesar da existência formal de reis, o poder permaneceu nas mãos dos nobres feudais, que tinham seus próprios exércitos e suas fontes de renda. Foi só a partir do século XIII que ocorreu, em algumas regiões da Europa, um lento mas crescente fortalecimento do poder do rei. As monarquias europeias começaram a se constituir, com a criação de um exército real e de fontes de rendas próprias para a monarquia. Não foi um processo pacífico, pois os nobres e a Igreja católica se recusavam a perder o poder de que antes dispunham. Na Europa, o fortalecimento do poder do rei foi a base para o surgimento do Estado moderno.

Mas ainda seria necessário um reforço para a criação do Estado moderno se consolidasse. Esse reforço veio com a chamada Paz de Vestefália (1648), um tratado político que a historiografia estabeleceu como um marco na criação do Estado moderno. Deve ficar claro que os Estados existentes na Europa mantiveram muitas das características que os faziam um Estado e que já existiam desde a Antiguidade. O que a Paz de Vestefália fez foi estabelecer novos princípios, que continuam a ser adotados até hoje. Aliás, uma unidade política só é considerada um Estado se conseguir manter esses princípios. Então se afirma que os acordos de Vestefália criam o Estado moderno porque neles foram estabelecidos os princípios que até hoje ainda regem a existência de um Estado.

O primeiro desses princípios é o da soberania. Por soberania, entende-se que o Estado é o poder máximo em um determinado território. Ele faz as leis e as mantém, e nenhum outro poder pode se opor a ele. Convém lembrar que à época em que o tratado foi assinado havia entidades internacionais, como a Igreja católica e o Sagrado Império Romano Germânico, que acabavam interferindo sobre a condução política dos Estados existentes. Pelo princípio de soberania, nem essas entidades internacionais, nem nenhuma outra entidade poderia interferir sobre a condução política de um Estado. O princípio da soberania traz consigo o da autodeterminação, ou seja, que caberá ao Estado e somente a ele decidir sobre os rumos que o país deve seguir.

Outro princípio é o da territorialidade. A Paz de Vestefália não criou este princípio, apenas o reforçou. Até então as terras, independentemente de onde estivessem, pertenciam aos nobres. Um rei inglês poderia herdar terras no território francês e essa terra passaria a ser considerada inglesa. Com o tratado, o território de um Estado não pode ser alienado. Ele pode até ser herdado por um estrangeiro, mas nunca deixará de fazer parte do Estado a que pertence.

O Estado moderno também se funda no monopólio da violência legítima. Convém lembrar que durante muito tempo nos reinos existentes na Europa ao poder do rei se contrapunha o poder de vários nobres. Muitas vezes esses nobres tinham maiores recursos e podiam dispor de maior força armada que o rei. Em suas terras esses nobres eram o poder máximo. O Estado moderno surge quando o rei submete esses nobres ao seu poder e ele passa a ser o único a dispor de força armada para impor as suas ordens. A partir daí caberá ao Estado usar do seu poder coator para manter a ordem sobre todo o seu território. Fala-se em violência legítima porque a ele e só a ele é dado o direito de usar a força. Ele só deve usá-la para manter a ordem, e por isso ela é justificada (legítima).

Mas existe outra característica do Estado moderno a ser destacada: o Estado moderno se constitui fundamentalmente como Estado-nação. A ideia de nação é recente. Nem todo povo forma uma nação: um povo só forma uma nação quando reconhece que possui um passado, isto é, uma história comum, costumes e tradições comuns e, às vezes, um idioma próprio. Dessa forma, a ideia de nação é uma construção cultural. São determinadas práticas culturais, como veremos a seguir, que fazem de um povo uma nação.

A ideia de nação começou a ser construída como uma reação à ideia contratualista defendida por autores iluministas, pela qual a sociedade seria o resultado de um contrato feito entre indivíduos racionais e livres. Por ser o resultado de um contrato, a sociedade poderia ser desfeita e refeita segundo a vontade dos indivíduos. Em contraposição aos iluministas, pensadores como Edmund Burke (1729-1797) e, em especial, Johann G. Herder (1744-1803) afirmaram que os indivíduos que formam uma sociedade não são agentes livres que podem alterar a realidade social segundo a sua vontade. Pelo contrário, esse povo está unido pelos sólidos laços dos costumes e da tradição. Ao falar que um povo está unido pelos seus costumes e tradições comuns, eles criaram o moderno conceito de nação.

Só que esses dois autores eram intelectuais. Por mais importantes que pudessem ser, não teriam condição de impor o conceito de nação. Precisa ficar claro que a ideia de nação é construída. Isso quer dizer que políticos apelam para esta noção a fim de mobilizar pessoas e fazê-las agir em uma determinada direção. Mas isso só não basta. Para construir a ideia de nação é preciso que escritores, poetas e músicos criem obras que falem e exaltem um determinado povo, contribuindo, assim, para tornar esse povo consciente de que forma uma nação. O ensino de história também colabora para construir a nacionalidade, uma vez que reconstitui um passado comum para um povo e lhe dá a consciência de ser uma nação. No século XIX, na Europa, a ascensão do romantismo como gênero literário também contribuiu para construir a ideia de nação. Os autores românticos proclamavam, em suas obras, que o povo formava uma comunidade orgânica unida ao seu passado pelo seu presente, com uma consciência comum, uma alma comum e um idioma comum.

Na Europa do século XIX, um grande estímulo para o surgimento do sentimento nacionalista (a consciência de se pertencer a uma mesma nação) foram as guerras napoleônicas. Napoleão Bonaparte, governante da França, invadiu diversos reinos da Europa. Uma parte da população dos países conquistados simpatizava com Napoleão, pois via nele um defensor dos ideais de liberdade e de igualdade disseminados pela Revolução Francesa. Outra parte da população o via como um invasor que precisava ser combatido. Para mobilizar a população contra o invasor, apelou-se para a ideia de que aquele povo formava uma comunidade com uma história comum e ricas tradições e que, por isso, devia lutar contra o invasor, o estrangeiro, o que não fazia parte daquela nação. Assim, na guerra contra o conquistador, fortaleceu-se o sentimento de pertencimento a uma mesma unidade espiritual chamada nação.

A partir do século XIX ganharam força política os chamados movimentos nacionalistas. Nascidos na Europa, espalharam-se por todos os cantos do mundo e foram a base da quase totalidade dos movimentos de independência ocorridos nos séculos XIX e XX. Os povos de territórios ou países que fossem colônia ou possessão e que se visse como uma nação, acabariam se unindo em torno do projeto de criar o seu próprio país. Dezenas de países atualmente existentes foram criados pela força do movimento nacionalista.

> **ATIVIDADE 3.3** Você conseguiria apontar um movimento nacionalista existente atualmente? O que eles pretendem e qual país será prejudicado caso esse movimento consiga o seu objetivo?

Essa reivindicação nacionalista teve no passado, tem no presente e terá no futuro um efeito explosivo, por uma razão muito simples: as chamadas nações existem num território que acreditam ser seu de direito, mas que não é seu de fato. Isso é o que acontece, por exemplo, com os curdos que vivem no norte do Iraque, com os chechenos que vivem numa região no sul da Rússia e com os bascos e catalães que vivem em territórios que pertencem a Espanha. Todos esses povos se consideram uma nação e têm lutado, inclusive recorrendo à luta armada, para criar o seu próprio país. A causa nacionalista conta com a simpatia da opinião pública. Afinal, se outros povos tiveram o direito de criar seus próprios países, por que esses não teriam? O problema é que não é fácil para qualquer país abrir mão de parte de um território que legalmente lhe pertence. Dificilmente esse Estado aceita entregar de modo pacífico uma parte do seu território. A violência acaba sendo o resultado inevitável desses movimentos nacionalistas.

3.3.2.2 Organizar-se como democracia liberal

A segunda característica política é a democracia liberal. Nas sociedades tradicionais, a base do poder dos soberanos era a crença de que eles governavam por mandato divino ou, no caso de uma tirania, pelo medo que despertavam nos seus súditos. Essas formas de governo prevaleceram na história da humanidade por séculos, porém, no século XVIII, na Europa, os iluministas as rotulavam como despóticas e achavam que elas deveriam acabar. Como chegaram a tal conclusão? Os pensadores iluministas partiram da ideia de que todos os indivíduos são iguais e, por isso, não se justificava que um grupo apelasse, como a nobreza fazia, para uma superioridade natural ou de sangue. O governo deveria existir para servir ao povo. A base de qualquer governo seria a soberania popular, ou seja, a vontade do povo.

A democracia é uma forma de governo que expressa esses princípios. Ela consiste em uma série de instituições – voto universal, eleições honestas, possibilidade de rotatividade no poder, decisão por maioria, entre outras – as quais garantem que o governante chegue ao poder pela vontade da maioria, e que governe segundo a vontade do povo. Pelos padrões estabelecidos na Europa do século XIX, só é considerada moderna uma sociedade governada pelas regras da democracia. Por que acrescentar a palavra *liberal* à democracia? Por uma razão muito simples: porque só pode haver democracia se algumas liberdades forem garantidas.

Não pode haver democracia se partidos ou grupos de oposição não tiverem liberdade para expressar as suas ideias. Não pode haver democracia se as diferentes correntes de pensamento não tiverem liberdade de se organizar. Assim, enquanto o despotismo é uma característica política das sociedades tradicionais, a democracia liberal é uma característica política da sociedade moderna.

Entretanto, no mundo atual, há sociedades que podem ser modernas em alguns aspectos, mas não em outros. Há sociedades, por exemplo, que apesar de apresentarem diversas características da modernidade, são governadas por ditadores. O que marca o mundo moldado pela modernidade é que nele as ditaduras estão na defensiva. Isso quer dizer que são os ditadores que precisam apresentar justificativas para o fato de seus países ainda viverem sob o regime ditatorial. A China é um bom exemplo. Em termos econômicos ela caminha rapidamente e hoje tem um gigantesco parque industrial. Ela se tornou a "oficina" do mundo. Nesse item, pode ser considerada moderna. Porém, em termos políticos, embora forme um Estado-nação, não se constitui uma sociedade moderna, uma vez que é governada por uma ditadura.

3.3.2.3 Garantir e promover os direitos da cidadania

A terceira e última característica política da sociedade moderna é a ideia de cidadania e a crença de que o Estado deve promovê-la. A noção de cidadania não é nova. Na Antiguidade, o cidadão ateniense e o cidadão romano tinham certos direitos justamente por ser ateniense ou romano. A partir do século XIX, considerou-se cidadania o conjunto de direitos e deveres que as pessoas têm por fazerem parte de uma comunidade política: o Estado moderno. A diferença entre a cidadania antiga e a moderna é a extensão dos direitos. O caso do filósofo grego Sócrates pode ilustrar essa diferença. Ele era um cidadão ateniense considerado livre, porque tinha o direito de escolher os seus governantes e de se candidatar a um cargo público. Porém, no sentido moderno, ele não era livre porque não podia expressar a sua opinião sobre determinados temas. Tanto que foi condenado à morte por criticar a religião grega de sua época. Logo, a cidadania compõe-se de direitos e deveres. Dentre as obrigações, está a de respeitar as leis, pagar impostos e, no Brasil, votar.

Porém, quando falamos de cidadania, o que se destaca mesmo são os chamados direitos da cidadania. Na verdade, são eles que distinguem a sociedade moderna da tradicional. Por isso falamos que uma das características políticas da sociedade moderna é garantir e promover os direitos da cidadania. Dentre eles, há os direitos políticos, civis e sociais. Veja um pouco sobre cada um deles.

a) **Direitos políticos**: Basicamente, os direitos políticos consistem no direito de votar e de ser votado. Na sociedade moderna, o voto deve ser universal e não deve haver impedimentos de renda, cor, religião, gênero ou qualquer outro que não seja o de idade para permitir que alguém possa participar, como eleitor, das eleições.

> **ATIVIDADE 3.4** No Brasil a lei permite que o analfabeto possa votar, mas ele não pode se candidatar a qualquer cargo público no Executivo ou Legislativo. Você acha que os legisladores brasileiros procederam de forma correta ou incorreta ao estabelecer esta proibição? Justifique a sua opinião.

b) **Direitos civis**: Os direitos civis garantem a nossa liberdade. Desde a Antiguidade, várias sociedades alimentaram a crença de que as pessoas são dotadas de certas liberdades, entendidas como a possibilidade de agirem e de serem tratadas com igualdade e imparcialidade. A Grécia e a Roma da Antiguidade são bons exemplos. Os gregos da época clássica se orgulhavam do fato do cidadão grego não viver sob a tirania, isso significa que tinham liberdades que não podiam ser suprimidas pelo governante. Aliás, tirano era o nome que davam ao governante que não respeitava a liberdade do seu povo. Os habitantes de Roma, fossem eles escravos ou homens livres, possuíam direitos garantidos em lei. O grau das liberdades poderia variar de uma sociedade para outra. Foi só no final do século XVIII que essas liberdades foram definidas de forma mais sistemática. A Declaração dos Direitos do Homem e do Cidadão, proclamada pela Revolução Francesa em 1789, apresentou e relacionou uma série de direitos. Essa declaração é a base de inúmeras outras que se seguiram, como a Declaração Universal dos Direitos Humanos, proclamada pela ONU em 1948. Essas proclamações tiveram um forte impacto sobre o mundo e as sociedades modernas. Os seus princípios gerais estão na base da constituição de todos os países do mundo contemporâneo.

Dentre os direitos que garantem a liberdade, podemos citar o direito de ir e vir, de expressão, de organização, de consciência (defendido no contexto da Revolução Francesa, como o direito a ter a religião que quiser e até mesmo o de não ter religião) etc. Os direitos civis também garantem a equanimidade, ou seja, o direito de ser tratado como igual. A equanimidade é garantida por leis que impõem um tratamento igual para as pessoas independentemente de sexo, idade, religião, etnia, condição física etc.

> **ATIVIDADE 3.5** Nos Estados Unidos há movimentos como a Klu-Klux-Kan e organizações neonazistas que fazem comícios e passeatas. A polícia está presente nessas manifestações para garantir a integridade física dos manifestantes. Relacione este fato com o que foi falado acima.

c) **Direitos sociais**: Enquanto os direitos civis garantem a liberdade e a equanimidade, os direitos sociais promovem a igualdade. Esses direitos são uma criação bem recente na história da humanidade. Pode-se até ver a prática de distribuir alimentos aos necessitados, feita por governantes egípcios e romanos da Antiguidade, como um antepassado dos direitos sociais. Porém, para os estudiosos desse tema, os direitos sociais só passaram a integrar o quadro dos direitos no final do século XIX. Caso alguém falasse a um rei europeu do século XVIII que o povo não tinha escola ou assistência médica, certamente ele responderia que não tinha nada a ver com isso. Isso não seria fruto de uma profunda indiferença ao destino do seu povo. Essa resposta faria sentido porque até então não era obrigação do Estado garantir educação ou assistência médica ao povo. Mas isso mudou. A filosofia dos direitos sociais parte da premissa de que não basta que as pessoas sejam tratadas como iguais perante a lei. Essa igualdade é uma grande conquista, mas não altera as condições materiais de vida das pessoas. No final do século XIX, ganhou força a crença de que a sociedade estava moralmente comprometida com o destino de todos os seus membros e que, por isso, deveria dar especial atenção àqueles que, por razões de idade, saúde, abandono, ou qualquer outro infortúnio, estivessem passando algum tipo de necessidade. Em suma, deveria cuidar dos desvalidos. Mas não parou nisso. A promoção da igualdade passou a incorporar práticas que garantissem aos mais pobres um tratamento igual às demais classes da sociedade.

Não se trata de igualdade perante a lei, mas de medidas práticas para garantir a igualdade de oportunidades. Por exemplo, a escola pública e gratuita, mantida pelo Estado, atende aos pobres garantindo-lhes o acesso à escola, o que as crianças de classe média e ricas já tinham, porque frequentavam instituições particulares. O direito social à educação promove a igualdade, uma vez que dá às crianças pobres (teoricamente) as mesmas condições de concorrer com as outras pelo acesso a vagas no mercado de trabalho. A assistência médica da rede pública não cuida exclusivamente de doentes. Ela também faz exames para saber do estado de saúde e, se for o caso, prevenir futuras doenças. As pessoas de classe média e rica já faziam esses exames em clínicas particulares, e agora a assistência médica pública se propõe a garantir aos pobres esses mesmos cuidados. A diferença fundamental entre os direitos civis e os direitos sociais é que a garantia dos primeiros requer apenas os tribunais funcionando. Toda pessoa que sentir que teve um dos seus direitos civis prejudicado recorre a um tribunal para fazer valer o seu direito. Já os direitos sociais requerem grandes e crescentes gastos por parte do Estado. O Estado precisa de dinheiro para construir e manter, apenas para ficar em alguns exemplos, creches, escolas, universidades, postos médicos e hospitais. No Brasil, o Estado deve ter recursos para a construção de casas populares, para assentar famílias no programa de reforma agrária e para garantir auxílio em dinheiro para milhões de cidadãos por meio do programa Bolsa Família.

O chamado *Welfare State* ou Estado do bem-estar social, elemento inerente à sociedade moderna, expressa que os indivíduos que fazem parte da sociedade moderna acreditam que têm o compromisso moral de cuidar dos desvalidos. Isso explica, em parte, os inúmeros programas assistencialistas típicos da sociedade moderna. As pessoas clamam por benefícios e o Estado se sente na obrigação de atendê-las. O que precisa ser dito é que tudo isso tem um custo. E ele será mais elevado quanto maior for o número de programas assistencialistas a serem mantidos. De onde vêm esses recursos? Eles só podem vir de um lugar: do bolso do contribuinte. Os recursos para pagar tudo isso vêm dos impostos que a população tem que pagar.

ATIVIDADE 3.6   Relacione o Bolsa Família e o ProUni (Programa Universidade para Todos) com o conteúdo do que foi falado no item acima.

3.3.3 Características culturais da sociedade moderna

Certamente, a lista das características culturais da sociedade moderna poderia ser bem mais ampla do que a que vamos apresentar. Escolhemos as três que nos parecem as mais importantes.

3.3.3.1 O cientificismo

A primeira característica cultural da sociedade moderna é o cientificismo. Basicamente o cientificismo é a crença na superioridade do conhecimento científico sobre todos os demais.[12] Esta crença pode nos parecer óbvia justamente porque vivemos numa sociedade em que ela já está arraigada, mas nem sempre foi assim.

Nas sociedades tradicionais, predominam as crenças religiosas, mágicas ou animistas. Para esses grupos sociais, o mundo é dominado por espíritos

---

[12] A proclamação da supremacia da ciência, ou seja, de que ela é um conhecimento superior a todos os demais, é rotulada de cientificismo e recebe muitas críticas. Uma delas está no livro: SORELL, Tom. *Scientificism: Philosophy and the Infatuation with Science*. London: Routledge & Kegan Paul, 1991.

ou divindades que determinam o nosso destino. Entretanto, desde a revolução científica, a ciência foi se consolidando como a única maneira de explicar o mundo racionalmente. A sociedade moderna é aquela que faz da ciência o conhecimento superior.

Esta crença na superioridade do conhecimento científico foi sendo construída ao longo dos dois últimos séculos. Entre o final do século XVIII e início do século XIX, a ciência foi institucionalizada nas universidades, embora continuasse também a ser debatida nas sociedades científicas. O cientista passou a ter elevado *status* social. A opinião pública estava cada vez mais convencida de que o destino humano se ligava indissociavelmente ao progresso da ciência.

No século XIX a ciência se consolidou como o conhecimento mais importante. Para a elite intelectual, o mundo da primeira metade do século XIX era uma prova clara de como a ciência poderia melhorar a vida das pessoas. Sabia-se que a cura das doenças dependeria dela e apenas dela. Sabia-se que a possibilidade de viver com mais conforto, de viajar mais rápido e de obter muitas outras comodidades dependia dela e apenas dela. Assim, a ciência se tornou o conhecimento superior da nossa sociedade porque dava as melhores respostas para as questões que a nossa sociedade, a sociedade moderna, considerava as mais importantes.

Existem várias outras formas de conhecimento. A arte, por exemplo, é uma forma de conhecimento. Podemos conhecer muito sobre como são as pessoas através da literatura ou da poesia. A religião também é uma forma de conhecimento. Porém, o que o cientificismo nos diz é que apenas a ciência fornece um conhecimento válido de como o mundo e as pessoas são. O cientificismo afirma que guiar as ações humanas segundo o que diz o horóscopo, a numerologia, o I Ching, o Feng Shui e outras crenças congêneres, é irracional. Mesmo que uma parte expressiva dos membros da sociedade moderna ainda possam guiar suas vidas por essas crenças, a opinião pública esclarecida da sociedade moderna as rejeita e professa uma fé inabalável na ciência.

3.3.3.2 O secularismo

Diretamente associado ao cientificismo e, talvez até mesmo como uma consequência do seu avanço, temos outra característica cultural da sociedade moderna. Estamos nos referindo ao secularismo. A palavra *secularismo* vem de secular, que quer dizer "vida terrena" em contraposição à "vida religiosa". A sociologia utiliza o termo secularização para indicar o processo de perda de força da religião e da Igreja como orientadora da vida individual e da vida social.

Na sociedade tradicional, a Igreja está dotada de grande autoridade. Isso acontece principalmente porque a religião fornece a base da moral que rege a vida das pessoas. Nesse caso, a ideia do bem e do mal é construída a partir dos valores religiosos. Na sociedade tradicional, a religião também fornece o conhecimento do mundo, pois diz por que o mundo é como é e por que as coisas acontecem de tal ou qual maneira. Além disso, a Igreja, por meio dos seus sacerdotes e das suas escolas, atua como formadora de opinião para grande parte da população. Na sociedade tradicional, o Estado e a Igreja formam uma aliança. Nessa aliança, o Estado garante a supremacia espiritual da Igreja, ao passo que esta fortalece o poder temporal do Estado, garantindo-lhe legitimidade. Isso implica em convencer as pessoas de que o soberano tem o direito de mandar e que, portanto, cabe a elas obedecer. Na sociedade tradicional que se organiza politicamente sob a forma de Estado, este é confessional, o que significa que ele assume uma religião como sendo a oficial. Assim, na sociedade tradicional a religião é a base da moral, ela fornece conhecimentos válidos sobre o mundo e contribui para legitimar o poder do Estado.

A secularização vai minando a autoridade da Igreja em todos os três campos mencionados. Olhando de uma perspectiva histórica mais longa, pode-se dizer que todas as religiões, em um momento ou outro, foram vítimas de um processo de secularização que minava a sua autoridade.[13] Porém, tradicionalmente, quando se fala em secularização tem-se em mente um processo ocorrido na Europa ocidental e que seria concomitante à formação da sociedade moderna. Nesse caso, pode-se aceitar como uma das suas causas o crescente predomínio das ideias iluministas. Muitos autores iluministas acreditavam em Deus. Porém, suas ideias minam a autoridade da religião de duas maneiras. A primeira advém do seu culto à razão. O filósofo Immanuel Kant (1724–1804), em 1784, escreveu um texto que tinha o título *O que é o Iluminismo?*. Nesse texto ele defende que o iluminismo é libertação do homem de qualquer forma de tutela intelectual. Ele deve pensar por si próprio e não ser guiado por ninguém, seu lema deve ser "ousar saber". Os autores iluministas defendiam o mesmo, e isso era visto como um ataque à tutela que a Igreja tinha sobre as mentes das pessoas. Além disso, os autores iluministas reforçaram a tese da soberania popular, qual seja, a de que a base do poder do Estado é o consentimento dos cidadãos e não a delegação divina. Posteriormente, vemos os partidos socialistas e comunistas professando abertamente o ateísmo. No século XIX, o filósofo Friedrich

---

[13] Essa tese é defendida em: STARK, Rodney; BAINBRIDGE, William Sims. *The Future of Religion*: Secularization, Revival and Cult Formation. Berkeley: University of California Press, 1985, p. 429.

Nietzsche (1844–1900) declarou: "Deus está morto". Dessa forma, a ideia do bem e do mal, a base de toda moral, não precisa mais se referenciar a Deus. A ciência, com as suas conquistas, tornou-se, como vimos, o único conhecimento válido. As explicações religiosas passam a ser vistas como mera superstição. Atacadas em várias frentes, a Igreja e a religião perderam espaço.

Uma das consequências desse processo de secularização é o avanço do laicismo. Um dos sentidos da palavra *laico* é independência em face da Igreja e da religião. O Estado moderno se tornou laico, ou seja, não tem mais uma religião oficial. Esse Estado laico criou escolas laicas e, com isso, a Igreja perdeu o monopólio na formação dos jovens.

Mesmo que o declínio da Igreja não tenha acontecido na velocidade e na intensidade com que muitos autores do século XIX previram, mesmo que possamos estar assistindo hoje, em certos lugares, a um revivescimento da religião,[14] é inegável que a Igreja e a religião perderam bastante da força e da autoridade de que anteriormente dispunham tanto para influenciar os rumos da sociedade, como o modo de vida e as crenças das pessoas.

> **ATIVIDADE 3.7** Você lerá o artigo 5 da Constituição do Brasil Imperial, outorgada em 1824. "A religião Católica Apostólica Romana continuará a ser a Religião do Império. Todas as outras religiões serão permitidas com seu culto doméstico ou particular em casas para isso destinadas, sem forma alguma exterior do Templo."
> O Estado no Brasil Imperial era laico? Fundamente a sua resposta.

3.3.3.3 O individualismo

A terceira característica cultural das sociedades modernas é o individualismo. Geralmente quando se ouve a palavra *individualismo* ela vem carregada com um sentido negativo, pois o associamos a egoísmo. Na nossa linguagem cotidiana individualismo é sinônimo de egoísmo. Para a sociologia, não é bem assim. O egoísmo é um sentimento ou uma atitude que leva um ser humano a colocar o seu interesse particular acima de qualquer outro. O antônimo de egoísmo é altruísmo. Madre Teresa de Calcutá ou irmã Dulce da Bahia são exemplos de ser humano altruísta, pois colocavam o bem-estar dos outros em primeiro lugar. A vida delas exalta o altruísmo e, ao mesmo tempo, serve como uma condenação do egoísmo.

---

[14] Peter Berger é um autor que questiona a afirmação de que a sociedade moderna promove o processo de secularização. Ver: BERGER, Peter. A dessecularização do mundo: uma visão global. *Revista Religião e Sociedade*, Rio de Janeiro, v. 12, n. 1, abr. 2001.

Já o individualismo diz respeito a uma característica cultural da sociedade. O contrário de individualismo é coletivismo. O coletivismo é quando o grupo, o coletivo, se sobrepõe ao indivíduo. Nesse caso, o grupo pode ser a família, a Igreja, a comunidade política, o partido, a corporação militar, o Estado etc. No coletivismo, as ideias, as crenças, os valores e as normas do grupo se sobrepõem ao indivíduo. Por exemplo, na Europa ocidental do século XVI, a pessoa devia ter a mesma religião do seu governante. Escolher ter uma religião diferente era motivo de estigma e, em certos casos, de perseguição. Nas sociedades tradicionais, cabe aos pais decidir a profissão do filho e com quem a filha vai casar. A força do coletivo é muito grande. Na sociedade tradicional, predomina a força do coletivo sobre o indivíduo.

Na sociedade moderna, o indivíduo é considerado um ser autônomo, capaz de escolher o que considerar melhor para si mesmo. Cabe a ele decidir a sua profissão, com quem vai casar, ou mesmo se vai casar. Cabe a ele fazer a sua opção religiosa, sexual e política. O individualismo surge quando a força do coletivo sobre as pessoas enfraquece e o indivíduo se torna livre para fazer as próprias escolhas.

ATIVIDADE 3.8 A peça *Romeu e Julieta*, de William Shakespeare, expressa a força do individualismo ou do coletivismo? Justifique a sua resposta.

ATIVIDADE 3.9 A Igreja católica proíbe o divórcio. A legislação brasileira permite o divórcio e a pessoa pode casar e descasar quantas vezes quiser. Qual atitude expressa o individualismo e qual expressa a força do coletivismo? Justifique a sua resposta.

À guisa de conclusão, podemos dizer que neste capítulo tentamos mostrar que a noção de sociedade moderna é uma criação das sociedades europeias e norte-americana no século XIX. Ela surgiu da contraposição entre essas sociedades e as demais existentes no mundo à época. As características atribuídas à sociedade moderna são justamente as características presentes nessas sociedades. A Europa se tornou o espelho do mundo e o padrão com o qual as demais sociedades podiam avaliar em que ponto se encontravam no que foi chamado de linha evolutiva. Não há como negar que essas sociedades se erigiram como o ápice da civilização.

Independentemente da crítica que se possa fazer a esse modelo, uma questão fica: por que muitas sociedades passaram a se guiar por ele? Isso significa perguntar, por exemplo, por que o Egito, que nunca teve um minuto sequer de democracia em seus 6 mil anos de história, hoje assiste a um forte movimento em prol da democratização. Por que mulheres muçulmanas investem contra o coletivismo dominante em suas sociedades? Ou mesmo por que essas mulheres lutam pelo direito de votar e serem votadas? Há duas respostas possíveis para essa questão. Haverá quem diga que isso é fruto de uma imposição, um novo tipo de colonialismo no qual o "poderoso ocidente" encontra formas de exportar e (ou) impor o seu modo de vida. Mas também haverá quem diga que algumas das características da sociedade moderna, uma vez que se tome conhecimento delas, vão ao encontro dos anseios humanos, como o de decidir os destinos do seu país através do voto e o de decidir a própria vida; por isso, sempre encontram quem lute por eles, estejam onde estiverem.

QUESTÕES DE FIXAÇÃO

1 Qual é a diferença entre o sentido da palavra *moderno* usada pelos gregos antigos e o sentido que damos na nossa cultura?

2 Por que se pode afirmar que a noção de sociedade moderna expressa um ponto de vista etnocêntrico?

3 Qual é a característica econômica da sociedade moderna?

4 Quais são as características políticas da modernidade?

5 Quais são as características culturais da sociedade moderna?

CAPÍTULO 4 — A EMPRESA CRIA UMA NOVA REALIDADE SOCIAL

4.1 INTRODUÇÃO

A empresa está relacionada à sociologia de várias maneiras. A primeira e mais importante é que, de certa forma, o surgimento da sociologia está associado ao surgimento de um determinado tipo de empresa: a fábrica (e ao sistema fabril criado com ela). Assim, para vários cientistas sociais, o surgimento da sociologia seria uma resposta ao mundo criado pelo sistema fabril. A segunda está no fato de que, para muitas teorias sociais, a empresa ou alguma das suas características são relevantes a ponto de determinarem a forma de ser da sociedade.

Neste capítulo, vamos apresentar e discutir as duas formas pelas quais a existência da empresa, mais precisamente, a fábrica, marcou o pensamento sociológico.

4.2 A FÁBRICA E A CRIAÇÃO DA SOCIOLOGIA

Embora desde a Antiguidade Clássica haja escritos sobre a realidade social, a maior parte dos autores que estudam a história da sociologia admite que ela é uma criação do século XIX. Isto porque foi nesse século que, pela primeira vez, alguns autores afirmaram estar produzindo estudos de sociologia.[1] Cabe a pergunta: que condições sociais possibilitaram o surgimento da sociologia apenas

---

[1] Durante muito tempo, aceitou-se que a palavra *sociologia* teria sido cunhada por Augusto Comte, no século XIX. Porém, pesquisas descobriram manuscritos não publicados, escritos em 1780 pelo abade de Sieyès, nos quais a palavra já aparece. No entanto, coube inegavelmente a Comte o mérito de ter abertamente proclamado a sociologia como um campo distinto e importante do conhecimento.

então? Geralmente associa-se a criação da sociologia com o surgimento de um novo tipo de sociedade. Até então, por milhares de anos, as sociedades existentes eram predominantemente agrárias. Mesmo que, na Antiguidade Clássica, houvesse grandes cidades, elas dependiam, para a sua sobrevivência, das riquezas produzidas no campo. A quantidade de terras que uma pessoa possuía era fonte de riqueza, *status* e poder. Na sociedade rural europeia, em especial a que passou a existir após a queda do Império Romano, havia uma estratificação social bem rígida e a nobreza em armas se colocava no ápice da hierarquia social. A maior parte da população era composta por camponeses que viviam do trabalho nas terras da nobreza e residiam nas aldeias rurais. A mobilidade social era exceção. Nesse tipo de sociedade, a força da religião era muito grande. O catolicismo prescrevia a visão de mundo dos grupos dominantes e o modo de vida correto para todos. Para a sociologia, esse tipo de sociedade é chamado de tradicional.

Na Europa, a expansão comercial começou a minar a sociedade tradicional, uma vez que deu vida e fortaleceu grupos sociais urbanos. Admite-se que três grandes processos aceleraram o processo de destruição da sociedade tradicional. Um deles é a valorização do que era chamado à época de filosofia natural. Esse pensamento não destruiu a fé na religião, mas contribuiu para começar a separar de forma irreversível o conhecimento religioso fundado na revelação e o conhecimento fundado na experiência e na observação. Esse movimento intelectual conhecido como revolução científica durou mais de 300 anos e deu às pessoas esclarecidas da Europa a certeza de que o intelecto humano, guiado pela razão, seria capaz de desvendar os segredos da natureza, revelando as leis que determinavam os seus estados. Os filósofos naturais, mais tarde chamados de cientistas, não eram ateus e nem anticlericais. Contudo, mesmo contra a sua vontade, criaram uma rachadura na supremacia cultural da Igreja ao defender que a construção do conhecimento se fazia destruindo as teorias existentes, inclusive aquelas defendidas pela Igreja.

O segundo processo que contribuiu para o desmoronamento da sociedade tradicional foram os movimentos políticos acontecidos entre o final do século XVIII e as primeiras décadas do século XIX. Esse processo resultou da mobilização de grupos urbanos contra o despotismo vigente e os privilégios da nobreza. Nesse período, a Europa e o continente americano se viram convulsionadas por revoltas políticas, chamadas de revoluções liberais, que clamavam por liberdade e igualdade. No século XIX, a vitória dessas revoluções liberais significou o fim das monarquias, nas quais o poder do rei se apoiava no chamado direito divino, e a sua substituição por regimes nos quais o poder se baseava na vontade do povo.

O terceiro processo que contribuiu para o desmoronamento da sociedade tradicional está ligado à crescente industrialização de sociedades europeias e da sociedade norte-americana. Desde o século XIV a Europa passou a viver uma longa fase de intensificação do comércio. No século XVI, a participação direta da Europa no comércio de longa distância e o estabelecimento de colônias e entrepostos comerciais na América, África e Ásia fortaleceu ainda mais o comércio, gerando renda para os grupos sociais que participavam direta ou indiretamente dessa expansão. Com isso, a cidade vai se afirmando como centro da vida social. Ela se firmou como centro econômico, pois lá se concentrava o comércio, o artesanato e, em muitos lugares, a manufatura. Firmou-se como centro do conhecimento, pois muitas passaram a congregar universidades, bibliotecas e até academias científicas. Firmou-se como centro cultural e de diversão, pois lá estavam as salas de espetáculo e de exposição, as casas de chá e os cafés. A Revolução Industrial acelerou em muito o processo de urbanização, pois as nascentes fábricas atraíam para a cidade um enorme contingente de pessoas vindas das áreas rurais. A partir da fábrica a relação de dependência da cidade em relação ao campo, que havia predominado ao longo de toda a história da humanidade, se inverte. A partir da fábrica, a cidade passa a ser o principal centro produtor de riqueza e dos produtos necessários à vida e à produção agrícola (ferramentas e utensílios agrícolas).

A expressão *Revolução Industrial* designa o processo de criação e desenvolvimento de um tipo de empresa: a fábrica. As fábricas, com suas enormes chaminés soltando fumaça, passaram a fazer parte da paisagem de cidades europeias e tiveram um enorme impacto sobre a mentalidade europeia. Elas criaram uma nova paisagem, e eram a expressão do progresso. As fábricas se espalharam pela Europa e por outros países não por um modismo, mas por serem a forma mais eficiente de produzir em larga escala. Com a máquina a vapor os homens assumiam o controle sobre a natureza, isto é, não dependiam mais das forças naturais para produzir e tinham conseguido submeter a força do vapor aos seus desígnios. Desse modo, as fábricas eram a expressão material da superioridade de uma época e de uma sociedade.

Inicialmente, por razões estratégicas (proximidade de ferrovias ou canais, fácil acesso a carvão etc.), os empresários preferiam certas cidades. Por isso, uma cidade abrigava inúmeras fábricas. Surgiram assim as cidades industriais. A fábrica deu existência social a uma nova classe: os operários. As fábricas implantaram um novo modo de vida. Na cidade industrial, grande parte da população trabalhava nas fábricas ou dependia de quem trabalhasse. O tempo fabril passou a regular o tempo de vida dos seus trabalhadores. De 14 a 16 horas por dia, seis dias por semana, doze meses por ano. O salário recebido na fábrica determinava a qualidade de vida que a família teria. No início havia milhares de unidades fabris, mas se contavam milhões na segunda metade do século XIX. O sistema fabril tinha criado um modo de vida totalmente novo. A fábrica era vista como expressão máxima do progresso, pois era inegável que estava trazendo um aumento de riqueza e bem-estar para muita gente. Muitos acreditavam que a produção fabril poderia trazer o bem-estar infinito para toda a humanidade.

O sistema fabril foi um dos grandes responsáveis pela crescente urbanização. Em busca de empregos, mais pessoas vinham morar nas cidades, onde as condições de vida das camadas mais pobres eram degradantes. Por isso, uma parte expressiva da opinião pública europeia via as cidades industriais como uma fonte de problemas. É verdade que o volume atingido pelo desemprego e pela situação de abandono de órfãos e idosos era típico da cidade industrial. Na sociedade rural tradicional esses problemas não existiam ou eram inexpressivos. Não há dados que permitam afirmar que, quando comparados aos do século anterior, os índices de violência, de prostituição e de alcoolismo eram maiores no século XIX. Talvez fossem até menores. Porém, o fato é que a vida urbana, criada pelo novo sistema fabril, os tornava mais visíveis. A classe alta e a classe média, em algum momento, teriam contato com as mazelas sociais que, na maioria dos casos, afetavam mais os pobres. Além disso, elas temiam que as condições degradantes das camadas populares gerassem revoltas que ameaçassem a ordem social.

Por isso, na segunda metade do século XIX, em vários países da Europa e nos Estados Unidos, uma parte significativa da opinião pública exigia que fosse feita alguma coisa para acabar com esses problemas sociais. Só que para resolvê-los era necessário conhecer a realidade e averiguar a causa dos problemas. A sociologia surgiu neste contexto, com a missão de conhecer a realidade social para resolver os problemas sociais.

Saint-Simon (1760–1825) é considerado um dos pais da sociologia. Ele estava profundamente impressionado com o que considerava o surgimento de uma nova sociedade, baseada na ciência e na indústria e, por isso, superior a todas as que lhe antecederam. Para ele, mesmo sendo superior, a nova sociedade corria um grave risco, pois não possuía o mesmo grau de coesão social que a sociedade tradicional. Nessa, a religião garantia a coesão social e assim diminuía a possibilidade de conflitos sociais. Deve ser lembrado que Saint-Simon, embora sendo um nobre (era conde), foi partidário dos revolucionários que derrubaram a monarquia francesa. Ele testemunhou as quase três décadas de grande conturbação política que se seguiu à Revolução Francesa, quando a Europa se viu tomada de guerras e revoluções. Além disso, nas cidades industriais era nítido o contraste entre ricos e pobres, o que também poderia ser foco de conflito. Saint-Simon achava possível e necessário eliminar o conflito da vida social, e por isso sua grande preocupação era a restauração da ordem social, ou seja, criar uma sociedade sem graves conflitos sociais. Isso explica a sua preocupação com a questão da coesão social.

Na sociedade tradicional a coesão era gerada pela crença e pela obediência coletiva à moral religiosa. A nova sociedade tinha sido construída destruindo a força das ideias religiosas, portanto, teria que encontrar uma nova base para a coesão social. Para Saint-Simon, a nova base só poderia ser dada pela ciência: a ciência da sociedade. Caberia à ciência da sociedade, que ele afirmava ter criado, descobrir as leis que regem a sociedade. Essas leis orientariam a reorganização social para acabar com os conflitos. E quem comandaria essa reorganização social? Ela seria dirigida pelos cientistas e pelos mais competentes dentre os industriais. Na verdade, o que ele chamava de industriais eram os empresários de todos os setores (agrícola, comercial, bancário etc.). Os cientistas comandariam porque detinham o saber (científico). Já os industriais comandariam porque o sucesso obtido nos negócios provava que eles teriam competência para administrar a sociedade. A obra de Saint-Simon exemplifica como a empresa marcou o surgimento da sociologia. Ela é uma resposta e a solução para os problemas criados pela implantação do sistema fabril (decadência da religião como padrão moral, conflitos de classe etc.). Mas, não, a contribuição não é apenas intelectual no campo do conhecimento, pois a solução desses problemas depende da sociedade atribuir poder aos industriais para que eles possam resolvê-los. Na apologia do sistema industrial, Saint-Simon vai mais longe e diz que ele pode acabar com a guerra.[2]

Augusto Comte (1798–1853), outro dos fundadores da sociologia, no geral segue as ideias de Saint-Simon. Não há nele uma exaltação exacerbada dos industriais e do sistema industrial, mas a sua sociologia também é uma resposta direta às agitações trazidas pela Revolução Francesa e pela Revolução Industrial. Compartilhava com Saint-Simon a crença de que somente a

---

[2] Saint-Simon acreditava que, com o sistema industrial, a energia antes destinada à guerra passaria a ser destinada à produção de bens que aumentariam o bem-estar da humanidade. Mas isso só seria possível se todos os países adotassem esse sistema. Assim, o espírito militar se tornaria antiquado, pois todos os países estariam irmanados pelo mesmo interesse de fomentar a produção. Ele acreditava que todos os produtores (incluindo empresários e trabalhadores), independentemente do país a que estivessem ligados, teriam ou deveriam passar a ter um interesse comum, e isso faria as suas relações serem não de competição e conflito, mas fraternais. Ver: ZEITLIN, Irving M. *Ideología y teoría sociológica*. Buenos Aires: Amorrotu Editores, 1973, p. 81.

sociologia – na sua obra essa palavra tem uso corrente – seria capaz de orientar a ação humana na resolução dos problemas sociais. E, acima de tudo, tinha certeza de que a sociedade industrial que estava se formando em alguns países da Europa era superior e, por isso, precisava ser estudada para servir de modelo a todas as demais.

A obra de Émile Durkheim (1858–1917), também considerado um dos criadores da sociologia, é marcada pela reflexão sobre os efeitos sociais da criação do sistema industrial. Basta ver que a sua noção de solidariedade orgânica, criada para designar a sociedade moderna, em oposição à sociedade tradicional (baseada na solidariedade mecânica) é fruto, em grande parte, da industrialização. A industrialização aprofunda a divisão do trabalho e cria, assim, a necessidade de uma nova base para a coesão social (que ele chama de solidariedade). Além disso, Durkheim afirma que, se a sociologia não servisse para resolver os problemas sociais decorrentes da criação desse novo tipo de sociedade, de nada valeria.

Dessa forma, vemos que a sociologia é um empreendimento intelectual criado para resolver os problemas sociais surgidos em virtude de uma nova realidade social. E não poderia ser diferente, pois esse sistema criou uma nova realidade social que precisava ser explicada e transformada.

4.3 KARL MARX: FÁBRICA, A MATRIZ DA SOCIEDADE

Karl Marx (1818–1883) foi um dos pensadores que mais impacto teve sobre a história contemporânea. Quando Marx morreu, Friedrich Engels (1820–1895), seu grande colaborador e amigo, fez um discurso na beira do seu túmulo no qual dizia que um fantasma rondava a Europa, e o nominava: o comunismo. Se esse mesmo discurso fosse feito 100 anos depois, isto é, em 1983, ele poderia ter dito que um fantasma rondava o mundo, o comunismo, pois, nesse ano, a maioria da população mundial viviam sob regimes comunistas, ou seja, baseavam-se na expressão das ideias de Marx. Mesmo em grande parte dos países que não eram dominados pelos comunistas, o partido comunista era uma força política expressiva. Nas décadas de 1960 e 1970, os EUA perderam 50 mil soldados em vão na guerra do Vietnã, tentando evitar que o Sudeste Asiático se tornasse comunista. Quem vivesse na década de 80 do século XX certamente teria a impressão de que o mundo caminhava, tal como Marx previra, para o comunismo.

Todo esse movimento foi embasado nas ideias de Marx. Marx não admitia que as suas ideias sobre a sociedade fossem classificadas como sociologia, uma vez que isso o aproximaria de Comte, o mais famoso sociólogo da sua época. Comte via a sociedade europeia de base industrial e científica como a fase final e superior do progresso humano. Marx, embora reconhecesse méritos na sociedade existente na Europa, queria a sua substituição por uma sociedade comunista. Esta sim, para ele, seria o estágio supremo e final do progresso da humanidade. O fato de negar fazer sociologia não impediu que a comunidade da sociologia visse a sua teoria como essencialmente uma teoria social, sendo, portanto, sociologia.

A principal obra de Marx intitula-se *O capital*, um livro composto por quatro volumes nos quais se examina o sistema capitalista. Como a empresa aparece em sua obra? Para ele, o capitalismo é essencialmente o capitalismo industrial. Toda a análise que Marx faz do sistema capitalista está centrada na fábrica, mais precisamente na relação entre o capital e o trabalho que se dá no interior da fábrica. Esta relação é a pedra fundamental da teoria social de Marx, uma vez que cria as duas classes fundamentais da sociedade capitalista: o operariado e a burguesia. O operariado, como o próprio nome indica, é uma classe exclusivamente fabril. A burguesia é a classe detentora do capital, daí também ser chamada de classe capitalista, e abrange vários setores (comercial, bancário, agrícola etc.), porém, na sua obra, a burguesia industrial se sobressai em relação aos demais grupos burgueses, podendo ser dito, por diversas razões, que a burguesia industrial representa a burguesia *per se*.

Embora Marx reconheça que a fábrica implique substantivas inovações tecnológicas, ele a vê como o espaço da degradação humana. Há várias razões para isso. Em primeiro lugar, porque a produção capitalista gera a alienação do trabalhador. Marx usa a noção de alienação para caracterizar uma situação negativa da condição humana.[3] A grande divisão do trabalho faz com que o trabalhador não domine todo o processo de produção, mas apenas uma pequena parte dele. Ele não é mais dono do produto do seu trabalho, não se vê mais no que é produzido e assim o trabalho perde sentido, o trabalho se torna alienado.

---

[3] O conceito de alienação é um dos mais controversos na obra de Marx. Tanto que há autores que aconselham que ele seja esquecido, pois opõe um Marx filosófico a um Marx científico, para quem esse conceito deixaria de existir. A especificação do sentido preciso que o termo *alienação* tem na obra de Marx é uma das tarefas mais complicadas, e qualquer um que se aventure nessa tarefa sempre poderá ser acusado de estar deturpando o que Marx realmente teria dito. Raymond Williams, no verbete "alienação" de seu livro, dá uma boa ideia dessa interminável polêmica (ver: WILLIAMS, Raymond. *Palavras-chave*: um vocabulário de cultura e sociedade. São Paulo: Boitempo Editorial, 2007, p. 53-55). Está claro que, ao caracterizarmos o que seria alienação para Marx, estamos assumindo uma determinada interpretação sem que possamos provar que ela realmente seja a expressão fiel da ideia de Marx.

O segundo fator que leva Marx a ver a fábrica como o espaço da desumanização está ligado ao próprio processo de trabalho fabril. Estamos nos referindo ao fato de que, para Marx, no processo fabril, o trabalhador se torna um apêndice da máquina. Aqui começa um processo de submissão do trabalhador. É uma subordinação técnica, pois ele deve se adaptar ao ritmo e à velocidade de trabalho impostos pela máquina. O operário, nas palavras de Marx, se transforma num autômato. Na fábrica, o processo de submissão é complementado pela rígida disciplina que lhe é imposta e controlada pelos supervisores. No século XIX, a disciplina industrial (leia-se, controle da mão de obra) seguia o modelo militar e baseava-se em diferentes tipos de punições, que iam das multas até a demissão sumária. Muitos industriais controlavam até a vida dos seus operários fora da fábrica. Para se manter no emprego, o operário deveria frequentar a igreja, ser bom marido e pai de família e não ter hábitos condenáveis como a bebida e o jogo. Em suma, para Marx, a fábrica, além de produzir a alienação, também produzia a submissão do operário.

ATIVIDADE 4.1   O texto abaixo foi escrito por Friedrich Engels, o grande parceiro intelectual de Marx em alguns livros. Nele vemos as condições existentes nas fábricas inglesas na metade do século XIX. Leia o texto a seguir e descreva o que está sendo criticado por Engels.

> "A escravidão a que a burguesia reduziu o proletariado manifesta-se com a máxima clareza no sistema de fábricas. Nele acaba toda a liberdade – de direito e de fato. É preciso que o operário esteja na fábrica às 6 horas da manhã; se chegar atrasado, será descontado; se o atraso for de dez minutos recusam-lhe a entrada até a hora do almoço e ele perde um quarto do salário. É obrigado a comer, a beber, a dormir de acordo com as ordens. O sino despótico vai forçá-lo a deixar a cama, o almoço e o jantar. E na fábrica? Nela o fabricante é o legislador absoluto. Dita regulamentos ao seu bel-prazer; aumenta ou modifica à vontade o seu código. Mesmo que ele inclua os maiores absurdos, os tribunais dirão aos operários: Você aceitou esse contrato livremente; tem, portanto, que se submeter a ele. E os operários são condenados a viver dos nove anos até a morte sob a palmatória, tanto física quanto intelectualmente."

* ENGELS, Friedrich. A situação das classes trabalhadoras na Inglaterra, *apud* GORZ, André. *Crítica da divisão do trabalho*. São Paulo: Martins Fontes, 1989, p. 33.

Mas não para por aí. Para Marx, a fábrica também é o lugar, por excelência, no qual se dá a exploração do capital sobre o trabalho. Ele afirma que toda sociedade em que há a propriedade privada dos meios de produção, também há a exploração. Em termos marxistas, diz-se que há exploração quando a riqueza produzida pelo trabalhador é apropriada pelo proprietário dos meios de produção. A propriedade privada dos meios de produção promove a exploração porque os que não têm esse tipo de propriedade, para sobreviver, têm que trabalhar para os que a têm. Ao fazer isso, o trabalhador produz riqueza que é apropriada pelo proprietário. No sistema capitalista há exploração porque o operário não recebe sob a forma de salário tudo o que ele produz sob a forma de riqueza. Marx usa o conceito de mais-valia para denominar essa apropriação desigual da riqueza produzida pelo trabalhador no sistema capitalista. Assim, uma parte do que o operário produz é apropriada pelo capitalista sob a forma de lucro. Daí se extrai uma explicação para a riqueza do capitalista e para a pobreza do operário. Na teoria marxista, o conceito de exploração, além de explicar uma relação econômica entre o capital e o trabalho, também tem uma função crítica, ou seja, de denunciar a iniquidade do lucro do capitalista. A exploração é criticável porque a riqueza não fica com quem a produziu.

A partir da relação entre o capital e o trabalho, Marx constrói a sua teoria social, pois, como já vimos, essa relação só existe porque se funda na propriedade privada dos meios de produção. Deve ficar claro que, embora a reflexão de Marx se concentre na produção fabril, a propriedade privada dos meios de produção também ocorre no setor comercial, bancário e agrícola. Dessa forma, em todos eles, por causa da propriedade privada, se criam duas classes sociais fundamentais. Havendo classes, obrigatoriamente haverá uma relação de exploração. Até aqui estamos falando da estrutura econômica da sociedade, pois estamos falando das relações que as classes contraem no processo de produção. Mas uma sociedade não consiste apenas da sua estrutura econômica. Para Marx, essa estrutura compõe a base de qualquer sociedade. Sobre ela se erguerá uma superestrutura composta das instituições políticas e das instituições ideológicas.

Assim, podemos ver como a empresa, no caso a indústria, marcou profundamente a sociologia marxista, pois a relação entre as classes sociais que se dá na fábrica, mas também em outras empresas, é a coluna central sobre a qual se estrutura a sociedade capitalista. Para Marx, a relação social (de exploração) existente na base econômica determinará o caráter e o funcionamento das instituições políticas da sociedade, bem como o conteúdo da ideologia dominante nessa sociedade.[4] Primeiro vamos ver como se dá a determinação da política. Trataremos apenas da sociedade capitalista.

---

[4] A noção de determinação em Marx tem sido alvo de acirrada polêmica. Entendida literalmente, ela faria do marxismo uma teoria determinista, ou seja, estaria afirmando que tudo o que acontecesse nas demais esferas da sociedade seria causado, de alguma forma, pelas relações sociais de classe existentes na esfera econômica da sociedade. Essa ideia está expressa na frase de Marx: "Os homens fazem a história, mas não

Há uma intensa discussão entre marxistas para saber exatamente em que medida, para Marx, a estrutura econômica de uma sociedade, no caso a relação entre as classes do sistema capitalista, determinaria/influenciaria a estrutura política de uma sociedade. Para apresentar essa questão vamos analisar a sua visão sobre o Estado, tendo em vista que esse é o órgão máximo de poder numa sociedade e a ação política dos grupos se faz em torno do controle do Estado. Inicialmente, Marx tinha uma visão determinista, pois, para ele, o Estado e também o governo seriam meros instrumentos a serviço dos interesses da burguesia.[5] Posteriormente, talvez percebendo as falhas dessa visão, ele assume que o Estado e o governo têm autonomia em relação aos interesses de classe. Ele tanto pode atender aos interesses da burguesia como das demais classes. Porém, a sua ação tem como limite os interesses capitalistas. De qualquer forma, não há como negar que, para Marx, o Estado e o governo cumprem uma função de dominação, uma vez que compõem a estrutura política que mantém a exploração e garante a subordinação da classe trabalhadora. Em suma, ele contribui, à sua maneira, para a reprodução da ordem capitalista.

Essa mesma questão volta à cena quando se discute a visão de Marx sobre o caráter e a função das ideias existentes numa sociedade. Da mesma forma que em toda sociedade há uma instância econômica e uma política, também tem que haver uma instância ideológica. Desde que os seres humanos apareceram na Terra eles procuram dar significado (interpretação, explicação etc.) para o mundo que vivem. Em termos bem simples, a ideologia é formada pelas ideias que dão sentido ao mundo em que vivemos.[6] Embora não tenha sido criado por Marx, o conceito de ideologia é usado quase que exclusivamente pelos autores marxistas, pois, para esses autores, ele não é apenas um sinônimo para cultura,

---

segundo a sua vontade". Um dos problemas dessa visão é que ela retira toda a liberdade dos indivíduos, uma vez que suas ações estariam de antemão predeterminadas pela base econômica da sociedade. Esse determinismo econômico foi muito criticado e isso levou a vários autores tentarem encontrar uma forma de compatibilizar o peso dos determinantes sociais e a liberdade de ação dos indivíduos.

[5] "Cada etapa da evolução percorrida pela burguesia era acompanhada de um progresso político correspondente. Classe oprimida pelo despotismo feudal, associação armada administrando-se a si própria na comuna; aqui, república urbana independente, ali, terceiro Estado, tributário da monarquia; depois, durante o período manufatureiro, contrapeso da nobreza na monarquia feudal ou absoluta, pedra angular das grandes monarquias, a burguesia, desde o estabelecimento da grande indústria e do mercado mundial, conquistou, finalmente, a soberania política exclusiva no Estado representativo moderno. O governo moderno não é senão um comitê para gerir os negócios comuns de toda a classe burguesa". In: MARX, Karl; ENGELS, Friedrich. *O manifesto do Partido Comunista.*

[6] O conceito de ideologia, mesmo entre os autores marxistas, apresenta dezenas de significados distintos, como se pode ver na obra: EAGLETON, Terry. *Ideologia*: uma introdução. São Paulo: Editora da Unesp/Boitempo Editorial, 1997. No presente capítulo, não há por que discutir esse conceito, por isso preferimos apresentar uma definição mais geral do termo ideologia, mesmo sabendo que, como todas as demais, ela também está sujeita a críticas.

mas indica a sua função, que é a de contribuir à sua maneira para a reprodução da ordem capitalista. Uma das teses de Marx sobre a ideologia é que na sociedade capitalista as ideias dominantes são as da classe dominante, no caso, a burguesia. Por meio de diferentes mecanismos como a educação (formal e informal), a imprensa e os produtos culturais (filmes, livros, peças teatrais etc.), a burguesia difunde a sua visão de mundo para a classe trabalhadora fazendo com que ela aceite a ordem burguesa. Os trabalhadores se tornam acomodados à ordem capitalista, pois são levados a vê-la como positiva ou como expressão da ordem natural do mundo.

Marx partiu da relação entre o capitalista e o operário no interior da fábrica para construir a sua teoria social que explica como a sociedade capitalista se estrutura e se mantém. Essa relação se baseia na exploração. Para se manter (reproduzir) a exploração necessita-se da intervenção da política, em especial do Estado, e da ação da ideologia que impediria que as pessoas, em especial o operariado, vissem de forma clara a exploração e a dominação à qual estão submetidas. Sem esquecer que, para Marx, o processo de trabalho imposto nas fábricas capitalistas alienaria o trabalhador. Desta forma, na sociedade capitalista o trabalhador seria alienado, explorado, dominado e manipulado. Mas ele acreditava ter a solução para acabar com isso: bastaria acabar com a propriedade privada, instaurando a sociedade comunista (propriedade comum dos meios de produção) para que a condição humana melhorasse. O interessante é que, mesmo Marx vendo a fábrica como o espaço da desumanização, da exploração e da dominação, a sociedade comunista a manteria, pois não poderia viver sem a produtividade que o trabalho fabril garante. Ele acreditava que, numa sociedade comunista, a fábrica, embora continuasse igual no seu funcionamento, deixaria de ser a produtora da miséria humana.

4.4 WEBER E A EMPRESA MODERNA

Max Weber (1864–1920), ao contrário de Marx, não fez da empresa capitalista a matriz da sociedade. Pelo contrário, para ele, a empresa, o governo e outras organizações da sociedade moderna eram expressão de uma mesma característica: o predomínio da racionalidade instrumental. A bem dizer, para Weber é o processo de racionalização e não o capitalismo, como afirmava Marx, que é a base da sociedade moderna.

A grande preocupação de Weber era entender a peculiaridade da moderna sociedade ocidental, ou seja, o que a diferenciava das demais. Nunca é demais lembrar que, na época em que Weber colocava esta questão, a sociedade moderna ocidental, tão bem caracterizada pelos Estados Unidos e por alguns países da Europa ocidental, tinha assumido a supremacia mundial em termos econômico, militar, científico e geopolítico. Assim, pode-se dizer que o que ele estava tentando explicar era essa supremacia.

Para ele, a diferença estava na crescente importância que o processo de racionalização tinha assumido nessas sociedades. Isso não quer dizer que nas demais sociedades os indivíduos não pautavam suas ações pela razão e pelo racionalismo. A diferença estava no grau de abrangência da racionalização. Nas demais sociedades havia muitas esferas da vida social que eram regidas pelos costumes, pelas crenças mágicas, pela pessoalidade etc. Nas modernas sociedades ocidentais, o processo de racionalização envolveu o governo, as empresas, as leis e, segundo Weber, tendia a abranger outras esferas da vida social. A expressão "processo de racionalização" pode ser entendida como aplicação da racionalidade.[7] Além disso, o que distingue a moderna sociedade ocidental é que nela há o predomínio de um tipo de racionalidade, a racionalidade prática ou instrumental. Quando guiada por esse tipo de racionalidade, a grande busca do ser humano consiste em encontrar o melhor meio, ou seja, o meio mais eficiente para se atingir um determinado fim. Por se concentrar nos meios é que ela é chamada de instrumental.

Podemos saber que a racionalidade instrumental se tornou dominante em uma esfera da vida social quando alguns valores se tornaram os princípios orientadores da prática. O primeiro deles, sem sombra de dúvida, é o da eficiência. Muitas esferas da vida social são formadas por organizações. Por exemplo, a esfera política é formada pelo governo (máquina administrativa) e outras; a esfera econômica no capitalismo é formada pelas empresas. Numa cultura

---

[7] Gellner entende racionalidade como "uma característica que indivíduos ou coletividades revelam em seus pensamentos, formas de agir e instituições sociais". Gellner elenca sete características. Vamos citar as que nos parecem mais significativas para que se entenda do que ele está falando. Elas são a tendência a agir depois de ponderar e calcular; a tendência a agir em função de um plano de longo prazo e o controle da conduta por regras abstratas e gerais; a seleção dos meios segundo a sua efetividade em atingir os objetivos almejados. Sobre o racionalismo, ele diz que a palavra pode englobar três sentidos distintos. Os dois primeiros se restringem à teoria do conhecimento, pois enfatizam o relevante papel atribuído à nossa razão no processo de construção do conhecimento. O terceiro sentido dado à noção de racionalismo o associa à "crença de que coletividades ou indivíduos conduzem melhor suas vidas quando suas ações são guiadas por um plano explícito e intelectualmente elaborado em vez de conduzi-la baseando-se nos costumes, em práticas de experiência e erro ou guiado por qualquer autoridade ou sentimento". Gellner afirma que desde o Iluminismo, chamado também de A Era da Razão, passando por Kant, o racionalismo passou a ser um problema epistemológico, ou seja como ele nos permite conhecer o mundo. O que Weber faz é converter um problema filosófico (como a razão pode nos possibilitar o conhecimento do mundo) em um problema sociológico, como um determinado tipo de racionalidade dominou uma civilização, a moderna sociedade ocidental e, posteriormente, todo o mundo. Verbete Rationalism. In: KUPER, Adam; KUPER, Jessica. *The Social Science Encyclopedia*. London: Routledge & Kegan Paul, 1985, p. 687-690 define razão "como o nome dado a uma alegada capacidade".

dominada pela racionalidade instrumental exige-se que essas organizações sejam eficientes, e isto quer dizer que elas devem estar sempre procurando formas melhores de atingir os objetivos para os quais foram criadas. Outros valores são a calculabilidade, a previsibilidade e a padronização. Nenhuma estrutura pode ser criada e nenhuma ação deve ser feita sem que antes seja comparada com as alternativas possíveis para se calcular qual delas dá mais eficiência à organização. Nada pode ser adotado ao acaso. Deve-se fazer um enorme esforço para se prever que efeitos terão tal ou qual estrutura ou tal ou qual ação, de modo a se optar pelas que maximizem o sucesso da organização na realização dos objetivos para o qual foi criada. A previsibilidade possibilita um maior controle sobre as incertezas na medida em que constrói cenários possíveis e possibilita a escolha da linha de ação que leve ao melhor resultado. A busca da eficiência por meio da calculabilidade e da previsibilidade impõe a padronização. Isso significa que a estrutura ou ação que garantir uma maior eficiência deve ser institucionalizada e repetida até que se encontrem substitutos que deem melhores resultados. Ao erigir a eficiência como um valor supremo, a cultura da sociedade moderna ocidental impõe tanto às organizações como às diferentes práticas sociais que se orientem pelos valores da calculabilidade, da previsibilidade e da padronização.

Uma das esferas sociais que melhor expressa o predomínio da razão instrumental é a do governo. Embora o governo seja composto por diferentes organizações, cada uma delas com seus objetivos próprios, ele pode ser representado como uma máquina. Esta máquina busca a eficiência. A burocracia é um mecanismo criado para garantir isso. Para Weber, a burocracia é uma forma de se estruturar a organização, pois estabelece o critério pelo quais os cargos devem ser ocupados, a cadeia de comando e o controle sobre as tarefas realizadas. Weber a considera expressão da racionalidade instrumental, uma vez que as suas características, quando comparadas com as outras formas de organização, eram as que garantiam maior eficiência. A organização burocrática não se restringe ao governo, ela também está presente na gestão das empresas. Assim, a racionalidade instrumental engendrou uma determinada forma de selecionar seus quadros e de controlar que pode ser utilizada por qualquer organização em busca de eficiência.

São as características da organização burocrática que garantem a sua elevada eficiência. Na organização burocrática, os cargos devem ser ocupados por concurso. Dessa forma, garante-se que eles serão ocupados pelos mais competentes. Nesse caso, fala-se em meritocracia. Há outros critérios para a ocupação dos cargos numa organização, e dois deles são bem conhecidos e utilizados no Brasil: trata-se do nepotismo e do clientelismo. Fala-se que há nepotismo quando o cargo é ocupado por parentes e clientelismo quando os cargos são ocupados por pessoas que garantirão apoio político a quem lhes colocou ali. Inegavelmente, qualquer organização será mais eficiente se os seus funcionários forem contratados na base do mérito do que se o forem porque são parentes do chefe ou porque vão garantir voto a quem lhes indicou para o cargo. Além disso, na organização burocrática a ascensão do funcionário a cargos superiores também depende de concurso. Com isso, garante-se que só subirão para cargos superiores os que tiverem maior competência técnica.

Além disso, a burocracia pressupõe uma rígida hierarquia de poder e responsabilidade. Com isso, cada pessoa na organização terá um conjunto de tarefas que devem ser realizadas, e caberá ao superior hierárquico cobrar do funcionário para que sejam feitas. Dessa forma, sabe-se a quem culpar se algo der errado ou não funcionar a contento na organização. A cadeia de comando estabelece que cabe a quem ocupa uma posição superior cobrar dos seus subordinados que cumpram as tarefas que lhes foram designadas, e assim sucessivamente até se chegar aos cargos mais elevados na estrutura (diretores). A eficiência da organização depende de que todas as tarefas necessárias à realização dos seus objetivos sejam feitas da melhor maneira possível e no prazo estipulado. A hierarquia de poder e responsabilidade garante isso. Também, na organização burocrática, tudo o que for feito deve ser registrado em documentos. Isso explica, em parte, porque se associa burocracia a papelada. Porém, o objetivo dessa exigência é garantir um maior controle e, ao mesmo tempo, dispor de dados para avaliar o desempenho da organização. A eficiência depende de se avaliar constantemente os resultados para se saber que partes da organização precisam ter um melhor desempenho. Por último, a burocracia se guia pelo princípio da impessoalidade. Isso significa que os funcionários não podem tomar decisões seguindo critérios de amizade, riqueza ou poder dos que serão afetados por elas. A impessoalidade faz com que o único critério orientador das decisões seja a sua eficácia.

A nossa cultura é impiedosa com a burocracia. Somos ensinados a odiá-la e a crer que o mundo seria muito melhor sem ela.[8] Contudo, deve-se ter bem claro o que está sendo efetivamente criticado. As características citadas por Weber e que configuram uma organização burocrática se mostram bem superiores às suas alternativas quando se trata de garantir a eficiência das organizações.[9] Dessa forma, elas podem ser criticadas por outros motivos, mas não

---

[8] Esta visão negativa não é exclusiva do Brasil. Dezenas de outros países também a endossam. Ver: DU GAY, Paul. *In Praise of Bureaucracy*. London: Sage, 2000, p. 1.

[9] Weber reconhece os méritos da administração burocrática quando comparada, convém frisar, com as outras

por gerarem ineficiência. Quando se critica a burocracia, o que se tem em vista são os excessos, ou seja, exigências redundantes e descabidas que retiram das organizações a agilidade necessária e estorvam a vida das pessoas.

Embora possam ter existido no passado algumas poucas esferas da vida social, como a burocracia na administração pública, que adotavam princípios da racionalidade instrumental, foi só com a sociedade moderna que esses princípios ganharam força e se tornaram predominantes. Na sociedade moderna esse processo se iniciou na esfera econômica, mais precisamente, na empresa moderna, porque ela, para funcionar e atingir o seu objetivo, que é a geração do lucro, está obrigada a funcionar segundo os princípios próprios da racionalidade instrumental. Por exemplo, é impossível a empresa moderna sem a contabilidade, e essa é uma das manifestações da calculabilidade. A empresa moderna impõe a organização racional do trabalho, o que significa estar sempre procurando a forma de organização do trabalho que garanta maior produtividade. Em suma, o que faz a economia (capitalista) da sociedade moderna o lócus da racionalidade instrumental é a intensidade com que os seus atores, entenda-se as empresas, se submetem à calculabilidade.[10] O mercado as compele a isso.

A racionalidade instrumental típica do governo e da empresa acaba predominando em outras esferas da vida social.[11] Um exemplo está no campo do esporte profissional. O atleta profissional é cercado de especialistas que vão calcular a massa muscular, a alimentação, o treinamento, os movimentos a serem feitos durante a competição e muitas outras variáveis, de modo a chegar à combinação ideal para se criar um atleta de ponta. Outro exemplo pode ser visto no turismo. Se alguém dissesse que vai passear na Europa, mas deixará para decidir lá onde ficará hospedado e o que vai fazer, isso seria espontâneo, mas soaria irracional. O turismo na sociedade moderna deve ser calculado nos mínimos detalhes para aproveitar o máximo do tempo possível, e isso exige um planejamento rigoroso ou então a compra dos serviços de uma agência de viagem que já fez este planejamento e o vende sob a forma de pacotes turísticos. Realmente, olhando-se para a sociedade contemporânea fica difícil encontrar uma esfera ou atividade que não esteja regida pelos princípios da racionalidade instrumental.

---

formas até então existentes. Ver: KALBERG, Stephen. Max Weber. In: RITZER, George (org.). *The Blackwell Companion to Major Social Theorists*. Oxford: Blackwell Publishers, 2000, p. 169.

[10] SAYER, Derek. *Capitalism and Modernity*: An excursus on Marx and Weber. London: Routledge, 1991, p. 96.
[11] SICA, Alan. Rationalization and Culture. In: TURNER, Stephen (org.). *The Cambridge Companion to Weber*. Cambridge: Cambridge University Press, 2000, p. 45-46.

O sociólogo George Ritzer (1940–), em 1993, publicou o livro *The McDonaldization of Society*, que fez muito sucesso. Baseado nas ideias de Max Weber, ele criou a expressão *McDonaldização* para indicar como a racionalidade instrumental se impõe sobre a sociedade determinando tanto a forma de produção como de consumo. Na sociedade moderna, o *fast-food*, e o McDonald's é o seu melhor exemplo, vem ocupando o lugar das formas tradicionais de alimentação fora de casa. Para Ritzer, a operação do McDonald's expressa com perfeição todas as características próprias da racionalidade instrumental. Nessa rede, o processo de produção de um hambúrguer é pensado de forma a encontrar uma divisão das tarefas, reduzindo ao máximo o tempo de produção do sanduíche. Ninguém pode improvisar ou criar, todos devem fazer apenas as tarefas determinadas, pois concluiu-se, através de estudos, que esta divisão é a melhor forma de se alcançar a eficiência, que, neste caso, se expressa sob a forma da rapidez com que o cliente é servido. A forma mais eficiente de produção deve ser imitada em todas as lojas da cadeia McDonald's em todas as partes do mundo. Em suma, deve ser padronizada.

Há no McDonald's uma valorização da quantidade que se expressa na propaganda baseada no tamanho dos seus sanduíches. A quantidade se avulta diante da qualidade. Segundo Ritzer, isso acontece porque a quantidade é quantificável, isto é, pode ser avaliada segundo o princípio da calculabilidade, enquanto a qualidade, por não poder se submeter a esse princípio, não aparece como um objetivo valorizável.

Além disso, o McDonald's produz em todo o mundo, com raras exceções, os mesmos produtos com os mesmos sabores. O Big Mac servido no Texas terá o mesmo tamanho, os mesmos ingredientes e o mesmo sabor de um Big Mac servido em Porto Alegre. Não há espaço para a personalização do sanduíche ao gosto do consumidor. Isso poria em risco o princípio da predicabilidade, que leva à extrema homogeneização do que é ofertado nesta rede. Os ingredientes e o sabor devem ser padronizados. Nada deve fugir ao padrão estabelecido.

Em tese, as redes de *fast-food* seriam apenas mais uma opção dentre as diferentes formas de se alimentar fora de casa oferecidas na sociedade moderna. Porém, elas conseguem capturar a clientela com grande sucesso e, por isso, acabam se sobrepondo a outras formas tradicionais de se alimentar fora de casa. Estas formas que não são regidas pelos princípios da racionalidade instrumental acabam sendo suplantas por uma que é regida de forma absoluta por esses princípios. Assim, assiste-se à racionalidade instrumental predominar em mais uma atividade da vida social (a alimentação fora de casa). O que o livro de Ritzer faz é atualizar a tese defendida por Max Weber no início do século XX; ao postular que a sociedade moderna está sofrendo um processo de McDonaldização ele está apenas repetindo e enriquecendo a tese de Weber que afirma o crescente predomínio da racionalidade instrumental na vida social.

Embora Weber reconheça os benefícios que a dominância da racionalidade instrumental, quando aplicada à produção e à administração pública e privada, tenha trazido para a humanidade em termos de maior produtividade e de melhoria do bem-estar, ele tem uma visão sombria sobre o futuro da humanidade.[12] Esse domínio, nascido na empresa capitalista e expandido posteriormente para toda a sociedade, faz com que as pessoas vivam, na expressão cunhada por Weber, numa gaiola de ferro.

Vamos entender como isso funciona. Na escola, os alunos são avaliados segundo as suas notas. A nota é um critério que mede quanto o aluno aprendeu. Em tese, o aluno poderia ser avaliado por outros critérios como a sua criatividade ou o seu grau de envolvimento em trabalhos. Porém, estes dois critérios são muito difíceis de serem quantificados. A escola se vê compelida a adotar o critério de nota porque ele é o que melhor possibilita a quantificação. O mesmo poderia ser dito do trabalhador. Também aqui há vários critérios para avaliar o seu desempenho. Porém, a empresa acaba presa ao critério da produtividade, porque esse é o que melhor se presta à quantificação. Em nenhum momento se está afirmando que a escola não deva avaliar a quantidade do conteúdo que o aluno fixou ou que a empresa abandone a preocupação com a produtividade dos seus funcionários. O fato desses dois critérios terem sido assumidos como os principais e exclusivos acaba moldando a forma de ser tanto da escola quanto da empresa. Como falamos, existem outros critérios, mas a sociedade regida pelos valores da racionalidade instrumental está obrigada a escolher apenas os que são quantificáveis. A liberdade é sempre a liberdade de escolha. Porém, numa sociedade dominada pela racionalidade instrumental, a possibilidade de escolha fica extremamente reduzida, para não dizer inexistente, pois as empresas e organizações e até mesmo as pessoas estão obrigadas a sempre escolher os meios que garantam maior eficiência, calculabilidade e previsibilidade. Isto faz com que os seres humanos se tornem uma espécie de autômatos comandados pelo princípio de que estarão sempre obrigados a escolher o meio mais eficiente para atingir determinado fim. Por isso Weber fala em gaiola de ferro.

---

[12] SCAFF, Lawrence. Weber on the cultural situation of modern age. In: TURNER, Stephen (org.). *The Cambridge Companion to Weber*. Cambridge: Cambridge University Press, 2000, p. 103.

> **ATIVIDADE 4.2** Leia a frase a seguir e diga se concorda ou não com ela. Fundamente a sua posição. "Burocracia, ruim com ela, pior sem ela."

4.5 SOCIEDADE INDUSTRIAL, A NOVA REALIDADE SOCIAL

Marx morreu no século XIX e, por isso, não viu a implantação do comunismo na Rússia. No século XX, em vários países, as ideias de Marx orientaram a maior experiência de engenharia social da história da humanidade.[13] Diversos movimentos comunistas tomaram o poder e aplicaram as ideias de Marx acreditando que, com isso, poderiam criar uma sociedade mais humana, justa e solidária. Acreditavam também que, com a implantação do comunismo, seus países ficariam imunes às crises capitalistas e trilhariam com mais rapidez o caminho do crescimento econômico. Mesmo nos países que não tinham adotado o comunismo, uma parte da opinião pública esclarecida o via como uma alternativa válida. Era um caminho novo e promissor.

Passadas várias décadas de experiência comunista, alguns cientistas sociais, olhando para a experiência soviética, perceberam que, apesar da mensagem do governo russo insistir em afirmar que a sociedade comunista era superior e diametralmente oposta à capitalista, havia inúmeros pontos de identidade, ou seja, em que eram idênticas. Uma delas estava no funcionamento das fábricas. Uma fábrica soviética era idêntica a uma americana na hierarquia, no controle da mão de obra, no processo de produção e no regime de trabalho. A fábrica soviética não era superior nem diferente da fábrica capitalista. Eles fizeram a seguinte pergunta: por que tantas semelhanças entre sociedades que se dizem antagônicas? A resposta a essa pergunta os levou a criar o conceito de sociedade industrial. Novamente, a sociologia estava recorrendo a um tipo de empresa para criar um conceito que desse o caráter da sociedade. Mais uma vez, a empresa marcou a produção da sociologia.

---

[13] A noção de engenharia social foi extraída do livro: POPPER, Karl. *A sociedade aberta e seus inimigos*. 2 vols. Rio de Janeiro: Editora Itatiaia, 1987. Popper está se referindo às práticas políticas que visam mudar radicalmente a sociedade. Tais práticas partem de um mundo ideal imaginado como melhor e usam a coerção para fazer com que a realidade social se conforme a esse modelo. Popper usa vários argumentos para condenar a engenharia social, e um deles está no fato de que essas experiências só foram possíveis porque os governantes que as empreenderam suprimiram a liberdade e reprimiriam violentamente qualquer oposição. Os comunistas não foram os primeiros e nem os únicos a lançar mão da engenharia social. A fase do terror da Revolução Francesa também é citada como exemplo desse tipo de experimento social. Popper afirma que as intenções dos engenheiros sociais sempre são as melhores possíveis, mas os resultados de suas ações sempre são funestos.

É possível afirmar que a ideia subjacente ao conceito de sociedade industrial é do início do século XIX.[14] A bem dizer, o conceito de sociedade industrial pode ter sido criado antes mesmo de Marx ter começado a desenvolver a sua teoria sobre a sociedade capitalista, apesar de nunca ter tido a mesma popularidade do conceito de sociedade capitalista difundido por Marx. Embora possamos ver em Saint-Simon e em Comte, autores do século XIX, os precursores dessa ideia, pois alertaram que um novo tipo de sociedade estava sendo criado por força da ciência e da indústria, o conceito de sociedade industrial, como ficou conhecido na sociologia, só passou a ser utilizado na metade do século XX. Ele se tornou conhecido no meio acadêmico e na mídia através das obras de Ralf Dahrendorf (1929-2009) e Raymond Aron (1905-1983).[15] Hoje se sabe que foi Peter Drucker (1909-2005), o pai da administração moderna, quem primeiro formulou a ideia de que vários países viviam uma realidade social que poderia ser definida sob o rótulo de sociedade industrial.[16]

Para Marx, a característica marcante das sociedades (da Europa ocidental e dos EUA) era o fato de serem capitalistas, o que imprimiria o seu caráter às instituições e à cultura (ideologia). Já para Peter Drucker, Ralf Dahrendorf e Raymond Aron, a característica que marca as sociedades do século XIX até ao tempo da publicação das suas obras é o fato de serem industriais, o que vai imprimir o seu caráter às instituições e à cultura. Não negam a existência do capitalismo, mas, para eles, tanto o capitalismo quanto o comunismo seriam apenas diferentes tipos da sociedade industrial. Isso explica por que há tanta

---

[14] No verbete "Indústria", que consta do livro de Raymond Williams, o autor afirma que o escritor e historiador Thomas Carlyle cunhou, em 1830, o termo industrialismo "para indicar uma nova ordem social designar baseada na produção mecânica e organizada". Ver: WILLIAMS, 2007, p. 231.

[15] Ver: DAHRENDORF, Ralf. *As classes e os seus conflitos na sociedade industrial*. Brasília: Editora da UNB, 1982 (publicado originalmente em inglês em 1959); ARON, Raymond. *18 lições sobre a sociedade industrial*. São Paulo: Martins Fontes/Editora da UNB, 1981 (publicado originalmente em francês em 1962). Embora apareça no título do seu livro, a reflexão sobre as características principais da sociedade industrial não tem destaque nesse livro de Dahrendorf. Já o livro de Raymond Aron, embora não tenha todos os capítulos voltados para esse tema, dá grande espaço para a discussão da noção de sociedade industrial.

[16] Não afirmamos que foi Peter Drucker quem cunhou o conceito de sociedade industrial. Contudo, salvo engano ou erro, cabe a ele a primazia de ter publicado o primeiro livro que fazia desse conceito o centro da sua reflexão. Estamos falando do livro DRUCKER, Peter. *A nova sociedade*: anatomia do sistema industrial. Rio de Janeiro: Editora Ipanema, 1957 (publicado originalmente em inglês em 1950). O conceito de sociedade industrial teve uso frequente entre os anos 1950 e 1970. Até o marxista Herbert Marcuse utiliza esse conceito no título da sua principal obra: *A ideologia da sociedade industrial* (Rio de Janeiro: Zahar, 1967). Na década de 1990, o conceito de sociedade industrial, como tantos outros conceitos da sociologia em épocas distintas, desapareceu. Tanto que alguns dicionários de ciências sociais não registram o verbete. De forma curiosa, mas trágica, o conceito voltou a ter um breve período de fama quando, em 1995, o terrorista americano conhecido como Unabomber, responsável por 16 atentados a bomba nos EUA e pela morte e ferimento de várias pessoas, obrigou os grandes jornais a publicarem o seu manifesto que se intitulava *A sociedade industrial e o seu futuro*.

semelhança entre elas. Novamente aqui vemos uma teoria social ser formulada para explicar a ordem social criada por uma empresa, nesse caso, a fábrica.

O conceito de sociedade industrial parte da seguinte realidade: a produção industrial se tornou a mais importante atividade econômica na maioria dos países, em especial naqueles vistos como expressão do progresso. Ela assumiu esse posto porque a indústria passou a ser a principal produtora da riqueza, pelos seguintes motivos: porque a produção industrial era a responsável pela maior parte do PIB desses países, porque empregava a maior parte da população economicamente ativa e porque uma parte crescente dos produtos consumidos era produzida por indústrias. A enorme importância econômica que a fábrica assumiu implicou na ruptura definitiva com a sociedade tradicional dominada pela vida rural e pela produção agrícola. Esta passou a representar o passado. Aquela, o futuro.

Esse conceito foi criado como um diálogo com a teoria social de Marx, porque, para esses autores, a descrição que Marx fazia da sociedade capitalista estava correta, porém, era válida apenas para a sua época. Marx vira uma sociedade dividida em classes polares que pareciam viver em mundos diferentes. A extrema pobreza da classe operária condenava os seus filhos a reproduzirem a mesma situação miserável de vida. A política era controlada pelos ricos e a cultura da sociedade, a chamada alta cultura, expressava os valores e ideais da burguesia. Para ele, a noção de sociedade capitalista bastava para caracterizar esse mundo polarizado. Para alguns estudiosos, tais como Peter Drucker, Raymond Aron e Ralf Dahrendorf, desde o fim do século XIX até meados do século XX, tanto a sociedade europeia quanto a norte-americana tinham sofrido profundas transformações que, segundo eles, as diferenciava profundamente da sociedade analisada por Marx. Por isso criaram o conceito de sociedade industrial para classificar essa nova realidade social

Além disso, por terem vivido a segunda metade do século XX, tinham visto a implantação de sociedades comunistas em várias partes do mundo (o que Marx não vira), e isso os levou a discordar radicalmente de Marx quando esse imaginava que uma sociedade radicalmente diferente (a sociedade comunista) surgiria da destruição do capitalismo.[17] Para esses autores, o comunismo e o capitalismo não passavam de subtipos de uma realidade que lhes era determinante; eram apenas subtipos da sociedade industrial. Eles reconhecem

---

[17] A noção de sociedade comunista adotada neste capítulo suscita infindáveis e acaloradas discussões. Os termos dessa discussão são por demais conhecidos para que sejam lembrados aqui. Mesmo sabendo das ressalvas feitas pelos que insistem na distinção entre os termos socialista e comunista, adotamos a noção "sociedade comunista", porque essa é a expressão utilizada pelos teóricos da sociedade industrial.

a existência de algumas diferenças entre o comunismo e o capitalismo, mas essa diferenças estavam basicamente na forma de organizar a economia.[18] No geral, afirmavam que ambas eram regidas pelas mesmas metas e valores. Nelas predominava a produção em massa determinada pela busca eterna da produtividade máxima. Esse imperativo fez com que Lênin, o líder da revolução que implantou o comunismo na Rússia, impusesse às fábricas comunistas o taylorismo, mesmo reconhecendo que ele significava a mais elaborada forma de exploração capitalista.

No capitalismo, a empresa está condenada a perseguir a produtividade máxima porque isso aumenta os seus ganhos. No comunismo, a empresa deve perseguir esse objetivo porque só ele garante o atendimento das necessidades da população e assim ela deve caminhar em direção ao "reino da liberdade e da abundância", prometido por Marx. Independentemente da ideologia, as empresas estão obrigadas a organizar a sua produção e a realizar o controle do trabalho com regras disciplinares e relações hierárquicas, de forma a estar sempre na busca da produtividade máxima. Esse imperativo explica a enorme semelhança constatada no funcionamento da empresa no capitalismo e no comunismo.

Para os teóricos da sociedade industrial, o imperativo da produtividade máxima impõe aos trabalhadores das fábricas existentes na sociedade comunista as mesmas condições de desumanização existentes nas fábricas capitalistas regidas pelo princípio do lucro. Em ambas eles estão submetidos à mesma disciplina rígida, ao mesmo processo de trabalho e subordinados a um gerente, pois nas duas impera a divisão entre o trabalho manual, feito pelos operários, e o trabalho intelectual, exercido pelos gerentes. Até mesmo

---

[18] Ver: ARON, Raymond. *Dezoito lições sobre a sociedade industrial*. Lisboa: Editorial Presença, 1969, p. 110. Aron lista cinco diferenças entre a economia da sociedade capitalista e a da sociedade comunista. Na economia capitalista: (1) há a propriedade privada dos meios de produção, (2) a regulação da economia se dá por meio do mercado, (3) os empregados detêm apenas a sua força de trabalho e para sobreviver precisam vendê-la ao capitalista, (4) o objetivo predominante da produção é o lucro e (5) a repartição dos recursos está sujeita a flutuações. Ao falar do lucro, o autor chega a aventar que mesmo o lucro não fazendo parte da economia comunista, ela não pode abdicar dele: "Quer as empresas sejam públicas ou privadas a noção de lucro entrará sempre em jogo [...]" (p. 119). E isso pela seguinte razão: "Mas esse fato (a existência do lucro) não é próprio da sociedade capitalista: em todo o regime econômico é preciso que a empresa, no fim do ano, tenha uma contabilidade superavitária" (p. 119). Na economia capitalista, a continuação do prejuízo leva a empresa à falência. Na economia comunista, a sociedade terá que bancar o prejuízo das empresas deficitárias. Assim, só sobram como diferenças marcantes o fato da propriedade dos meios de produção ser privada e o fato da economia da sociedade capitalista estar regida pelo mercado, pois a característica (3) é comum às duas economias. O mais interessante de tudo é que a planificação, uma característica típica da economia comunista, sob o rótulo de planejamento, passou a fazer parte das políticas governamentais nos países capitalistas. Trata-se de uma versão *soft*, porém, reforça ainda mais a semelhança entre a sociedade capitalista e comunista.

os trabalhadores das sociedades comunistas também seriam vítimas da exploração, segundo alguns autores.[19]

Para os teóricos da sociedade industrial, as semelhanças entre a sociedade comunista e a capitalista transcendem os portões da fábrica e abrangem toda a sociedade. Justamente por isso, acharam necessário criar esse conceito. As fábricas produziram uma nova estrutura de classes, dos capitalistas (empresários) e dos trabalhadores, e a relação conflituosa entre elas assumiu uma enorme importância social e histórica. Até aqui não há diferença em relação à teoria de Marx sobre a sociedade capitalista. A diferença é que a sociedade industrial introduziria uma estrutura de classes muito mais complexa e fluida do que Marx imaginara. Para Marx, a sociedade capitalista estaria dividida em duas classes principais, e todo o seu esquema explicativo da sociedade se baseia na relação entre essas duas classes. O comunismo não teria classes sociais. Para os teóricos da sociedade industrial, assistimos no último século a um crescimento gigantesco, seja na sociedade capitalista ou comunista, da classe média. Esse crescimento foi gerado pela expansão das ocupações técnicas e de prestadores de serviços. O crescimento da classe média tornou a estrutura social mais complexa, pois os interesses dessa classe devem ser levados em consideração.

A existência da classe média deu maior fluidez à estrutura de classe, pois a passagem de uma classe para outra (mobilidade social) tornou-se uma possibilidade real. Para Marx, a passagem da condição de operário à de burguês era uma raríssima exceção. Os teóricos da sociedade industrial afirmam que nela a mobilidade se tornou uma realidade principalmente devido ao sistema educacional. Mas, acima de tudo, a sociedade industrial, dizem eles, institucionaliza a meritocracia. A pessoa que demonstrar talento (mérito) numa área de atividade poderá melhorar o seu padrão de vida, ou seja, mudar de classe. Assim, a sociedade industrial é uma sociedade aberta ao talento. Certamente, a origem social de uma pessoa pode favorecer a sua ascensão social. Uma criança nascida numa família rica terá mais chances de ascender do que uma criança da classe pobre. Mas isso não nega que haja meios para que as crianças pobres que demonstrem empenho e talento possam ascender socialmente.

---

[19] Nas duas economias, o trabalhador não recebe sob a forma de salário tudo o que produz. A diferença é que no capitalismo uma parte da diferença é apropriada pelo capitalista sob a forma de lucro. Raymond Aron reconhece que no comunismo também há um excedente não apropriado pelos trabalhadores (exploração): "Na economia soviética (comunista) o excedente de valor criado pelo operário para além do seu salário destina-se à coletividade inteira que reparte em função das decisões do órgão do plano" (ARON, 1981, p. 113).

Além disso, a difusão do sistema fabril e a criação das cidades industriais instauraram um novo modo de vida. Deve ser lembrado que, com o crescimento do sistema fabril, a cada ano, um número maior de pessoas dependia do trabalho na fábrica para sobrevier. Ela se tornou o maior empregador na economia. Por milhares de anos, o espaço da família e o do trabalho foi um só. Com a fábrica as pessoas tinham que sair de casa para trabalhar. Assim, a fábrica separou definitivamente o espaço do trabalho e o espaço da família (o lar). O horário da fábrica passou a marcar o tempo social. Havia o tempo do trabalho e o tempo de descanso. Os dias de trabalho e os dias de descanso. O trabalho fabril criou a noção de emprego como nós a conhecemos hoje.[20] Até então só havia trabalho. O emprego era segurança. Estar desempregado era uma tragédia. Assim, a sociedade industrial é uma sociedade baseada no emprego, ou seja, numa relação formal de trabalho com lugar, horário, salário e benefícios estipulados por lei ou contrato.

A sociedade industrial, como o próprio nome nos diz, está baseada na produção de bens materiais. Nela a riqueza se expressa sob a forma de bens materiais. A riqueza de uma empresa ou pessoa pode ser medida pela quantidade dos seus ativos, ou seja, dos seus bens, valores, créditos etc. tudo isso tem uma existência material. Por isso, os setores economicamente mais importante são os que produzem bens materiais, em especial o setor fabril, incluindo-se aqui também a industrialização de bens agrícolas. A importância econômica desse setor vem do fato dele ser o maior empregador, ou seja, na sociedade industrial, a maior parte dos empregos é gerada nele, e dele ser o principal responsável pela produção de riqueza. Com isso se está dizendo que, na sociedade industrial, a maior parte do PIB de um país é produzida pelas suas fábricas.

A sociedade industrial também se caracteriza pela produção em massa. Já aprendemos que a produção em massa possibilita os ganhos de escala (quanto mais se produz, menor o custo de uma unidade de produto). Assim, quer para aumentar a sua rentabilidade ou para melhorar a sua vantagem concorrencial, a fábrica da sociedade industrial tinha como objetivo a produção em massa.

---

[20] "O emprego é um artefato social, embora esteja tão arraigado em nossas consciências que a maioria de nós se esqueceu de sua artificialidade ou do fato de que a maioria das espécies, desde o início dos tempos, tenha se saído muito bem sem empregos. O conceito de emprego surgiu no começo do século XIX, para englobar o trabalho que precisava ser feito nas crescentes fábricas e burocracias das nações em fase de industrialização. Antes de ter empregos, as pessoas trabalhavam de maneira igualmente árdua, mas em grupos mutáveis de tarefas, numa variedade de localizações, de acordo com uma programação determinada pelo sol, pelo tempo e pelas necessidades do dia. O emprego moderno foi uma nova ideia assustadora – para muitas pessoas, uma ideia desagradável e até mesmo socialmente perigosa. Seus críticos afirmavam que era um modo antinatural e até desumano de se trabalhar. Previam que a maioria das pessoas não seria capaz de conviver com suas exigências." BRIDGES, William. *Um mundo sem empregos* – Jobshift. Desafios da sociedade pós-industrial. São Paulo: Makron Books, 1995, p. XIV-XV.

Inovações tecnológicas foram feitas para possibilitar que a quase totalidade dos bens oferecidos fosse produzidos em larga escala. De carros a cigarros, passando por tecidos, alimentos e outros produtos, todos passaram a ser produzidos em massa. A produção em massa requer um mercado de massa. O mercado de massa já vinha sendo criado desde o século XVIII, mas só se realizou efetivamente no século XX com o barateamento dos produtos industriais gerado pela produção em massa e pelo poder de persuasão da propaganda. Embora vise atender ao mercado, a produção em massa privilegia a produção e, nesse caso, os desejos individuais dos consumidores ficam em segundo plano.[21]

Marx acreditava que, na sociedade capitalista, o conflito entre o capital e o trabalho, leia-se entre os capitalistas e os trabalhadores, ficaria mais intenso e violento e acabaria desaguando na revolução socialista. A revolução deve ser entendida como a vitória do trabalho sobre o capital, mais precisamente a erradicação da classe capitalista. A revolução, no sentido empregado por Marx, pressupõe a violência. Os teóricos da sociedade industrial, afirmam que, ao contrário do previsto por Marx, a sociedade industrial conseguiu domesticar os conflitos de classe. Domesticar não significa erradicar, mas apenas que os conflitos perderam o seu caráter destrutivo. Várias mudanças contribuíram para que isso acontecesse. Uma delas é a mudança na forma de ver o conflito social. No século XIX e na primeira metade do século XX, as greves e os demais movimentos da classe operária eram vistos como negativos e uma grave ameaça à ordem social, e por isso deviam ser reprimidos com violência pelas forças policiais. Essa visão mudou. O conflito continuou sendo visto como algo negativo, mas que faz parte da vida social, e a sua solução não deve vir da repressão, mas da negociação. Os órgãos de representação de classe (sindicatos operários e patronais) passaram a ser vistos como legítimos e foram criados espaços para a resolução dos conflitos.[22] No Brasil, por exemplo, a Justiça do Trabalho é um dos espaços criados para a resolução dos conflitos. Ela tem como uma das suas funções intermediar os conflitos entre patrões e empregados e estimular a conciliação. Se as partes não chegarem a um acordo, o juiz decide

---

[21] "O cliente pode ter o carro da cor que quiser, contanto que seja preto." Essa frase consta da autobiografia de Henry Ford e, de certo modo, ela expressa o privilégio da produção em massa em detrimento dos desejos do consumidor. Porém, frequentemente ela é entendida de forma errada, como se a linha de montagem típica do fordismo tivesse imposto essa condição. Muito pelo contrário. Antes de Ford é que o consumidor estava obrigado a comprar o carro de uma cor só: a preta. A linha de montagem fordista possibilitou a produção de carros com outras cores. Porém, o fato de que da linha de montagem só saíam carros do modelo T é uma prova desse privilégio.

[22] A parte referente à domesticação dos conflitos de classe encontra-se em: MARX, Karl. Mudanças na estrutura das sociedades industriais. In: DAHRENDORF, Ralf. *As classes e os seus conflitos na sociedade industrial*. Brasília: Editora da UNB/Fundação Roberto Marinho, 1978.

e a sua decisão tem que ser obedecida por patrões e empregados. As greves continuam existindo, talvez até em maior número do que no passado. Porém, hoje elas já não causam tantos problemas como no passado, pois a sociedade industrial encontrou formas de domesticar o conflito de classes.

Assim, os teóricos da sociedade industrial estabeleceram um diálogo com Marx. Eles procuraram mostrar que uma sociedade diferente tinha sucedido à sociedade observada por Marx. Eles procuraram mostrar que independentemente do caráter capitalista ou comunista de organização da atividade econômica, a nova sociedade tinha características marcantes, e essas independiam do caráter capitalista ou comunista da economia. Por isso a chamaram de sociedade industrial. Em suma, deve ficar claro que, para os teóricos da sociedade industrial, um determinado tipo de empresa (a fábrica e o sistema fabril) imprimiu suas características à realidade social criando, segundo eles, um novo tipo de sociedade. Eles criaram uma teoria para descrever e explicar essa nova realidade. Aqui, tanto quanto em Marx, fica claro como a existência de um determinado tipo de empresa marcou a produção teórica da sociologia.

4.6 SOCIEDADE PÓS-INDUSTRIAL, UM NOVO NOME PARA UM NOVO TEMPO

Da mesma forma que na metade do século XX alguns cientistas sociais, acreditando que a realidade social tinha se transformado radicalmente, acharam necessário criar o conceito de sociedade industrial para designar essa nova realidade social, no final do século XX, outro grupo de cientistas sociais achou necessário criar um novo conceito para designar a nova realidade social que estava sendo criada nessa época. Para eles, nos últimos vinte anos, a realidade social tinha mudado radicalmente, e agora apresentava características bem diferentes daquelas típicas da sociedade industrial. Vários nomes foram criados para designar essa nova realidade, mas um deles ficou bastante popular: o de sociedade pós-industrial.

O conceito de sociedade pós-industrial data de 1914.[23] Porém, foi só em meados dos anos 1970 que ele se tornou uma referência no debate das ciências sociais. Isso se deve à publicação, em 1969, do livro *A sociedade pós-industrial*, do sociólogo francês Alain Touraine (1925–) e à publicação, em 1973, do livro

---

[23] Daniel Bell informa que, em 1914, o socialista inglês Arthur J. Penty publicou um livro com o título *Essays in Post-Industrialism*. Curiosamente era um livro que atacava o industrialismo, ou seja, a expressão pós-industrial nessa obra tem mais o sentido de uma volta à sociedade tradicional. Os teóricos contemporâneos da sociedade pós-industrial não são contra o industrialismo, apenas acham que essa época já passou.

O advento da sociedade pós-industrial, do sociólogo Daniel Bell (1919-2011).[24] Ambos afirmavam que algumas sociedades europeias, a sociedade japonesa e a norte-americana apresentavam novas características que as diferenciavam substancialmente da sociedade industrial. Eles acreditavam que as transformações que estavam ocorrendo nessas sociedades tenderiam a se espalhar para outras sociedades. Convém lembrar que muitos outros autores compartilhavam a percepção de que a sociedade que estava sendo criada no último quarto do século XX era radicalmente diferente da sociedade da década de 1950. Em 50 anos a sociedade apresentava claros sinais de que mudanças significativas estavam ocorrendo. O conceito de sociedade pós-industrial é mais um dos conceitos que proclamavam a chegada de um novo tempo. Mas, para alguns autores, ele se tornou o mais popular,[25] por isso merece a nossa atenção.

Convém destacar que, ao contrário dos conceitos de sociedade capitalista e de sociedade industrial, o conceito de sociedade pós-industrial (bem como todos os outros que anunciam um novo tempo) não descreve uma realidade que existe de forma acabada, mas características que indicam uma tendência. Em suma, eles não vivenciam a realidade plena da sociedade pós-industrial, tal como Marx vivenciara a sociedade capitalista ou os teóricos da sociedade industrial a vivenciaram. A noção de sociedade pós-industrial reflete uma realidade ainda muito incipiente. Então, precisa ficar claro que o conceito de sociedade pós-industrial trata de uma realidade social em gestação. Para os utopistas pós-industriais, essa gestação chegará a bom termo. Porém, a sociologia nos alerta que tendências não são leis. Elas podem se realizar ou não.

O conceito de sociedade pós-industrial coloca um problema para a posição que assumimos neste capítulo, qual seja, a de mostrar como a existência da empresa marcou profundamente a produção teórica da sociologia. Isso ficou muito claro no caso de Marx e da noção de sociedade industrial. Afinal, as fábricas são empresas e esses dois conceitos deixam claro que a fábrica e o sistema fabril criaram uma nova realidade social. O conceito de sociedade pós-industrial nos diz que a nova realidade social não será mais determinada pela indústria e pelo sistema fabril. Então, seria possível concluir que na nova realidade social a empresa perderia a importância como fator condicionador da vida social. Mas

---

[24] O livro de Alain Touraine tem uma tradução para o português pela editora Moraes. O livro de Daniel Bell intitula-se: *The Coming of Post-Industrial Society* e foi publicado originalmente em inglês em 1973. Há uma tradução para o espanhol.

[25] Argumento defendido por Domenico De Masi no seu livro *A sociedade pós-industrial* (São Paulo: Editora Senac, 1999, p. 31-32). Este livro não apresenta novas hipóteses ou previsões sobre a sociedade pós-industrial. Ele se compõe de diferentes artigos, escritos por diferentes autores, cada um resumindo as obras dos mais relevantes teóricos da sociedade pós-industrial.

essa conclusão estaria errada, pois o conceito de sociedade pós-industrial nos diz que a indústria, ou seja, um determinado tipo de empresa, perdeu importância, pois perdeu a capacidade de moldar a realidade social, mas, ao mesmo tempo, como veremos a seguir, nos diz que outro tipo de empresa passa a deter o poder, antes dado à indústria, de modelar a realidade social. O que a noção de sociedade pós-industrial nos diz é que a indústria perdeu importância, e que um novo mundo social está sendo criado tendo como base outro tipo de empresa, novos grupos sociais, novas relações de poder e novos valores.

Para os cientistas sociais que preveem a constituição de uma sociedade pós-industrial, o fator que cria a nova ordem social é o conhecimento – o conhecimento na sua forma pura (como ciência) ou na forma aplicada (como tecnologia). Embora existam inúmeras e profundas divergências entre os teóricos que proclamam o surgimento de uma sociedade pós-industrial, em sua maioria eles veem o conhecimento como o fator que vai alterar profundamente a vida social, a ponto de criar um novo tipo de sociedade.[26] O conhecimento e a técnica, que nada mais é do que o conhecimento aplicado, vão alterar profundamente, como veremos a seguir, a forma de produzir riquezas, as relações de poder, a configuração das classes sociais e vários outros elementos da ordem social.

Vamos analisar a forma de produzir riqueza. Evidentemente que na sociedade pós-industrial o sistema fabril continuará existindo, porém ele será superado pelo setor de serviços. Ele já foi superado como o principal empregador. Em vários países ou importantes cidades o número de pessoas empregadas no setor de serviços ultrapassou o de pessoas empregadas tanto no setor fabril como no agropecuário. Esse é um primeiro indício da perda da importância do setor industrial.[27] Ele está sendo superado em vários lugares (isso já é uma realidade)[28] como o principal produtor de riqueza. Embora o setor de serviços englobe empresas de

---

[26] Além das obras de Alain Touraine (1969) e de Daniel Bell (1973) citadas anteriormente, podemos mencionar os seguintes livros nos quais essa tese é defendida: DRUCKER, Peter. *Sociedade pós-capitalista*. São Paulo: Pioneira, 1999; TOFFLER, Alvin. *Powershift*: as mudanças do poder. Rio de Janeiro: Record, 1993.

[27] Daniel Bell (1973) coloca este fato como o marco fundador da sociedade pós-capitalista. É preciso deixar claro que o conceito de "setor de serviços" é um conceito ambíguo. Basicamente, o setor de serviços se distingue dos outros dois setores da economia, ou seja, da agricultura e da indústria, porque não produz bens materiais. Nele se inserem o comércio, os bancos, os hospitais, as escolas, o setor de diversões etc. Porém, sob o rótulo de setor de serviços temos realidades bem distintas em termos de utilização do conhecimento. Dele fazem parte tanto a lanchonete da esquina como o sofisticado centro de pesquisa meteorológica. O setor de serviços tem crescido como um todo, porém, o agrupamento do setor de serviços que mais interessa aos teóricos da sociedade pós-industrial é aquele que agrega conhecimento. Nesse caso, estaria não o "chapeiro" (quem faz o sanduíche) da lanchonete, mas certamente estaria o *chef de cuisine*, especializado na alta gastronomia.

[28] No Estado de São Paulo, o "setor de serviços é o que mais contribuiu para o resultado do PIB do Estado em 2006: 55,3%. Essa tendência de crescimento vem se mantendo no decorrer dos tempos, ao contrário da indústria que está fazendo o caminho inverso. O setor industrial respondeu por 30,2% (contra 31,7% de 2005) do PIB". Fonte: Biblioteca Virtual do Estado de São Paulo.

ramos muito distintos, na sociedade pós-industrial os serviços que mais geram riquezas são aqueles que incorporam maior grau de conhecimento. A cidade de São Paulo tem o maior PIB dentre todas as cidades brasileiras; sua participação no PIB nacional era, em 2005, de 12,85% e isso se deve basicamente ao desempenho do setor de serviços.[29] São Paulo, que já foi uma cidade industrial no passado, tornou-se uma cidade prestadora de serviços de elevada qualidade para o resto do país. Embora São Paulo seja famosa pela diversidade da sua culinária, pela quantidade e pela qualidade das suas salas de espetáculos, pela extrema variedade do seu comércio, o que tem puxado o crescimento do PIB do setor de serviços paulistano são serviços como consultoria empresarial, consultoria financeira, propaganda e marketing, seus serviços médicos de elevada qualidade, suas instituições de ensino etc. Em suma, serviços que requerem e incorporam elevado grau de conhecimento.

Na sociedade pós-industrial a riqueza assume, cada vez mais, a forma imaterial. Na sociedade industrial, a riqueza estava sob a forma de bens materiais. O valor de uma empresa como a Ford podia ser medido pelo valor dos seus ativos, todos eles materiais (terras, instalações, máquinas, equipamentos etc.). Além disso, a riqueza dessa empresa vinha da venda de bens materiais. As empresas típicas da sociedade pós-industrial são extremamente valiosas e sua riqueza vem da venda de bens não materiais. Veja, por exemplo, o caso de Google, Microsoft, Facebook, Pixar, dos grandes bancos de investimento e de muitas outras. Elas vivem de vender conhecimento, um bem que não tem existência material. Na década de 1990 os americanos ficaram muito assustados porque os japoneses tinham comprado as fábricas americanas que produziam televisores. Aquilo parecia um claro sinal da decadência americana, mas isso não era verdade. Uma pessoa fica com um aparelho de TV, em média, por cinco anos, mas não aceitaria ficar sequer uma semana vendo a mesma programação. Ela quer novidade. Então a parte mais lucrativa do negócio de TV não é vender aparelhos, mas a programação. Nisso, os americanos continuam imbatíveis. Embora a programação exista sob a forma de CDs ou DVDs, ela é considerada um bem imaterial. Quando compramos um filme, o que estamos comprando efetivamente é a narrativa cinematográfica, e isso não tem existência material. Igual é o caso de empresas que vendem sementes geneticamente modificadas para resistir a pragas ou para apresentar tal ou qual característica. No fundo, o que elas estão vendendo é conhecimento, um bem imaterial.

---

[29] Fonte: IBGE. Disponível em: <http://www.ibge.gov.br/home/presidencia/noticias/noticia_visualiza.php?id_noticia=1061>. Acesso em: 4 out. 2015.

O conhecimento altera a forma de produzir riqueza. Na sociedade pós-industrial, na maioria dos ramos que compõem os três setores da economia, o sucesso das empresas dependerá da intensidade e da velocidade com que agregam conhecimento. Segundo Alvin Toffler, o conhecimento se tornou o elemento fundamental na produção de riquezas porque ele permite produzir mais e melhor e gastar menos. Ninguém teria dificuldade de entender e aceitar que o conhecimento, quer seja sob a forma de tecnologia, quer seja sob a forma de técnicas de gestão, aumenta a produtividade e dessa forma coloca a empresa que o adota em melhor posição competitiva.[30] Toffler mostra que, além de aumentar a produtividade, o conhecimento reduz custos, pois reduz a necessidade de capital, o gasto com energia, a quantidade de empregados, a necessidade de espaço, de matéria-prima, de estoque etc.[31]

Vimos até aqui como o conhecimento está alterando a forma de produzir riqueza. Mas, neste capítulo, pretendemos expor como o conhecimento transformou a sociedade a ponto de um grupo de teóricos afirmar que isso deu lugar a uma nova realidade social: a sociedade pós-industrial. Uma importante mudança social ocorre atualmente com a classe operária. Como já mencionamos, Marx acreditava que caberia à classe operária fazer, com a revolução socialista, a redenção da humanidade. Essa era a sua missão histórica. A seu ver, as condições objetivas de vida e trabalho impostas à classe operária fariam com que ela fosse ficando de forma crescente cada vez mais pobre e desqualificada tecnicamente, o que a colocaria no caminho da revolução. Os teóricos da sociedade industrial, como já vimos, viveram em uma época posterior e diferente da vivida por Marx, na qual a classe operária continuava um ator político importante pelo seu tamanho e pela sua essencialidade no processo de produção, porém tinha melhorado de vida, e grande parte dela era considerada mão de obra qualificada. Para André Gorz, a revolução microeletrônica alterou o trabalho de uma forma tal que ficará cada vez mais difícil se falar em uma classe

---

[30] Veja-se, por exemplo, o caso da indústria automotiva, que produz vários tipos de veículos. Em 2009 foi feito um relatório sobre o estado desse ramo industrial e ele trazia tanto uma boa quanto uma má notícia, ambas relacionadas à sua produtividade. Nele lia-se: "A produtividade do Setor Automotivo é tradicionalmente crescente. Novas tecnologias e novos modelos de gestão foram responsáveis por uma escalada na produtividade. Os especialistas foram consultados a fim de saber qual será o ganho de produtividade no ano 2020 em relação aos padrões atuais. Com relativo consenso, quase 30% dos especialistas consultados acreditam em um ganho de produtividade de 30% até o ano de 2020. Essa taxa, em valores anuais, representa 2,4% de ganho de produtividade e é considerada razoável. Esse ritmo de crescimento da produtividade do setor não é de maneira alguma expressivo e pode significar uma perda de competitividade do Brasil em relação aos demais países produtores". Ver: *Cenários da indústria automotiva*: Região Metropolitana de Curitiba 2020. Curitiba: FINEP/FIEP/IEL, 2009.

[31] TOFFLER, Alvin. O substituto fundamental. In: _____. *Powershift*: as mudanças do poder. Rio de Janeiro: Record, 1993.

operária. Em primeiro lugar, porque o avanço tecnológico acaba com milhões de postos de trabalho na indústria (veja-se o caso da robótica fabril) e em segundo porque cria uma cisão radical na classe operária, separando, definitivamente, de um lado os operários não especializados das fábricas de setores com baixo grau de inovação tecnológica e de outro os operários altamente especializados das fábricas que aplicam tecnologia de ponta. Fica difícil, senão impossível, um partido político conseguir unir grupos tão diferentes. Os operários continuarão existindo, mas ficarão reduzidos no seu número e, consequentemente na sua importância política.[32] Essa classe operária não luta mais para destruir o capitalismo. Ela se acomodou e a sua luta é para melhorar a sua situação no interior do capitalismo.[33]

Para os teóricos da sociedade pós-industrial, a classe operária diminuirá em número por causa do avanço da tecnologia (automação, informatização, robotização etc.) e, na maior parte dos casos, para trabalhar nas novas formas de produção de riqueza, precisará incorporar conhecimento. No passado, por exemplo, um torneiro mecânico precisava apenas saber operar um torno. Hoje ele precisa saber operar um terminal de computador, saber ler e entender instruções complexas etc. Ele vem se tornando um trabalhador do conhecimento. O operário do passado ganhava mal e era oprimido pela direção, pois podia ser facilmente substituído. O trabalhador do conhecimento não pode ser facilmente substituído, pois ele domina competências que, por enquanto, não são fáceis de serem encontradas no mercado de trabalho. Isso, segundo Alvin Toffler, tem duas implicações. Primeiro, o trabalhador do conhecimento receberá mais e não será tão oprimido pela direção como o trabalhador do passado. Segundo, ele não precisará, como precisava o trabalhador do passado, de movimentos coletivos reivindicatórios para melhorar a sua situação na empresa. O gerente sabe quanto necessita dele. Por isso, na sociedade pós-industrial o *conflito de classe*, ou seja, entre o capital e o trabalho, perde importância. O conflito de classe esteve na base de inúmeros movimentos sociais e acontecimentos históricos que marcaram as sociedades capitalistas do final de meados do século XIX até o quarto final do século XX. Mesmo tendo sido domesticado ele ainda tinha uma relevância social e as reivindicações operárias deviam ser levadas em

---

[32] Não foi por acaso que André Gorz deu a um dos seus livros o título *Adeus ao proletariado* (Rio de Janeiro: Editora Forense, 1987, publicado originalmente em francês em 1980). No subtítulo – "An Essay on Post-Industrial Socialism", em inglês – fica clara a vinculação de Gorz ao grupo de teóricos da sociedade pós-industrial.

[33] A consciência de que o operariado tinha perdido o seu potencial revolucionário causou uma comoção na intelectualidade de esquerda no século XX. Uma parte da produção teórica da Escola de Frankfurt, em especial de T. Adorno, M. Horkheimer e H. Marcuse, tenta responder por que isso teria acontecido.

conta. Na sociedade pós-industrial, pelos fatores acima citados, o conflito de classes declina em importância. A sociedade pós-industrial é marcada por reivindicações de ambientalistas, consumidores, de diferentes tipos de minorias, antiglobalistas e vários outros que nada têm a ver com o conflito de classes.

Para os teóricos da sociedade pós-industrial, o fato da classe operária ter deixado de ser uma importante força política não significa que a burguesia assumirá a supremacia, ou seja, que ela determinará os rumos da sociedade. Para eles, caberá aos técnicos e aos especialistas assumir o poder. Esta é a segunda grande mudança social que caracteriza a sociedade pós-industrial. Qualquer pessoa bem informada sobre a política e o exercício do poder nas sociedades que estariam mais próximas da realidade pós-industrial pode colocar em dúvida essa afirmação. O que ela vê é o poder ser exercido, na quase totalidade, por políticos profissionais e tradicionais. Os técnicos e os especialistas estariam subordinados aos políticos. Assim, essa pessoa seria levada a classificar a previsão de que os técnicos e os especialistas controlarão o poder como uma profecia sem base na realidade.

Porém, para muitos autores, mesmo entre os que não podem ser incluídos como teóricos da sociedade pós-industrial, a supremacia dos técnicos e dos especialistas já é uma realidade. No caso das empresas isso não é novidade. O conceito de revolução gerencial foi criado exatamente para expressar o fato de que nas empresas, o poder, que antes estava nas mãos do proprietário, estava passando para as mãos do gerente.[34] O sentido da palavra *revolução* nesse conceito significa uma mudança do detentor do poder. Até então, na empresa, a base do poder que era a propriedade passa a ser o saber (conhecimento). Isto aconteceu porque as empresas se tornaram organizações muito grandes e complexas. Divididas em vários setores, cada um requeria um conhecimento especializado para ser eficiente. Nesse sentido, pode-se dizer que, na empresa, pelo menos naquelas que contam como referência do mundo empresarial, os técnicos ou especialistas já estão no poder.

Será que, para os teóricos da sociedade pós-industrial, algo semelhante está acontecendo na política? Uma das questões centrais do estudo da política, a

---

[34] A primeira formulação dessa ideia (a transferência nas empresas do poder do proprietário para o gerente) consta do livro *The Modern Corporation and Private Property*, de Adolf Berle e Gardiner Means, publicado em 1932. Nesse livro os autores destacam que nas companhias americanas com ações em bolsa a propriedade estava pulverizada entre milhares de acionistas e, por isso, elas acabaram sendo levadas a contratar gerentes profissionais. Porém, a primeira vez que esse conceito foi utilizado no sentido que lhe damos hoje foi no livro *The Managerial Revolution*, de James Burnham, publicado em 1941. Nesse livro, Burnham falava da ascensão dos gerentes ao poder e refletia sobre a sua causa e os seus desdobramentos. Ver: SCOTT, John. Verbete Managerial Revolution. In: OUTHWAITE, William; BOTTOMORE, Tom (orgs.). *The Blackwell Dictionary of Twentieth-Century Social Thought*. London: Blackwell, 1993, p. 353-354 (esta obra tem versão em português).

ciência política, consiste em saber quem controla o poder. Em termos gerais pode-se dizer que o estudo da política consiste na reflexão sobre como o poder é obtido, quem controla o poder e como ele é exercido. Os autores que se dedicaram ao estudo da política, na maioria dos casos, nunca se limitaram a descrever e a explicar as diferentes realidades políticas, mas também incluíram juízos avaliativos sobre qual seria a "melhor política". Nesse caso cabe a questão: Quem deveria governar? As diferentes respostas a essa questão têm como eixo central a preocupação em saber que grupo teria as qualidades necessárias para dirigir a sociedade na direção que esses autores consideram ideal. Vejam que aí há dois juízos de valor: as qualidades que o grupo deve ter e as qualidades que a ordem social deve ter. Um juízo de valor tem muito de subjetivo, pois a qualidade de um governante que pode ser boa para alguém, pode ser ruim para outra. O fato de ser um juízo de valor não desqualifica o conselho dos teóricos da política. Não dá para organizar a sociedade sem que tenhamos juízos avaliativos. O importante é que o juízo de valor esteja bem fundamentado.

No vocabulário das ciências sociais há o conceito de tecnocracia, criado para expressar o que seria, como o próprio nome diz, o governo dos técnicos, dos especialistas, ou seja, daquelas pessoas cuja base do poder está no conhecimento. Platão foi um dos primeiros a justificar o governo dos especialistas, embora essa palavra não faça parte do seu vocabulário. No seu livro *A República* ele fala que, por dominarem um tipo de conhecimento, os filósofos seriam os melhores governantes. Seu conselho nunca foi seguido. Os industrialistas do século XIX, como Saint-Simon, Augusto Comte e Herbert Spencer, acreditavam que os cientistas deveriam governar junto com os industriais. No século XIX ninguém levou a sério o conselho deles. Como projeto político, a ideia de que o governo deveria ser tarefa dos técnicos ou especialistas nunca teve base de apoio. Contudo, isso não quer dizer que ela não tenha se tornado realidade, pelo menos em parte. O que os teóricos da sociedade pós-industrial nos dizem é que, na segunda metade do século XX, a tecnocracia ganhou força e vem se tornando uma realidade.

Daniel Bell, um dos teóricos da sociedade pós-industrial reflete sobre essa realidade.[35] Ele deixa claro que mesmo na sociedade pós-industrial quem governa são os políticos. Não que eles sejam um grupo social distinto, mas apenas representantes de grupos sociais com diferentes interesses. Os técnicos e cientistas formam um grupo muito heterogêneo e, pelo menos até hoje, não têm interesses próprios. Por isso, não há quem os represente na cena política. Além disso, nas democracias liberais, a obtenção do poder para os cargos mais

---

[35] BELL, Daniel. *Quién decidira?* Politicos y Tecnocratas en la sociedad post-industrial. In: ____ (1989).

elevados pode ser considerada uma arte, pois depende da criatividade do político para conseguir criar uma imagem pública e um discurso capazes de aglutinar os anseios da maior parte do eleitorado. Por isso, os teóricos da sociedade pós-industrial negam que a política dessa sociedade possa ser classificada como tecnocracia no sentido estrito desse termo.

Contudo, vários deles argumentam que, num sentido *lato* do termo tecnocracia, pode-se dizer que nas sociedades pós-industriais os técnicos e cientistas estão tendo uma participação crescente na condução dos rumos da sociedade, ou seja, da política. Peter Drucker afirma que, durante a maior parte da história da humanidade, os recursos mais importantes eram a riqueza e o poder. O conhecimento também era um recurso muito procurado, mas nem de longe ombreava, em importância, a riqueza e o poder. Porém, na sociedade pós-industrial (que ele chama de pós-capitalista) o conhecimento se tornou o recurso mais importante porque a obtenção de riqueza e poder depende crescentemente do conhecimento. Porém, em que medida se pode dizer que o poder depende do conhecimento?

Há vários argumentos que corroboram essa tese (de que o poder depende crescentemente do conhecimento). Afirmamos que a eleição, ou seja, a conquista do poder depende da imagem e da mensagem do candidato e que isso muitas vezes depende de atributos pessoais. Mas só isso não basta. As eleições têm comprovado a força do marketing político, ou seja, a construção, por parte de especialistas, da imagem e da mensagem do candidato. Em suma, o sucesso eleitoral depende de forma crescente do conhecimento de especialistas em marketing. Uma vez no poder, o político precisa fazer um bom governo. Promessas devem ser cumpridas. Neste momento o político passa do campo dos sonhos para o da realidade e precisa maximizar os recursos existentes de modo que lhes rendam o máximo de dividendos eleitorais. Aqui entram os técnicos com os seus conhecimentos especializados. São eles os funcionários que tocam órgãos públicos e se esforçam para fazer os sonhos (promessas) dos políticos virarem realidade. Por último, é preciso lembrar que questões próprias das sociedades pós-industriais são altamente complexas. Só para ficar com alguns exemplos, lembramos que discutir a política industrial, a política científica ou mesmo os rumos da educação são questões complexas que requerem um conhecimento altamente especializado.[36] Nenhum político pode ser especialista em todos esses assuntos. Quando vão apresentar um projeto ou quando vão votar os políticos

---

[36] Norberto Bobbio, que não pode ser classificado como um dos teóricos da sociedade pós-industrial, já alertava para esse problema e usava o termo *tecnocracia* para denunciar um dos perigos que ameaçam as democracias contemporâneas. BOBBIO, Norberto. *O futuro da democracia*: uma defesa das regras do jogo. Rio de Janeiro: Paz e Terra, 1986, p. 33-34.

devem se informar sobre o assunto em pauta, e isso implica ler ou ouvir o que um ou mais especialistas pensam sobre o assunto. Ele ficará com a visão que lhe parecer mais adequada. Ao fazer isso, estará decidindo seguir o conhecimento de tal ou qual especialista. Assim, quer seja para se eleger, quer seja para governar ou para tomar uma decisão num assunto complexo, o político depende cada vez mais do conhecimento do especialista. Por isso, embora não diretamente, pode-se falar que as sociedades pós-industriais são uma forma de tecnocracia.

As ciências sociais não têm parado de criar nomes para realidades que consideram novas. Atualmente é comum ouvir ou ler as seguintes expressões: sociedade pós-moderna e pós-modernismo. Estes conceitos são utilizados por muitos cientistas sociais e cumprem a mesma missão do conceito de sociedade pós-industrial, qual seja, a de nominar uma realidade social que acreditam ser nova. Entretanto, neste livro não vamos nos ocupar do conceito de sociedade pós-moderna porque os escritos dos principais teóricos da pós-modernidade não dão à empresa e até mesmo à economia o lugar central que as teorias sociais tratadas neste capítulo deram. Evidentemente, isso não pode ser tratado como uma negligência condenável. Os teóricos da pós-modernidade, ao analisar as chamadas sociedades pós-modernas, dão infinitamente mais importância aos fenômenos ditos culturais justamente porque acreditam que a preponderância da cultura sobre a economia é uma das características marcantes desse tipo de sociedade. Afinal, para eles, isso é o que comprovaria estarmos vivendo uma nova realidade social. E nessa nova realidade tanto a economia quanto a empresa parecem fenômenos de menor importância.[37] É possível que os teóricos da pós-modernidade estejam certos, e o mundo da produção e o mundo do trabalho não tenham mais a capacidade de formatar a sociedade que tiveram no passado. Porém, não concordamos – como parece que os teóricos do pós-modernismo nos querem fazer crer – que ambos se tornaram realidades sociais irrelevantes. Embora em um grau de menor intensidade, tanto o mundo da produção quanto o do trabalho ainda são capazes de causar impactos de várias maneiras, tanto em nível social quanto individual.

---

[37] Tomamos um exemplo que nos parece bastante expressivo da visão que os teóricos pós-modernos têm sobre a economia e a empresa. Este é o caso de David Harvey que escreveu o livro *Condição pós-moderna*: uma pesquisa sobre as origens da mudança cultural. (São Paulo: Edições Loyola, 1994). Harvey não vê necessidade de fazer referência ao que seria a economia da sociedade pós-moderna. A única referência à empresa aparece no capítulo que trata de um novo padrão de acumulação do capital típico dos novos tempos, a acumulação flexível. Porém, nessa parte do livro (p. 135 a 184) o autor está preocupado em caracterizar esta acumulação flexível como uma nova e sofisticada forma de controle do capital sobre o trabalho. Em nenhum momento ele afirma que essa nova forma de acumulação é uma característica econômica da sociedade pós-moderna. Aliás, nessa parte do livro a expressão pós-moderna sequer aparece.

Em resumo, neste capítulo tentamos mostrar como a existência de um tipo de empresa, a fábrica, marcou a produção sociológica e tem marcado a produção da sociologia desde a sua criação até os dias de hoje. Vários autores criaram teorias sociais tendo a fábrica como referência central. Suas teorias tiveram enorme impacto na forma como a sociologia e a opinião pública informada viam a realidade social.

QUESTÕES DE FIXAÇÃO

1. Cite e explique os processos que contribuíram para o fim da sociedade tradicional.

2. No século XIX, o sistema fabril era visto de forma ambivalente. O que isso significa?

3. Para Saint-Simon, qual era o grande problema a ser resolvido e como a sociologia e os industriais poderiam contribuir para a resolução desse problema?

4. Karl Marx tem uma visão negativa sobre a nova sociedade capitalista (industrial). Dentre os argumentos que ele utiliza para fazer a sua crítica à sociedade capitalista está a afirmação de que neste tipo de sociedade há uma degradação do operário. Cite um argumento que Marx utiliza para fundamentar essa tese.

5. Max Weber tem uma visão negativa sobre a sociedade moderna. Como ele fundamenta esse pessimismo?

6. Na segunda metade do século XX, alguns autores criaram o conceito de sociedade industrial. Qual foi a premissa central que os fez criar esse conceito? Cite algumas caraterísticas desse tipo de sociedade.

7. Em termos da riqueza e da produção da riqueza, qual é o grande diferencial entre a sociedade pós-industrial e a sociedade industrial?

8. Os livros de economia de grande parte do século XX afirmavam que os fatores de produção eram: terra, trabalho e capital. Os autores que defendem a tese de que estamos numa sociedade pós-industrial veriam essa lista como incompleta e falha. Por quê?

9. O que é a revolução gerencial?

10. No século XIX, Karl Marx afirmava que os operários teriam um papel muito importante na história da humanidade. De acordo com Marx, caberia a eles destruir o capitalismo e implantar o comunismo. Segundo os autores que defendem que hoje estamos num estágio pós-industrial, Marx acertou ao prever a crescente importância dos operários?

CAPÍTULO 5
AS DUAS FACES DA EMPRESA

5.1 INTRODUÇÃO

Saint-Simon, Jean-Baptiste Say e Auguste Comte, todos pensadores do século XIX, são rotulados de industrialistas por causa da visão extremamente positiva que eles tinham do nascente sistema industrial.[1] Para Saint-Simon, a indústria era a marca do progresso, e a abundância produzida por ela colocaria fim aos conflitos entre grupos sociais. Augusto Comte foi ainda mais longe afirmando que a indústria era a única força capaz de humanizar e civilizar toda a humanidade.[2] Acreditavam também que o sistema industrial promoveria a igualdade social. Com ele, todos, fossem patrão ou empregado, seriam produtores. A Feira Mundial, organizada pela primeira vez em Londres no ano de 1851, com o título *Grande Exposição dos Trabalhos da Indústria de Todas as Nações*, foi visitada por quase 7 milhões de pessoas e a grande estrela da exposição foi a indústria. Uma das máquinas que mais chamavam a atenção era uma impressora capaz de imprimir 5 mil livros por hora. Um feito extraordinário. A feira expressava o espírito da época: ela exaltava a fábrica e os benefícios que ela estava trazendo para a humanidade.

Nem todos compartilhavam essa imagem positiva. Desde o início do século XIX, já havia quem denunciasse as mazelas que a fábrica produzia. Em 1819, o economista e historiador Jean Charles Léonard de Sismondi (1773–1842)

---

[1] STEDMAN-JONES, Gareth. Saint-Simon and the Liberal Origins of the Socialist Critique of Political Economy. *Papers*, Gustave Gimon Conference on French Political Economy, Stanford University, abr. 2004. Disponível em: <http://purl.stanford.edu/jh263kk9829>. Acesso em: 4 out. 2015.
[2] MARTINDALE, Don. *The Nature and Types of Sociological Theory*. Prospect Heights: Waveland Press, 1981, p. 79.

publicou um livro denunciando o mal causado pelo sistema industrial. Segundo esse autor, as pessoas que abandonavam o campo e iam para a cidade em busca de uma vida melhor nas fábricas entravam num mundo de insegurança e lá eram relegadas a uma condição miserável, sem educação e religião. Os patrões não se sentiam responsáveis pelos trabalhadores. Ao contrário do que Saint-Simon imaginava, o sistema industrial não iria criar apenas uma classe, a dos produtores, mas duas classes: a dos capitalistas e dos operários, que se antagonizariam. O sistema industrial produzia uma classe miserável, a dos operários, que acabaria se tornando uma ameaça para a sociedade e para o Estado.[3] De maneira diferente pensavam os autores socialistas, como Charles Fourier (1772–1837), que criticava a fábrica tanto por ver nela uma organização e uma disciplina que mais se assemelhava à escravidão como por criar uma situação calamitosa na qual as pessoas não tinham mais direito a um emprego.[4] No século XIX, a crítica à fábrica culmina em Marx. Ao contrário de Fourier, Marx não pretendia criar algo para substituir a fábrica como unidade produtiva. Porém, para ele, o capitalismo fizera da fábrica o espaço da desumanização e da alienação. Não por outra razão, nessa época a fábrica era chamada de "moinho do diabo".[5]

A fábrica é uma organização emblemática no mundo empresarial. Para muitos autores, ela é, por excelência, o arquétipo da empresa moderna. Assim, os elogios ou as críticas feitas a ela tornam-se automaticamente os elogios ou as críticas à empresa. Podemos dizer que a empresa têm duas faces, uma bela e a outra horrenda. Do século XIX até os dias de hoje a empresa é retratada por uns como um anjo e por outros como demônio. O pluralismo de ideias é visto como condição normal da existência social. Aceita-se que diferentes pessoas possam ter opiniões diferentes e até antagônicas sobre um tema. Mas por que essa polêmica deve interessar a quem estuda administração?

Para responder a essa pergunta devemos nos reportar a uma determinada visão que está se tornando um traço cultural do nosso tempo. Estamos nos referindo ao que pode ser rotulado de pensamento antiempresarial (ou anticorporativo). Em termos bem simples, pode-se dizer que esse pensamento se caracteriza por atribuir à empresa grande responsabilidade pelos graves problemas

---

[3] STEDMAN-JONES, 2004, p. 35.
[4] STEDMAN-JONES, 2004, p. 38. Stedman-Jones afirma que Fourier faz a crítica ao sistema industrial sob a ótica da sociedade tradicional e dos fisiocratas que viam a agricultura como a única atividade econômica que efetivamente contribuía para a sociedade. Assim, ele abominava tanto o sistema industrial quanto o comércio.
[5] A expressão "dark satanic mill", traduzida como "moinho do diabo", apareceu originalmente em um poema escrito em 1806 por William Blake (1757–1827).

que afligem o nosso mundo. Segundo o pensamento antiempresarial, a empresa seria um ente maligno, pois fomenta guerras, destrói o meio ambiente, explora a mão de obra barata do terceiro mundo, corrompe as crianças e faz da fraude e do embuste práticas rotineiras. O pensamento antiempresarial não está restrito ao mundo acadêmico e à opinião pública ilustrada. De um tempo para cá, nos produtos da indústria cultural, como filmes, novelas e livros, o empresário (sempre ganancioso) tornou-se, junto com o terrorista islâmico, o vilão da vez. Pesquisa feita em 2005 nos Estados Unidos em filmes mostrou que 45% da população americana tem uma visão desfavorável das corporações e que o número de pessoas que veem negativamente as corporações tem crescido ao longo do tempo.[6] Os produtos da indústria cultural, ao incorporarem o pensamento antiempresarial, acabam atingindo um grande número de pessoas. Dessa forma, a opinião pública está sendo levada a aceitar essa visão. Mas a sua influência vai além disso. Por ter conseguido se arraigar em parte da opinião pública, o pensamento antiempresarial tem servido de elemento mobilizador para movimentos sociais. Movidos por um ódio à empresa, alguns deles têm partido para ações violentas, e inúmeras empresas têm sido alvo de invasões e de depredações. Isso prova que as ideias têm consequências.

    O pensamento antiempresarial se insere na tradição crítica. Uma das grandes conquistas da humanidade foi a instituição da crítica. Não haveria a ciência e nem os seus avanços se a atividade crítica não tivesse sido considerada uma prática normal nesse campo do conhecimento. A sociedade ainda viveria sob a opressão de tiranos se a crítica à tirania não tivesse sido feita. A crítica motiva a reflexão sobre um determinado tema e pode orientar a ação humana de forma a reparar o problema apontado. Para tanto se exige da crítica que ela tenha fundamento, e para isso ela deve ser logicamente consistente e conter afirmações sustentadas em dados confiáveis.

    O estudante de administração tem como meta um dia trabalhar numa empresa. Caso esse estudante acredite nas teses defendidas pelo pensamento gerencial, ele terá a sensação de estar sendo cúmplice de algo errado. Com isso, o processo de empatia, tão necessário para o sucesso da empresa e para a satisfação do funcionário com o seu trabalho, terá dificuldades para se realizar. Mas, o problema não se restringe a quem trabalha ou pretende trabalhar numa empresa. Uma sociedade que foi levada a ver a empresa como uma entidade

---

[6] OSBORNE, Evan. *The Rise of the Anti-Corporate Movement*: Corporations and the People Who Hate Them. Westport: Praeger Publishers, 2007, p. 8. Nessa página o autor cita pesquisas que abordaram outros temas associados às corporações, e o resultado delas deixa claro como a imagem das corporações é negativa, pois a população americana as vê com grande desconfiança.

maligna, alimentará a desconfiança e por isso procurará cercá-la das mais diversas e inimagináveis formas de controle. Essa visão negativa e essa cultura da desconfiança em relação à empresa não contribuem para a construção de um ambiente favorável de negócios. Hoje se sabe que um ambiente favorável aos negócios é fundamental para a sobrevivência e para o crescimento das empresas.

Como já falamos, o pensamento antiempresarial faz parte da tradição crítica e, como tal, ele pode apontar problemas, contribuindo para a sua resolução. A questão com o pensamento antiempresarial não é a falta de coerência das suas teses. Muito pelo contrário, o pensamento antiempresarial demonstra coerência lógica e as suas teses parecem bem fundamentadas. Ele merece ser conhecido e debatido. O problema é que ele está se transformando numa ortodoxia. O pensamento antiempresarial, nas suas múltiplas manifestações, tem tido bastante sucesso na construção de uma imagem negativa das empresas e, consequentemente dos empresários. Essa ortodoxia tem ganhado tanta força que uma pessoa que assuma um ponto de vista contrário, ou seja, que procure apontar os aspectos positivos da atividade empresarial, ou simplesmente alertar sobre falhas no pensamento antiempresarial, corre grande risco de ser vista como inconsciente ou "vendida" para os interesses empresariais. O problema com o pensamento antiempresarial é que ele constrói uma oposição maniqueísta contrapondo a sociedade, a vítima, de um lado, e a empresa, a vilã, do outro. A ideia de que a empresa traz benefícios para a sociedade é completamente estranha ao pensamento antiempresarial. Para ele, a empresa, em especial a empresa privada capitalista, é o problema, e nunca a solução.

A tradição acadêmica se funda no debate racional de ideias que se contrapõem. O pensamento, leia-se a teoria ou a tese, que conseguir resistir às críticas que lhe são feitas demonstra a sua superioridade e até mesmo a sua verossimilhança. O pensamento antiempresarial está se tornando um componente da cultura da nossa sociedade. Por isso, o debate das suas ideias interessa não apenas aos que estudam a empresa e a administração, mas a toda a sociedade. Se a empresa for realmente a vilã que o pensamento antiempresarial afirma que seja, ela merece ser criticada e combatida. Mas e se as coisas não forem exatamente assim, como o pensamento antiempresarial quer nos fazer crer? Dessa forma, o melhor serviço que podemos prestar ao pensamento antiempresarial não é aceitá-lo como uma verdade óbvia, mas submetê-lo à crítica.

A melhor forma de fazer isso é apresentá-lo, ou pelo menos as suas principais críticas à empresa, para, em seguida, apresentar a crítica a essas críticas. É isso o que faremos a seguir.

5.2 BREVE HISTÓRIA DO PENSAMENTO ANTIEMPRESARIAL

Por força da lógica, não se pode falar de um pensamento antiempresarial antes do surgimento da empresa. Porém, somos levados a crer que a matriz desse pensamento é bem mais antiga, anterior mesmo ao surgimento das empresas. Por matriz entendemos não a raiz, mas uma afinidade, uma grande semelhança que nos ajuda a, pelo menos, contextualizar esse pensamento. Podemos encontrar uma das matrizes do pensamento antiempresarial na condenação à riqueza, bem comum em várias culturas da Antiguidade. Na Bíblia, Cristo fala: "Em verdade vos digo que um rico dificilmente entrará no reino dos céus. E ainda vos digo que é mais fácil passar um camelo pelo fundo de uma agulha do que entrar um rico no reino de Deus" (Mateus 19:23-24). São Paulo afirma que o amor ao dinheiro é a raiz de todos os males (Timóteo 6:10). No século V, Santo Agostinho mantém a condenação à riqueza com um argumento que vai ser a base da argumentação de setores importantes da Igreja católica até aos nossos dias. Para ele, a riqueza de uns está na razão direta da pobreza de muitos. São Tomás de Aquino prescreve que as pessoas devem levar uma vida simples e sem pensar em acumular riqueza. Dois dos sete pecados capitais, a luxúria e a avareza, podem ser vistos como uma condenação à riqueza e ao lucro. Essa condenação não era explícita entre os gregos, mas eles temiam que a valorização da riqueza colocasse a dedicação à cidade em segundo plano.[7] O protestantismo, em especial o calvinismo, mais condescendente com a riqueza, mantinha a crença de que a busca obstinada da riqueza prejudicava a salvação.[8] Um dos elementos do pensamento antiempresarial é a condenação do lucro, e isso, como vimos, é bem antigo.

Mas há uma segunda matriz do pensamento antiempresarial que é o temor e a abominação que entidades ricas e poderosas despertavam na consciência popular. O episódio da Torre de Babel, narrado na Bíblia, pode ser lido como um castigo divino à grandiosidade da torre, riqueza e poder que ela representava para os contemporâneos. A ação destruidora de Deus realiza o desejo dos homens, eliminando aquilo que os atemoriza e alimenta ressentimento. Essa mensagem não se restringe ao discurso religioso; ela também está presente no discurso não religioso, e um exemplo é a crítica que o poeta Juvenal (c. 55-138 d.C.) faz a Roma. Suas sátiras criticam a devassidão moral em que, a seu ver, ela se afunda. Ele escreveu: "Em Roma tudo se compra" e denunciou

---

[7] MULLER, Jerry Z. *The Mind and the Market*: Capitalism in Modern European Thought. New York: Alfred A. Knopf, 2002, p. 5.
[8] MULLER, 2002, p. 8.

o dinheiro como um dos principais, se não o principal, responsável por tal devassidão.[9] Pode-se reconhecer uma enorme semelhança entre essa crítica e o pensamento antiempresarial. Ambos têm como alvo algo que impressiona e atemoriza pelo seu tamanho. O pensamento antiempresarial tem como alvo principal as grandes empresas, também chamadas de corporações. E essas, tal como algumas cidades da Antiguidade, pelo seu poder e riqueza, despertam temor e abominação.

Dessa forma, a cultura ocidental foi sendo formada por elementos que condenavam a riqueza, mas condenavam principalmente o fato de termos criado uma civilização sem alma, justamente por ela ser extremamente materialista. Mas o pensamento antiempresarial só ganhou corpo no século XIX, e tem duas vertentes. Uma delas, como já mencionado, dirige sua crítica à empresa, no caso à fábrica, como a produtora da desumanização. Essa linha de crítica continua presente e forte até hoje e marca a quase totalidade das obras que trazem a visão da sociologia sobre as empresas. O sucesso do livro *Trabalho e capital monopolista: a degradação do trabalho no século XX*, de Harry Braverman, expressa bem essa presença. A outra vertente destaca a exploração. Nesse caso, a base da riqueza da empresa é o processo de exploração ao qual estão submetidos os trabalhadores.

A segunda vertente do pensamento antiempresarial, também criada no século XIX, é a base do movimento antiempresarial do século XXI. Para a primeira vertente, a empresa é um mal apenas para os seus empregados, pois os desumaniza. Já para a segunda, a empresa (e aqui se trata de todas as grandes empresas e não apenas da fábrica) torna-se um mal para toda a sociedade. Essa linha de crítica postula que empresas viraram entidades gigantescas dotadas de grande poder e riqueza e com interesses que se opõem aos da sociedade. Pelo seu tamanho, poder e riqueza, elas podem causar e causam grande mal à sociedade. Ao contrário da primeira vertente do pensamento antiempresarial, esta não ficou restrita ao meio acadêmico e sindical, mas ganhou a opinião pública e hoje, podemos dizer, faz parte da mentalidade de uma parcela expressiva e crescente da opinião pública.

As companhias de comércio dos séculos XVII e XVIII, para alguns autores as primeiras empresas modernas, eram gigantescas, ricas e poderosas. Elas tinham grandes lucros, mantinham exércitos, fizeram guerras e cometeram inúmeras atrocidades, mas mesmo assim, não foi produzido um pensamento

---

[9] BURUMA, Ian; MARGALIT, Avishai. *Ocidentalismo*: O Ocidente aos olhos de seus inimigos. Rio de Janeiro: Zahar, 2006, p. 27. A leitura deste livro nos fez aventar essa hipótese sobre a matriz do pensamento antiempresarial.

antiempresarial contra elas. A explicação mais plausível para essa ausência está no fato delas operarem e cometerem as atrocidades longe do continente europeu. Para a opinião pública europeia, essas companhias existiam apenas como imponentes prédios ocupados por respeitáveis funcionários que em nada ou quase nada afetava a sua vida. Quando as falências de várias dessas companhias prejudicaram cidadãos europeus, os governos tomaram medidas legais para regulamentar seu funcionamento sem que isso estivesse baseado na crença de que as grandes companhias de comércio fossem entidades maléficas.[10]

Essa crença só começou a ganhar vida nos Estados Unidos, no final do século XIX, pois, nessa época, nos Estados Unidos, como já vimos, empresas gigantescas estavam sendo criadas. Em vários setores, como os da carne, da cerveja, de telegrafia, do petróleo, de automóveis e da eletricidade, algumas poucas empresas gigantescas controlavam a maior parte do mercado. Em outros setores, empresas formaram cartéis com o objetivo de dividir o mercado e controlar os preços. Isso fez surgir um sentimento de desconfiança e de medo em relação ao tamanho e ao poder que essas empresas passaram a ter.[11] Um conflito entre dois gigantes do ramo de ferrovias (Vanderbilt x Erie Railway ou, como ficou conhecida, a *Erie War*) gerou uma série de acusações mútuas que, tornadas públicas, mostravam que eles, por vezes, utilizavam métodos fraudulentos nos negócios. Novas denúncias sobre práticas monopolistas de outros grupos contribuíram para aumentar a desconfiança e o temor da população em relação aos grandes grupos empresariais.

É nesse contexto que se deu a aprovação pelo Congresso norte-americano, em 1890, da Lei Sherman Antitruste. Vista como uma resposta ao poder das corporações, ela visava combater as práticas monopolistas. Esse contexto também ajuda a explicar como a mensagem antiempresarial passou a fazer parte do discurso político americano. Presidentes americanos fizeram do ataque às corporações um elemento dos seus discursos porque assim construíam uma imagem de quem defendia o povo contra os poderosos empresários.[12] Mas a

---

[10] Uma dessas medidas legais ficou conhecida como The Bubble Act (Lei da Bolha), de 1720, na Inglaterra. Essa lei determinava que só poderiam existir e funcionar as empresas de capital aberto (com ações vendidas ao público) que tivessem autorização real. Era uma tentativa de impedir que novas bolhas especulativas voltassem a ocorrer.

[11] PORTER, Glenn. *The Rise of Big Business*: 1860-1920. Arlington Heights: Harlan Davidson, 1992, p. 58.

[12] O presidente Rutherford B. Hayes (mandato entre 1877-1881) afirmou em discurso que os EUA não configuravam mais um governo do povo e para o povo, mas um governo das corporações, pelas corporações e para as corporações. O presidente Theodore Roosevelt (mandato entre 1901-1909) e o presidente William Taft (mandato entre 1909-1913) usaram a lei antitruste para perseguir algumas corporações. Por ter feito muita pressão contra as corporações, o presidente Roosevelt ficou conhecido na imprensa como "trust buster" (destruidor de trustes). A retórica antiempresarial persistiu. O presidente Woodrow Wilson (mandato

mensagem antiempresarial não ficou restrita ao discurso político; ela atingia uma grande parcela da opinião pública, com a publicação de caricaturas nos jornais, de livros que atacavam os grandes empresários e de reportagens sobre os processos judiciários envolvendo as corporações e dando voz a quem as atacava. Dessa forma, nos Estados Unidos, na primeira metade do século XX, foi construída a mensagem antiempresarial. Essa mensagem atribuía às corporações uma grande responsabilidade em relação aos problemas vividos pela sociedade americana.

Na primeira metade do século XX, a Europa também viu surgir um expressivo número de grandes empresas. Porém, lá elas não eram atacadas da mesma forma que nos EUA. A partir dos anos 1940 o discurso antiempresarial deixou de fazer parte dos discursos políticos. Afinal, os Estados Unidos tinham se tornado a maior potência econômica mundial e, por mais de vinte anos, viveram uma era de abundância. Os EUA inundavam o mundo com os seus produtos. O sucesso americano era visto como o sucesso das empresas americanas, em especial as corporações. Nessa fase, uma parte da opinião pública americana e até o presidente Eisenhower reconheciam que o papel proeminente que os EUA adquiriram derrotando os nazistas na Europa e os comunistas na Coreia, bem como a supremacia que esse país assumira no cenário mundial, devia-se em grande parte às corporações. Para corroborar isso, em 1953, os jornais publicaram que o recém-nomeado secretário de Defesa dos Estados Unidos, que até então tinha sido presidente da GM, tinha falado "O que é bom para a General Motors, é bom para os EUA".[13]

Mas essa lua de mel durou pouco. Na década de 1960, o pensamento antiempresarial ressurgiu com força. Inicialmente ele ficou restrito aos meios universitários.[14] Nessa época, nos Estados Unidos e em vários países da Europa, uma corrente intelectual de esquerda que procurava se diferenciar do marxismo ortodoxo praticado na URSS e que ficou conhecida como *New Left* criticava

---

entre 1913-1921) nunca perdia a oportunidade de proclamar que nos EUA os indivíduos tinham se tornado servos das corporações e denunciava o grande poder que as corporações tinham sobre a política, sobre a economia e, enfim, sobre toda a sociedade. Na década de 1930, o então presidente Franklin Roosevelt (mandato entre 1933-1945) atribuiu às corporações parte da culpa pela Grande Depressão que assolou os EUA e denunciava que as corporações tinham assumido o controle sobre a economia, sobre o Estado e sobre a sociedade. OSBORNE, 2007, p. 47-52.

[13] Charles E. Wilson na verdade afirmou que o que era bom para os Estados Unidos também era bom para a GM. A frase realmente proferida por Charles Wilson assume que a GM compartilha e se submete aos valores e interesses norte-americanos.

[14] Neste campo deve-se dar um destaque especial ao livro *O novo Estado Industrial* (1967), de John Kenneth Galbraith (1908–2006), professor em Harvard, no qual denunciava que as corporações tinham estendido o seu poder para além da esfera econômica e também passaram a controlar as esferas cultural e política. O autor acreditava que elas tinham adquirido a capacidade de influenciar as atitudes e os valores da sociedade.

o modo de vida consumista e materialista e denunciava as empresas como as responsáveis por isso. Orientado por essas ideias, no ano de 1968, em vários países do mundo, o movimento estudantil fez estrondosos protestos. Embora não fosse a sua única bandeira de luta, ele trouxe de volta para as ruas e para os meios de comunicação a mensagem antiempresarial. Para o movimento estudantil, as grandes empresas eram destruidoras do meio ambiente, opressoras das minorias e manipuladoras da demanda por meio da propaganda. Nos Estados Unidos, os estudantes acrescentavam a cumplicidade e o incentivo à guerra (do Vietnã, no caso) à lista de acusação contra as empresas.[15] Além disso, uma grande empresa, a ITT Corporation, esteve, de alguma forma, envolvida na derrubada do presidente Salvador Allende, em 1973, no Chile. Isso reforçava a crença de que as corporações controlavam os governos, pois eram capazes de derrubar governantes que contrariavam os seus interesses. Este fato fez com que o discurso antiempresarial associasse as empresas às ditaduras. Pode-se dizer que, nessa época, foram forjados todos os elementos que fazem parte da mensagem antiempresarial dos dias de hoje.

A seguir vamos apresentar e discutir alguns elementos do discurso antiempresarial.

5.3 ELEMENTOS DO DISCURSO ANTIEMPRESARIAL

Grande parte dos livros que expressam a mentalidade antiempresarial não faz uma acusação direta às empresas, mas sim ao capitalismo.[16] Nesse caso, as empresas seriam entes nefastos, ou seja, seriam levadas a praticar o mal, porque se inserem no sistema capitalista e estão aprisionadas à lógica da acumulação própria desse sistema econômico. Para esses autores, as empresas não causariam tanto mal se o sistema econômico fosse outro. É o sistema econômico que as corrompe.

A lista de livros que defende essa tese é grande e variada. Em todos eles, variando segundo o tema tratado no livro, o capitalismo é acusado de produzir a miséria, aumentar as desigualdades sociais, destruir a natureza, manipular

---

[15] SAMPSON, Anthony. *O homem da companhia*: uma história dos executivos. São Paulo: Companhia das Letras, 1996. p. 152.

[16] Uma autora que pesquisou os movimentos antiempresariais os dividiu em três tipos, cada um com suas especificidades, mas, segundo ela, todos os três compartilham um anticapitalismo: "Todos os três modos (movimentos) anticorporativos tratados aqui são totalmente críticos do capitalismo (embora não se proclamem dessa maneira)". STARR, Amory. *Naming the Enemy*: Anti-Corporate Movements Confront Globalization. London: Zed Books, 2000, p. 45.

desejos, estimular o consumismo, alimentar guerras para lucrar com elas, sustentar ditaduras, entre outras acusações.

Neste capítulo, não haveria espaço nem haveria porque refletir sobre tais acusações. Afinal, elas são dirigidas ao sistema econômico e não às empresas. Porém, há na argumentação dos autores algo que deve ser levado em conta. Afinal, eles acenam com a possibilidade de que todos os males que o pensamento antiempresarial atribui às empresas deixariam de existir caso o capitalismo fosse substituído por outro sistema econômico. Esses autores seriam anticapitalistas, não antiempresariais. Eles reconhecem a impossibilidade de se pensar o mundo moderno sem empresas. Não alimentam um sonho de regresso a modos de vida de autossuficiência, mas lutam pela superação do capitalismo.

Entretanto, quando se pensa em superação do capitalismo, há duas opções. Uma delas é imaginar um sistema econômico ideal que reuniria todas as virtudes possíveis. O problema com essa opção é que ela só existe como ideal, ou seja, na cabeça da pessoa que a imaginou. A outra é o que ficou conhecido como "socialismo realmente existente".[17] Como o problema, para esses autores, não são as empresas, mas o sistema econômico, poderíamos nos perguntar se o socialismo realmente existente conseguiu se ver livre de problemas como degradação ambiental, desigualdade social, sustentar ditaduras e outros que são comumente atribuídos às empresas no sistema capitalista. A resposta seria não.[18]

Na verdade, o problema com qualquer explicação que apele quer seja para o capitalismo ou para o socialismo para explicar fatos da realidade social é que tais entidades são por demais abstratas para terem um efeito direto sobre a realidade. A explicação só deve ser considerada válida se indicar qual ou quais

---

[17] "Se denomina de socialismo real(mente existente) ao regime social, político e econômico imposto a partir da Revolução Russa de 1917 nas então União das Repúblicas Socialistas Soviéticas (URSS) e, a partir de 1948, nos demais países da Europa Oriental (República Democrática Alemã, Polônia, Hungria, Checoslováquia, Iugoslávia, Romênia, Bulgária e Albânia) sob a égide soviética". SILBERMAN, Alan. *El socialismo existente y su crisis económica*. Kindle Edition/Amazon Digital Service, p. 1.

[18] Comparando-se um mesmo período, alguns livros mostram que os danos causados ao meio ambiente nos países comunistas foram maiores que os causados nos países capitalistas. Ver: CARTER, F. W. *Environmental Problems in Eastern Europe*. London: Routledge, 1993; CURTIS, Glenn E. *Russia*: A Country Study. Washington: Government Printing Office/Library of Congress, 1996; *Environmental Problems*. Disponível em: <http://countrystudies.us/russia/25.htm>. Acesso em: 4 out. 2015. A ideia de que as sociedades comunistas acabaram com a desigualdade social foi duramente criticada. Uma dessas críticas está em: FILTZER, Donald. Privilege and Inequality in Communist Society. In: SMITH, S. A. (org.). *The Oxford Handbook of the History of Communism*. Oxford: Oxford University Press, 2014. A afirmação de que o capitalismo está associado a ditaduras é verdadeira em parte. Porém, essa mesma afirmação feita em relação ao comunismo é absolutamente verdadeira. A afirmação de que o capitalismo cria a pobreza pode ser questionada olhando-se, por exemplo, para a situação atual das duas Coreias ou para a situação da Polônia antes e depois da queda do comunismo. Sobre a Polônia, ver: <http://www1.folha.uol.com.br/mundo/2014/11/1543981-polonia-1-a-derrotar-o-comunismo-simboliza-mudanca-no-leste-europeu.shtml>. Acesso em: 4 out. 2015.

mecanismos do sistema econômico geram o fenômeno que é o objeto de estudo. Percebendo esse problema, vários autores do pensamento antiempresarial indicaram o mecanismo que produziria a malignidade atribuída às empresas no sistema capitalista. Este mecanismo seria a busca do lucro. Deve ficar claro que, no elenco de danos causados pelas empresas à sociedade, às pessoas e ao meio ambiente, a busca do lucro não é um deles, ou seja não é um mal em si. Ela está numa outra categoria, sendo a base da explicação de todos os males atribuídos às empresas. O número de autores que demoniza o lucro pode não ser grande, mas é expressivo, pois engloba, por exemplo, Noam Chomsky, considerado o intelectual vivo mais influente, e Joel Bakan, autor de um livro que gerou um premiadíssimo documentário sobre as corporações.[19] Deve ficar claro que o pensamento antiempresarial não inventou a condenação ao lucro. Ela antecede em muito o surgimento da empresa. O filósofo Confúcio (551–479 a.C.), no livro *Analectos*, escreveu: "O homem sábio é conhecedor do que é moral. O homem inferior é conhecedor do que é lucrativo". Não dá para saber exatamente o que Confúcio estava condenando quando se referia ao lucro. Acreditamos que a primeira forma de condenação ao lucro surgiu sob a forma de condenação da usura. Nas economias agrárias da Antiguidade, nas quais a maior parte das pessoas eram produtoras e vendedoras ao mesmo tempo, a forma mais visível de lucro era a usura. As grandes religiões mundiais (judaísmo, cristianismo e islamismo) criadas no Oriente Médio eram veementes na condenação à usura.[20] Geralmente quem pedia emprestado tinha sofrido um infortúnio que prejudicara a sua plantação ou criação. Não era certo, afirmam diversos textos dessas religiões, alguém ganhar (lucrar) com o infortúnio do outro. Emprestar a juros negava o dever da caridade pregado por essas religiões. A condenação à usura também estava presente na Grécia e na Roma antigas. Aristóteles afirmava que a usura era antinatural porque o dinheiro não poderia gerar dinheiro; só o trabalho podia gerar dinheiro. Catão, Sêneca e Plutarco

---

[19] Ver: CHOMSKY, Noam. *O lucro ou as pessoas?* Neoliberalismo e a ordem mundial. São Paulo: Bertrand Brasil, 2006; e BAKAN, Joel. *The Corporation*. The Pathological Pursuit of Profit and Power. New York: Free Press, 2005. Baseado nos apontamentos para esse livro, o autor escreveu o roteiro para o documentário com o mesmo título: *The Corporation* (2003), dirigido por Mark Achbar e Jennifer Abbott. Nada o supera como expressão do pensamento antiempresarial.

[20] Nem todas as civilizações da Antiguidade condenaram a usura. Hititas, fenícios e egípcios aceitavam a usura (cobrança de juros), mas a taxa era regulamentada pelo governo. Mas todas as civilizações formadas pelas religiões mundiais originadas no Oriente Médio foram unânimes na sua condenação. O judaísmo condenava a usura entre os hebreus, mas a aceitava se fosse com alguém que não pertencesse a esse povo (ver: <http://www.jewishencyclopedia.com/articles/14615-usury>, acesso em: 4 out. 2015). Embora o Novo Testamento não condene a usura de forma explícita, a Igreja católica fez dessa condenação um dos seus pilares, chegando a considerar a usura um crime no século VIII. O islamismo coloca a usura como uma falta grave, e Maomé afirmou que tanto quem aceitasse pagar juros como quem emprestasse com juros queimaria no inferno.

eram as vozes de Roma, chegando o primeiro a pedir que fosse feita uma lei para punir com a morte quem praticasse a usura. Apesar de todo o radicalismo com que os juros eram condenados, na prática, os governos sempre encontraram uma maneira de estabelecer uma taxa de juros aceitável. Só seria considerada usura a taxa de juros injusta, a que excedesse a taxa oficial.[21] Mesmo não usando a palavra *lucro*, é como se passasse a existir um lucro aceitável (justo) e um inaceitável (injusto).

A moral econômica da Igreja católica trouxe a noção de justiça para a economia. São Tomás de Aquino defendia a noção de preço justo. O próprio Tomás de Aquino reconhecia ser impossível calcular matematicamente o que seria o preço justo, por isso aceitava como justo o preço praticado no mercado. O lucro do comerciante, desde que moderado, é aceitável porque é a remuneração do seu esforço. Ele cita alguns exemplos do que não seria o preço justo. Por exemplo, um agricultor ou comerciante se aproveitar de uma situação de crise na agricultura para elevar o preço do produto que vende, ou o construtor que aumenta o preço do seu trabalho numa situação em que algum desastre natural destruiu muitas casas. Além desses exemplos, ele deixa como princípio que o preço justo consiste em vender algo pelo valor que realmente vale. Convenhamos que isso não é nada fácil de determinar, pois a noção de valor tem um componente subjetivo e contextual muito grande. Para muitas pessoas, uma bolsa Louis Vuitton não deveria valer tanto. Além disso, dependendo da sua necessidade, algo pode valer mais ou menos. Embora a noção de preço justo tenha perdido importância, ela serviu de base para a crítica que o moderno pensamento antiempresarial faz ao lucro. Baseada na noção de preço justo, a Igreja católica medieval associou o lucro aos pecados capitais da cobiça, da avareza e da luxúria.

A base para a condenação do lucro é essencialmente moral. A condenação moral ao lucro pode ser feita de várias formas. Um bom exemplo de condenação moral ao lucro é a que foi feita por Karl Marx. Para ele o lucro é fruto da

---

[21] Até o surgimento dos bancos, o empréstimo de dinheiro era uma relação entre duas pessoas que se conheciam. Não era fácil o governo ou mesmo as Igrejas se intrometerem. Além disso, os períodos de expansão da economia tinham como base o empréstimo de dinheiro. Por isso os governos eram mais pragmáticos do que os líderes religiosos. Em Roma, por exemplo, a taxa de juros aceita era entre 3% a 12% ao ano e podia subir em momentos de grande expansão. Até mesmo a Igreja, por volta do século XIV, teve que enfrentar o dilema. O renascimento comercial desse período precisava de dinheiro para sustentar-se e a Igreja considerava a usura um pecado mortal. Para resolver esse dilema, ela permitiu que os judeus cobrassem juros. Muitos deles podem ter ficado ricos com essa atividade. Mas a imagem negativa dos judeus, aquela que alimenta o antissemitismo moderno, estava começando a ser construída. A Igreja continuou a condenar moralmente essa atividade, e agora o pecado da usura tinha um rosto. A iconografia da Idade Média retratava o dinheiro associado a excrementos e à sujeira. Os judeus passaram a ser identificados com todos os aspectos negativos do capitalismo, em especial a avareza e a cobiça. Ver: MULLER, 2002, p. 10-11.

exploração. A palavra *exploração* assumiu na nossa cultura uma elevada carga negativa. Assim, quando se associa algo à exploração, neste caso o lucro, estamos por tabela qualificando-o como iníquo. Marx avança mais e explica por que, para ele, o lucro, seja ele qual for, é reprovável. Ele afirma que todo lucro advém da exploração do trabalho, pois o capitalista se apropria da riqueza produzida pelo trabalho. Nesse caso, a condenação moral do lucro vem da sua identificação à expropriação; seria quase um roubo. No entender de Marx, quem produz a riqueza é o trabalhador, e não o capitalista. Por isso é moralmente condenável que ele fique com o que, de direito, não seria seu.

O pensamento antiempresarial afirma que, por serem entes obcecadas com o lucro, as empresas não medem as consequências para obtê-lo. Nessa obsessão está a origem de todos os males que elas causam à sociedade, aos indivíduos e à natureza. Tanto o livro quanto o documentário intitulado *The Corporation* fazem uma crítica ao lucro. Para ambos a empresa é um ente amoral, ou seja, não regulado por nenhum dos valores que regem ou deviam reger a vida humana. Elas são máquinas de produzir lucros e para tanto não hesitam em violar as leis existentes, causar graves danos ao meio ambiente, ludibriar, sonegar e corromper se isso lhes trouxer lucro. Tanto Bakan como Chomsky deixam claro que não se trata do empresário X ou Y. Os empresários podem ser ótimas pessoas na vida social, mas são apenas peças em uma engrenagem voltada para a produção do lucro.

Aceitando-se essa tese, a única solução para a sociedade evitar os males causados pelas empresas seria acabar com o lucro. Não dá para imaginar um empresário investindo o seu dinheiro, arriscando perder tudo em caso de fracasso do negócio, sem poder extrair qualquer lucro. Assim, sem a figura do empresário privado, a economia só poderia funcionar caso fosse estatizada, isto é, formada exclusivamente por empresas estatais que operam sem a noção de lucro. Numa situação assim, o governo assume uma importância enorme no planejamento econômico, determinando o que e quanto vai ser produzido. As decisões dos planejadores substituem os sinais emitidos pelo mercado. Isso já foi tentado nos países comunistas, e os resultados não foram animadores. Ninguém está obrigado a ver o lucro de forma positiva. Porém, a crítica ao lucro na forma como ela é feita por correntes do pensamento antiempresarial leva obrigatoriamente à implantação do socialismo/comunismo.

Os autores que não compartilham do discurso antiempresarial têm uma visão diferente em relação ao lucro. Em termos bem simples, o lucro é a diferença entre a receita bruta da empresa e todas as suas despesas gerais. O lucro é usado para novos investimentos e para remunerar os acionistas, e pode ter várias fontes. Vamos deixar de lado uma delas, o lucro advindo de condições monopolistas, pois essa fonte recebe a condenação geral dos defensores da empresa e do mercado. Em condições de mercado, o primeiro requisito para a existência do lucro é a satisfação das necessidades do consumidor. Apenas a vontade lucrar, por mais intensa que seja, não basta. Se o consumidor preferir o produto do seu concorrente, ele poderá ter lucro, mas certamente você vai falir. O consumidor escolherá o produto que lhe der algo em troca, algo como preço baixo, qualidade, prestígio etc. Assim, o primeiro e fundamental requisito para se ter lucro consiste em fazer os consumidores escolherem o seu produto, uma tarefa por demais complicada. O segundo requisito, tão fundamental quanto o primeiro, é fazer com que os seus custos operacionais sejam menores do que sua receita. O lucro garante a sobrevivência da empresa num mercado competitivo. Não está escrito nas estrelas que toda empresa terá lucro. O número das que fracassam é grande. Dessa forma, o lucro pode ser visto como um prêmio dado a estratégias gerenciais bem-sucedidas.

Colocado assim, não há como concluir que a busca do lucro levará inexoravelmente as empresas a optarem por medidas que causem danos à sociedade, às pessoas e ao meio ambiente. Mas é isso o que o pensamento antiempresarial faz. Para fazer isso, ele cria a figura do empresário como uma pessoa despida de consciência e incapaz de fazer escolhas. O empresário é visto como uma simples marionete comandada pelo imperativo do lucro ou como uma pessoa cuja obsessão pelo lucro a torna incapaz de avaliar as consequências dos seus atos. A frase "todo empresário busca o lucro" afirma o óbvio. É obrigação dele fazer isso, caso queira que a sua empresa sobreviva. O que o pensamento empresarial faz é transformar essa trivialidade numa outra frase, "todo empresário busca o lucro a qualquer preço". Certamente, existem empresários que violam as leis ou lançam mão de expedientes altamente questionáveis para reduzir seus custos ou aumentar suas receitas. Isso é condenável. Porém, achar que todos eles fazem disso uma prática rotineira é assumir uma visão tão negativa que só se explica pelo fato do discurso antiempresarial fazer do empresário alguém incapaz de orientar suas ações por imperativos morais.

Se a busca do lucro não leva as empresas inexoravelmente a causar o mal, sobra então a condenação moral do lucro. Ela tem sido feita de duas formas. Uma delas é a condenação do que o discurso antiempresarial chama de "lucro excessivo". Essa crítica é construída a partir da crença de que há um lucro aceitável (justo) e outro inaceitável, portanto, injusto. Basicamente, o lucro excessivo significa que, em termos absolutos ou percentuais, o montante auferido por uma empresa ou setor supera em muito o montante que é tradicionalmente auferido por uma empresa ou setor. Dá para perceber que voltamos à discussão tornada famosa por São Tomás de Aquino, mas que já era feita pelos povos da antiga Mesopotâmia: a do preço justo. Em termos gerenciais, os chamados lucros excessivos, ou seja, acima da média tradicional, podem decorrer de efeitos conjunturais ou de eficiência gerencial. No primeiro caso, empresas de um setor podem ganhar mais porque, por exemplo, a oferta geral do produto que vendem foi drasticamente reduzida e isso gerou um aumento do preço.[22] Porém, como o próprio nome diz, essas situações são circunstanciais e com a regularização da oferta, espera-se que os preços caiam. No segundo caso, algum tipo de inovação de produto ou gestão fez com que uma empresa pudesse auferir enormes ganhos. Esse é o caso, por exemplo, dos ganhos de produtividade gerados pelas linhas de montagem do fordismo ou, mais recentemente, a inovação trazida pelo Google. Condenar esse tipo de ganho seria condenar a eficiência empresarial. Visto sob o ponto de vista econômico e gerencial, esses ganhos, por maiores que sejam, são explicáveis pelo funcionamento do mercado. Nada há de imoral nisso.

Para transformar esses ganhos em algo pecaminoso, o que os críticos do lucro fazem é apresentar as cifras gigantescas que correspondem ao lucro no balanço de certas empresas, dando a entender que essas quantias gigantescas serão de apropriação privada. O volume do lucro entra aqui para reforçar a tão (moralmente) condenada desigualdade social: poucos com muito e muitos com pouco. Vê-se que o que está sendo efetivamente criticado é a desigualdade de renda. Dessa forma, o pensamento antiempresarial consegue fazer com que a imoralidade atribuída à desigualdade social seja pespegada ao lucro. No livro *O lucro ou as pessoas?*, Noam Chomsky brada contra os "lucros espetaculares" das corporações,[23] como se essas cifras, números na casa dos oito ou nove dígitos, fossem imorais por si só.

A outra forma de condenação moral ao lucro se funda na premissa de que as relações sociais deviam se basear no altruísmo, ou seja, as pessoas deveriam se preocupar primeiramente com o bem-estar dos seus semelhantes. Como

---

[22] Este foi o caso, por exemplo, da crise do petróleo da década de 1970. Por mais de 20 anos, até a década de 1970, o preço do barril de petróleo oscilava em torno de US$ 2,00. Porém, nessa década houve uma série de fortes furacões que prejudicaram a produção no Golfo do México, e o fator determinante foi o acirramento dos conflitos no Oriente Médio. Ao final da década, o preço do barril superava US$ 20,00. Por vários fatores conjunturais ele chegou a US$ 120,00 em 2008. Como os custos de exploração não aumentaram na mesma proporção, as empresas exportadoras obtiveram lucros extraordinários.

[23] CHOMSKY, 2006, p. 32. Esse livro, ao contrário do que nos diz o título, não é um ataque frontal ao lucro, mostrando como a busca do lucro acaba prejudicando as pessoas. A crítica ao lucro está implícita na sua denúncia de como a nova ordem mundial com o seu caráter predatório e espoliador atende aos interesses dos Estados Unidos e das grandes corporações.

as relações de mercado são relações sociais elas também deveriam ser regidas pelo altruísmo. Para os que assumem esta condenação, o lucro seria expressão do egoísmo, pois o empresário privilegiaria o seu interesse pessoal, ou seja, a busca do lucro, em prejuízo do interesse comum. Nesse caso, o lucro se manifestaria como cobiça ou ganância.[24] Adam Smith (1723-1790) sempre é citado quando se quer denunciar como um defensor do capitalismo e do livre mercado estimula o egoísmo. Para ele, o que move as pessoas não é a preocupação com o bem comum, mas o interesse privado.[25] Como as empresas privadas se movem fundamentalmente pelo lucro, elas se tornam o principal alvo dessa crítica, uma vez que suas ações, quer seja de forma intencional ou não intencional, negligenciariam ou prejudicariam o bem público.

Essa crítica moral ao lucro não ficou sem respostas. Para atacá-la, vários autores alegam que essa oposição entre interesse privado e bem comum não se sustenta. É verdade, dizem eles, que a empresa se orienta pelo lucro, mas o resultado dessas ações inevitavelmente traz benefícios para muitos. Citam o caso dos carros; hoje temos carros mais seguros, confortáveis, econômicos e velozes. Isso foi conseguido com empresas automobilísticas buscando o lucro. Citam o caso dos remédios, mostrando que se hoje temos remédios mais eficazes, eles foram produzidos por empresas que também buscam o lucro. Alegam que, para lucrar, qualquer empresa precisa oferecer algo que o consumidor queira. Então, ela está satisfazendo necessidades, e isso é uma forma de promover o bem comum.

5.3.1 Responsabilidade social, a resposta das empresas

Não é possível saber exatamente o peso que essa crítica teve sobre as empresas, mas o fato é que, a partir da segunda metade do século XX, de forma crescente, as empresas tomaram medidas e assumiram novas responsabilidades. Essas medidas, grande parte das vezes, as levaram a atuar em áreas que não eram a sua atividade-fim. Eram áreas que a sensibilidade social apontava como

---

[24] Um dos filmes que mais contribuiu para construir e difundir o pensamento antiempresarial foi *Wall Street* (1987), de Oliver Stone. Nele o personagem principal, Gordon Gekko, faz um discurso e escreve um livro para provar que a ambição é boa ("*greed is good*").

[25] A busca do interesse privado seria o responsável pelo aumento do bem-estar coletivo, ou seja, o interesse público. Adam Smith não acreditava que a dura tarefa de produzir riquezas pudesse depender da benevolência e da solidariedade. Só o desejo de beneficiar a si próprio e à sua família poderia fazer as pessoas trabalharem duro e quererem melhorar de vida. Ele escreveu: "Não é da benevolência do açougueiro, do cervejeiro ou do padeiro que esperamos nosso jantar, mas da consideração que eles têm pelo seu próprio interesse. Dirigimo-nos não à sua humanidade, mas à sua autoestima, e nunca lhes falamos das nossas próprias necessidades, mas das vantagens que advirão para eles. Ninguém, a não ser o mendigo, sujeita-se a depender sobretudo da benevolência dos semelhantes". Ver: SMITH, Adam. *A riqueza das nações*. São Paulo: Abril Cultural, 1986.

críticas, ou seja, que exigiam uma ação de toda a sociedade. Além disso, essas medidas implicavam em despesas. Assim, ao atuar em áreas críticas e gastar dinheiro com isso, as empresas retiravam de si a pecha de egoístas e assumiam um compromisso moral na melhora da sociedade. Em termos do pensamento gerencial, essas medidas são englobadas sob um mesmo conceito: o de responsabilidade social corporativa, tão em voga nos dias de hoje.

Acredita-se que o termo *responsabilidade social corporativa* tenha sido criado por volta de 1950,[26] mas só se tornou uma força mobilizadora na década de 1970 em razão dos protestos estudantis que tinham nitidamente um viés antiempresarial. As empresas ficaram na defensiva e perceberam que algo deveria ser feito. De lá para cá, só vemos aumentar o apelo social dessa noção. Há milhares de livros publicados e mais de 15 milhões de páginas no Google sobre o tema. Porém, mais importante do que o interesse intelectual por ele é o fato de que organismos internacionais como a ONU, a Organização para Cooperação e Desenvolvimento Econômico (OCDE) e numerosos governos colocaram a promoção da responsabilidade social corporativa como um dos temas das suas agendas. Em todo o mundo, milhares de ONGs pressionam as empresas para que elas tomem medidas nessa direção. Nenhuma outra ideia tem causado tanto impacto no meio empresarial quanto a de responsabilidade social corporativa.[27]

A definição de responsabilidade social corporativa desperta polêmica. Para autores como Milton Friedman, a responsabilidade social de qualquer empresa é oferecer produtos ou serviços da melhor qualidade possível e com menor preço. Na verdade, ele vai mais longe, afirmando que a única responsabilidade do administrador é aumentar o valor da empresa.[28] Peter Drucker tem uma visão um pouco diferente. Ele admite que a empresa tem uma responsabilidade social apenas sobre os danos que ela mesma causar ao meio ambiente e

---

[26] Uma obra recente diz que o conceito de responsabilidade social corporativa foi criado em 1953 com a publicação de: BOWEN, Howard R. Social Responsibilities of Businessman. In: BEAL, Brent D. *Corporate Social Responsibility*. Definition, Core Issues and Recent Development. Los Angeles: Sage, 2014, p. 1.

[27] A influente revista *The Economist* publicou na sua edição de janeiro de 2004 um artigo intitulado *Two-Faced Capitalism* (disponível em: <http://www.economist.com/node/2369912>, acesso em: 4 out. 2015), no qual se lia: "Responsabilidade social corporativa está em grande expansão. Atualmente ela é uma indústria com funcionários em tempo integral, websites, publicações, associações profissionais e uma grande massa de consultores. Isso tudo sem falar de todos os que trabalham em ONGs que começaram este movimento".

[28] FRIEDMAN, Milton. The Social Responsibility of Business is to Increase its Profits. In: *The New York Times Magazine*, 13 set. 1970. Disponível em: <http://www.colorado.edu/studentgroups/libertarians/issues/friedman-soc-resp-business.html>. Acesso em: 4 out. 2015. No seu livro *Capitalism and Freedom* (Chicago: University of Chicago Press, 1962), lemos: "There is one and only one social responsibility of business – to use its resources and engage in activities designed to increase its profits so long as it stays within the rules of the game, which is to say, engages in open and free competition without deception or fraud" (p. 133).

à sociedade. Para ele: "O desempenho econômico é a base; sem ele a empresa não pode cumprir nenhuma outra responsabilidade, nem ser uma boa empregadora, uma boa cidadã, uma boa vizinha", mas adverte que a empresa não pode se propor a realizar tarefas para as quais não tem competência.[29] Dessa forma, ele circunscreve a responsabilidade da empresa pelos danos que efetivamente ela possa vir a causar. Porém, não são essas as visões que predominam. Hoje o rótulo de responsabilidade social corporativa engloba uma gama ampla de temas, que vão da pura filantropia (doar dinheiro) a medidas para salvar o meio ambiente, reduzir a pobreza, acabar com as desigualdades, acabar com o trabalho infantil, melhorar as condições de trabalho e promover direitos políticos. Temas tão pouco afeitos às atividades empresariais passaram a fazer parte das suas preocupações e, consequentemente, dos seus gastos.

Pode-se ver isso como uma solução para as empresas, pois assim elas se apresentam não como um ente voltado egoisticamente para os seus lucros, mas como ente solidário capaz de gastar parte da sua receita em atividades que beneficiam o bem comum. Mesmo assim há autores como Bakan que veem nisso apenas uma mistificação, ou seja, uma forma que as empresas encontraram para mascarar o fato de que elas permanecem voltadas para o seu interesse próprio.[30] Já outros autores acreditam que há motivos gerenciais para a crescente adesão das empresas à responsabilidade social corporativa. Um desses autores afirma que as empresas estão cada vez mais envolvidas com metas da responsabilidade social corporativa

> porque mais administradores acreditam que fazer das suas empresas uma empresa cidadã lhes dará vantagem competitiva. Uma administração voltada para a responsabilidade social enfrentará menos riscos comerciais do que os seus menos virtuosos competidores: ela sofrerá menos boicotes por parte de consumidores, estará mais apta a conseguir capital a um custo menor e estará em melhor condição para atrair e manter empregados comprometidos e consumidores leais.[31]

---

[29] DRUCKER, Peter. *Sociedade pós-capitalista*. São Paulo: Pioneira, 1993, p. 70-71. Ele adverte: "Uma organização tem plena responsabilidade pelo seu impacto sobre a comunidade e a sociedade, por exemplo, pelos efluentes que lança em um rio local, ou pelo congestionamento de tráfego que seus horários de trabalho provocam nas ruas da cidade. Entretanto, é irresponsabilidade uma organização aceitar responsabilidades que podem comprometer seriamente sua capacidade de desempenhar sua tarefa e sua missão principal. E onde ela não tem competência, também não tem responsabilidade" (p. 71).
[30] BAKAN, 2004. p. 28.
[31] VOGEL, David. *The Market for Virtue*: The Potencial and Limits of Corporate Social Responsibility. Washington: The Brooking Instituition, 2005, posição 377 (versão Kindle).

5.4 A EMPRESA COMO INIMIGA DO MEIO AMBIENTE

O pensamento antiempresarial acusa as empresas de serem inimigas do meio ambiente. O mundo atual tem desenvolvido uma crescente consciência ecológica. O discurso ecológico convoca para ações: "precisamos salvar", "precisamos proteger" etc., mas também aponta culpados. De forma genérica, o grande culpado é o próprio homem. Porém, alguns autores e movimentos ecológicos resolveram dar maior concretude ao acusado. Assim, o homem em geral foi substituído pelo capitalismo. Há várias obras que batem nessa tecla.[32] Movidas pelo desejo de ganho pecuniário, pessoas e empresas fariam certas ações que causariam danos ao meio ambiente.

O fato é que não faltam provas para a acusação. Não há dia em que os meios de comunicação não tragam denúncias fundamentadas sobre agressões ao meio ambiente e espécies animais causadas pelo agronegócio, pelas mineradoras, por companhias petrolíferas e outros setores da economia. As empresas são acusadas porque, ao longo do tempo, devastaram a vegetação para transformá-la em terra para o avanço da agropecuária ou da urbanização. Elas são acusadas porque poluem a atmosfera, degradam rios e mares e pela extinção de espécies devido à pesca predatória. Sobre elas, também recaem as acusações de colocar a humanidade numa rota suicida ao estimular o consumismo que acabará, segundo eles, destruindo os recursos do planeta.

Há que se registrar que, nesse caso, o pensamento antiempresarial tem razão na sua crítica. Vamos partir de um fato indiscutível: a implantação e o funcionamento da quase totalidade das empresas sempre interferem no meio ambiente. Isso é um fato que ninguém pode negar. Porém, isso não é uma exclusividade da empresa, mas da própria existência humana. Desde o surgimento dos primeiros humanos, há cerca de 200 mil anos, a sua relação com o meio ambiente não foi de harmonia, mas de destruição (matança de animais e destruição da vegetação). O mito selvagem ecológico foi desacreditado.[33] Com a adoção da agricultura e da pecuária, a interferência e a destruição aumentaram, pois mais terras precisavam ser utilizadas nessas atividades. Além disso, o modo de vida simples do camponês levou à destruição de florestas para se ter

---

[32] Entre as obras que assumem essa posição, citamos: KOVEL, Joel. *The Enemy of Nature*: The End of Capitalism or the End of the World? London: Zed Books, 2007; KLEIN, Naomi. *This Changes Everything*: Capitalism and the Climate. New York: Simon & Schuster, 2014.

[33] KRECH III, Shepard. *The Ecological Indian*: Myth and History. New York: W.W. Norton Company, 1999. Nele o autor fala dos índios americanos, cujo modo de vida se assemelha bastante aos dos bandos de caçadores e coletores da Pré-História. Em uma parte do livro, ele descreve como os índios destruíram grande parte da mata nativa da América do Norte e em outra ele mostra como a caça feita por essas comunidades causou devastação na população de búfalos, veados e castores.

madeira para a construção de casas e móveis, mas também para se ter a lenha sem a qual não se cozinhava e nem se aquecia as moradias.

Em relação à interferência sobre a natureza e a sua destruição pelo homem, a Revolução Industrial inovou basicamente no volume e na velocidade com que isso era feito. Em suma, quando se olha retrospectivamente a história da humanidade, o que se nota é que, durante a quase totalidade dessa história, as pessoas interferiam sobre o meio ambiente de uma forma destrutiva e sem a preocupação de reparar os danos feitos.

A partir da segunda metade do século XX, a opinião pública foi formada no sentido de ver as empresas como as grandes vilãs na destruição do meio ambiente. Como vimos, motivos não faltam para embasar essa associação. O problema com essa imagem é que ela coloca como impossível a coexistência da empresa com a proteção do meio ambiente. Como um inimigo está obrigado a destruir o seu oponente, a empresa só conseguiria viver destruindo o meio ambiente. É exatamente este ponto que precisa ser discutido. Será que a empresa só pode viver destruindo o meio ambiente? Será que a empresa e a defesa da natureza são inconciliáveis?

Tudo indica que não. Mesmo que as empresas quisessem continuar com práticas danosas ao meio ambiente, elas já não poderiam. Devemos isso ao fortalecimento, no século XX, do ambientalismo. Em termos bem simples, o ambientalismo é um movimento social que tem como bandeira a defesa da natureza e do meio ambiente. Deve ficar claro que não se trata de um movimento único com uma direção central, mas sim composto por centenas de milhares de associações de diferentes nacionalidades que lutam por diferentes causas, sem que exista necessariamente articulação entre elas.

Podemos localizar a origem do movimento ambientalista no século XIX, como uma reação aos danos causados ao ar e aos rios pelas nascentes fábricas inglesas. A ideia de que nós estávamos destruindo a natureza e que era um dever cívico conservá-la para as futuras gerações foi ganhando força. Surgiram leis para proteger florestas e para criar parques nacionais de preservação ambiental. Porém, foi somente a partir da década de 1950 que o ambientalismo se transformou num movimento de massa. Algumas tragédias ecológicas graves e a publicação de alguns livros contribuíram para fazer com que, em vários países, pessoas se unissem em associações para defender o meio ambiente.[34]

---

[34] Em 1954, os EUA fizeram um teste com uma bomba atômica no atol de Bikini, contaminando com radiação pescadores japoneses que estavam perto. Incidentes com petroleiros poluíram o mar na Califórnia. Na década de 1960 os americanos se assustaram ao constatar o nível de poluição dos grandes lagos e do lago Erie. Em 1969, houve o incêndio do rio Cuyahoga. Este rio estava tão repleto de dejetos industriais inflamáveis que

O ano de 1970 é um marco, com a criação do Dia da Terra (22 de abril) pela ONU. Desde então o movimento ambientalista só fez crescer. Inúmeras são as suas vitórias, muitas delas expressas na criação de órgãos governamentais voltados à proteção do meio ambiente e de uma extensa legislação com o mesmo objetivo. Multas são aplicadas a quem causar danos ao meio ambiente e a determinadas espécies animais. Hoje em dia, em muitos países, o poder do Estado é usado para impedir que empresas e pessoas possam causar danos à natureza. Por isso, as empresas estão obrigadas por lei a respeitar o meio ambiente.

5.4.1 Sustentabilidade, a resposta das empresas

Para proteger o meio ambiente, as leis proíbem certos atos. Porém, hoje em dia a força das ideias conservacionistas é tão forte que empresas estão indo mais longe. Elas não apenas cumprem as leis, mas estão tomando a iniciativa de praticar ações que objetivam reduzir os danos que suas operações causam ao meio ambiente. No pensamento gerencial, esse conjunto de práticas recebe o nome de sustentabilidade. Há quem afirme que as práticas de sustentabilidade são muito antigas, antecedem ao surgimento da civilização e das empresas.[35] Mas a opinião geral é que tanto a palavra, no sentido usado pelo pensamento gerencial, como as práticas de sustentabilidade são uma criação do final do século XX.[36] Também não há um consenso sobre o que é

---

ele literalmente pegou fogo. Na Europa também aconteceram graves desastres ecológicos. Em 1952, Londres foi tomada por nuvens de poluição que teriam causados muitas mortes e doenças respiratórias. Em 1956 ocorreu, na Inglaterra, o primeiro acidente com uma usina nuclear. Em 1967, um acidente com um petroleiro fez grandes estragos na vida marinha numa parte do mar do Norte. Em 1969, no Japão, uma empresa despejou durante muito tempo mercúrio no mar, intoxicando pescadores que se alimentavam dos peixes dessa área. A quase totalidade dessas tragédias ecológicas foi responsabilidade de uma ou mais empresas. Em suma, contribuíram para associar ainda mais as empresas à destruição do meio ambiente. Todos esses acidentes e a constatação de altos graus de poluição na atmosfera, em rios, lagos e mares levou à formação de vários grupos de defesa da natureza. Em 1969 foi criada, nos EUA, a associação Friends of Earth, hoje presente em 74 países com grupos de ativistas. Em 1971, no Canadá, foi criado o Greenpeace que hoje conta com 3 milhões de colaboradores em todo o mundo.

[35] GROBER, Ulrich. *Sustainability*: A Cultural History. Devon: Green Books, 2012. O autor escreveu: "A ideia de sustentabilidade não é uma teoria abstrata sonhada por modernos tecnocratas, nem uma fantasia promovida por ativistas do meio ambiente saídos da geração de Woodstock. Ela é a nossa mais remota, a nossa principal herança cultural mundial" (p. 15). O autor afirma também que a palavra alemã *nachalt*, correspondente, nesse idioma, à palavra sustentabilidade, já consta de um dicionário publicado em 1809, num verbete escrito por Alexander Von Humboldt.

[36] CARADONNA, Jeremy L. *Sustainability*: A History. Oxford: Oxford University Press, 2014. Logo no início do livro o autor afirma: "Sustentabilidade, entendida como um ideal social, ambiental e econômico, surgiu no final da década de 1970 a início de 1980. Nos anos 1990 ela já fazia parte do vocabulário dos políticos" (p. 1). Logo adiante ele afirma: "É muito difícil encontrar um livro publicado antes de 1976 que empregue esta palavra, quer seja no título ou mesmo no índice remissivo" (p. 2). Após 1980 há uma "explosão de títulos" com essa palavra. Ele cita 5 mil títulos nas décadas de 1980/1990 (p. 3).

sustentabilidade.[37] Quando esse conceito foi criado, ele estava associado a desenvolvimento, então se propunha que "desenvolvimento sustentável significa suprir as necessidades do presente sem afetar a habilidade das gerações futuras de suprirem as próprias necessidades".[38] Essa ideia trazia uma boa notícia para as empresas, pois, ao contrário de muitas propostas de ambientalistas radicais que defendiam um crescimento zero como a única forma de deter a destruição dos recursos naturais, a noção de desenvolvimento sustentável assumia que era possível conciliar crescimento econômico com a proteção do meio ambiente.

Procurando dar maior concretude ao conceito de sustentabilidade, o empresário Stephan Schmidheiny o associou ao de *ecoeficiência* que, basicamente, seria "produzir mais e melhor com menos", e para tanto se deveria agir em três direções: "reduzir o consumo de recursos, minimizando o uso de energia e insumos, ampliando a reciclagem; reduzir os impactos sobre a natureza, diminuindo as emissões e os resíduos; aumentar o valor dos produtos e serviços, ampliando a funcionalidade e a flexibilidade e oferecendo serviços de troca e manutenção".[39]

A primeira impressão que se tem do conceito de sustentabilidade é que ele se refere exclusivamente às práticas voltadas para a valorização e recuperação do meio ambiente. Porém, com o tempo, o seu sentido foi ampliado de modo a abranger também a questão social. Dessa forma, ele passou a englobar práticas destinadas ao combate à pobreza e a todas as mazelas sociais relacionadas a ela, como o analfabetismo e as péssimas condições de trabalho. Isso foi feito baseado na crença de que o ser humano é o elemento mais importante do meio ambiente. Assim, qualquer ação praticada pela empresa com o objetivo de promover um desenvolvimento sustentável comprova que ela está comprometida com a sua responsabilidade social.

---

[37] Em uma obra mais antiga, os autores deixavam claro como é controverso o conceito de sustentabilidade. Eles afirmavam: "As definições de desenvolvimento sustentável abundam. Existe alguma verdade na crítica que nos diz que o significado dado a esse termo é o que for mais conveniente para o autor que o utiliza. O que não é de espantar. É difícil ser contra o 'desenvolvimento sustentável'. O termo soa como algo que todos devemos aceitar, como 'a maternidade ou torta de maçã'". Ver: BARBIER, Edward B.; MARKANDYA, Anil. *Blue Print for a Green Economy*. London: Earthscan Publications, 1989, p. XV. Já em obra mais recente, os mesmos autores acreditam ter sido construído um consenso que eliminou, em parte, a multiplicidade de significados dados ao termo desenvolvimento sustentável. O conceito que eles adotam é o mesmo adotado aqui. Ver: BARBIER, Edward B.; MARKANDYA, Anil. *A New Blueprint for a Green Economy*. New York: Routledge, 2013, p. 4.

[38] CABRERA, Luiz Carlos. Afinal, o que é sustentabilidade?, *Você S/A*, maio 2009. Nesse artigo, o autor afirma que o termo foi criado em 1987 por Gro Harlem Brundtland, primeira-ministra da Noruega. A citação acima foi retirada do livro dela, *Our Common Future*. Disponível em: <http://planetasustentavel.abril.com.br/noticia/desenvolvimento/conteudo_474382.shtml>. Acesso em: 4 out. 2015.

[39] SCHMIDHEINY, Stephan. *Mudando o rumo*: uma perspectiva empresarial global sobre desenvolvimento e meio ambiente. Rio de Janeiro: FGV, 1992, citado por Eduardo Giannetti na entrevista que consta do livro: ARNT, Ricardo (org.). *O que os economistas pensam sobre sustentabilidade*. São Paulo: Editora 34, 2010, p. 81.

A sustentabilidade começou como uma preocupação de ONGs, depois passou a ser encampada por agências governamentais. Posteriormente, entrou para a agenda de empresas. Evidentemente, a pressão dos movimentos ambientalistas e de outros movimentos sociais, somadas às pressões feitas pelos órgãos públicos, contribuiu para isso. Porém, essas pressões, por si só, não explicam o entusiasmo com que empresas estão adotando a agenda do crescimento sustentável. O número de empresas que assumem publicamente o compromisso com esse objetivo é muito grande. Mas o mais impressionante de tudo é que esse número tem aumentado de forma rápida em todo o mundo. As empresas devem ter percebido as vantagens que poderiam ter assumindo esse compromisso.

À primeira vista, para as empresas, a ideia de sustentabilidade parece implicar um aumento dos seus custos operacionais, tendo em vista as despesas que elas se obrigam a fazer. Assim, nessa ideia haveria uma incompatibilidade entre a sustentabilidade e a lucratividade. Porém, na prática, as empresas perceberam que, longe de haver uma incompatibilidade, pode haver uma estreita associação, ou seja, as práticas sustentáveis poderiam gerar ganhos materiais e imateriais expressivos. Em termos materiais, comprovou-se que a preocupação sustentável com a redução dos desperdícios e com a busca constante por métodos e tecnologias que economizem energia e insumos acaba reduzindo os custos de produção. Há que se registrar também que a dimensão humana das práticas de sustentabilidade leva as empresas a estarem sempre em busca de melhorias nas condições de trabalho. Isso motiva os seus funcionários e pode aumentar a sua produtividade, além de contribuir para manter na empresa os bons funcionários, reduzindo a rotatividade da mão de obra. Em termos imateriais, mas que podem se reverter em ganhos materiais, o que convém ser destacado é a valorização da marca pelo fato da empresa ser reconhecida publicamente como uma organização que adota práticas sustentáveis.[40]

Os problemas ambientais nunca deixarão de existir, pois, como vimos, a presença humana sempre acaba impactando negativamente o meio ambiente. Nos dois últimos séculos, o modo de vida próprio das sociedades industriais acelerou em muito a destruição do meio ambiente. Esse período coincide com um aumento gigantesco da população e das atividades empresariais no nosso planeta. Não há como negar que ambos os fatores são os responsáveis pelos danos ambientais causados ao planeta nesse período. Previsões bastante

---

[40] Um livro que descreve as vantagens que as empresas têm ao adotar práticas sustentáveis é: WILLARD, Bob. *The New Sustainability Advantage*: Seven Business Cases Benefits of a Triple Bottom Line. Cabriola Island: New Society Publishers, 2012.

sombrias alertam que, se nada for feito, estamos caminhando para uma tragédia ambiental e humana.

Diante disso, Stuart L. Hart afirma que só há três soluções possíveis. Reduzir drasticamente a população da terra seria uma delas, mas ele a descarta porque os meios para atingir esse objetivo são moralmente condenáveis ou de quase impossível execução. Outra solução seria reduzir drasticamente o nosso padrão de bem-estar, ou seja, o elevado padrão de afluência que as sociedades industriais atingiram e que se tornou modelo para os demais povos. Essa também seria difícil de implementar, pois não há um acordo sobre o que seria um padrão de vida aceitável, nem uma autoridade mundial capaz de determinar e impor esse padrão para a população de todo o mundo. Resta então a terceira solução, que seria apostar na tecnologia e em práticas capazes de promover o crescimento com cada vez menos danos à natureza. Nesse caso, estamos falando da sustentabilidade.[41] A responsabilidade das empresas nesse processo é imensa, pois nenhum outro ator social tem mais recursos para impedir que as previsões sombrias se realizem.

5.5 AS EMPRESAS CONTROLAM O MUNDO

A noção de controle está diretamente associada à noção de poder. Nesse caso, então, o que o pensamento antiempresarial está afirmando é que as grandes corporações governam o mundo. É evidente que isso não poderia ser para o bem. Para o discurso antiempresarial esse controle por si mesmo já seria um mal. Afinal, nesse caso, em sendo verdade, todo o ideal democrático seria uma balela, pois efetivamente não seríamos nós cidadãos que decidiríamos o nosso modo de vida e o nosso destino, mas as corporações. Porém, o discurso antiempresarial vai mais longe ao contrapor os interesses das corporações ao dos indivíduos. Para esse discurso, então, as corporações controlariam o mundo para impor a nós os seus interesses.

Precisa ficar claro o que se quer dizer quando se afirma que as corporações dominam ou controlam o mundo. Há dois sentidos possíveis para essa afirmação. O primeiro sentido envolve a noção de poder na acepção política desse termo. Nesse caso, quando se fala que as empresas controlam o governo, diz-se que elas conseguem impor a sua vontade ou interesse aos demais atores sociais. O segundo sentido seria melhor classificado como um poder social, pois

---

[41] HART, Stuart L. Beyond Greening: Strategies for a Sustainable World. *Harvard Business Review on Green Business Strategy*. Boston: Harvard Business School Publishing Corporation, 2007, p. 109-110.

as corporações teriam o poder de determinar o comportamento dos consumidores. Embora a expressão "poder social" não seja correta, preferimos utilizá-la porque, nesse caso, o poder das empresas não precisa controlar o governo para impor a sua vontade.

É verdade que, ao longo da história, podemos citar um ou outro caso em que é possível afirmar que uma ou mais empresas exerceram controle sobre o governo. O caso mais óbvio e evidente está relacionado com as grandes companhias de comércio dos séculos XVII e XVIII. Uma parte delas realmente controlava o governo nas regiões em que atuavam fora da Europa. Controlavam o governo justamente porque elas eram o governo nessas áreas. Nesses casos, o comércio estava baseado na conquista militar e na dominação sobre uma área. Um bom exemplo desse domínio é o exercido pela Companhia Holandesa das Índias Ocidentais sobre uma parte do Nordeste brasileiro entre 1530-1654. Outros casos de controle sobre governo são polêmicos. Dentre esses, o mais citado é o United Fruit Company. É verdade que essa empresa teve um expressivo controle sobre governos de vários países da América Central e do Sul. Porém, eram países que dependiam quase exclusivamente da produção e exportação da banana feita pela United Fruit Company. Isso fazia com que houvesse uma coincidência entre os interesses dessa empresa e o da maioria dos grupos sociais dos países em questão. Além disso, todos esses países eram, à época, controlados por ditaduras. Por não dependerem de eleições e por reprimirem duramente a oposição, os ditadores estavam desobrigados de levar em consideração os interesses dos grupos sociais que não eram diretamente beneficiados com a produção, comercialização e exportação da banana.

Em países pobres, dependentes da exportação de um produto e estando os negócios deste produto nas mãos de uma única companhia, certamente haverá uma forte influência dessa companhia nos destinos e no governo desse país. Porém, o pensamento antiempresarial quer nos fazer crer que esse controle se dá até mesmo em sociedades modernas, industrializadas e com uma sociedade altamente diversificada. Para defender essa tese, eles partem de uma premissa verdadeira – de que as empresas dispõem de muito dinheiro – para então afirmarem que são esses volumosos recursos financeiros que lhes garantem o controle do governo. Mas como isso seria feito? Lembramos que o pensamento antiempresarial fala em controle e não em influência. Nas democracias liberais das sociedades modernas, é legítimo que os empresários procurem influenciar os políticos para que estes aprovem leis que atendam os seus interesses. Eles também podem pressionar o governo para que este aja em tal ou qual direção. Operários e professores, para ficar apenas em dois exemplos, também fazem isso. Essa prática faz parte do jogo democrático e pode ser bem-sucedida ou não. Ela não tem nada a ver com controle. Só podemos falar que um grupo controla o governo quando ele consegue fazer com que o governo sempre aja em função dos seus interesses.

A tese defendida pelo pensamento antiempresarial tem dois problemas. O primeiro deles consiste numa visão distorcida sobre a engenharia das decisões numa democracia. Os empresários formam apenas um dos vários grupos que tentam fazer com que as decisões políticas atendam os seus interesses. Por mais recursos que as empresas tenham, os políticos não podem, sob o risco de não se elegerem, tomar decisões que beneficiem exclusivamente ou principalmente esse grupo. Os demais grupos de interesses têm que ser levados em consideração. Quando vemos o Brasil, há uma série de direitos trabalhistas (décimo terceiro salário, férias remuneradas e com mais um terço do salário, licença-maternidade e licença-paternidade, e uma infinidade de outros benefícios) que oneram o caixa das empresas, mas que foram aprovados por políticos que visavam atender o pleito de entidades sindicais, mais especificamente dos trabalhadores. Recentemente, as sociedades modernas aprovaram uma série de leis de defesa do consumidor que, certamente, não são do inteiro agrado das empresas. Assim, faz parte do jogo democrático mediar os interesses dos grupos na cena política. A moeda dos políticos é o voto. O político dificilmente obterá essa moeda caso alguém beneficie apenas o interesse de um único grupo, ainda mais um grupo minoritário e mal visto como o dos empresários.

O segundo problema com essa visão consiste em ver os empresários como um grupo monolítico. O empresariado é formado por grupos distintos e, o que é mais importante, com interesses diversos e por vezes antagônicos. Para ficar apenas em um exemplo, peguemos o caso dos banqueiros e dos industriais. Imagine a possibilidade de existir, para usar uma expressão tão em voga no Brasil atual, um "governo dos banqueiros", entendido aqui como um governo controlado pelos banqueiros. Certamente que este governo, se existisse, tomaria medidas que beneficiaria apenas os banqueiros. Banqueiros vendem dinheiro, e o custo dessa mercadoria é o juro. Industriais precisam de dinheiro para girar o seu negócio e para a sua expansão. Quanto menor for o custo de captação do dinheiro, melhor para eles. Dessa forma, num suposto "governo dos banqueiros", o principal grupo de oposição seria justamente o dos industriais. Imaginar o governo controlado pelos empresários seria supor a existência de algo que não existe, ou seja, um grupo coeso e unificado em favor dos mesmos interesses.

Para evitar esse tipo de crítica, alguns autores do pensamento antiempresarial adotaram uma visão mais *light* sobre a forma como se dá o controle das empresas. Dentre eles, citamos David C. Korten, que escreveu um livro com o emblemático título *When Corporations Rule the World*. Há passagens desse livro em que o autor dá a entender que o controle das empresas se dá pela formação, junto à opinião pública, de um consenso pró-empresa. Ele cita como elementos desse consenso, por exemplo, a defesa do livre mercado e da privatização. Em termos bem simples, o que ele está dizendo é que foi construído um consenso, inicialmente nos EUA e depois espalhado pelo mundo, baseado no que é comumente chamado de neoliberalismo, com a defesa do mercado e da redução do papel do Estado. Quanto mais a opinião pública acreditar nisso, maior será a possibilidade de ela levar os políticos e o governo a tomarem medidas que, no geral, beneficiem as empresas. Segundo o autor, os recursos financeiros das empresas são utilizados financiando institutos acadêmicos, publicações e a mídia, de forma a criar esse consenso e a atacar organizações que critiquem a agenda neoliberal.[42] Segundo ele, as empresas conseguem moldar nossos valores e nossas crenças; em suma, nossa cultura.[43] Basicamente essa tese defende que as empresas controlam não apenas o governo, mas a todos nós porque conseguiram conquistar nossos corações e nossas mentes, de modo que pensamos e vivemos segundo o que elas prescrevem. Como essa tese transcende ao aspecto político da noção de controle e avança para o que chamamos anteriormente de "poder social", vamos tratar dela ao falarmos desse tipo de controle.

Imaginando a existência de um "poder social", essa noção dependeria fundamentalmente da capacidade de manipulação de um determinado grupo. Dessa forma, deteria o poder social aquele grupo que conseguisse fazer com que todos ou a maioria da sociedade tivessem as mesmas crenças e valores, justamente as crenças e valores desse grupo. Essa é a essência da manipulação; fazer com que as pessoas vejam a realidade da forma como nós gostaríamos que elas vissem. É exatamente por isso que elas passam a agir da forma como gostaríamos que elas agissem. Um dos autores que defendem essa ideia é Naomi Klein.[44] O seu livro se tornou um manifesto antiempresarial e antiglobalização. Para Klein, o mundo atual está sendo colonizado pelas marcas (daí o termo *logo* no título do livro). Elas se apropriam de todos os espaços, jogos, shows e até de pessoas.

---

[42] KORTEN, 1995, p. 142-148.
[43] "Atualmente as corporações não têm restrições em relação à reformulação dos valores de sociedades inteiras e à criação de uma cultura homogeneizada de indulgência propícia a estimular os gastos do consumo corporativo e promover interesses políticos" (KORTEN, 1995, p. 150).
[44] KLEIN, Naomi. *No Logo*: A tirania das marcas em um planeta vendido. Rio de Janeiro: Record, 2002. A palavra *logo* no título do livro deve ser traduzida como marca. E a expressão *No Logo* refere-se à quarta parte do seu livro, na qual ela defende que o movimento antiempresarial deve ter como objetivo a criação de um mundo sem marcas, ou seja, sem o predomínio cultural das corporações.

Ela cita o caso do jogador de basquete Michael Jordan, que, à sua época, era identificado com a marca Nike. Cita o caso de um estudante americano que vendia espaços no seu corpo para empresas tatuarem as suas marcas. Ao fazerem isso, as empresas conquistam as nossas mentes e nos impõem um determinado modo de vida. A tese de Klein exemplifica a noção de poder social, porque, segundo ela, as empresas não precisam controlar o poder político para impor aquilo que elas querem.

Em qualquer sociedade existe um consenso sobre crenças e valores. Aliás, se esse consenso não existisse seria impossível a ordem social. O que a teoria da manipulação quer nos fazer crer é que esse consenso é fruto de um processo de manipulação. A manipulação seria fruto de diferentes processos, que começam na família, passam pela educação escolar e se reproduzem através da mensagem dos meios de comunicação. Um problema com essa teoria é que ela supõe que as pessoas sejam marionetes passíveis de serem guiadas em seus juízos por outrem. Ela não vê as pessoas como seres livres capazes de fazer escolhas baseadas na própria razão. Convém frisar que, para essa teoria, a única forma de alguém provar que não é manipulado é adotar um pensamento idêntico ao que o crítico da manipulação acha mais correto. Além do mais, voltando ao controle das empresas sobre a sociedade, para ter o "poder social" as empresas teriam de ser capazes de manipular a maior parte da opinião pública a seu favor. A questão é saber como isso poderia ser feito. Dizer que isso seria feito através do domínio da mídia pressupõe que as empresas têm controle sobre a mídia. Bem, se isso for verdade, como explicar que grande parte do pensamento antiempresarial é difundido por essa mesma mídia?

Uma parte das teorias que falam do chamado "poder social" das empresas não fala da sociedade como um todo, mas apenas de um ou outro aspecto da nossa vida. Então, por exemplo, através da propaganda, as empresas moldariam a nossa vida e assim teriam esse "poder social". Não discutiremos esse tema agora porque ele será visto no Capítulo 11 deste livro, que fala sobre a sociedade de consumo.

Neste capítulo procuramos mostrar as duas faces da empresa. Para o discurso empresarial, a empresa tem uma face horrenda, pois causa, sob várias formas, um grande mal à sociedade. Em contraposição a esse discurso há os que veem o papel positivo que a empresa tem para a sociedade. É evidente que aqui não se trata de uma defesa intransigente da empresa e de vê-la como um ser angelical. É bem verdade que empresas cometem crimes, ilegalidades e adotam comportamento antiéticos. O grande problema com o pensamento antiempresarial é que ele cria a culpa coletiva. Para ele, todas as empresas fazem do crime, da ilegalidade e do comportamento antiético a prática rotineira. Se uma empresa cometeu qualquer falta, ela deve ser punida pela lei ou pelos seus consumidores. Porém, quando se afirma que todas as empresas fazem do ilegal e do errado a sua rotina, está se fazendo uma generalização incorreta. Mesmo se essa generalização fosse verdadeira, o que se faz, numa democracia, é obrigar as empresas a cumprir a lei e não, como as vezes dá a entender o discurso antiempresarial, acabar com as empresas, o que seria inviável, ou estatizá-las.

Nunca devemos esquecer que as empresas são criações humanas e que elas existem numa determinada sociedade. Numa sociedade democrática as empresas são e serão aquilo que a sociedade determinar. A história recente mostra que o controle da sociedade, através do Estado, sobre as empresas só tem feito aumentar. Por isso que esta discussão e as críticas trazidas pelo pensamento antiempresarial são importantes. Somente vendo o que há de correto nessas críticas é que a sociedade poderá modelar ainda mais as vidas das empresas e a sua relação com a sociedade e com o meio ambiente.

QUESTÕES DE FIXAÇÃO

1 Destaque um elemento cultural que seja matriz do pensamento antiempresarial.

2 Quais são as duas vertentes do pensamento antiempresarial?

3 Por que os Estados Unidos foram o berço do pensamento antiempresarial?

4 Quais eram as acusações feitas pelo movimento estudantil contra as empresas no final dos anos 1960 e início dos anos 1970?

5 Uma das críticas feitas pelo pensamento antiempresarial está associada ao lucro. Exponha duas dessas críticas.

6 É possível estabelecer uma relação entre a mensagem antiempresarial e o surgimento da noção de responsabilidade social corporativa?

7 Pesquise e cite um caso de uma empresa que tenha alguma ação que pode ser classificada como sendo de cumprimento da responsabilidade social corporativa.

8 Redija um pequeno texto relacionando o ambientalismo (movimento ambientalista) e as práticas de sustentabilidade adotadas pelas empresas.

9 As mensagens antiempresariais procuram atacar as empresas afirmando que elas passaram a ter tanto poder que controlam o mundo. Reproduza as duas leituras possíveis para essa ideia de que as empresas controlam o mundo.

CAPÍTULO 6
A SOCIEDADE DO TRABALHO

6.1 INTRODUÇÃO

Neste capítulo, o objeto da nossa reflexão será o trabalho. De todas as atividades humanas, o trabalho é, sem dúvida alguma, a mais importante. E isso por uma razão muito simples: é através dele que obtemos a nossa subsistência. Nos primeiros tempos da história da humanidade, as pessoas viviam do que caçavam ou coletavam, obtendo assim o alimento que as mantinha vivas. Essas eram as formas de trabalho existentes. Além disso, alguns grupos precisavam armazenar água, indo a um rio para pegá-la e então acondicioná-la em algum recipiente. Isso também era trabalho.

Dos tempos pré-históricos até os nossos dias, a importância do trabalho só aumentou. E isso acontece porque, quando nos comparamos com os nossos ancestrais pré-históricos, vemos que a quantidade de bens e serviços de que necessitamos para viver aumentou gigantescamente. Alguém produz os alimentos que comemos, alguém faz as roupas que vestimos, alguém fez a casa em que moramos e os móveis que usamos. Todos os bens que utilizamos são fruto do trabalho. Além disso, manter a saúde depende de cuidados médicos e hospitalares. O mesmo se pode dizer da educação. A prestação desses serviços também é uma forma de trabalho.

Assim, a vida social depende dessa divisão social do trabalho. Para manter o nosso modo de vida, um sem número de pessoas que sequer conhecemos precisam fazer os seus trabalhos. Por isso se diz que a vida social requer a cooperação.

Pela importância que o trabalho assume na nossa vida e para a sociedade, a sociologia fez dele um tema de estudo. Para entender o trabalho, essa ciência coloca algumas questões. Vejamos algumas delas: Qual é o sentido que as diferentes culturas dão ao trabalho? Como o trabalho marca a nossa sociedade? Qual é a relação que cada cultura faz entre trabalho e realização humana? Como é a condição humana sob diferentes regimes de trabalho? Qual é o futuro do trabalho? Ao dar respostas a essas perguntas, nós enriquecemos a nossa visão sobre este elemento da vida social.

Neste capítulo, vamos falar sobre o trabalho, que é um dos temas mais importantes para o administrador. Afinal, as organizações são um lugar de trabalho. Como já vimos, todas as organizações buscam eficiência, e a eficiência das organizações depende em parte da forma como se organiza o trabalho. Mas também depende da forma como todos que trabalham na organização veem o trabalho que realizam. Com isso queremos dizer que a produtividade do trabalho depende não apenas das habilidades técnicas e intelectuais do funcionário, mas também das condições em que esse trabalho é realizado.

6.2 O QUE É O TRABALHO?

Em tese, essa pergunta seria fácil de responder. Afinal, todo mundo imagina saber o que é o trabalho.

Alguém poderia prontamente responder que trabalho é todo esforço que produz bens materiais. Porém, nem todo trabalho produz bens materiais. Muitos produzem serviços. Por exemplo, os professores que lhe dão aula não produzem nada concreto, mas prestam um serviço, o de ensinar. O mesmo poderia ser dito dos médicos. Além disso, há trabalhos que produzem apenas ideias. O roteirista, ou seja, aquele que faz o roteiro de um filme ou de uma novela, produz apenas ideias. Da mesma forma que um filósofo ou um consultor de empresas.

Assim, poderíamos concluir que é trabalho tudo o que produz algo, seja esse algo material ou imaterial. Porém, não é bem assim. Ao acabar a aula você produziu algumas folhas escritas no seu caderno. Você teve o trabalho de escrevê-las, mas a nossa sociedade não considera isso um trabalho, pois não seria uma atividade remunerada. Então se poderia afirmar que, para ser considerada trabalho, a atividade feita teria que ser remunerada. Mas não é bem assim. A dona de casa passa o dia cozinhando e arrumando a casa, mas não recebe por isso. Não seria trabalho? A pessoa que durante um ou mais dias por semana faz trabalho voluntário, também não estaria trabalhando? Embora essas pessoas não recebam para isso, é inegável que elas também trabalham. Isso mostra como é complicado definir trabalho.

Uma das formas de definir trabalho seria contrapô-lo a lazer. Mas a distinção entre lazer e trabalho depende do contexto. Há pessoas que praticam esporte por diversão, mas há outras para quem a prática de esporte é profissão. Elas têm horários, geralmente são empregados de um clube e ganham um salário para fazer o que fazem. Há quem cace por esporte, mas no passado a caça era um trabalho.

Tudo isso foi falado para mostrar que não é fácil definir trabalho.[1] Para confundir ainda mais, alguns autores, como veremos na parte final deste capítulo, fazem questão de distinguir emprego e trabalho. Como este é um livro voltado para estudantes de Administração, vamos adotar uma definição de trabalho que serve perfeitamente para todos os que trabalham em empresas. Assim, vamos chamar de trabalho toda atividade remunerada que tiver como objetivo produzir um bem ou serviço. Porém, que fique claro que, como as demais definições de trabalho, esta não é uma definição perfeita. Ela também está sujeita a críticas.

6.3 O SENTIDO DO TRABALHO

Atualmente, na nossa sociedade, quando dizemos que alguém é trabalhador, isso é visto como um elogio. É importante notar que só atribuímos um valor positivo ao trabalho porque o colocamos em contraposição à vadiagem. Nossa sociedade valoriza quem trabalha e desvaloriza quem não o faz. Segundo a nossa cultura todos devem trabalhar. A valorização do trabalho também ocorre porque acreditamos que o trabalho de qualquer pessoa contribui para a reprodução. Mas nem sempre foi assim. A concepção sobre o trabalho mudou ao longo do tempo e varia muito entre diferentes sociedades atuais.

Os bandos de caçadores e coletores da pré-história não conheciam a escrita e, portanto, nunca saberemos como eles viam o trabalho. Porém, existem alguns grupos hoje em dia que têm modo de vida semelhante aos nossos ancestrais pré-históricos. Os ianomâmis, sociedade indígena que habita o extremo noroeste do território brasileiro, constituem um desses grupos. Eles fazem inúmeras atividades necessárias ao sustento do grupo, mas não têm uma palavra correspondente ao nosso termo trabalho. Há atividades diferentes para os homens e

---

[1] As dificuldades inerentes à construção de uma definição do conceito de trabalho estão bem explicitadas no capítulo "What is Work?", do livro: GRINT, Keith. *The Sociology of Work*: An Introduction. Cambridge: Polity Press, 1991. Após reiterar a dificuldade de se definir trabalho, ele afirma: "Em essência, trabalho é um fenômeno construído socialmente sem ter um sentido fixo ou universal ao longo do tempo e do espaço, mas o seu sentido é definido por meio da formação cultural na qual ele é praticado. Algumas culturas não distinguem trabalho e não trabalho; outras distinguem trabalho de lazer, outras o distinguem fazendo referência a emprego, visto este como uma categoria particular de trabalho". Em seguida dá a sua definição de trabalho: "Geralmente, trabalho pode ser qualquer forma de atividade de transformação, mas o que conta como trabalho depende do contexto social no qual esta atividade transformadora ocorre" (p. 46).

para as mulheres. Essas atividades são feitas porque há um compromisso moral da pessoa com o grupo. A pessoa deve fazer aquelas atividades porque a sobrevivência do grupo depende que elas sejam feitas. Não há, portanto, a ideia de imposição associada a essas atividades. Realizá-las pode ser cansativo, mas elas não são vistas como um sacrifício.[2]

Na Bíblia, encontramos várias referências ao trabalho. No Antigo Testamento, o trabalho é visto como um castigo de Deus por causa do pecado original. Em Gênesis 3:17, lemos: "[...] com sofrimento se alimentarás dela [da terra] todos os dias da sua vida". E mais adiante: "No suor do teu rosto comerás o teu pão, até que te tornes à terra; porque dela foste tomado; porquanto és pó e em pó te tornarás" (Gênesis 3:19). O castigo de Deus é tornar o trabalho um sacrifício.

Os gregos da Antiguidade Clássica marcaram a nossa cultura em muitos aspectos. Um deles foi a visão sobre o trabalho. Nos escritos de Platão, o bom cidadão deve ter o tempo livre para se especializar na arte de governar e de guerrear. Para ele, as pessoas que trabalham não são adequadas para o governo. Estabelecia-se assim uma divisão entre função superior, a de governar, e funções inferiores, que englobavam todos os que trabalhavam. O trabalho manual, inclusive o do cidadão ateniense pequeno proprietário rural,[3] era visto como algo que rebaixava socialmente quem o fizesse. A ideia que regia a sociedade grega desse período era que um homem livre não deveria, a não ser em caso de extrema necessidade, trabalhar para outro. Isso o colocaria em uma situação inferior. A civilização romana reforçou ainda mais essa estigmatização do trabalho. O aumento gigantesco do número de escravos contribuiu para isso. Os escravos, por serem propriedade de outrem e por não terem liberdade, estavam na parte mais baixa da escala social. O trabalho manual passou a ser associado a trabalho escravo. Além disso, os grandes proprietários rurais de famílias

---

[2] D'ANGELIS, Vilmar R.;VEIGA, Juracilda. O trabalho e a perspectiva das sociedades indígenas no Brasil, 2011. Disponível em: <http://www.portalkaingang.org/trabalho_indigena.pdf>. Acesso em: 4 out. 2015. "De fato, as comunidades sempre plantam considerando também as festas que querem fazer, e uma forma de tornar o trabalho agradável é realizá-lo em conjunto. É bastante comum o trabalho em 'mutirão' ou 'puxirão', bem como o costume de realizar um trabalho coletivo seguido de um baile e distribuição de comida, por aquele que convoca o trabalho. Portanto, o trabalho, mesmo quando árduo, não tem caráter de sacrifício ou punição, porque as pessoas sentem a alegria de compartilhar, de estar com os demais". Convém lembrar que, nesse texto, os autores não estão se referindo especificamente aos ianomâmis.

[3] É preciso lembrar que os proprietários rurais são a base da democracia e do exército ateniense e de toda a Grécia. Sócrates ainda vê o trabalho deles como digno e os vê como capazes de participar do governo. Platão e Aristóteles alteram essa visão ao negar a eles, por razões diversas, a possibilidade de participar do governo. O primeiro porque seria melhor para a sociedade que os agricultores dedicassem todo o seu tempo à agricultura e, com isso, garantissem uma quantidade maior de alimentos para todos. O segundo porque o trabalho manual embrutecia quem o praticava e isso os incapacitava para a arte do governo. O período helenista não modifica substancialmente esta visão negativa. Ver: FINLEY, Moses I. *Economia e sociedade na Grécia Antiga*. São Paulo: Martins Fontes, 2013.

patrícias que sequer administravam suas fazendas eram considerados o grupo com *status* mais elevado e os mais indicados para governar.[4] A atividade produtiva feita pelos escravos introduziu a noção de trabalho como algo que tornava quem trabalhava socialmente inferior.

Em várias línguas da Antiguidade, aparecem designações para as pesadas tarefas às quais muitas pessoas estavam obrigadas. Os gregos usavam a expressão *ponos*, que significa "atividade penosa". Nunca é demais lembrar que a nossa palavra *pena*, ou seja, o castigo imposto pelos juízes aos criminosos, vem desta expressão grega. Os hebreus usavam a palavra *avodah*, que tem a mesma raiz de *eved*, ou seja, escravo. A palavra trabalho vem do latim *tripalium*, um instrumento de tortura composto de três paus ferrados ou, ainda, um aparelho que servia para prender grandes animais domésticos enquanto eram ferrados. Essa palavra gerou o verbo *tripaliare*, ou "trabalhar", que passou a ser utilizado para indicar qualquer atividade que represente dor e sofrimento. Tanto a expressão italiana *lavoro* quanto a palavra inglesa *labour* derivam de *labor*, que em latim significa "dor", "sofrimento", "esforço", "fadiga" ou "atividade penosa".[5] Assim, nessas sociedades da Antiguidade, o sentido do trabalho era de atividade cansativa. As classes altas viam o trabalho como uma atividade degradante justamente porque ela era uma atividade realizada por escravos ou por grupos considerados inferiores.

É bem verdade que, quando lemos os livros do Novo Testamento, escritos depois do ano 1 da era cristã, notamos em várias passagens a ideia de que o trabalho é associado a algo necessário e útil. É o que se nota na seguinte passagem: "Esforcem-se para ter uma vida tranquila, cuidar dos seus próprios negócios e trabalhar com as próprias mãos, como nós os instruímos" (Tessalonicenses 4:11). São Paulo condena a ociosidade quando afirma "se alguém não quer trabalhar, não coma também" (Tessalonicenses 3:10). Contudo, não é essa visão que vai predominar na Idade Média.

A visão negativa sobre o trabalho não mudou durante a Idade Média.[6] Com o declínio da vida urbana na Europa, a existência de quase todas as pessoas

---

[4] APPLEBAUM, Herbert, A. *The Concept of Work*. Ancient, Medieval, and Modern. Albany, State University of New York Press, 1992

[5] DONKIN, Richard. *Sangue, suor & lágrimas*: a evolução do trabalho. São Paulo: Makron Books, 2003, p. 35.

[6] O predomínio dessa visão negativa não deve obscurecer o fato de que também havia na Idade Média textos que honravam o trabalho. Essa visão ambivalente foi bem caracterizada em: MASCIANDARO, Nicola. *The Voice of the Hammer*. The Meaning of Work in Middle English Literature. Notre Dame: University of Notre Dame Press, 2007. Há textos dessa época que expressam o pensamento do grupo aristocrático e que veem o trabalho agrícola como útil, necessário e até virtuoso. Acrescente-se que ver o trabalho do agricultor como simultaneamente útil e degradante está na essência da visão aristocrática sobre o trabalho. Veem o trabalho como útil por ser o responsável pelo que comem e exibem, mas ele nunca deixará de ser a marca da servidão e da falta de poder (p. 31). Por isso, preferimos afirmar o predomínio de uma visão negativa nessa época.

transcorria nos limites das aldeias rurais, onde a atividade agrícola voltou a ser a ocupação predominante. Nem por isso o trabalho tornou-se valorizado. Durante grande parte da Idade Média prevaleceu a divisão entre artes mecânicas e artes liberais. As atividades humanas eram divididas nessas duas categorias. Nas artes mecânicas, eram incluídas atividades como a agricultura, o comércio, a fabricação de roupas, a arquitetura, a metalurgia e a cozinha. As artes mecânicas eram vistas como manuais e por isso inferiores e vulgares. Já as artes liberais eram basicamente os conhecimentos e as habilidades consideradas necessárias a uma pessoa livre, daí o seu nome. Dentre elas temos: a gramática, a retórica, a lógica, a música, a aritmética, a geometria e a astronomia. O estudo delas era condição para que as pessoas pudessem exercer as atividades na vida pública e participar do debate público, isto é, ter condição de entender e opinar sobre as questões importantes da sua comunidade. O trabalhador, livre ou servo da gleba, por executar trabalho manual, era visto como socialmente inferior. O trabalho desonrava o nobre. A exceção ocorria nos mosteiros católicos, cuja vida voltava-se para as orações e para o trabalho. Os monges beneditinos executavam atividades manuais e intelectuais e os valorizavam como uma forma de servir a Deus. Porém, essa forma de encarar o trabalho não ultrapassava os muros dos mosteiros.

Desde o século XIV, na Europa Ocidental, o renascimento das cidades, impulsionado pelo fortalecimento do comércio e das atividades artesanais, lentamente criou um ambiente no qual o trabalho passou a ser valorizado, embora a nobreza o continuasse vendo como algo indigno. Coube ao protestantismo a criação de uma nova ética do trabalho.[7] Tanto Lutero (1483–1546) como Calvino (1509–1564) viam o trabalho como uma benção de Deus. Na Bíblia protestante, a palavra *trabalho* é traduzida como *bereuf*, que o associa mais à vocação do que ao trabalho propriamente dito. Esses dois autores criaram uma nova ética do trabalho ao valorizar todo e qualquer trabalho. Calvino escreveu: "Se seguirmos fielmente nosso chamamento divino, receberemos o consolo de saber que não há trabalho insignificante ou nojento que não seja verdadeiramente respeitado e importante ante os olhos de Deus".[8] Assim, todo trabalho, inclusive os mais humildes, eram uma forma de agradar a Deus e, com isso, ele passou a ser visto como algo digno. Há também, nos dois autores, uma condenação moral e religiosa à ociosidade. Para Lutero, todo tempo não trabalhado era um tempo

---

[7] Donkin (2003) afirma que o clero católico que vivia em mosteiros da ordem beneditina fazia uma exaltação do trabalho bem antes de Lutero, porém, segundo ele, essa exaltação e essa visão positiva do trabalho nunca transpuseram os muros dos mosteiros.

[8] CALVINO, João. *A verdadeira vida cristã*. São Paulo: Novo Século, 2000. p. 77.

roubado à glória de Deus.⁹ Essa nova ética do trabalho, inicialmente restrita a alguns poucos países protestantes, difundiu-se pelo mundo ocidental porque o sucesso econômico desses países contribuiu para fortalecer a crença de que o trabalho é a base da riqueza de um país.

Três séculos mais tarde, o catolicismo estava sendo novamente ameaçado, não mais por uma religião, mas por uma ideologia: o socialismo ou comunismo. Ambas pregavam o ateísmo, e sua mensagem era voltada preferencialmente para os trabalhadores. Querendo combater o avanço dessas ideias sobre os seus fiéis, em 1891, o papa Leão XIII publicou a encíclica *Rerum Novarum* (Das coisas novas). Encíclica é uma carta do papa aos bispos de todo o mundo, estabelecendo a posição da Igreja católica sobre certos temas. Nela lê-se: "Quanto aos ricos e aos patrões, não devem tratar o operário como escravo, mas respeitar nele a dignidade do homem, realçada ainda pela [dignidade] do Cristão. O trabalho do corpo, pelo testemunho comum da razão e da filosofia cristã, longe de ser um objeto de vergonha, honra o homem, porque lhe fornece um nobre meio de sustentar a sua vida. O que é vergonhoso e desumano é usar dos homens como de vis instrumentos de lucro, e não os estimar senão na proporção do vigor dos seus braços".¹⁰ Dessa forma, a valorização do trabalho passou a fazer parte da mensagem oficial da Igreja católica.

Como podemos ver, o sentido positivo que a cultura da nossa sociedade hoje atribui ao trabalho – a qualquer trabalho – não nasceu espontaneamente. Da mesma forma que a crítica que hoje fazemos à ociosidade não é fruto do acaso. Ambas são o resultado de um embate no campo das ideias. Se antes o trabalho era desvalorizado, agora ocorre o contrário: ele dignifica. Para as empresas, é muito bom que prevaleça essa nova ética do trabalho, pois ela valoriza a diligência e o empenho, características que qualquer empresa quer dos seus funcionários.

Embora essa ética do trabalho valorize todo e qualquer trabalho, a nossa cultura ainda estabelece uma hierarquia entre dois tipos de trabalho: valoriza o trabalho intelectual e desvaloriza ou não valoriza tanto o trabalho manual. Há entre esses dois tipos de trabalho uma hierarquia de prestígio e de remuneração. O trabalho intelectual tem mais prestígio e é mais bem remunerado do que o manual. Como há menos pessoas com maior grau de instrução, o preço do seu trabalho será maior.

---

[9] Sobre a visão do protestantismo a respeito do trabalho, ver: TRIGLIA, Carlos. *Economic Sociology*. State, Market and Society in Modern Capitalism. London: Blackwell, 2002. p. 59.

[10] PAPA LEÃO XIII. *Rerum Novarum*, 15 maio 1891. Centro Português de Investigação em História e Trabalho Social.

Porém, isso não explica o desprestígio do trabalho braçal. Aqui não estamos falando apenas de remuneração, mas de status social. O prestígio ou desprestígio está diretamente associado à cultura de uma sociedade. Na antiga Esparta, a atividade militar era altamente prestigiada. Na nossa, nem tanto. Nós já vimos que durante a maior parte da história o trabalho manual foi desvalorizado. Há aqui uma circularidade: trabalhos manuais e cansativos eram típicos de pessoas das classes sociais mais baixas e eram a marca da inferioridade. No Brasil, como em outros países, houve um fato que associou indelevelmente trabalhos manuais à inferioridade social: a escravidão.[11] Por quase 400 anos a escravidão foi uma realidade na sociedade brasileira. Eram os escravos que faziam o trabalho braçal. Como o escravo ocupava o lugar mais baixo na sociedade, dessa forma, o trabalho manual foi associado à escravidão e à inferioridade social. Mesmo depois do fim da escravidão, o desprestígio em relação ao trabalho manual persiste. É bem verdade que alguma coisa mudou. Várias atividades que dependem do trabalho manual são altamente valorizadas. O *chef* (cozinheiro) e o cabeleireiro, entre outros, são bons exemplos dessa mudança.

Na cultura da sociedade brasileira, há um elemento marcante. É verdade que a nossa cultura valoriza o trabalho e o trabalhador, porém nela também constatamos um outro elemento, que muitos autores do campo das ciências sociais chamam de "ética da malandragem". O malandro, um personagem que prefere a diversão ao trabalho, é exaltado na literatura e na música até os dias de hoje. Veja-se, por exemplo, o caso do livro *Macunaíma*, de Mário de Andrade, e das músicas *Vai trabalhar, vagabundo*, de Chico Buarque, e *Sossego*, de Tim Maia. Há um sem número de exemplos de manifestações artísticas que exaltam o malandro, a antítese do trabalhador.[12] Para alguns historiadores, explica-se essa postura de aversão ao trabalho como uma forma de resistência, que passou a exaltar outro modo de vida, a sobrevivência por meio de recursos que nem sempre eram aprovados socialmente. O fato é que a tensão entre a ética do trabalho e a ética da malandragem marca a nossa visão sobre o trabalho até os dias de hoje.

Registre-se o fato de que houve uma tentativa por parte do governo de fazer as manifestações culturais exaltarem o trabalho. Isso ocorreu no período do Estado Novo (1937–1945). O ditador Getulio Vargas, como estratégia para garantir a

---

[11] SILVA FILHO, Paulo Alexandre da. Desvalorização e desprezo ao trabalho manual e mecânico na sociedade escravista colonial. *V Encontro Nordestino de História*, Recife, out. 2004. Disponível em: <http://www.pe.anpuh.org/resources/pe/anais/encontro5/01-imaginario/Artigo%20de%20Paulo%20Alexandre%20da%20Silva%20Filho%202.pdf>. Acesso em: 4 out. 2015.

[12] Sobre a ética da malandragem na música popular brasileira, ver: KHEL, Maria Rita. *Boemia e malandragem*: a preguiça na cadência do samba. Disponível em: <http://blogdaboitempo.com.br/2011/10/24/a-preguica-na-cadencia-do-samba>. Acesso em: 4 out. 2015.

base de apoio político para o seu governo, adotou medidas que beneficiaram a classe trabalhadora, como o salário-mínimo, as leis trabalhistas, os institutos de pensão e aposentadoria e várias outras reivindicações antigas do movimento operário. Fez dos seus discursos uma mensagem de exaltação do trabalho e dos trabalhadores. O Departamento de Imprensa e Propaganda (DIP) incentivava que compositores fizessem músicas criticando a malandragem e valorizando o trabalho. Isso contribuiu bastante para reforçar a ética do trabalho na cultura brasileira. Porém, quando Getulio Vargas saiu da cena política, a exaltação oficial ao trabalho declinou e a do malandro recobrou força. Por isso, a nossa ética do trabalho continua exprimindo a tensão entre o malandro e o trabalhador.

6.4 A DESUMANIZAÇÃO DO TRABALHO

Em um passado muito distante, o modo de vida dos nossos ancestrais não se diferenciava dos demais animais. Não se sabe precisamente quando, mas houve um momento ao longo da evolução em que, mesmo sem abandonar a nossa natureza animal, nos tornamos humanos. Há várias hipóteses para explicar o processo de humanização. Uma delas destaca a importância do trabalho: fazer ferramentas, armas e utensílios requeria inteligência e também a desenvolvia. Com as ferramentas, os primeiros humanos foram criando uma série de elementos materiais, como habitações, vestimentas, armas, anzóis, até chegar à agricultura. Com o trabalho, os humanos foram transformando o meio ambiente em que viviam e ganhando controle sobre a natureza. Isso nos afastou da condição de animalidade e nos tornou humanos. Essa não é a única hipótese para explicar o processo de humanização, mas ela faz sentido e tem os seus defensores.

Um deles, Friedrich Engels, afirmou: "O trabalho é a fonte de toda riqueza, afirmam os economistas. Assim é, com efeito, ao lado da natureza, encarregada de fornecer os materiais que ele converte em riqueza. O trabalho, porém, é muitíssimo mais do que isso. É a condição básica e fundamental de toda a vida humana. E em tal grau que, até certo ponto, podemos afirmar que o trabalho criou o próprio homem".[13]

Estudando o trabalho ao longo da história constatamos que houve uma reversão. Se inicialmente o trabalho contribuiu para a humanização da nossa espécie, posteriormente as condições nas quais o trabalho passou a ser feito impuseram um processo de desumanização.

---

[13] ENGELS, Friedrich. *O papel do trabalho na transformação do macaco em homem*. 1876. Disponível em: <http://www.marxists.org/portugues/marx/1876/mes/macaco.htm>. Acesso em: 4 out. 2015.

Antes de mais nada, deve ficar claro que a chamada desumanização do trabalho não tem nada a ver com a visão negativa que o trabalho teve durante a maior parte da história e nem mesmo com a (baixa ou nenhuma) remuneração recebida pelos trabalhadores. O trabalho pode ser valorizado e o trabalhador ter uma remuneração satisfatória e mesmo assim o trabalho que executa ser desumanizador.

A desumanização do trabalho ocorre porque, sob determinadas condições, o trabalho deixou de ser fonte de realização para ser fonte de degradação humana. Quando se fala que o trabalho deve ser fonte de realização, o exemplo mais adequado seria o de um artista que pinta um quadro ou faz uma escultura. Cada quadro ou escultura é a expressão de potencialidades tipicamente humanas. As obras de arte em questão expressam o conhecimento, a habilidade e a criatividade do artista. Ao mesmo tempo, ele se vê integralmente no produto final do seu trabalho. Como o quadro ou a escultura representam a sua visão de mundo, pode-se dizer que ele sê vê naquilo que fez. Em situações como essas, não há separação entre trabalho e vida.

Para entender melhor o processo de desumanização vamos nos concentrar no trabalho do artesão. O artesão controlava o processo de trabalho, pois determinava o ritmo, as etapas a serem feitas e o horário de trabalho. O artesão também era responsável pelo projeto, ou seja, como ia ficar o produto final do seu trabalho. Ele era dono das ferramentas e da matéria-prima. Não havia divisão do trabalho. Mesmo que o artesão contratasse um ou mais assistentes, ele seria capaz, caso quisesse, de realizá-lo sozinho. A qualidade do produto dependia do conhecimento e da habilidade do artesão e seria o resultado do seu projeto. Assim, tal como um artista, ele se via no que produzia e podia se realizar no trabalho que fazia. Nesse sentido, podemos afirmar que não havia aí um processo de desumanização do trabalho.

A expansão comercial implicou maior demanda tanto por produtos agrícolas como por produtos artesanais, o que gerou uma oportunidade de lucro para quem conseguisse atendê-la. No entanto, nas cidades, a produção artesanal era regida por regras das corporações de ofício e pela tradição de cada profissão. Para as corporações de artesãos, era mais importante a qualidade do produto do que a velocidade com que se produzia. Esses regulamentos limitavam a produção.

Várias estratégias foram adotadas para atender à crescente demanda. Uma delas foi a criação de manufaturas e trabalhadores. A principal característica da manufatura foi a introdução da divisão do trabalho. O empresário alugava um local, contratava vários trabalhadores e dividia as tarefas. Essa divisão fez com que a produção aumentasse muito. O processo de produção na manufatura agrupava, de um lado, trabalhadores que precisavam ter habilidade e conhecimento, e, de outro, trabalhadores inábeis dos quais se utilizava a força física.

Na manufatura, o trabalhador não controla mais o processo de trabalho. Afinal, não faria sentido um empresário empregar pessoas e ficar dependendo do ritmo imposto por elas. O trabalhador já não era mais dono da matéria-prima, nem da maior parte dos meios de produção. Alguns poucos ainda traziam as suas ferramentas para o trabalho. Na manufatura, o trabalhador fará o produto que lhe mandarem fazer e com isso ele perde a possibilidade de criar um objeto segundo a sua imaginação. Embora os trabalhadores já não controlassem mais o ritmo, as etapas do processo de produção e a qualidade do produto, os donos das manufaturas ainda dependiam da habilidade e do conhecimento de uma pequena parcela dos trabalhadores. Isso dava a estes trabalhadores certo poder sobre os seus patrões.

Podemos dizer que, na manufatura, já começa a ocorrer a desumanização do trabalho. A introdução da divisão do trabalho leva cada trabalhador a fazer apenas uma etapa do processo de produção. Ele já não tinha mais o controle nem se via mais no que era produzido. Aliás, a maior parte dos trabalhadores na manufatura não precisava mais usar o conhecimento e a habilidade, apenas a força física e a rapidez.

ATIVIDADE 6.1 Leia o texto abaixo e indique qual é, para Adam Smith, a grande vantagem trazida pela introdução da divisão do trabalho na produção.

"Tomemos um exemplo de uma manufatura insignificante, mas na qual a divisão do trabalho tem sido frequentemente notada, o fabrico de alfinetes; um operário não treinado nesta atividade (que a divisão de trabalho tornou um ofício distinto), e que não soubesse trabalhar com as máquinas nela utilizadas (para cuja invenção a divisão do trabalho provavelmente contribuiu), mal poderia talvez, ainda que com maior diligência, produzir um alfinete num dia e não seria, com certeza, capaz de produzir vinte. Mas, da forma como esta atividade é atualmente levada a cabo, não só o conjunto do trabalho constitui uma arte específica como a maior parte das fases em que está dividido contribuem de igual modo ofícios especializados.

Um homem puxa o arame, outro endireita-o, um terceiro corta-o, um quarto aguça-o, um quinto afia-lhe o topo para receber a cabeça; o fabrico da cabeça requer duas ou três operações distintas; a sua colocação é um trabalho especializado como o é também o polimento do alfinete; até mesmo a disposição dos alfinetes no papel é uma arte independente; e a importante atividade de produzir um alfinete é, deste modo, dividida em cerca de dezoito operações distintas, as quais, nalgumas fábricas, são todas

> executadas por operários diferentes, embora noutras um mesmo homem realize, por vezes duas ou três dentre elas.
> Eu próprio vi uma pequena fábrica deste tipo, que empregava dez homens e onde, por consequência, vários deles executavam duas ou três operações distintas. Mas embora fossem muito pobres e não se encontrassem, por isso, muito bem apetrechados com a maquinaria necessária, eram capazes de produzir entre eles, quando nisso se empenhavam, cerca de doze libras de alfinetes por dia. Assim, aqueles dez homens produziam em conjunto mais de quarenta e oito mil alfinetes num dia.
> [...] O grande aumento da quantidade de trabalho que, em consequência da divisão do trabalho, o mesmo número de pessoas é capaz de executar deve-se a três circunstâncias: primeira, o aumento da destreza de cada um dos trabalhadores; segunda, a possibilidade de poupar o tempo que habitualmente se perdia ao passar de uma tarefa a outra; e, finalmente, a invenção de um grande número de máquinas que facilitam e reduzem o trabalho, e tornam um só homem capaz de realizar o trabalho de muitos."
>
> SMITH, Adam. *A riqueza das nações*. 1776, p. 79-83. Projeto Gutemberg. Disponível em: <http://www.gutenberg.org/files/3300/3300-h/3300-h.htm>. Acesso em: 17 nov. 2015.

Em vários setores, a fábrica sucedeu à manufatura, pois ela conseguia aumentar ainda mais a produtividade do trabalho. A fábrica conseguia produzir bem mais do que o artesanato e a manufatura. O segredo da sua produtividade estava na introdução da máquina a vapor na produção. A máquina a vapor não foi apenas mais uma inovação tecnológica, ela alterou radicalmente o processo de trabalho e o lugar que o homem tinha no processo de produção. No processo fabril, nenhum trabalhador tem controle sobre o processo de trabalho. Pelo contrário, todos devem se adaptar ao ritmo imposto pela máquina. Eles já não são donos dos meios de produção. O projeto do que vai ser produzido é imposto pelo patrão. E, na fábrica, a qualidade do produto já não depende mais da habilidade e do conhecimento de qualquer trabalhador. Tanto que era comum, na primeira fase da Revolução Industrial, o patrão substituir o trabalhador adulto do sexo masculino por mulheres e crianças. Estes dois grupos não tinham conhecimento nem habilidade. O fato do patrão poder fazer tal substituição sem prejuízo da produção prova que nenhuma habilidade ou conhecimento era requerido.

Então, a dependência do patrão em relação aos operários teve um fim, e os trabalhadores podiam ser facilmente substituíveis. Evidentemente, isso teve um efeito nefasto sobre as condições de vida dos trabalhadores. Por serem facilmente substituíveis, eles perderam poder de barganha e por isso viram seus salários rebaixados Além disso, a opressão dos patrões sobre os trabalhadores aumentou muito. Estes sabiam que deviam se submeter, pois caso não o fizessem seriam facilmente substituídos.

A desumanização do trabalho pode ocorrer de duas maneiras complementares: pode haver características no processo de trabalho que fazem com que ele perca o seu caráter humano ou a desumanização ocorre quando algo causa sofrimento e infelicidade. Para muitos autores, o trabalho constitui-se como uma atividade desumanizadora porque o trabalhador, como vimos, já não se reconhece no que faz, não se realiza e, além disso, submete-se a um ritmo imposto pelas máquinas. Na fábrica já estão presentes dois dos fatores que muito contribuíram para a desumanização do trabalho. O primeiro deles é a divisão do trabalho. A partir da sua introdução, o trabalhador não fará mais todo o produto, apenas uma tarefa das muitas necessárias à produção do produto. O trabalho se torna tedioso, mas o mais importante é que ele não se verá mais no produto final. O segundo deles é a máquina. Com a máquina, o homem se torna um apêndice na produção. Ele não mais controla, mas é controlado pelo ritmo imposto à produção. Um dos autores que mais enfaticamente criticou a desumanização do trabalho foi Karl Marx. No seu conceito de alienação, já existe uma crítica à perda de sentido do trabalho, mas ele aprofundou a análise de forma a abranger a ideia de desumanização.

ATIVIDADE 6.2 Leia o texto a seguir e indique como Marx caracteriza o processo de desumanização do trabalho.

"Na manufatura e nos ofícios, o trabalhador serve-se do instrumento; na fábrica, ele serve a máquina. No primeiro caso, ele é quem move o meio de trabalho; no segundo, ele só tem que acompanhar o movimento. Na manufatura, os trabalhadores são membros de um mecanismo vivo; na fábrica, são apenas complementos vivos de um mecanismo morto que existe independente deles [...] até a maior facilidade de trabalho torna-se um instrumento de tortura, já que a máquina não dispensa o operário do trabalho, mas faz com que o trabalho perca o interesse. Toda a produção capitalista como geradora não só do valor, mas também da mais-valia, tem esta característica: em vez de dominar as condições de trabalho, o trabalhador é dominado por elas; mas essa inversão de papéis só se torna real e efetiva do ponto de vista técnico, com o emprego das máquinas [...]".

MARX, Karl. Da manufatura à fábrica automática. In: GORZ, André. *Crítica da divisão do trabalho*. São Paulo: Martins Fontes, 1989, p. 31-32.

6.4.1 A desumanização do trabalho sob o taylorismo

Até o final do século XIX, eram poucos os setores que utilizavam a máquina a vapor na produção. Nos demais setores, a produção ainda dependia da habilidade e do conhecimento de parte dos trabalhadores. Assim, nesses setores, a produção ainda dependia da habilidade e do conhecimento dos trabalhadores. Por isso, eles podiam impor o ritmo e a quantidade produzida aos seus patrões. Frederick W. Taylor (1856-1915) tinha uma solução para esse problema dos empresários. Ele estudou o processo de trabalho e o dividiu em várias tarefas, de modo que cada uma delas passasse a ser feita por vários trabalhadores. Como eram tarefas simples, qualquer um podia ser treinado rapidamente para executá-las. Já não era mais preciso o conhecimento operário. Além disso, ele cronometrou o tempo médio de cada tarefa e estabeleceu uma meta de produção por hora e por dia. Quem não atingisse a meta seria demitido. Esse sistema, que ficou conhecido como *taylorismo*, baseava-se em uma extrema divisão do trabalho.

Sob o ponto de vista empresarial, o taylorismo foi um sucesso. Ele possibilitou um gigantesco aumento da produtividade sem elevar muito os custos da produção. Por isso, rapidamente esse sistema de produção se disseminou. E não foi apenas no setor fabril que ele foi adotado. O trabalho em escritórios, no sistema bancário e em outros setores também foram submetidos ao taylorismo. Todos queriam se beneficiar dos ganhos de produtividade garantidos por este sistema. O taylorismo aprofundava a divisão do trabalho, e o trabalhador passava o dia inteiro de trabalho realizando uma única função. Por isso, diz-se que o taylorismo elevou em vários graus o processo de desumanização do trabalho.

ATIVIDADE 6.3 No texto a seguir, Harry Braverman, um dos maiores críticos das ideias de Taylor, nos diz como se dá o processo de desumanização do trabalho sob o taylorismo. Escreva um parágrafo identificando qual é a ideia principal do texto.

"Todo possível trabalho cerebral deve ser banido da oficina e centrado no departamento de planejamento ou projeto [...] No ser humano, como vimos, o aspecto essencial que torna a capacidade de trabalho superior à do animal é a combinação da execução com a concepção da coisa a ser feita. Mas à medida que o trabalho se torna um fenômeno social mais que individual, é possível – diferentemente do caso dos animais em que o instinto como força motivadora é inseparável da ação – separar concepção e execução. Essa desumanização do processo de trabalho, na qual os trabalhadores ficam reduzidos quase ao nível de trabalho em sua forma animal, enquanto isento de propósitos e não pensável no caso de trabalho auto-organizado e automotivado de uma comunidade de produtores, torna-se imperioso para a administração do trabalho comprado. Porque, se a execução dos trabalhadores é orientada por sua própria concepção, não é possível, como vimos, impor-lhes uma eficiência metodológica ou o ritmo de trabalho desejado pelo capital. Em consequência, o capitalista aprende desde o início a tirar vantagem desse aspecto da força de trabalho humana e a quebrar a unidade do processo de trabalho".

BRAVERMAN, Harry. *Trabalho e capital monopolista*: a degradação do trabalho no século XX. Rio de Janeiro: Zahar, 1977, p. 103-104.

ATIVIDADE 6.4 Nem todos os autores compartilham da mesma visão negativa de Harry Braverman. Peter Drucker, por muitos considerado o pai da administração moderna, apresenta um outro lado do taylorismo. Leia o texto a seguir e responda ao que se pede.

"Poucas figuras na história intelectual tiveram maior impacto do que Taylor – e poucas foram tão obstinadamente mal compreendidas ou citadas erroneamente com tanta frequência. Em parte, sofreu porque a história provou que ele estava certo e os intelectuais errados. Em parte, ele é ignorado porque o desprezo pelo trabalho ainda está presente, principalmente entre os intelectuais. Certamente carregar areia com uma pá (a mais conhecida das análises de Taylor) não é algo que um 'homem educado' possa apreciar, e menos ainda considerar importante.

Mas a reputação de Taylor sofreu muito mais precisamente porque ele aplicou o conhecimento ao estudo do trabalho. Isso era um anátema para os sindicatos do seu tempo que montaram contra ele uma das mais odiosas campanhas para o assassinato de uma reputação da história americana.

A aplicação do conhecimento ao trabalho elevou a produtividade de forma explosiva. Por centenas de anos não tinha havido nenhum aumento na capacidade dos trabalhadores para produzir ou movimentar bens. As máquinas criaram maior capacidade, mas os próprios trabalhadores não eram mais produtivos do que haviam sido nas oficinas da Grécia antiga, na construção das estradas de Roma imperial ou na produção dos produtos altamente apreciados tecidos de lã que fizeram a riqueza de Florença no Renascimento. Porém, alguns anos depois que Taylor começou a aplicar o conhecimento ao trabalho, a produtividade começou a subir à taxa de 3,5% ao ano, o que significa dobrar a cada 18 anos. Desde que Taylor começou, a produtividade aumentou cerca de 50 vezes em todos os países avançados. E essa expansão sem precedentes foi a origem de todas as elevações do padrão e da qualidade de vida nos países desenvolvidos.

Metade dessa produtividade adicional tomou a forma de maior poder de compra; em outras palavras, a forma de um padrão de vida melhor. Mas algo entre um terço e a metade tomou a forma de horas de lazer. Em 1910, os trabalhadores nos países desenvolvidos ainda trabalhavam tanto quanto sempre haviam trabalhado antes, isso é, no mínimo

3.000 horas por ano. Hoje os japoneses trabalham 2.000 horas por ano, os americanos 1.850 e os alemães 1.600 – todos eles produzem cinquenta vezes mais por hora do que há oitenta anos atrás. Outras parcelas substanciais do aumento da produtividade tomaram a forma de cuidados de saúde, os quais subiram de 0% do PNB para 8 a 12% nos países desenvolvidos, e de ensino, que passou de cerca de 2% do PIB para 10% ou mais."

DRUCKER, Peter. *Sociedade pós-capitalista*. São Paulo: Pioneira, 1993, p. 16-19.

De acordo com o texto, responda:
a) Peter Drucker em algum lugar do texto afirma que o taylorismo não desumaniza o trabalho?
b) Qual é a grande vantagem que o taylorismo trouxe para os trabalhadores?

6.4.2 A desumanização do trabalho sob o fordismo

O termo fordismo está associado a Henry Ford (1863–1947) e à produção de carros. Antes dele, o carro era um produto de luxo; custava muito caro porque era feito quase que artesanalmente. Henry Ford buscou uma forma de organizar a produção que aumentasse a produtividade e ao mesmo tempo reduzisse os custos de produção. O elemento que ficou mais conhecido do fordismo é a linha de montagem. Com a linha de montagem, o trabalhador não precisava se deslocar. O trabalho vinha até ele. Os primeiros dez minutos do filme *Tempos modernos*, de Charles Chaplin, dão uma boa ideia de como era o trabalho numa linha de montagem. Com essas e outras mudanças no processo de trabalho e na organização da fábrica, Ford atingiu o seu objetivo. Em 1908, o primeiro modelo do Ford T custava US$ 850,00, bem menos do que os US$ 4.000,00 dos seus concorrentes mais próximos. Anos depois, o preço caiu para US$ 280,00. Inicialmente ele produzia um carro em 12 horas, mas logo esse tempo caiu para 97 minutos. Sem dúvida um grande ganho de produtividade e de redução de custos.

Para muitos autores, o fordismo aumentou ainda mais o processo de desumanização do trabalho. Diante da linha de montagem, o operário passava oito horas por dia repetindo centenas de vezes um único movimento. Tudo era calculado para que a velocidade da esteira de rolamento com a peça a ser montada fosse a mais rápida possível. O trabalhador passou a se equiparar a um robô. Com o fordismo, o trabalho se tornou absurdamente tedioso e sem sentido.

Por aumentarem a produtividade do trabalho, tanto o taylorismo quanto o fordismo rapidamente ganharam o mundo, sendo implantados em todos os setores que podiam adotá-los. Assim, segundo os seus críticos, a desumanização do trabalho se tornou uma trágica realidade existencial da sociedade moderna.

O século XX testemunhou inúmeras formas de crítica e protesto contra a desumanização do trabalho. Evidentemente, o principal ator nesta luta foram os próprios trabalhadores, as maiores vítimas do processo de desumanização.

6.4.3 A resistência dos trabalhadores

Vamos chamar de resistência todas as atitudes tomadas pelos trabalhadores que expressem descontentamento com a remuneração e as condições de trabalho às quais estão submetidos. Vamos nos concentrar unicamente nos trabalhadores urbanos.

Pode-se dizer que os movimentos de resistência operária surgiram quase simultaneamente à implantação do sistema fabril. Na Inglaterra, berço da Revolução Industrial, em 1811 foram registrados movimentos operários que visavam destruir máquinas. Esse movimento conhecido, como luddismo, era uma forma de "negociação coletiva através da arruaça",[14] e não teve muito sucesso.

A grande força do movimento operário veio com a formação dos sindicatos. Os sindicatos são uma criação do século XIX, mas eles têm uma longa história que começa séculos antes com as associações beneficentes e de ajuda mútua no interior da classe trabalhadora. A diferença crucial entre os sindicatos e as demais organizações de trabalhadores que lhes antecederam está no fato de que estes foram criados para serem essencialmente um instrumento de organização e luta dos trabalhadores contra os patrões. A ação dos sindicatos foi o principal instrumento que garantiu melhores condições de trabalho, e isso quer dizer redução da jornada de trabalho em termos de horas e de dias da semana e condições de trabalho mais saudáveis e seguras. A luta sindical também garantiu aumentos salariais. E tudo isso por uma razão muito simples: é uma forma de ação coletiva capaz de se contrapor à força dos patrões de forma eficiente.

A ação coletiva dos empregados, dirigida ou não pelo sindicato, pode envolver diferentes formas de pressão. Ela pode envolver uma grande mobilização que deixa claro aos patrões que os empregados estão unidos em torno de

---

[14] A expressão "negociação coletiva através da arruaça" foi extraída de: HOBSBAWM, Eric J. Os destruidores de máquinas. In: *Os trabalhadores*: estudos sobre a história do operariado. Rio de Janeiro: Paz e Terra, 1981. Nesse capítulo, o autor afirma, citando um documento da época, que os operários "estavam usando os ataques contra a maquinaria, quer nova ou velha, como meio de forçar seus empregadores a fazer-lhes concessões com relação a salário e outras questões. Este tipo de destruição era uma parte tradicional e estabelecida do conflito industrial no período do sistema doméstico de fabricação e nas primeiras fases das fábricas e das minas" (p. 17).

uma determinada causa, ela pode acabar numa greve ou até mesmo em formas violentas (greves selvagens) que acarretam a depredação de bens da empresa.

Além dessas ações coletivas, há também formas individuais de resistência.[15] Essas formas só são vistas como tal quando alcançam um número expressivo em uma determinada empresa. Vamos citar os casos mais comuns. O primeiro é o aumento do absenteísmo ou falta ao trabalho. A falta ao trabalho (absenteísmo) é uma decisão pessoal e certamente uma quantidade de trabalhadores falta ao trabalho diariamente pelas mais variadas causas. Deve haver uma média, seja ela internacional, nacional, setorial ou qualquer outro critério para se avaliar se o absenteísmo que estamos observando está dentro da média ou se destoa dela. O aumento ou a diminuição em relação a um número que se considera aceitável requer explicação. No caso do absenteísmo, a sociologia do trabalho considera que uma elevação significativa da taxa poderá ser interpretada como expressão de um descontentamento ou desmotivação em relação às condições de trabalho.

O segundo caso é o da elevada rotatividade da mão de obra em uma empresa. Essa rotatividade significa que as pessoas não permanecem na empresa por muito tempo, pois pedem demissão. Quando a taxa de demissões em uma empresa é maior do que a média setorial existe um problema. Demitir um funcionário e treinar um novo acarreta custos. Quando numa empresa o número de demissões é elevado, e ainda mais quando grande parte desse número for por pedido do próprio empregado, é sinal de que as condições de trabalho e (ou) o salário não estão satisfatórios. Para a sociologia do trabalho, em muitos casos, a demissão, quando pedida pelo funcionário, é uma forma de resistência individual do empregado em relação às condições oferecidas.

Poderia ser citado também um aumento nas perdas inerentes ao processo de produção. Na maioria dos processos produtivos, sempre há alguma perda. São produtos que, por falha técnica ou humana, não atingiram a qualidade necessária para serem vendidos ou para portarem a marca da empresa que os fabrica. Há um número considerado aceitável, embora o sonho de toda e qualquer empresa seja o de perda zero. Perdas acima da média indicam que algo vai mal. Em alguns casos, esse aumento do número de perdas pode ser atribuído à falta de atenção dos funcionários, que pode ser uma resposta inconsciente às condições de trabalho impostas. Mas também pode ser fruto de uma sabotagem intencional, também em resposta às condições de trabalho.

---

[15] Essas formas individuais de resistência aos modelos taylorista e fordista estão descritas em PIGNON, Dominique; QUERZOLA, Jean. Ditadura e democracia na produção. In: GORZ, André. *Crítica da divisão do trabalho*. São Paulo: Martins Fontes, 1989, p. 94-96.

Em meados do século XX, já havia fortes sinais de que as condições impostas pelo modelo taylorista-fordista estavam criando problemas para as empresas. O número de ações coletivas e individuais de resistência aumentava consideravelmente. Isso afetava as empresas. Os empresários e administradores tomaram consciência de que algo deveria ser feito.

É bem verdade que, já nas primeiras décadas do século XX, os patrões e administradores, pressionados pelo movimento sindical, vinham introduzindo mudanças que beneficiavam os trabalhadores. Por volta de 1920, especialmente nos Estados Unidos, os patrões foram forçados a estabelecer a paz com os trabalhadores. Para neutralizar a força dos sindicatos, lançaram mão de várias estratégias, entre as quais estavam medidas que conseguissem eliminar ou reduzir a insatisfação dos trabalhadores. Uma forma de se conseguir isso era através do chamado de "paternalismo", isto é, os patrões, assumindo uma posição de "pai", passaram a conceder uma série de benefícios para seus funcionários, como habitações nas vilas operárias, assistência médica, escola para os filhos dos empregados e até atividades de lazer. Algumas empresas ofereciam também participação nos lucros. Mas o que marcou efetivamente essa nova atitude dos patrões foi a sua disposição de entender e ouvir os seus empregados. Para isso, criaram canais nos quais os empregados pudessem exprimir as suas insatisfações e procuravam dar respostas para elas. Assim, os patrões davam a entender que estavam passando a ver os seus empregados não como máquinas, mas como seres humanos.

Essas experiências e os estudos que foram feitos para melhorar a situação dos trabalhadores, bem como as ações patronais nessa direção, ficaram conhecidos como "movimento de relações humanas". Os empresários não abandonaram os princípios do taylorismo nem o fordismo, pois isso implicaria reduzir a produtividade. O movimento das relações humanas era uma tentativa de conciliar esse objetivo com a reumanização do trabalho.

O movimento das relações humanas fez ver aos empresários que se o trabalhador trabalhasse menos, comparado às 12 horas diárias que era o habitual, recebesse um pouco mais, fosse ouvido e tivesse um ambiente de trabalho agradável, ele se sentiria motivado e produziria mais. O movimento das relações humanas não surgiu da noite para o dia, ele foi sendo implantando ao longo do tempo e contribuiu para construir e orientar a visão sobre o trabalho que perdura nos dias de hoje. Atualmente, patrões, gerentes, sindicatos, trabalhadores e todos os atores sociais envolvidos no mundo da produção têm como certo que o trabalho pode ser cansativo e tedioso, mas não pode ser fonte de sofrimento e de infelicidade. Isso explica porque nos últimos 60 anos, em todas as partes do mundo, diferentes medidas de proteção ao trabalho e ao trabalhador tenham sido adotadas, quer seja sob a forma de lei, quer seja por medidas isoladas, por uma ou mais empresas, que vão além do obrigatório por lei.

> **ATIVIDADE 6.5** Leia a seguir uma matéria de 2007 que se refere a um documento aprovado pela Organização Internacional do Trabalho (OIT) – um organismo da ONU que visa à melhoria das condições de trabalho em todo o mundo – e responda ao que se pede.
>
> Esse documento intitula-se *Trabalho digno para uma globalização justa*. Na matéria, a declaração do representante da União Europeia para questões trabalhistas deixa claro que os países integrantes desse organismo pretendem usar vários meios para promover a proteção social dos trabalhadores em todo o mundo. "[...] '50% da população mundial não tem proteção social e todos os anos morrem 1,2 milhão de pessoas em consequência de acidentes de trabalho', afirmou o Comissário Špidla. 'Temos de trabalhar conjuntamente com organismos mundiais como a OIT para promover uma globalização mais justa, que tenha em conta as vertentes sociais e ambientais, além das econômicas. O trabalho digno para todos pode ajudar a combater a pobreza e a melhorar as condições de vida e de trabalho, tanto no mundo industrializado como nos países em desenvolvimento'.
>
> 'Trabalho digno' é sinônimo de emprego, direitos laborais, proteção social e diálogo social e igualdade de oportunidades para homens e mulheres. A União Europeia (UE) desempenhou um papel importante para pôr na agenda internacional o trabalho digno para todos e a globalização justa, tendo definido os seus objetivos no ano passado numa comunicação sobre a promoção do trabalho digno a nível mundial. Desde 2006, a Comissão tem vindo a integrar as questões relacionadas com o trabalho digno em diversas iniciativas nas áreas do comércio e da cooperação para o desenvolvimento. O trabalho digno para todos faz igualmente parte da Estratégia de Lisboa da UE."
> ORGANIZAÇÃO INTERNACIONAL DO TRABALHO. *Trabalho digno para uma globalização justa*. Fórum da OIT, Lisboa, 31 out. 2007.
>
> a) Qual é o tema central do texto acima?
> b) O que levou os países da União Europeia a discutirem este tema?
> c) Este texto confirma ou nega que haja uma preocupação em combater a desumanização do trabalho?

A partir de meados da década de 1950, a reumanização do trabalho ganhou mais força, pois começou a ser ampliada com novas perspectivas e está sendo difundida cada vez mais pelo mundo do trabalho. Até então, todo o movimento para dar dignidade ao trabalho consistia em reduzir ao máximo os riscos à vida e à saúde do trabalhador e eliminar ou reduzir tudo o que pudesse ser fonte de sofrimento ou infelicidade. Hoje, vai-se mais longe, com a compreensão de que o trabalho deve ser fonte de realização e felicidade humana. É ideia recente, pois durante a maior parte da história, como o trabalho era realizado basicamente pelas classes menos favorecidas da sociedade, alimentava-se a crença de que o trabalho era mais um dos fardos da vida. Adam Smith (1723-1790) reconhecia que todo trabalho é cansativo, tedioso e que nem sempre ele faz muito sentido para quem o realiza. Porém, para esse pensador, isso fazia parte da natureza do trabalho e não podia ser alterado. Ele aconselhava que as pessoas buscassem diversão e realização fora do trabalho. A nova visão hoje rompe com o pensamento do passado ao afirmar que trabalho e vida são a mesma coisa. Segundo essa nova visão, as pessoas devem encontrar no trabalho – não pelo salário, mas pelo trabalho em si – uma fonte de satisfação e de realização como ser humano. Certamente, uma parte da responsabilidade de fazer do trabalho uma fonte de realização pessoal cabe ao próprio indivíduo. Deve-se trabalhar no que se gosta e naquilo para o qual se acredita ter sido criado. Quando se trabalha no que se gosta há mais chance de realização no trabalho. Porém, hoje pensa-se que as empresas também têm a sua cota de responsabilidade. E ela não é pequena, muito pelo contrário. Não adianta trabalhar no que se gosta se as condições de trabalho não são boas. Por isso, dos anos 1990 para cá, temos visto cada vez mais empresas preocupadas em criar condições para que as pessoas possam se realizar no trabalho e para que trabalho e vida sejam a mesma coisa.

Entretanto, apesar de tais conquistas, conseguidas principalmente com a atuação dos sindicatos e dos movimentos de trabalhadores, ainda há muito por fazer. As empresas continuam na busca da produtividade máxima, o que gera constante conflito, pois os interesses dos empregados e os dos patrões nem sempre coincidirão. Há atualmente no planeta milhões de pessoas que lutam para conseguir um emprego, um número tão grande quanto os que reivindicam condições dignas de trabalho. O trabalho como fonte de realização e felicidade ainda está distante para a maioria dessas pessoas.

6.4.4 Acumulação flexível e a precarização do trabalho

É possível aceitar que, em milhares de empresas espalhadas por todo o mundo, a situação do trabalhador tenha melhorado, e muito. Quando comparamos o trabalhador do século XIX, aquele que Marx via nas fábricas, que trabalhava em condições desumanas e vivia em condição de miserabilidade, e o trabalhador atual, é óbvia a melhora. Com certeza grande parte da mão de obra trabalha menos dias, menos horas, em condições mais seguras, salubres e humanas do que no passado. Além disso, o padrão de vida da classe trabalhadora melhorou enormemente.

Alguns autores veem com alguma ressalva essas melhorias. Reconhecem ter havido uma certa melhoria nas condições de trabalho e no padrão de vida da classe trabalhadora. Porém, alertam eles, a nova realidade vivida pela classe trabalhadora traz grandes mazelas e inseguranças. David Harvey é um desses autores.[16] Ele criou a expressão *acumulação flexível* para caracterizar o que considera uma nova fase vivida pelo capitalismo. Em termos bem simples, pode-se dizer que, sob o fordismo, a acumulação capitalista tinha padrões rígidos. Na linha de montagem, o trabalhador estava fixo numa posição. A produção em massa privilegiava a homogeneidade na produção, ou seja, a produção em massa de um mesmo produto. No fordismo, o emprego era uma relação estável com horário, tarefas, responsabilidades e benefícios fixos estabelecidos no contrato de trabalho. Segundo Harvey, esse modelo de acumulação (fordista) entrou em crise nas últimas décadas do século XX.[17] A rigidez, que o levou ao fracasso, foi substituída pela flexibilidade.

Para o tema que nos interessa, as novas condições de trabalho típicas dessa nova forma de acumulação, a flexibilidade se manifesta de várias formas e, segundo Harvey, todas são prejudiciais ao trabalhador. O modelo de produção flexível citado por ele é o toyotismo.[18] Dentre as várias características do toyotismo, citaremos duas, pois marcam a sua anteposição ao fordismo. Uma delas é que, dentro de certos limites, o trabalhador pode fazer diferentes tarefas e manusear diferentes máquinas. O seu trabalho é mais rico, menos tedioso. Por isso se diz que ele é flexível. A segunda consiste em delegar ao trabalhador maior poder de decisão. Antes, havia na fábrica uma hierarquia rígida. Agora, no toyotismo, os trabalhadores se organizam em equipes de produção e estas decidem a melhor forma de atingir as metas estabelecidas pela empresa. A rigidez da hierarquia foi substituída pela flexibilidade na tomada de decisões. Neste sentido, o toyotismo significa um avanço na medida em que melhora a situação

---

[16] HARVEY, David. *Condição pós-moderna*. São Paulo: Edições Loyola, 1989.
[17] "De modo mais geral, o período de 1965 a 1973 tornou cada vez mais evidente a incapacidade do fordismo e do keynesianismo de conter as contradições inerentes ao capitalismo. Na superfície, essas dificuldades podem ser melhor apreendidas por uma palavra: rigidez" (HARVEY, 1989, p. 135).
[18] O nome toyotismo vem de Eiji Toyoda, engenheiro japonês que dirigiu a empresa da família (1967–1982), a fábrica de carros Toyota, tornando-a em 2013 a fábrica que mais vendeu carros no mundo. Isto ocorreu graças ao sistema de produção criado por ele. Este sistema de produção é considerado "enxuto", pois visa à eliminação de qualquer tipo de desperdício, seja ele de tempo, de recursos financeiros ou de matéria-prima. Este sistema de produção modelo é considerado flexível porque os trabalhadores são utilizados para fazer diferentes tarefas e porque o fornecimento de matérias-primas é ajustado à demanda imediata da produção e, principalmente, do mercado.

do trabalhador no processo de trabalho ao combater o tédio inerente ao sistema do taylorismo e do fordismo e por fazer com que ele sinta que participa do processo, uma vez que as suas opiniões são ouvidas e, muitas vezes, adotadas. Some-se a isso o fato deste sistema ser o responsável por um grande aumento da produtividade nas empresas que o adotaram. Isso é feito através da criação dos Círculos de Controle de Qualidade (CCQs), cada um deles formado por um grupo de trabalhadores que discutem o seu trabalho e seu desempenho, com vistas a melhorar a produtividade das empresas. Dessa forma, pode-se dizer que o toyotismo consegue conciliar elevada produtividade com tentativas de humanização do trabalho.

Isso deveria fazer com que ele fosse visto positivamente. Porém, não é essa a visão predominante nas ciências sociais. Vários autores fazem duras críticas ao toyotismo. Há autores como Ricardo Antunes que afirmam que o toyotismo intensificou o trabalho, ou seja, nele o trabalhador trabalharia em ritmo tão intenso quanto no taylorismo-fordismo.[19] Além disso, aumentou a exploração do trabalhador também porque através das equipes de trabalho (ou círculos de controle de qualidade) o capital se apropria do conhecimento do trabalhador.[20]

Se, para os críticos, dentro da fábrica as condições do trabalhador não melhoraram, elas pioraram ainda mais fora da fábrica, com a precarização do trabalho. Precarização aqui tem o sentido de inseguro ou incerto. O objetivo do toyotismo é produzir mais com menos empregados. Para tanto, recorre-se à terceirização, ou seja, firmas que prestam serviços e fornecem produtos. Para os críticos, a terceirização tornaria o trabalho precário porque o trabalhador das firmas terceirizadas não teria o mesmo salário nem os mesmos benefícios do trabalhador da fábrica principal, a contratadora dos serviços terceirizados. Precário também porque estimula o trabalho temporário e o deslocamento do trabalho para regiões pobres do terceiro mundo, onde a precarização é a regra.[21]

---

[19] ANTUNES, Ricardo. O toyotismo, as novas formas de acumulação de capital e as formas contemporâneas de estranhamento (alienação). Disponível em: <http://www.afoiceeomartelo.com.br/posfsa/Autores/Antunes,%20Ricardo/Toyotismo%20-%20Ricardo%20Antunes.pdf>. Acesso em: 4 out. 2015. "De fato, trata-se de um processo de organização do trabalho cuja finalidade essencial, real, é a da intensificação das condições de exploração da força de trabalho, reduzindo ou eliminando em muito tanto o trabalho improdutivo, que não cria valor, ou suas formas assemelhadas, especialmente nas atividades de manutenção, acompanhamento, inspeção de qualidade, funções que passaram a ser diretamente incorporadas ao trabalhador produtivo" (p. 7).

[20] ANTUNES, p. 10.

[21] A tese de que a acumulação flexível implantada pelo toyotismo acelera a precarização do trabalho está exposta em: ANTUNES, Ricardo. As dimensões da crise no mundo do trabalho. *Olho da História*, n. 4. Disponível em: <http://www.oolhodahistoria.ufba.br/04antune.html>. Acesso em: 4 out. 2015.

Dessa maneira, para muitos cientistas sociais que refletem sobre as condições de trabalho nas primeiras décadas do século XXI, pouca coisa, se é que alguma, melhorou. Os trabalhadores continuariam submetidos, só que sob formas mais sofisticadas, a condições degradantes e alienantes no processo de trabalho.

Aceitando-se esta tese, qual seria a solução para acabar definitivamente com este quadro? Para autores como Ricardo Antunes, a solução dada por Marx no século XIX continuaria válida nos nossos dias.

ATIVIDADE 6.6 Leia o texto a seguir e responda como, segundo o autor, o processo de precarização deve ser enfrentado.

"Ao contrário, entretanto, daqueles que propugnaram pelo 'fim do papel central da classe trabalhadora' no mundo atual, o desafio maior da classe-que-vive-do-trabalho e do movimento sindical e operário, nesta viragem do século XX para o XXI, é soldar os laços de pertencimento de classe existentes entre os diversos segmentos que compreendem o mundo do trabalho, procurando articular desde aqueles segmentos que exercem um papel central no processo de criação de valores de troca, até aqueles segmentos que estão mais à margem do processo produtivo, mas que, pelas condições precárias em que se encontram, constituem-se em contingentes sociais potencialmente rebeldes frente ao capital e suas formas de (des)sociabilização. Condição imprescindível para se opor, hoje, ao brutal desemprego estrutural que atinge o mundo em escala global e que se constitui no exemplo mais evidente do caráter destrutivo e nefasto do capitalismo contemporâneo."

ANTUNES, Ricardo. As dimensões da crise no mundo do trabalho. *Olho da História*, n. 4. Disponível em: <http://www.oolhodahistoria.ufba.br/o4antune.html>. Acesso em: 4 out. 2015.

6.5 EMPREGO E TRABALHO NOS DIAS ATUAIS

Uma das primeiras e mais tormentosas questões levantadas pela reflexão sobre o emprego e o trabalho nos dias atuais diz respeito ao desemprego. Este é um fantasma que assusta a todos. Afinal, emprego é segurança. Quem tem, não quer perder. Quem não tem, quer ter. Esta é uma questão tão preocupante que as pessoas cobram dos seus governantes medidas para estimular a criação de empregos.

Muitos países adotam uma mesma fórmula para calcular o desemprego. Resumidamente, pode-se dizer que se chega à taxa de desemprego estabelecendo a porcentagem das pessoas que não estão exercendo alguma ocupação em relação à população economicamente ativa, ou seja, a população composta por pessoas consideradas em idade para trabalhar. A taxa zero, ou seja, a do pleno emprego, é quase impossível. Assim, sempre haverá, por inúmeras razões, um número de pessoas sem ocupação remunerada. Quando este número é baixo, digamos próximo de 5%, essa taxa é considerada aceitável. Quando ela se eleva, isso quer dizer que um número maior de pessoas está desempregado. Isso é grave. Se o percentual de desemprego aumenta de ano para ano ou se se mantém elevado por um tempo, isso quer dizer que aquela sociedade está enfrentando um grave problema social. Por todos os males que o desemprego acarreta, ele deve ser combatido.

Há dois tipos de desemprego. Um deles é chamado de conjuntural. A economia de mercado vive períodos de crescimento (expansão) e de recessão. A principal característica de um período de recessão é a redução das atividades econômicas. O setor produtivo produz menos e caem as vendas no comércio, o que leva a uma queda no PIB. Se ela durar por dois trimestres consecutivos, é sinal de que a economia entrou em recessão. Quando há uma recessão prolongada, o ritmo da atividade econômica diminui, as empresas demitem e adiam novas contratações, as pessoas demitidas reduzem o seu consumo, prejudicando ainda mais as empresas que fornecem bens ou serviços. Nos períodos de recessão, aumenta o desemprego. Quando a economia volta a crescer, as pessoas recuperam os seus empregos. Por isso, o desemprego gerado pelas crises econômicas é chamado de conjuntural, porque está ligado a um momento específico.

Há também o desemprego estrutural. O fator que mais pode promover o desemprego estrutural é a tecnologia. A tecnologia elimina postos de trabalho. Quando se elimina um posto de trabalho, a função deixa de existir. Nunca mais alguém poderá ocupá-la. Na cidade de São Paulo, há um projeto para acabar com o posto de trabalho de cobrador de ônibus, ou seja, aquela pessoa que recebe o dinheiro da passagem e, se for o caso, dá o troco. A quase totalidade das pessoas já usam bilhete eletrônico, e as que não usam poderiam ser obrigadas a comprá-lo nos postos de recarga antes de embarcar no ônibus. Em suma, há condições técnicas para eliminar esse posto de trabalho. Em algumas cidades norte-americanas, as próprias pessoas abastecem o seu carro. Com isso, o posto de trabalho do frentista está ameaçado de desaparecer. Há supermercados que operam sem caixas. Num futuro próximo, os bancos não terão mais funcionários, chamados caixas, para atender clientes. Tudo será feito em terminais ou pela internet. Nas fábricas, os robôs se encarregam de várias funções. Na agricultura isso também está ocorrendo. Um trabalhador manual consegue cortar e colher 2,5 toneladas de cana não queimada por dia de trabalho, e essa quantidade pode chegar a 5 toneladas com a cana já queimada. Uma colheitadeira gigante pode chegar a colher 200 toneladas de cana por dia. A colheitadeira substitui o trabalho de 80 trabalhadores. O que vemos, assim, é a tecnologia eliminando postos de trabalho.[22]

As empresas e demais organizações são grandes interessadas no avanço tecnológico. Em geral, esses avanços possibilitam que as empresas produzam mais, melhor e com menores custos. Geralmente, quando se trata dos avanços tecnológicos, os autores abordam duas grandes transformações. Uma delas é a automação, na qual a utilização de robôs é apenas uma das suas manifestações.[23] A outra é a chamada revolução no campo da informação, capitaneada pelos avanços no campo da informática e da computação. Essas transformações levam a um crescente desemprego. Para alguns autores, essa perspectiva é assustadora.

Em 1995, Jeremy Rifkin escreveu um livro com o sugestivo título *The End of Work*.[24] Esse livro trazia uma alarmante e pessimista visão sobre o nosso futuro. A obra apresentava uma pesquisa em diferentes setores e diferentes países para concluir que a tecnologia está destruindo empregos e, o que é mais grave, esses empregos jamais voltarão a estar disponíveis. Ele afirma que a revolução no campo da informação está eliminando certos empregos e que o computador tem destruído postos de trabalho, tais como o de bibliotecário e caixa de banco. No campo da automação, ele cita, por exemplo, o caso da General Motors (GM) que, de 1978 até 1995, eliminou 250 mil empregos, e as inovações que virão serão responsáveis por reduzir em um terço a força de trabalho total da GM. Ele até reconhece que as novas tecnologias poderão criar novas oportunidades de emprego, porém, elas não serão capazes de atender ao crescimento vegetativo da população, ou seja, jovens que querem entrar no mercado de trabalho, e muito menos atender àqueles que perderam o emprego devido às novas tecnologias. No Japão, por exemplo, conseguiu-se

---

[22] Novos processos de gestão também eliminam postos de trabalho. Um desses processos ficou conhecido como *downsizing*, que, traduzido para o português, significa *achatamento*. Basicamente, consiste em fazer um estudo visando eliminar do processo atividades desnecessárias e redundantes, visando deixar a empresa mais enxuta e eficiente. Por isso, ele acaba com vários postos de trabalho e gera demissões.

[23] A automação é aplicada na produção ou em estágios dela e utiliza dispositivos eletroeletrônicos para controlar máquinas e processos. Ela substitui tarefas antes feitas por trabalhadores e por isso fecha postos de trabalho, gerando demissões.

[24] RIFKIN, Jeremy. *The End of Work*: The Decline of the Global Labor Force and de Dawn of the Post-Market Era. New York: Putnam's Sons, 1995. Há tradução para o português com o título *O fim dos empregos*: o contínuo crescimento do desemprego em todo o mundo. São Paulo: Makron Books, 2004.

quadruplicar a produção de automóveis em dez anos, mantendo praticamente a mesma força de trabalho. Isso aconteceu por causa da introdução dos robôs na produção. Por causa dos robôs, essas empresas deixaram de contratar milhares de novos empregados.

ATIVIDADE 6.7 O texto a seguir foi retirado do livro *O fim do emprego*, de Jeremy Rifkin. Leia e responda ao que se pede.

"A maior parte dos trabalhadores se sente totalmente despreparada para lidar com as gigantescas transformações em curso. O surto atual dos avanços tecnológicos e as iniciativas de reestruturação econômica parecem ter descido sobre nós sem aviso prévio. De repente, em todo o mundo, homens e mulheres se questionam se existe um papel para eles por um futuro sem precedentes trazidos pelo novo desdobramento da economia global. Trabalhadores com anos de escolaridade, experiência e competências se defrontam com a probabilidade muito real de serem desnecessários em virtude das transformações trazidas pela automação e pela informação.

[...] Se, no futuro, uma utopia ou uma distopia espera por nós depende, em grande medida, do modo como os ganhos de produtividade da era da informação são distribuídos. Uma justa e equitativa distribuição da produtividade requer um encurtamento da semana de trabalho em todo o mundo e um esforço concentrado por parte do governo central para fornecer alternativas de emprego no terceiro setor – economia social – para aqueles cuja mão de obra não é mais exigida no mercado local. Se, no entanto, os elevados ganhos de produtividade da revolução *high-tech* não forem compartilhados, mas sim utilizados para aumentar o lucro das empresas, em benefício exclusivo dos acionistas, dos gerentes corporativos e da elite de trabalhadores *high-tech* do conhecimento, são grandes as chances de que o fosso crescente entre os ricos e os pobres vá levar à convulsão social e política em nível mundial".

RIFKIN, Jeremy. *The End of Work*: The Decline of the Global Labor Force and de Dawn of the Post-Market Era. New York: Putnam's Sons, 1995, p. 13 (tradução nossa).

a) Explique com suas palavras as ideias contidas no primeiro parágrafo do texto.
b) A qual grupo social Rifkin atribui a responsabilidade de evitar o caos social que, segundo ele, advirá com o crescente desemprego?
c) Qual é a sua opinião sobre a factibilidade da proposta de Rifkin?

Um outro autor, Domenico De Masi, bate na mesma tecla. Ele reconhece que as transformações no campo da automação e da informação estão acabando com postos de trabalho e que, devido a elas, não precisaríamos mais trabalhar tanto quanto no passado. O dia de trabalho na sociedade moderna tem, em geral, oito horas. Segundo ele, as transformações acima citadas permitiriam que se trabalhasse menos dias por semana ou menos horas por dia. Em suma, podemos produzir o mesmo e até mais trabalhando menos. Ele escreveu vários livros defendendo a tese de que é preciso rever a nossa visão sobre o trabalho.[25] A sociedade precisará fazer uma revolução cultural para que não fique num beco sem saída diante do quadro de desemprego que, segundo ele, se afigura.

> **ATIVIDADE 6.8** A seguir, você lerá trechos de dois capítulos do livro de Domenico De Masi, *O ócio criativo*. Eles foram extraídos do capítulo XVIII, "Trabalhar menos", e do capítulo XIX, "Aprender a ficar ocioso".
>
> a) Ele tem uma visão otimista ou pessimista sobre o futuro? Justifique a sua resposta.
> b) Por que se pode dizer que devemos mudar a nossa visão sobre o trabalho? Justifique a sua resposta.

"Por ironia da sorte, o século XX – o século do trabalho – terminou com uma profunda carência de trabalho. É sempre maior o número de pessoas que procuram trabalho e não encontram. Muitos, por desespero, têm na verdade deixado de procurá-lo e são por isso considerados vagabundos. 'Sereis oferecidos como escravos e escravas e faltará comprador' – ameaça Moisés no Deuteronômio (26:28)."

"Um desemprego de novo tipo atazana todos os países ricos que, no entanto, enfrentam esse problema pós-industrial com métodos e instrumentos industriais. Alguns retocam as estatísticas ou, aproveitando conjunturas favoráveis, ostentam cifras tranquilas. Mas o problema, na perspectiva planetária, permanece irredutível às soluções tradicionais."

"Tudo aquilo que procurei escrever e demonstrar até aqui leva à conclusão de que também nos países que passaram pela edificante experiência industrial o trabalho está perdendo a importância central que gozou por dois séculos."

---

[25] DE MASI, Domenico, *O futuro do trabalho*. Fadiga e ócio na sociedade pós-industrial. Brasília: Editora UNB/José Olympio, 2000.

> "A quantidade e a qualidade do trabalho, a abstração, a virtualidade, a flexibilidade e a criatividade que o caracterizam cada vez mais, a possibilidade de desestruturá-lo no tempo e no espaço, a progressiva confusão com o estudo e com o tempo livre desviam a atenção para o ócio e lhe conferem um novo valor. Na sociedade pós-industrial é impossível reduzir e melhorar o trabalho sem aumentar e melhorar o tempo livre."
>
> "Por prescindir dessas considerações, nem sempre demonstráveis – mas que abrem a interessante questão do uso do ócio, essencial e fecundo para o homem criativo – nem o crítico mais moralista poderia negar a excelência da civilização ateniense. Pois bem, na Atenas de Péricles havia quase mais feriados do que dias úteis..."
>
> "Não diferente devia ser a vida social na Florença dos Médici e na Viena na virada do século XIX para o XX. Se é verdade que Otto Wagner e Hoffmann, Freud e Mussil e Mahler trabalhavam 12 horas por dia, é também verdade que grande parte dessas 12 horas transcorria nos maravilhosos cafés, naquelas muito fecundas conversações interdisciplinares que um bostoniano trocaria por bate-papos ociosos e vadios. Na atividade criativa – repito pela enésima vez – estudo, trabalho e tempo livre coincidem e se confundem."
>
> "Mas a utilidade do ócio só pode ser plenamente aproveitada se ligada à criatividade, isto é, à atividade humana central na sociedade pós-industrial."

Não há como negar que tanto Rifkin quanto Domenico De Masi estão absolutamente certos ao afirmarem que a tecnologia destrói empregos. Porém, hoje, passados 20 anos da publicação desse livro, vemos que a tragédia prevista por Rifkin não ocorreu. Em termos absolutos, o número de desempregados é grande. Segundo a Organização Internacional do Trabalho, em 2014, 203 milhões de pessoas estavam desempregadas no mundo.[26] Contudo, em termos percentuais, vemos que o desemprego oscila em torno de 6% da população economicamente ativa. É bem verdade que há países com taxas bem mais elevadas. Isso se explica por situações conjunturais desses países. Mesmo com estas oscilações regionais, podemos dizer que as previsões pessimistas de Rifkin não se concretizaram. Como explicar? Vários críticos dessas visões pessimistas afirmam que, embora historicamente a tecnologia torne obsoletos muitos empregos, ela também cria oportunidade de empregos em outros e muitas vezes novos setores industriais. Além disso, nas sociedades modernas, o declínio dos empregos

---

[26] Mais de 200 milhões ficarão desempregados no mundo em 2014. *Folhainvest*, 27 maio 2014.

no setor industrial tem sido contrabalançado pelo aumento de oportunidades de emprego e trabalho no setor de serviços.

Mesmo que não se possa falar do fim dos empregos como previa Rifkin, isso não quer dizer que não estejam ocorrendo profundas transformações nesse campo. Um dos autores que fez uma boa caracterização do processo de transformação do mercado de trabalho ora em curso é William Bridges.[27] Quem lê o título do seu livro acredita que ele compartilha do mesmo pessimismo dos dois autores citados. Nada mais errado. Ele concorda que os empregos estão desaparecendo, mas as oportunidades de trabalho são infinitas. Para entender a sua tese devemos ter em mente a distinção que ele faz entre emprego e trabalho. Para Bridges, emprego é a relação de trabalho com lugar, horário, salário e benefícios estabelecidos em um contrato firmado por tempo indeterminado entre o empregador e o empregado. No Brasil, por exemplo, de acordo com esse critério, emprego significa que uma pessoa sairá de casa para ir ao serviço e nele trabalhará oito horas por dia, cinco ou seis dias por semana e onze meses por ano. Terá 13 salários por ano, férias remuneradas com um terço a mais do salário e uma série de benefícios. Na visão desse autor, é esse tipo de relação trabalhista que está lentamente desaparecendo.

Da leitura do seu livro depreendemos que toda relação que fugir daquilo que é tradicionalmente aceito como emprego pode ser considerada trabalho. Um exemplo bem didático, mas que não cobre o amplo espectro do que ele considera trabalho, é a do professor. Se ele trabalha numa escola, tem um emprego. Se ele der aula particular, tem trabalho. É certo que há muitas zonas nebulosas na distinção feita por Bridges. Não é muito fácil traçar uma linha precisa separando trabalho de emprego. Porém, a sua ideia central nos parece bem interessante e realmente ela indica uma transformação que vemos hoje: a redução do emprego e o crescimento do trabalho.

Bridges está certo? Até certo ponto sim. Ao analisarmos o mundo à nossa volta, percebemos que é cada vez maior o número de pessoas que vivem e se sustentam sem ter mais esse tipo de relação de emprego. Por exemplo, raros são os artistas de televisão e os músicos que têm emprego. O que eles têm é trabalho. Quando fazem um trabalho, eles ganham, e quando não há nada a fazer, eles não ganham. Mesmo no campo das empresas se vê o fim de empregos. Muitas empresas demitem determinados funcionários e os contratam para continuar fazendo o mesmo serviço em casa. Por exemplo, uma editora

---

[27] BRIDGES, William. *Um mundo sem empregos* – Jobshift. Desafios da sociedade pós-industrial. São Paulo: Makron Books, 1995.

possui revisores de texto que verão se há erros ortográficos e gramaticais no livro antes dele ser publicado. Ela pode demitir esses revisores e passar a contratá-los por serviço.

ATIVIDADE 6.9 O texto a seguir foi retirado do livro *Um mundo sem empregos*, de William Bridges (observo que, às vezes, alteramos a ordem de alguns parágrafos para que a ideia central do autor fosse mais facilmente percebida e/ou o texto ficasse mais fácil de ser entendido). Leia-o atentamente e responda o seguinte:

a) Por que é possível dizer que William Bridges não adota uma visão pessimista em relação ao crescimento do desemprego?
b) O que as pessoas devem fazer diante da situação apontada pelo autor?
c) O que o governo deve fazer diante da situação apontada pelo autor?
d) No texto, o autor critica uma solução para enfrentar o fim dos empregos. Curiosamente, no Brasil, há muitos defensores desta solução. Que solução ele critica e por quê?

"O emprego é um artefato social, embora esteja tão arraigado em nossas consciências que a maioria de nós se esqueceu de sua artificialidade ou do fato de que a maioria das espécies, desde o início dos tempos, tenha se saído muito bem sem empregos. O conceito de emprego surgiu no começo do século XIX, para englobar o trabalho que precisava ser feito nas crescentes fábricas e burocracias das nações em fase de industrialização. Antes de ter empregos, as pessoas trabalhavam de maneira igualmente árdua, mas em grupo mutável de tarefas, numa variedade de localizações, de acordo com uma programação determinada pelo sol, pelo tempo e pelas necessidades do dia. O emprego moderno foi uma nova ideia assustadora – para muitas pessoas, uma ideia desagradável e até mesmo socialmente perigosa. Seus críticos afirmavam que era um modo antinatural e até desumano de se trabalhar. Previam que a maioria das pessoas não seria capaz de conviver com suas exigências."

"Mas esta não é mais uma lamúria de que 'a economia está afundando' – longe disso, porque acredito que o mundo moderno encontra-se à beira de um enorme salto rumo à criatividade e produtividade. Mas o emprego não vai fazer parte da realidade econômica de amanhã. Embora sempre exista uma enorme quantidade de trabalho para ser feita, este livro sugere que o trabalho não estará contido nos invólucros tão conhecidos a que chamamos de emprego. Na verdade, muitas organizações hoje estão prestes a ficar 'desprovidas' de emprego."

"Algumas das alternativas para os empregos são óbvias: você pode iniciar um negócio por conta própria; pode tornar-se um artista, um consultor, pode fazer trabalho autônomo, ou trabalho em tempo não integral, ou trabalho por empreitada em sua casa. E, sob a pressão do desaparecimento dos empregos nas organizações americanas, cada vez mais pessoas estão fazendo estas coisas. Mas há também outra resposta mais difícil de ser articulada (e impossível de se medir) porque não se situa dentro das fronteiras familiares do tempo não integral e do autoemprego. Essa resposta é que você pode fazer aquilo que um número cada vez maior de pessoas está fazendo: trabalhando dentro de organizações como empregados de tempo integral, mas sob arranjos por demais fluídos e idiossincráticos para serem chamados de empregos." (p. 46-47)

"Encontramo-nos num divisor de águas comparável atualmente. Novamente, o futuro parece ser tão perigoso quanto incerto. Novamente podemos ver os sombrios contornos do novo mundo pós-emprego e, mais uma vez, não temos certeza de que seremos capazes de administrar a nova vida que nos espera. O que devemos fazer?" (p. 190)

"Todos nós teremos de aprender novas maneiras de trabalhar. [...] Embora em alguns casos as novas maneiras de se trabalhar exijam novas habilidades tecnológicas, na maioria das vezes exigirão algo mais fundamental: a 'habilidade' para descobrir e realizar trabalho num mundo sem empregos bem definidos e estáveis. Tornou-se quase um truísmo que as carreiras hoje devem ser autogeridas, mas frequentemente essa afirmação simplesmente significa que você terá que encontrar seu próximo emprego sem ajuda externa. O problema é que esse conselho já está desatualizado. Os trabalhadores de hoje precisam esquecer completamente os empregos e procurar, em vez disso, o trabalho que precisa ser feito – e então se organizarem quanto à melhor maneira de realizar o trabalho." (p. XV)

"Uma ideia que já existe há muito tempo (mas que continua sendo redescoberta) é a da carreira autogerida: Você precisa cuidar sozinho de suas perspectivas de carreira; ninguém fará isso por você. Mas hoje essa ideia está sendo levada um passo adiante. Seria melhor que você não cuidasse apenas do seu próprio futuro, mas também olhasse para si mesmo como se fosse um trabalhador autônomo. [...] Você precisa ver a si mesmo como se fosse um negócio." (p. 111)

BRIDGES, William. *Um mundo sem empregos* – Jobshift. Desafios da sociedade pós-industrial. São Paulo: Makron Books, 1995.

Alvin Toffler é outro autor que faz uma análise das transformações que estão ocorrendo no mercado de trabalho. No seu livro *Powershift*, ele indica as tendências que estavam se formando e já podiam ser observadas no final do século XX.[28] Prevê que o século XXI será moldado por essas tendências e reconhece que está havendo um grande aumento do desemprego. Porém, à diferença de todas as épocas históricas anteriores, o desemprego do século XXI não é um problema quantitativo, mas qualitativo, pois a qualidade dos empregos que estão sendo criados no presente e que serão criados no futuro é diferente da qualidade dos empregos existentes no passado. Toffler acerta quando afirma que os novos empregos exigem grande dose de conhecimento e habilidades. E vai mais adiante, afirmando que os conhecimentos e as habilidades requeridos para os novos empregos mudam tão rapidamente que só as pessoas devidamente preparadas terão condições de sucesso no mercado de trabalho do século XXI.

ATIVIDADE 6.10 O texto a seguir é um trecho do livro *Powershift*, de Alvin Toffler. Leia-o e responda: Qual é a grande transformação que, segundo Alvin Toffler, está ocorrendo no mercado de trabalho?

"Nas sociedades da Segunda Onda ou da chaminé, uma injeção de investimentos de capital ou poder de compra por parte dos consumidores podia estimular a economia e gerar empregos. Dado um milhão de desempregados, era possível, em princípio, aparelhar a economia e criar um milhão de empregos. Como as tarefas eram intercambiáveis ou exigiam tão pouca capacitação que podiam ser aprendidas em menos de uma hora, virtualmente qualquer trabalhador desempregado podia preencher qualquer cargo. Pronto. O problema desaparece.

Na economia global de hoje injetar dinheiro no bolso do consumidor pode simplesmente fazer com que esse dinheiro corra para além-mar, sem fazer nada para ajudar a economia interna. Um americano comprando um novo aparelho de televisão ou CD simplesmente pode enviar dólares para o Japão, Coreia ou Malásia ou outra parte qualquer. A compra não aumenta necessariamente o número de empregos no país.

Mas existe uma falha muito mais básica nas velhas estratégias: elas ainda se concentram na circulação da moeda e não do conhecimento. No entanto, não é mais possível reduzir o desemprego simplesmente aumentando o número de vagas, porque o problema não é mais só de número. O desemprego passou de quantitativo para qualitativo.

Assim, ainda que houvesse dez novos avisos de 'precisa-se' para cada trabalhador desempregado, se houver dez milhões de vagas e só um milhão de desempregados, o

---

[28] TOFFLER, Alvin. *Powershift*: as mudanças no poder. Um perfil da sociedade no século XXI pela análise das transformações na natureza do poder. Rio de Janeiro: Record, 1993.

milhão não poderá desempenhar os cargos disponíveis, a menos que tenha capacitação – conhecimento – que se enquadre nas exigências de capacidade para esses novos empregos. Essas habilidades são agora tão variadas e se alteram com tanta rapidez, que os trabalhadores não podem ser intercambiados com tanta facilidade ou de forma tão barata como no passado. Dinheiro e números já não resolvem o problema.

Os desempregados precisam desesperadamente de dinheiro para que eles e suas famílias sobrevivam, e é tanto necessário como moralmente correto dar a eles níveis decentes de assistência pública. Mas qualquer estratégia eficiente para a redução do desemprego numa economia supersimbólica deve depender menos da distribuição da riqueza e mais da distribuição do conhecimento."

TOFFLER, Alvin. Materialismo. In: *Powershift*: as mudanças no poder. Um perfil da sociedade no século XXI pela análise das transformações na natureza do poder. Rio de Janeiro: Record, 1993, p. 95-99.

Dessa forma, procuramos apresentar, nesta parte final do capítulo, diferentes visões sobre o que está efetivamente ocorrendo no mundo do emprego e do trabalho.

EMPREGABILIDADE, A PALAVRA-CHAVE

Recentemente, a palavra empregabilidade passou a fazer parte do vocabulário das ciências sociais. Há várias definições para esse conceito, mas em termos bem simples pode-se dizer que empregabilidade são as qualidades que alguém deve ter não apenas para conseguir um emprego, mas aquelas que o mercado de trabalho na área escolhida considera como essenciais.

E como adquirir essas qualidades que o mercado tanto preza? A empregabilidade é formada de conhecimentos e competências. Os conhecimentos podem ser obtidos no sistema escolar, em cursos profissionalizantes, aprendendo com quem sabe ou por vários outros meios. Quanto maior o grau de instrução de uma pessoa, mais chances ela tem de encontrar um emprego. Quanto mais cursos uma pessoa fizer, mais ela conhecerá sobre um determinado serviço e mais chance terá de ingressar no mercado de trabalho. As competências, do seu lado, referem-se a atitudes, como saber trabalhar em grupo e saber se expressar de forma clara, correta e objetiva – duas competências muito valorizadas pelas grandes empresas. Assim, se uma pessoa pretender um emprego, além dos conhecimentos específicos da área, ela precisa desenvolver as competências valorizadas pela empresa na qual pretende ingressar. A empregabilidade, portanto, é fundamental, mesmo quando a economia não está crescendo e a situação no mercado de trabalho não se mostra favorável, porque, quanto maior for o seu grau, mais chances o jovem terá de conseguir uma vaga que pode estar sendo ocupada por alguém menos preparado.

QUESTÕES DE FIXAÇÃO

1. Reproduza a definição de trabalho adotada neste livro e faça uma crítica a ela.

2. Qual é o sentido do trabalho na Antiguidade e na Idade Média?

3. Explique como o protestantismo promoveu uma mudança no sentido dado ao trabalho manual.

4. Em que medida é possível afirmar que o trabalho foi um importante elemento no nosso processo de humanização?

5. O que levou os empresários a buscarem soluções para atenuar a desumanização do trabalho?

6. O que se entende por precarização do trabalho?

7. Faça uma tabela comparativa expondo quais são as teses de Jeremy Rifkin, Domenico De Masi, William Bridges e Alvin Toffler sobre o futuro do emprego e suas respectivas propostas de ação.

8. O que se entende por empregabilidade?

CAPÍTULO 7
O PODER SOBRE A EMPRESA

7.1 INTRODUÇÃO

A empresa pertence à esfera econômica da sociedade, pois cabe a ela produzir bens e serviços, atividades típicas da economia. Porém, ainda que sua atividade esteja restrita ao campo da economia, a empresa existe num ambiente social no qual interage com outros elementos. Um desses elementos é a esfera política. Diante do peso que o poder e a política têm sobre a empresa, o administrador deve estar capacitado a avaliar e a refletir sobre essa dimensão da vida social, pois a empresa tem interesses a defender, e a política é, por excelência, a arena na qual os interesses dos diferentes grupos são defendidos e transformados em leis ou políticas de governo.

Por isso, neste capítulo, veremos o que é a política e como ela afeta a vida da empresa.

7.2 ESTADO, O ÓRGÃO MÁXIMO DE PODER NA SOCIEDADE

Não dá para desassociar a noção de política da noção de poder, pois o processo político envolve obrigatoriamente ações de poder. O poder é um elemento importante na vida de qualquer organização. Por isso, para muitos autores, o conceito de política pode ser aplicado a toda e qualquer organização.[1] Haveria, assim, política

---

[1] Ver: LEFTWICH, Adrian. Thinking Politically: On the Politics of Politic. *What is Politics?* Cambridge: Polity Press, 2004. Nesse capítulo, o autor defende existir política em todas as organizações e vai além ao ver a política até mesmo em uma instituição social como a família. Nas suas palavras: "Eu afirmo que a política consiste em todas as atividades de conflito (pacífico ou não), negociação e cooperação sobre o uso ou a

num clube de futebol, numa universidade, no condomínio que administra um prédio etc., pois em todas essas organizações existem posições de poder e grupos que competem para controlá-las. E o grupo que consegue controlar essas posições toma decisões que afetam a vida de todos. Essa é uma forma de enxergar a política. Porém, neste capítulo vamos tratar da política na forma como tem sido tratada desde a Grécia clássica, ou seja, como as ações de poder numa sociedade. Isso nos obriga a falar do Estado, o órgão máximo de poder numa sociedade.

Nós já tratamos de Estado no Capítulo 3 deste livro, quando abordamos a sociedade moderna. Vimos que o Estado é a organização política da sociedade que tem soberania sobre um determinado território. Ele faz as leis e todos os que vivem neste território devem obedecê-las. Num passado longínquo, as sociedades não eram controladas por essa estrutura de poder chamada Estado. Algumas sociedades optaram por adotar essa estrutura. Por que isso aconteceu? É importante entender de que forma o Estado se constituiu como o órgão máximo de poder em várias sociedades.

Em seu livro *Leviatã*, Thomas Hobbes (1588-1679) procura explicar o surgimento do poder do Estado. Para esse filósofo, em um passado muito distante, as pessoas tinham uma vida dura, bruta e curta, assim, costumavam dar vazão aos seus instintos. Imperava a lei do mais forte e, por isso, todos viviam numa situação de completa insegurança. Até mesmo quem era o mais forte hoje também vivia inseguro, pois ao envelhecer perderia a sua força e se tornaria vítima da lei do mais forte. Para Hobbes, essa situação de profunda insegurança levou as pessoas a fazerem um pacto. Elas abririam mão da liberdade de viver segundo os seus instintos e atribuiriam poder soberano a um chefe. Investido com este poder, o chefe político impõe a lei e a ordem. Ele garante a segurança de todos. Estava criado o Estado. Surgia assim, na expressão de Hobbes, o Leviatã.

Outros autores afirmam que o Estado nasceu da necessidade de cooperação. Há evidências históricas que provam que teria surgido há mais de 5 mil anos. Estudando a sua origem na Mesopotâmia e no Egito, Karl Wittfogel defende a tese de que o Estado teria surgido da necessidade de inúmeras aldeias que viviam às margens de grandes rios fazerem obras de forma a aproveitar melhor o regime de cheias desses rios para irrigação. Este trabalho envolvia milhares de pessoas e requeria uma coordenação central. Para garantir que todos fizessem o trabalho exigido pelas grandes obras, essa coordenação foi dotada de recursos de coerção, passando a dispor de homens armados para impor a ordem. Quer seja

---

distribuição de recursos, em qualquer lugar em que eles se encontrem, seja no interior ou não das organizações, seja num nível global ou mesmo em nível familiar envolvendo duas ou mais pessoas" (p. 15).

porque dominava o conhecimento necessário à construção das grandes obras, quer seja porque controlava um grupo armado, o fato é que o grupo que coordenava e mandava se perpetuou nesta posição. Mesmo tendo nascido de uma necessidade de cooperação, o Estado acaba se constituindo como um mecanismo de imposição, pois este grupo dotado de recursos de coerção se impõe sobre os demais. Como este grupo não trabalha, ele precisa ser sustentado. Cria-se um grupo para cobrar impostos da população. Assim surge o Estado: um órgão que faz a coordenação política da sociedade e impõe a ordem.[2]

Quer seja resultado de um pacto, quer seja resultado de imposição, o Estado surge como um poder soberano que se impõe à sociedade. Ele dispõe de recursos para garantir a obediência. Que recursos são esses? O Estado detém o monopólio da violência legítima. A ele, e só a ele, é dado o direito de usar a violência. Por exemplo, o Estado pode prender e tirar a liberdade de quem violou a lei. Por exemplo, ele pode usar a força do aparato policial para retirar manifestantes que, como forma de protesto, impedem o tráfego numa rodovia. Ele pode tomar a casa ou o carro de quem não paga os impostos devidos por esses bens (IPTU e IPVA). A ele é dado até mesmo o direito, nos países em que existe pena de morte, de tirar a vida de alguém. Cabe ao Estado o direito de usar a violência, desde que nos limites da lei, sempre que ela for necessária para garantir a lei e a ordem. Por isso ela é considerada violência legítima.

Para garantir a lei e a ordem, o Estado dispõe de força coatora composta pelas polícias e pelas Forças Armadas. Além disso, um dos poderes do Estado é o Judiciário. Os seus tribunais julgam e, se for o caso, condenam os que violaram a lei. Assim, por dispor de recursos de efetiva coerção, o Estado se institui como o órgão de máximo poder na sociedade.

ATIVIDADE 7.1 Leia a notícia a seguir e responda ao que se pede.

"RIO DE JANEIRO, 11 Abr. (Reuters) – A reintegração de posse de um prédio da operadora de telecomunicações Oi no Rio de Janeiro resultou em confronto violento nesta sexta-feira entre invasores e a polícia, em que ônibus e viaturas policiais foram incendiados e houve pessoas feridas e detidas, informaram autoridades do Estado.

---

[2] WITTFOGEL, Karl August. *Oriental Despotism*: A Comparative Study of Total Power. New York: Vintage, 1981.

> Cerca de cinco mil pessoas, segundo os invasores, ocupavam o imóvel desde 31 de março, na zona norte da capital fluminense, e construíram barracos para morar. Os invasores alegam que recorreram ao local devido à falta de moradia na cidade.
>
> A reintegração de posse do imóvel desativado foi determinada pela Justiça, e homens do batalhão de choque da polícia do Rio de Janeiro chegaram ao local ainda na madrugada desta sexta-feira. Antigamente, no local, funcionava a empresa de telefonia Telerj.
>
> Os confrontos começaram quando invasores reagiram à presença policial com paus e pedras, atearam fogo a lixo e pedaços de madeira no interior do local, segundo a polícia. Do lado de fora, houve também ataques a ônibus, viaturas da polícia e outros veículos, incluindo carros de reportagem."
>
> GAIER, Rodrigo Viga. Reintegração de posse em prédio da Oi no Rio acaba em violência. *Site da Reuters Brasil*, 11 abr. 2014. Disponível em: <http://br.reuters.com/article/topNews/idBRSPEA3A05E20140411>. Acesso em: 5 out. 2015.
>
> Responda:
> a) A ação noticiada implicou no uso da violência por parte das forças policiais?
> b) Por que o uso da violência nesse caso pode ser considerado legítimo?

Embora o Estado tenha mecanismos de coerção para manter a lei e a ordem, não se espera que ela seja mantida apenas com este recurso. Para entender como isso se dá, precisamos refletir sobre o conceito de legitimidade. Dentre os significados que aparecem nos dicionários, as palavras *justo* e *certo* são as que melhor expressam o significado que o conceito de legitimidade tem no campo da ciência política. Ambas têm um sentido moral e indicam que algo (que também pode ser uma ação)[3] é moralmente certo ou correto.

Quando se fala em legitimidade do poder do Estado, está se falando em direito de mandar. Trocando em miúdos, o que se está discutindo é por que os governantes têm o direito de mandar ou, em outras palavras, por que devemos obedecê-los. Segundo Max Weber, a legitimidade do Estado moderno é de base racional-legal. Nesse caso, não obedecemos ao governante, mas obedecemos à lei. O governante tem o direito de mandar porque foi eleito e o cargo que ocupa tem os seus atributos legalmente constituídos. Se, por exemplo, a ele é atribuído legalmente o poder de emitir decreto em relação a determinados

---

[3] Um exemplo de aplicação do conceito seria a noção de legítima defesa. Os códigos penais condenam a violência, especialmente o homicídio. Porém, aceitam que uma pessoa possa reagir violentamente contra o seu agressor nos casos em que a sua vida está em perigo; ainda que essa reação leve à morte do agressor, a pessoa não será responsabilizada criminalmente. Isso significa que, nesses casos, a sociedade considera a reação moralmente certa.

assuntos, todas as pessoas afetadas por esse decreto devem fazer o que está prescrito. Nesse caso, as pessoas obedecem não à pessoa do governante, mas à lei. O próprio governante só pode fazer o que a lei estabelece. Assim, numa democracia vivemos sob o império da lei. As pessoas obedecem às leis porque estão convencidas de que esta é a melhor forma de viver em sociedade.

Sempre que a população de um país vir o Estado como legítimo, o país viverá uma situação de relativa tranquilidade social, ou seja, não será afetado por graves convulsões sociais. Essa paz social é conseguida porque as pessoas veem as leis como justas e, portanto, o melhor que fazem é obedecê-las. Porém, essa situação de relativa tranquilidade não nos deve fazer esquecer o grande poder de coerção que o Estado detém e que será usado todas as vezes que a lei for descumprida e a ordem questionada de forma abusiva.

O Estado é um ente abstrato. Isso quer dizer que você nunca verá o Estado. O que vemos são as organizações que o compõem. Quais são elas? O Estado é composto pelo Executivo, ou seja, o governo com ministérios, secretarias e departamentos. Essa é a chamada máquina do Estado. A outra organização que compõe o Estado é o Legislativo. Nele estão os representantes do povo que, numa democracia, elaboram e aprovam as leis que regerão a vida da sociedade. Há ainda um outro órgão, o Judiciário, responsável por fazer cumprir as leis que regem a vida social. O Estado dispõe ainda do poder armado composto basicamente pelas Forças Armadas (Exército, Marinha e Aeronáutica) e as polícias. O poder armado existe para garantir a lei e a ordem, ou seja, que as decisões emanadas dos poderes Executivo, Legislativo e Judiciário sejam cumpridas.

Cada um desses órgãos forma um dos poderes do Estado. Cada um deles tem autonomia para agir e funções definidas pela Constituição. Numa democracia, nenhum dos poderes pode se sobrepor aos demais. O poder Executivo dispõe de recursos para realizar tarefas. Cabe a ele, por exemplo, criar e manter escolas (federais), criar e manter rodovias (federais), criar e manter hospitais (federais) e várias outras coisas. Ele pode, por exemplo, criar escolas, mas não pode impor um programa de ensino porque isso é tarefa do Legislativo. Cabe ao Legislativo aprovar leis e, dentre as várias leis aprovadas, uma é o Plano Nacional de Educação, que estipula as diretrizes para a educação em todas as escolas do país, sejam elas públicas ou privadas. O poder Legislativo tem a importante função de produz leis, determinando como a sociedade deve ser. Por exemplo, se queremos uma sociedade com igualdade de gênero, aprovam-se leis que reprimam a discriminação ou promovam a igualdade nesse campo. O poder Judiciário só age quando provocado (alguém precisa acioná-lo). Como poder de Estado, ele garante que qualquer ação dos demais poderes não fira as leis vigentes no país.

O Estado é o órgão máximo de poder na sociedade porque tem o poder (normativo) de criar normas (leis) e a capacidade (coatora) de obrigar as pessoas a cumpri-las.

7.3 ESTADO, ECONOMIA E EMPRESA

As empresas fazem parte da esfera econômica da vida social. O poder do Estado e as ações de governo fazem parte da esfera política da sociedade. Dessa forma, para começarmos a refletir sobre a relação entre o Estado e as empresas, devemos entender primeiro como se dá a relação entre as esferas política e econômica em uma sociedade. Em suma, precisamos medir o grau de intervenção do Estado na vida das empresas, considerando que, na história da humanidade, e consequentemente na história das diferentes sociedades, houve momentos em que o Estado foi mais intervencionista e momentos em que foi menos intervencionista. Ao analisar esses diferentes períodos econômicos, o mais importante é entender que cada um deles tem raízes históricas específicas e se apoia numa determinada corrente do pensamento econômico.

O período mercantilista da história europeia se caracterizou por um grande intervencionismo estatal na atividade econômica e na vida das empresas.[4] Basicamente, essa intervenção se deu porque os reis queriam aumentar seu poderio militar e para isso precisavam de dinheiro, a fim de enriquecer seus países. Os teóricos da época mercantilista tinham uma receita para atingir esse objetivo, e essas ideias levaram o governo a exercer um grande controle sobre a economia. É fato que a adoção de tal ou qual medida, e até mesmo o rigor com que ela seria implantada, podia variar de um país para outro. Entre as medidas, podemos citar a criação de monopólios reais, a criação de impérios coloniais, o tabelamento de salários, a restrição de importações e o poder que o rei tinha de permitir ou de cancelar o funcionamento de empresas. Por estimular o comércio e a agricultura, por um tempo, o mercantilismo conseguiu trazer riqueza para os países que o adotaram.

---

[4] A bem dizer, o mercantilismo é apenas o nome utilizado para designar a política econômica de certos países europeus. Por "período mercantilista" nos referimos a uma característica econômica marcante de um determinado período histórico, mais precisamente o período que vai do século XVI até o XVIII. Esse período também é conhecido por outra característica marcante: ele é chamado de "a época do absolutismo". No primeiro caso, fazemos de uma característica econômica o traço marcante de um período. No segundo, rotulamos o período segundo uma característica política. Tradicionalmente, o mercantilismo é visto como a política econômica do absolutismo.

O mercantilismo foi a política econômica dos reis absolutistas. Tanto o mercantilismo quanto o absolutismo representavam opressão e privilégio. Em termos econômicos, era opressiva porque reprimia a liberdade econômica. Criava privilégios porque instituía monopólios e, com isso, beneficiava poucos em prejuízo de muitos. Por representar a opressão e o privilégio foram derrubados em nome da liberdade e da igualdade.

No século XVIII, o maior crítico da política econômica mercantilista foi Adam Smith (1723-1790). Ele escreveu um livro dando a receita de como os países poderiam enriquecer, e a primeira regra consistia em reduzir ao mínimo a intervenção do Estado na economia.[5] Afirmava que o Estado deveria cuidar apenas da segurança externa (contra invasões) e interna (garantir a lei e a ordem), e que as pessoas e as empresas deveriam ter a maior liberdade possível, pois quanto menos o Estado interviesse na atividade econômica, mais rico o país seria. Pela ênfase que dava à liberdade, as ideias por ele defendidas fazem parte do que se convencionou chamar *liberalismo* (econômico). Essas ideias predominaram no século XIX, período que registrou um grande crescimento econômico.

O predomínio das ideias liberais na economia durou até a década de 1920, quando a crise de 1929 levou ao declínio dessas ideias. A crise teve dimensão mundial, com falências e desemprego em massa atingindo vários países. Para muitos, o liberalismo não tinha sido capaz de evitá-la. Nesse contexto, as ideias de John Keynes ganharam força.[6] Ele defendia uma maior presença do Estado na economia, acreditando que a sua ação possibilitaria a superação da crise e evitaria a ocorrência de novas crises dessa proporção. Ele ia mais além,

---

[5] O nome de Adam Smith ficou associado ao Estado mínimo. Para ele, a economia seria regida por uma "mão invisível" (o mercado) que regularia a oferta e o preço dos bens e serviços, inclusive a oferta de emprego e o valor dos salários. Em essência, sua mensagem vê a intervenção do Estado na economia como algo pernicioso e desnecessário. Porém, em algumas passagens do seu livro *A riqueza das nações*, ele reconhece que a intervenção do Estado pode ser necessária para a criação de uma infraestrutura (estradas, pontes, portos etc.), para a oferta de ensino à população e, nas palavras dele, para impedir que uma conspiração de empresários prejudicasse os consumidores. Porém, o núcleo da sua argumentação funda-se na crença de que o mercado tem capacidade de se autorregular. O mercado sinaliza com preços e, em função disso, os atores econômicos tomam suas decisões (comprar/não comprar, produzir/não produzir, contratar/despedir).

[6] Chama-se de keynesianismo o conjunto de ideias econômicas defendidas por John Maynard Keynes (1883-1946). A dinâmica do sistema capitalista implica em ciclos de crescimento seguidos por recessão. Na fase do crescimento, é só alegria. As vendas estão em alta, empregos são criados e os salários sobem. A recessão acaba com essa alegria, as vendas caem, os empregos desaparecem e muitas empresas fecham. Acabar com esse ciclo, ou, o que dá no mesmo, possibilitar o crescimento permanente sempre foi um sonho de economistas e políticos. Keynes acreditava ter encontrado a solução, e ela implicava em garantir o emprego para as pessoas. Para isso, o Estado (governo) deveria aumentar os seus gastos. Injetando mais dinheiro na economia, a demanda se manteria elevada e não haveria desemprego.

defendendo que o Estado seria o grande responsável pelo crescimento econômico.[7] As estatísticas mostram que o período que vai de 1945 até 1975 – época conhecida como "a época de ouro do capitalismo controlado" – foi de grande crescimento econômico. Muitos autores afirmam que a aplicação das ideias de Keynes, por parte de vários governos, foi a responsável por esse crescimento.[8]

Além disso, o século XX assistiu ao avanço do comunismo. O comunismo também vendia a ideia de que ele era a solução para curar os males do capitalismo liberal. Nesse caso, a solução seria a planificação central das atividades econômicas (controle sobre o tipo e a quantidade de bens a serem produzidos e controle do preço desses bens) e a estatização de todas as empresas. A liberdade econômica desapareceu totalmente. Impossível imaginar um controle maior da economia. Mesmo para os países que não adotaram o comunismo, esse sistema parecia ter alguma coisa para ensinar. Suas palavras tiveram eco na América Latina. Na década de 1940 os países dessa região lutavam para superar o subdesenvolvimento. A quase totalidade dos líderes políticos e intelectuais desses países compartilhava a crença de que caberia ao Estado o principal papel na promoção do crescimento econômico, um crescimento que os libertaria de uma vez da situação de pobreza.[9] Seguindo essas ideias, países estabeleceram inúmeras regulamentações sobre a atividade econômica e criaram inúmeras empresas estatais.

O predomínio do keynesianismo durou até a década de 1980. Ao longo desse período, cresceu a presença do Estado na economia e na sociedade. Na economia, em vários países, o Estado passou a ser produtor e em todos regulou com mais rigor a atividade empresarial. Na sociedade, cresceu enormemente o *Welfare State*, isto é, o Estado do bem-estar social. Nos anos 1980, muitos países, inclusive os Estados Unidos e a Inglaterra, passavam por um longo período de baixo crescimento econômico e elevada taxa de inflação e de desemprego. Vários economistas passaram a defender que a solução para romper essa fase

---

[7] Convém lembrar que embora Keynes defendesse que o governo deveria intervir na economia em situações de crise, ele não deveria permanecer intervindo nos períodos cíclicos (expansão e retração) que fazem parte da natureza do sistema capitalista. Também nunca defendeu a criação de empresas estatais. Apesar disso, grande parte dos defensores atuais de uma maior intervenção do Estado na economia sempre cita o nome de Keynes para, em parte, reforçar o poder argumentativo das suas propostas. Sobre Keynes e o Estado ver: AFONSO, José Roberto. *Keynes, crise e política fiscal*. São Paulo: Saraiva, 2012.

[8] STEGER, Manfred; ROY, Ravi K. *Neoliberalism*: A Very Short Introduction. Oxford: Oxford University Press, 2010.

[9] Na América Latina, a Cepal (Comissão Econômica para América Latina e o Caribe) é uma das cinco comissões regionais da ONU. Com sede no Chile, foi criada em 1948 com o objetivo de orientar políticas econômicas que pudessem contribuir com o desenvolvimento econômico dessa região. Até 1986 ela foi dominada pelas ideias de Raúl Prebisch e de Celso Furtado, para quem o Estado deveria ter um importante papel no desenvolvimento. As ideias da Cepal influenciaram os rumos da política econômica na América Latina.

ruim seria reduzir o papel do Estado na economia, reduzir as regulações sobre as empresas e ampliar a liberdade de comércio entre os países. Dois nomes se destacam como defensores dessa orientação: o presidente dos Estados Unidos, Ronald Reagan, e a primeira-ministra da Inglaterra, Margaret Thatcher.

Além disso, o final da década de 1980 assistiu à derrocada dos regimes comunistas na quase totalidade dos países que o tinham adotado. Os países comunistas foram marcados por uma situação de carência, pois a produção realizada por empresas estatais e controlada pelo Estado era insuficiente para atender à demanda da população. Isso foi visto como prova de que o controle estatal da economia não funcionava e deu margem para que outra corrente do pensamento econômico predominasse: o neoliberalismo.[10] O termo *neoliberalismo* é motivo de acirrada polêmica. Raramente se encontrará uma definição que agrade a todos. Como os autores que usam esse termo são os que criticam o neoliberalismo, quem quiser utilizar uma definição recorrendo às fontes bibliográficas correrá o risco de defini-lo segundo os seus detratores. Para não incorrer nesse erro, optamos por caracterizá-lo da forma mais geral possível.[11] Em termos gerais, o neoliberalismo se caracteriza pela desregulamentação da economia. Isso quer dizer que o Estado deve reduzir ao mínimo possível a sua intervenção na economia. A segunda característica é uma crença inabalável nas forças de mercado. Os chamados neoliberais defendem a não intervenção do Estado na economia porque acreditam que as forças de mercado agindo livremente têm condições de promover o crescimento econômico e evitar as crises prolongadas. Por isso, os neoliberais defendem liberdade de comércio internacional, ou seja, a eliminação, ao máximo, das barreiras protecionistas impostas por diferentes países. A terceira característica é uma decorrência lógica da primeira. Se o Estado deve reduzir ao mínimo possível a sua intervenção na economia, não faz sentido ele ser um ator econômico, ou seja, haver empresas estatais. Por isso, o neoliberalismo prega a privatização, isto é, que o Estado deve vender para a iniciativa privada todos os setores e empresas que ainda estão sob seu controle direto.

---

[10] O termo neoliberalismo teria sido criado em 1938 por Alexander Rüstow numa conferência de intelectuais realizada em Paris. A ideia era criar uma terceira via entre o comunismo e o que era visto como o antigo *laissez faire*. A forma que os formuladores do neoliberalismo da década de 1930 encontraram para se distinguir do liberalismo clássico foi a defesa de um Estado forte, ou seja, que interviesse na economia. Porém hoje em dia a discussão não gira mais em torno desse neoliberalismo, mas do que teria sido criado na década de 1980, associado aos nomes da primeira-ministra inglesa Margaret Thatcher e do presidente americano Ronald Reagan, e que tem como marca distintiva a redução da intervenção do Estado na economia ao mínimo possível.

[11] Deixaremos de fora dessa caracterização algumas características que comumente têm sido atribuídas ao neoliberalismo, por exemplo, a flexibilização do emprego, o fim do banco central etc. Fizemos isso porque essas outras características despertariam ainda mais polêmica do que as já citadas no texto do capítulo.

Uma das bandeiras do neoliberalismo é a do Estado mínimo.[12] A quarta característica do neoliberalismo é a crença no individualismo. Isso significa que os indivíduos são responsáveis pelas suas escolhas e pelo seu destino. Nesse sentido, o neoliberalismo critica os gastos excessivos com o Estado de bem-estar social (*Welfare State*), pois alimentaria a dependência das pessoas.

Estudos mostram que países que adotaram, pelo menos em parte, os princípios do neoliberalismo tiveram um crescimento econômico expressivo nas últimas décadas do século XX.[13] A China é, sem dúvida, o melhor exemplo. Mesmo continuando com uma economia fortemente controlada pelo Estado, houve uma expressiva liberação do comércio, em especial o internacional, que estimulou a criação de um grande parque industrial e aumentou a renda *per capita* da população.

Como vimos, ao longo da história tivemos períodos com maior e períodos com menor intervenção do Estado na economia (leia-se na vida das empresas). Isso coloca a seguinte e tormentosa questão: Qual dessas situações é a melhor? Poucos acreditam que a solução esteja num dos extremos, quer seja o chamado Estado mínimo, quer seja no Estado senhor da economia, típico dos regimes comunistas. O gerenciamento de uma economia moderna não pode abrir mão da ação do Estado. Há situações, como as que veremos a seguir, em que tanto a maior intervenção quanto a negligência por parte do Estado prejudicam em muito a vida das empresas. A questão consiste em saber qual deve ser o limite desse gerenciamento e, principalmente, qual é a qualidade desse gerenciamento.

7.4 O PODER SOBRE A EMPRESA

Quando se fala em poder sobre a empresa, a primeira ideia que vem à mente é o poder do Estado. Afinal, por ser a instância máxima de poder numa sociedade, ele detém muito poder sobre as empresas e interfere bastante nelas. Mas há,

---

[12] Este é outro termo carregado de imprecisões. Quanto é mínimo? Essa palavra não quantifica ou especifica o que fica fora e o que fica dentro. O terreno é tão nebuloso que um autor (neo) liberal escreveu um livro sobre o Estado mínimo e, no item referente a este tema, escreveu o seguinte: "A solução liberal não consiste em proclamar: abaixo o Estado, a política, os funcionários públicos e os impostos. Muito pelo contrário, uma sociedade liberal não pode funcionar, se nela não se reconhece claramente o lugar correspondente ao Estado". Mais adiante ele diz que lugar é esse: "Ao contrário, um Estado liberal é responsável a longo prazo pela segurança econômica, garante a ordem monetária e fiscal e o direito de propriedade". SORMAN, Guy. *O Estado mínimo*. Rio de Janeiro: Instituto Liberal, 1988. Dito assim, parece claro, mas não é. A expressão "segurança econômica" cria uma infindável discussão para se saber as medidas cabíveis ao Estado a fim de garanti-la.

[13] COLE, Julio H. *Libertad económica y crecimiento económico mundial, 1980-1999*. Disponível em: <http://www.elcato.org/libertad-econ-mica-y-crecimiento-econ-mico-mundial-1980-99>. Acesso em: 6 out. 2015.

na sociedade, outros atores que também têm poder sobre as empresas, embora infinitamente menor do que o do Estado (inclusive porque esses outros atores não dispõem da enorme capacidade de coação que o Estado dispõe). Estamos nos referindo aos sindicatos e aos grupos de pressão.

Primeiro vamos abordar o poder do Estado sobre as empresas. A primeira e mais importante das formas de intervenção, como já falamos é o seu poder normativo. Por poder normativo entenda-se a produção de leis e a punição dos infratores. As leis interferem sobre o que pode ser produzido, onde pode ser produzido, como vai ser produzido, como vai ser a propaganda, a relação dos empresários com os seus empregados, da empresa com o meio ambiente etc. Devemos lembrar que o poder de legislar sobre as empresas não é apenas de âmbito federal, mas os Estados e municípios também produzem normas legais que devem ser obedecidas. No Brasil, há uma enxurrada de leis a cada ano e uma parte expressiva delas interfere na vida das empresas.

Para se ter uma ideia do poder normativo que o Estado tem sobre as empresas, vamos lembrar que todas elas devem obedecer às regras tributárias, às leis trabalhistas, às leis ambientais, ao código do consumidor, à legislação sobre o que deve conter o rótulo etc. Para garantir a obediência a essas leis, o Estado tem fiscais que fazem inspeções para saber se alguma ilegalidade está sendo cometida. Em caso positivo, há uma série de medidas punitivas que podem, em última instância, dependendo da gravidade da falta constatada, levar ao fechamento da empresa.

ATIVIDADE 7.2 Após a leitura da notícia a seguir, relacione-a com o parágrafo que trata do poder normativo do Estado e cite setores empresariais nos quais ele vai interferir.

"Foi aprovada de forma unânime pelo Conanda – Conselho Nacional dos Direitos da Criança e do Adolescente, composto por entidades da sociedade civil e ministérios do governo federal, a resolução que, na prática, proíbe a veiculação de propagandas voltadas para crianças. Para o Conanda, a publicidade infantil fere o que está previsto na Constituição Federal, no Estatuto da Criança e do Adolescente e no Código de Defesa do Consumidor.

A medida aprovada pelo Conselho tem força de lei e, a partir de sua vigência, tornará proibido o direcionamento à criança de anúncios impressos, comerciais televisivos, spots de rádio, banners e sites, embalagens, promoções, merchandisings, ações em shows e apresentações e nos pontos de venda."

IDEC. *Conanda aprova resolução que proíbe a publicidade direcionada a crianças*, 6 maio 2014. Disponível em: <http://www.idec.org.br/em-acao/em-foco/conanda-aprova-resoluco-que-proibe-a-publicidade-direcionada-a-criancas>. Acesso em: 6 out. 2015.

Nenhuma empresa ou pessoa pode alegar discordância com a lei para não a cumprir. Se uma lei se mostrar inconstitucional, ela será derrubada pelo Supremo Tribunal Federal. Se a população não estiver satisfeita com uma lei, ela pode se organizar e pressionar os políticos para alterá-la em parte ou totalmente. Enquanto isso não for feito, as leis existem para serem cumpridas. A vida em sociedade requer regras legais. Sem leis, voltaríamos à barbárie. Porém, com grande frequência vemos grupos reclamando das leis. Reclamam não da existência delas, mas se voltam contra a excessiva quantidade ou então contra a irracionalidade, a ineficácia e a inconstitucionalidade de grande parte das leis. Quando centramos a nossa atenção no mundo empresarial, a conclusão a que chegamos é que essa enxurrada de leis prejudica o ambiente de negócios, pois diminui a eficiência das empresas e dificulta a entrada de novos grupos empresariais no país.

Segundo o jornal *O Globo*, entre 2000 a 2010, o país criou 75.517 leis, somando legislações ordinárias e complementares estaduais e federais, além de decretos federais. "Isso dá 6.865 leis por ano – o que significa que foram criadas 18 leis a cada dia, desde 2000".[14] Desse total, o número de normas legais que interferem na vida das empresas é grande. Um professor mineiro se deu ao trabalho de agrupar num livro toda a legislação tributária brasileira, e o resultado final foi um volume com 41 mil páginas que causam graves problemas.[15] Em 2013, o Banco Mundial publicou uma pesquisa mostrando os prejuízos que o excesso de regulação pode causar na vida das empresas brasileiras. Feita em 185 países, essa pesquisa constatou que o Brasil é o país no qual as empresas mais consomem tempo em questões fiscais, em média 2.600 horas para lidar com impostos e outras questões legais. Por todos os problemas, inclusive o excesso de normas legais, o Brasil aparece em 130º no ranking de facilidade de fazer negócio (ambiente de negócio favorável).[16]

---

[14] DUARTE, Alexandra; OTÁVIO, Chico. Brasil faz 18 leis por dia, e a maioria vai para o lixo. *O Globo*, 18 jun. 2011. Os autores da reportagem destacam que esse total de 75 mil leis não leva em conta as normas legais municipais, o que faria subir consideravelmente esse número.

[15] O livro compilado pelo advogado tributarista e professor mineiro Vinícius Leôncio chama-se *Pátria amada*, tem 2 metros de altura e pesa 7 toneladas. Muitas dessas normas legais já foram revogadas, mas fica difícil saber quais. O professor aponta um dos possíveis problemas que esse excesso de regulação pode causar: "'Essa burocracia causa uma incerteza jurídica muito grande. O empresário trabalha 30 ou 40 anos, um dia acorda e descobre que deve todo seu patrimônio em impostos. Não porque deixou de pagar, mas em virtude de interpretação da legislação', reclama, com conhecimento de quem lida com esses problemas há décadas – e ganha dinheiro com isso". Ver: Livro com toda lei tributária do Brasil pesa 2 hipopótamos. *Exame*, 25 mar. 2014. Disponível em: <http://exame.abril.com.br/brasil/noticias/livro-gigante-revela-peso-de-impostos-no-pais-2-hipopotamos>. Acesso em: 6 out. 2015.

[16] *Doing Business 2013*: Comparing Business Regulations for Domestic Firms in 185 economies. Washington: International Bank for Reconstruction and Development/The World Bank, 2013.

Outra forma de intervenção do Estado sobre a vida das empresas é a carga tributária. O Estado é formado por um conjunto de organizações: o Executivo, o Legislativo, o Judiciário e as Forças Armadas, como vimos. Manter esses poderes em funcionamento requer recursos financeiros para pagar as despesas correntes. Além disso, o governo (poder Executivo) é responsável por uma série de atividades. Cabe a ele, por exemplo, criar e manter hospitais públicos, criar e manter escolas públicas nos três níveis de ensino, fazer pontes e estradas. Além disso, é responsável por uma série de programas sociais como, por exemplo, aposentadoria e pensões, Bolsa Família, Pro-Uni, programas de habitação popular, assentamentos rurais e muitos outros. Isso também implica despesas. Quanto maior for o tamanho do Estado e as tarefas a que ele se propõe, maiores serão as suas despesas.

A receita para pagar essas despesas vem da cobrança de tributos. São mais de 60, considerando impostos, taxas e contribuições em nível federal, estadual e municipal. A carga tributária no Brasil sobre as empresas beira 40% do seu faturamento[17] e oscila em torno de 36% do PIB, o que nos coloca entre os países com as mais elevadas cargas tributárias do mundo.[18] Em média, toda a renda do brasileiro até o dia 28 de maio é utilizada para pagar impostos. No Brasil, há uma combinação perversa: a elevada carga tributária não corresponde a um serviço público de qualidade. Em 2012, uma pesquisa em 30 países mostrou que o Brasil era o pior deles quando se relacionava carga tributária com a qualidade de vida. Há países com uma carga tributária maior, mas que têm uma excelente qualidade de vida. Mas há países com uma carga tributária bem menor e que têm uma qualidade de vida bem superior à nossa.[19] Nesse item, estamos mal. O

---

[17] Este número foi extraído da matéria: MAIA Jr., Humberto. A conta nunca diminui. *Exame*, edição 1092, 24 jun. 2015, p. 56. Ela apresenta ainda outro dado interessante, embora trágico: "Sete das dez empresas que mais pagaram impostos em relação à riqueza tiveram prejuízo no ano passado" (p. 57).

[18] Ninguém contesta que o Brasil tem uma das cargas tributárias mais altas do mundo. A polêmica surge quando se tenta precisar que lugar ele ocuparia numa lista. Segundo o Instituto Brasileiro de Planejamento Tributário (IBPT), em 2012 ocupávamos a 15º posição. Ver: UOL. *Confira o peso dos impostos no seu bolso*. Disponível em: <http://economia.uol.com.br/infograficos/2012/05/28/confira-o-peso-dos-impostos-no-brasil.htm>. Acesso em: 6 out. 2015. O dado sobre os dias trabalhados por ano para pagar impostos veio dessa mesma fonte.

[19] Esta pesquisa foi feita pelo IBPT em 2011. O IBPT criou o Índice de Retorno de Bem-Estar à Sociedade (Irbes) cruzando o percentual da carga tributária em relação ao PIB com o Índice de Desenvolvimento Humano (IDH). O IDH foi adotado pela ONU para avaliar a qualidade de vida em diferentes países. Ele mede uma vida saudável (expectativa de vida), acesso ao conhecimento (escolaridade) e padrão de vida (PIB *per capita*). Segundo a pesquisa, a Suécia tem uma carga tributária de 44,8% do PIB, bem acima do Brasil, mas tem um Irbes de 141,15. Dentre os países com uma carga tributária bem menor do que a do Brasil, pegamos como exemplo os EUA e a Coreia do Sul, ambos com uma carga tributária de 25% do PIB, mas com um Irbes de, respectivamente, 163,83 e 162,38. O Brasil, com uma carga de 35,7% do PIB, tem um Irbes de 135,83. Ver: IBPT. *Estudo sobre a Carga Tributária/PIB x IDH*, 2013. Disponível em:

brasileiro paga muito e recebe pouco. Para o estudante de Administração, esse dado levanta uma questão. Ele indica que o Estado no Brasil tem um problema gerencial, pois não consegue garantir um padrão mínimo de qualidade nos serviços que presta à população (educação, saúde, segurança etc.). No Capítulo 1, que tratou da dominância do pensamento gerencial nas sociedades industriais contemporâneas, vimos que para resolver esse problema alguns países estão introduzindo os princípios gerenciais, até hoje típicos da iniciativa privada, na gestão dos serviços públicos.

Se concentrarmos a nossa atenção apenas no mundo empresarial, vemos que as empresas também se ressentem dos serviços prestados pelo Estado. A excessiva carga tributária eleva o preço dos produtos e dos serviços ofertados, e isso reduz a demanda. O Brasil faz parte do BRICS, e em 2013 a nossa carga tributária era muito maior entre todos os países do grupo.[20] Segundo o especialista Gilberto Luiz do Amaral, coordenador de estudos do Instituto Brasileiro de Planejamento e Tributação (IBPT):

> Os constantes aumentos da carga tributária brasileira deixam bem clara a dificuldade que o Brasil tem de expandir o seu comércio exterior e também de incentivar a produção nacional. Competir no mundo globalizado com uma carga tributária tão alta é o mesmo que colocar um lutador de sumô para disputar os 100 metros rasos em uma Olimpíada.[21]

Há um ponto que deve ser destacado, que é a baixa qualidade da infraestrutura da nossa economia. Entendemos por infraestrutura tanto as instalações materiais como os serviços necessários para a realização da atividade inerente a essas instalações. Por exemplo, faz parte da infraestrutura tanto uma estrada, que é uma estrutura material, quanto as atividades necessárias para a sua manutenção. O mesmo pode ser dito de uma usina hidroelétrica e das atividades de distribuição dessa energia. A infraestrutura tem grande importância para

---

<https://www.ibpt.org.br/noticia/896/Brasil-tem-alta-carga-tributaria-mas-continua-oferecendo-menor-retorno-a-populacao>. Acesso em: 6 out. 2015.

[20] BRICS é uma sigla formada pela primeira letra do nome de cinco países: Brasil, Rússia, Índia, China e África do Sul (South Africa). Estes países têm em comum o fato de serem bastante populosos e terem uma economia industrializada e (pelo menos na época da sua formação, em 2006) apresentarem índices expressivos de crescimento econômico e um elevado peso na política internacional. Esses países não formam um bloco, mas realizam encontros anuais para planejar ações coordenadas em determinadas áreas e para estreitar as relações comerciais entre eles.

[21] IBPT. *Carga tributária brasileira é quase o dobro da média dos BRICS*. Disponível em: <https://www.ibpt.org.br/noticia/1443/Carga-tributaria-brasileira-e-quase-o-dobro-da-media-dos-BRICS>. Acesso em: 6 out. 2015. Note que o sumô é uma luta japonesa na qual não há divisão em categoria por peso. Pelas regras, o peso elevado pode ser uma vantagem. Por isso, os lutadores são muito pesados.

a atividade empresarial, pois a produção de bens e serviços depende da existência e da qualidade da infraestrutura e dos serviços que elas prestam. Dados recentes mostram que nesse quesito o Brasil deixa muito a desejar. Por exemplo, segundo a Confederação Nacional dos Transportes (CNT), quase 70% das nossas estradas são ruins, o que eleva o gasto de combustível, exige a troca de peças com mais frequência e diminui a vida útil dos veículos. É evidente que isso aumenta o preço do frete e consequentemente das mercadorias transportadas. Nos portos, os problemas se acumulam com perda de tempo e aumento de gastos. Tradicionalmente, no Brasil a infraestrutura é criada e operada pelo Estado. Tem-se aqui outro caso de ineficiência gerencial por parte do Estado que onera bastante o custo das empresas e diminui a competitividade dos nossos produtos no mercado internacional.

Passemos a outra forma de intervenção do Estado na vida das empresas, as chamadas políticas de governo. Primeiro vamos entender o que é o governo. A palavra governo pode significar tanto o conjunto das organizações que compõem o poder Executivo (presidência, ministérios e secretarias) como também o conjunto de pessoas que assumiram o poder Executivo em virtude da vitória nas eleições. Essas pessoas foram eleitas em razão de um programa, ou seja, de promessas de realizações em diferentes áreas. Há propostas para a economia, para os programas sociais, para a cultura, para a educação, para a saúde, para a habitação, para a segurança, para o meio ambiente, para a infraestrutura e várias outras áreas. Para realizar o seu programa de governo, essas pessoas adotam uma série de medidas em cada uma dessas áreas, e essas são as políticas de governo.

Não é difícil perceber que políticas de governo interferem diretamente na vida das empresas. Por exemplo, a adoção de uma política habitacional em que o governo financia moradia a setores de baixa renda certamente terá um efeito positivo em empresas de engenharia, em empresas que produzem cimento, tijolos, vidro, móveis etc. Uma política de governo que vise desenvolver determinada região do país dando benefícios fiscais certamente beneficiará as empresas que se estabelecerem nessa região. Mas as políticas de governo também podem ter um efeito devastador sobre um determinado setor. Até o ano 2000, no Brasil, havia pouca oferta de linhas telefônicas novas. Por isso, em alguns bairros da cidade de São Paulo uma linha telefônica chegava a custar R$ 5.000,00. Muitas empresas faturavam alto comprando e revendendo linhas telefônicas. A partir de 1998, o governo tomou uma série de medidas que aumentaram enormemente a oferta de linhas telefônicas. O preço da linha caiu quase a zero. As empresas que negociavam linhas telefônicas ou fecharam ou faliram. Obviamente, não era objetivo do governo falir essas empresas; o objetivo do governo era apenas aumentar a oferta de linhas telefônicas.

Sem sombra de dúvida, de todas as políticas conduzidas pelo governo a que mais afeta a vida das empresas é a política econômica. Para conduzir a sua política econômica, o governo pode lançar mão de diferentes recursos, como a taxa de juros e a taxa de câmbio. A elevação da taxa de juros tem sido utilizada para reduzir a inflação.[22] Porém, quando o governo faz isso, ele aumenta o custo do dinheiro que as empresas precisam tomar no mercado para custear investimentos ou pagar despesas correntes.

No Brasil e no mundo, quando se fala em taxa de câmbio, se está falando da paridade da moeda local, no nosso caso o real, em relação ao dólar.[23] No Brasil, vez por outra o governo interfere no câmbio, fazendo o Banco Central comprar ou vender grandes quantidades dessa moeda. Ele faz isso para atender a algum objetivo econômico. Porém, convém lembrar que, toda vez que ele faz isso, beneficia certos setores da economia e prejudica outros. Além disso, os governos podem querer estimular determinados setores da economia ou regiões geográficas. Nesse caso, esses setores ou regiões são beneficiados com crédito mais barato e benefícios fiscais.

Os outros atores políticos que podem interferir nas empresas são os sindicatos de trabalhadores e os grupos de pressão. A força de um sindicato está na direta proporção do tamanho da categoria que ele representa e da sua representatividade. Um sindicato que tenha milhares de filiados, cuja maioria segue as suas orientações, certamente terá mais condições de fazer os empresários aceitarem as suas reivindicações. Em última instância, eles podem

---

[22] No Brasil, nos últimos anos, a taxa de juros tem sido a principal arma do governo no combate à inflação. Ao elevar a taxa de juros, o governo estimula a poupança, pois a remuneração do capital aplicado passa a ser maior. O direcionamento do dinheiro para diferentes tipos de poupança retira dinheiro do mercado, e com isso a demanda cai. Diante dessa queda, empresários não se arriscam a elevar o preço dos produtos que vendem. Dessa forma, a inflação não sobe. Ao elevar os juros, o objetivo do governo é combater a inflação, mas ele cria ganhadores e perdedores. Ganham todos os agentes que têm a sua poupança indexada pela taxa básica de juros. Perdem todos os que precisam de crédito, pois devem pagar mais caro pelos empréstimos.

[23] Basicamente há dois regimes cambiais, ou seja, duas orientações que o governo pode adotar em relação ao câmbio. No câmbio fixo, o governo intervém diretamente e determina o valor do real em relação ao dólar. No câmbio flutuante, o valor do dólar oscila segundo o mercado. Porém, no Brasil, que adota o câmbio flutuante, há momentos em que o Banco Central interfere na cotação do dólar comprando ou vendendo grandes quantidades dessa moeda. Essa é uma política frequente de governo. Quando o real fica forte, ou seja, se valoriza frente ao dólar, todos os setores da economia que dependem da exportação reclamam porque os produtos brasileiros ficam mais caros e perdem competitividade no mercado mundial. Porém, isso beneficia importadores, que usarão menos reais para pagar suas compras no exterior. Quando o real se enfraquece, ou seja, quando sobe a cotação do dólar, os exportadores se beneficiam e os importadores ficam prejudicados. O governo interfere exatamente para tentar encontrar um ponto de equilíbrio.

recorrer à greve para obrigar os patrões a atingir os seus objetivos. As partes envolvidas podem chegar a um acordo. Quando elas não chegam a um acordo, os conflitos trabalhistas passam a ser arbitrados pelo Estado. Nesses casos, a justiça trabalhista emite decisões, por exemplo, sobre o percentual do reajuste salarial e outras cláusulas, e as partes devem obedecer.

Vamos chamar de grupos de pressão organizações criadas por grupos para defender objetivos específicos. Num certo sentido, até os sindicatos podem ser considerados grupos de pressão. Porém, aqui, quando nos referimos aos grupos de pressão, estamos incluindo outras organizações que não os sindicatos. Existem diferentes grupos de pressão que podem interferir na empresa. Por exemplo, os grupos ambientalistas ou religiosos podem pressionar a empresa para que ela aja ou não aja de tal ou qual maneira. O poder deles sobre a empresa vai também depender da sua representatividade. Fica mais fácil para uma empresa ignorar a demanda de um grupo de pressão inexpressivo do que de um que aglutine milhares de pessoas. As empresas não estão obrigadas a aceitar as demandas dos grupos de pressão; elas apenas o farão se acharem conveniente.

Nesta seção do capítulo, demos destaque às ações do Estado e do governo. Vimos que elas podem interferir bastante no mundo empresarial. Então, nada mais lógico do que os empresários tentarem interferir no Estado e no governo para garantir os seus interesses. Fazendo isso, entram no mundo da política. É sobre esse mundo que falaremos a seguir.

7.5. A FORÇA DA POLÍTICA

Em diferentes momentos da sua história, qualquer sociedade precisa tomar decisões que afetam a vida de todos que nela vivem. A política pode ser entendida como o processo de tomada dessas decisões. Norberto Bobbio usa a expressão *decisões vinculatórias* para caracterizar o tipo de decisão emanada do sistema político, na qual a palavra *vinculatória* tem o sentido de "submeter". Assim, as decisões vinculatórias são decisões às quais todos devem se submeter.[24]

---

[24] "Todo grupo social está obrigado a tomar decisões vinculatórias para todos os seus membros com o objetivo de prover a própria sobrevivência, tanto interna como externamente. Mas até mesmo as decisões de grupo são tomadas por indivíduos (o grupo como tal não decide). Por isso, para que uma decisão tomada por indivíduos (um, poucos, muitos, todos) possa ser aceita como decisão coletiva, é preciso que seja tomada com base em regras (não importa se escritas ou consuetudinárias) que estabeleçam quais são os indivíduos autorizados a tomar as decisões vinculatórias para todos os membros do grupo, e à base de

Com base nessa noção, Bobbio utiliza dois critérios para estabelecer a diferença entre ditadura e democracia. O primeiro critério é quem toma as decisões vinculatórias. O segundo diz respeito às regras que regem a produção dessas decisões. Numa democracia, todos os cidadãos participam da formulação das decisões, através da eleição de representantes. As eleições devem ser honestas e com ampla liberdade de organização e expressão, de modo que todas as correntes de opinião possam se apresentar ao eleitorado. As decisões vinculatórias devem ser produzidas segundo o princípio da maioria, ou seja, elas devem expressar o ideal ou os interesses da maioria. Na ditadura, as decisões são tomadas pelo grupo que controla o poder e impostas à sociedade.

Seguindo essa formulação de Bobbio, vamos chamar de política todos os processos através dos quais os atores políticos formulam e produzem decisões vinculatórias. Vamos chamar de ator político todo grupo social organizado, toda organização política (partidos políticos e agentes do governo) ou movimento social que atue na cena política visando à realização de um objetivo.

É através da política que diferentes grupos sociais fazem valer os seus ideais e interesses, ou seja, eles tentam influenciar na produção de leis ou levar o governo a realizar políticas públicas. Por políticas públicas entendem-se as ações de governo que interferem diretamente na vida dos cidadãos. São consideradas políticas públicas, por exemplo, tanto a construção de um grande reservatório para aumentar o volume de água oferecida à população de uma região como uma campanha para reduzir as mortes no trânsito.

A política envolve ideais, pois através dela podemos fazer com que a nossa sociedade caminhe no sentido de expressar as mais elevadas aspirações humanas, como a liberdade, a igualdade, a justiça, a tolerância e a paz. Em suma, só através da política podemos construir um mundo melhor. Mas a política também envolve interesses. Nesse caso, uma reivindicação material afeta as condições de existência de um grupo. Essa distinção é meramente didática. Isso quer dizer que, mesmo quando a ação política defende um ideal, ela sempre acaba beneficiando um ou mais grupos. Em termos bem simples, podemos dizer que a política é o processo através do qual os diferentes grupos procuram fazer com que os seus ideais e interesses prevaleçam na sociedade.

---

quais procedimentos". BOBBIO, Norberto. *O futuro da democracia*: uma defesa das regras do jogo. Rio de Janeiro: Paz e Terra, 1986, p. 18.

> **ATIVIDADE 7.3** Leia a notícia a seguir e responda se ela pode ser vista como a realização de um ideal. Justifique.
>
> "O Senado aprovou nesta terça-feira (20/05/2014) a reserva de vagas para negros ou pardos em concursos públicos federais. Em votação simbólica, os senadores aprovaram o Projeto de Lei da Câmara (PLC) 29/2014, que garante aos candidatos negros 20% das vagas de concursos a serem realizados por órgãos da administração pública federal, autarquias, fundações, empresas públicas e sociedades de economia mista controladas pela União."
>
> LIMA, Paola. Senado aprova cota para negros em concursos públicos. *Portal de Notícias do Senado Federal*, 20 maio 2014. Disponível em: <http://www12.senado.gov.br/noticias/materias/2014/05/20/senado-aprova-cota-para-negros-em-concursos-publicos>. Acesso em: 6 out. 2015.

Por se tratar de uma forma de fazer com que um ideal ou interesse prevaleça, a atividade política implica em conflito. Pode-se dizer que a política é o espaço do conflito. Vamos entender o que é esse conflito. Quando se trata de ideias, é possível supor uma maior unanimidade entre os diferentes grupos sociais. Por exemplo, poucos discordariam que a nossa sociedade deve garantir a liberdade. Porém, essa unanimidade se dissolve quando se tenta estabelecer os limites da liberdade. Por exemplo, podem ser feitas piadas ofensivas à religião? Há opiniões divergentes e até antagônicas. Cada grupo que tiver uma opinião distinta sobre os limites da liberdade lançará mão dos recursos que dispõe para fazer valer a sua visão. O mesmo acontece quando se trata de interesses materiais. Nesse caso, a decisão vinculatória pretendida por um grupo pode significar, e geralmente significa, a perda para outro. Isso é foco de tensão. Aquele que se beneficiar com a mudança se esforçará para que isso aconteça, e o que for prejudicado resistirá. Cada grupo traçará estratégias de ação para fazer com que o seu interesse prevaleça. Esta é a base do conflito na política.[25]

---

[25] É bem verdade que nas democracias liberais, em raras vezes, esse conflito pode se manifestar como embate físico, recorrendo-se até mesmo à violência. Porém, na quase totalidade das vezes, o embate se dá dentro dos marcos institucionais que operam no sentido de domesticar o conflito, ou seja, despojar o conflito do seu potencial destrutivo. Nas democracias liberais, o conflito foi legitimado, institucionalizado e há arenas especiais para a sua resolução. Essa é a tese defendida por Ralf Dahrendorf no livro *As classes e os seus conflitos na sociedade industrial* (Brasília: Editora da UNB, 1982). Indo contra a previsão de Karl Marx, para quem, na sociedade capitalista, os conflitos de classes se tornariam cada vez mais intensos e violentos, Dahrendorf afirma: "Ao invés de um campo de batalha, o cenário do conflito de grupos tornou-se uma espécie de mercado em que forças relativamente autônomas confrontaram-se de acordo com certas regras do jogo em virtude das quais ninguém é permanentemente vencedor ou perdedor" (p. 69).

Convém lembrar que esta ideia de conflito não implica violência, apenas no confronto entre diferentes visões de mundo e de interesses. Quando as visões de mundo e/ou interesses se mostram inconciliáveis, o conflito pode assumir formas violentas. Nesse caso, a política deixa de ser feita no seu espaço próprio (o Parlamento) e pelos atores tradicionais (os partidos) e passa para "as ruas" envolvendo outros atores políticos.

ATIVIDADE 7.4 A seguir você lerá um texto sobre a discussão de um tema que envolve empresários e empregados. O texto é de 2014, nada foi resolvido em relação a esse tema, mas ele ainda é motivo de muita discussão na sociedade brasileira. Após ler o texto, descreva quais interesses estão em conflito e o que querem as partes envolvidas.

"As mudanças na Consolidação das Leis de Trabalho (CLT) contrapõem empresários e trabalhadores, que têm visões opostas sobre o tema. Os sindicalistas querem a manutenção dos direitos atuais e defendem como prioridades o fim do fator previdenciário (índice multiplicativo aplicado ao valor dos benefícios previdenciários que leva em conta o tempo de contribuição, a idade do segurado e a expectativa de vida), a redução jornada de trabalho de 44 para 40 horas, sem redução de salários, igualdade de oportunidade entre homens e mulheres e a política de valorização dos aposentados.

Por sua vez, a Confederação Nacional das Indústrias (CNI) lançou um estudo com 101 propostas para atualizar a legislação que trata das relações do trabalho. Na visão dos empresários, o excesso de proteção ao trabalhador na CLT podia ser justificado em 1943, quando surgiu a legislação num país de industrialização então incipiente. O documento lista 'irracionalidades' da CLT e apresenta sugestões para reduzir os altos custos do emprego formal, que a CNI vê como um dos mais graves gargalos ao aumento da competitividade das empresas brasileiras. Entre as propostas da confederação estão a substituição do legislado sobre o negociado, a revogação de súmulas do Tribunal Superior do Trabalho favoráveis aos trabalhadores e a flexibilização ou redução de direitos trabalhistas."

TRIBUNAL Regional do Trabalho da 10š Região. *Propostas alteram CLT e causam polêmica entre e trabalhadores e empresários*. Disponível em: <http://trt-10.jusbrasil.com.br/noticias/100490856/propostas-alteram-clt-e-causam-polemica-entre-e-trabalhadores-e-empresarios>. Acesso em: 6 out. 2015.

Mas a política não é só conflito. Na maior parte das vezes, ela também implica negociação ou conciliação, ou seja, acordos entre as partes. Nem sempre um grupo tem condições de fazer valer os seus interesses, isto é, transformá-los numa decisão vinculatória. Nesse caso, é preciso negociar. No processo de negociação, os grupos envolvidos tentam chegar a um acordo que concilie os interesses em jogo. A decisão vinculatória será fruto desse acordo.

Mas como essas decisões vinculatórias são produzidas? Na democracia representativa, as pessoas votam em candidatos que, caso eleitos, serão os representantes do povo. Ao decidirem, eles estão decidindo em nome do povo. Para serem eleitos, eles têm que ser indicados por um partido político. Na democracia representativa, o partido político deveria ser o principal ator político. Em tese, cada partido representaria uma determinada corrente de opinião (ideais e interesses), cada qual com uma proposta diferente. Assim, caso um partido recebesse um grande número de votos, isso indicaria que, naquele momento, uma grande parte da sociedade se identificaria com a proposta e gostaria que elas se tornassem decisões vinculatórias. Numa situação assim, a prática política consiste basicamente em que cada grupo encontre o partido que melhor expressa os seus ideais e interesses; apoie esse partido; e, caso ele consiga eleger alguém para um cargo Executivo ou fazer uma maioria no Legislativo, faça com que isso possa ser usado para aprovar decisões vinculatórias que atendam aos seus ideais e interesses.

ATIVIDADE 7.5 Você lerá a seguir um trecho de um artigo sobre partidos nas democracias representativas contemporâneas escrito pelo cientista político José Álvaro Moisés. O artigo intitula-se *Longa jornada junho a dentro* e refere-se aos acontecimentos do mês de junho de 2013, quando, em várias capitais do Brasil, as ruas foram tomadas por manifestações que chegaram a reunir milhares de pessoas em protesto contra o aumento das passagens de ônibus, os gastos com a Copa do Mundo e a corrupção. Estabeleça uma relação entre a ideia central defendida neste texto com o conteúdo do parágrafo anterior à atividade.

"Esses acontecimentos trouxeram uma variável que estava fora do debate: a cultura política. Os movimentos foram resultado da democracia e ao mesmo tempo reivindicação de mais democracia. Muitos participantes são jovens que nasceram na nova democracia, mas têm um mal-estar com a democracia; não com o regime, mas com o funcionamento das instituições. No desenvolvimento da democracia, escolhas institucionais foram feitas no Brasil sob a égide de concepções muito tradicionais. O modelo de representação vem dos anos 30. Da maneira como vem funcionando, levou ao esvaziamento dos partidos e do parlamento. A percepção disso pelos jovens está levando a uma forma nova de participar.

Mecanismos tradicionais de mediação entre interesses da sociedade e o núcleo decisório do sistema político estão entupidos. Nas minhas pesquisas de confiança nas instituições, desde meados dos anos 80 já tinha insatisfação com partidos e o Congresso, mas não nesse nível. As últimas pesquisas mostram que a desconfiança nos partidos ultrapassa 80%, e no Congresso bate em 79%. A pergunta sobre democracia chama atenção.

> 30% das pessoas acham que ela pode funcionar sem partidos. É um terço da cidadania. Há 30% também que acham que ela pode funcionar sem o Congresso. A novidade de junho é que pela primeira vez se fez na rua uma conexão entre o mau funcionamento das instituições e o mau funcionamento dos serviços públicos."
>
> Disponível em: ‹http://josealvaromoises.com.br/2013/09/21/longa-jornada-junho-adentro/›. Acesso em: 6 out. 2015.

Hoje em dia, nas democracias, a representatividade dos partidos políticos é muito debatida. Basicamente, discute-se as questões: Os partidos são os instrumentos mais eficazes de representação de interesses numa sociedade extremamente pluralista? Os inúmeros grupos sociais se veem representados nos partidos existentes? Há fortes indícios de que um número crescente de pessoas vem respondendo "não" a essas duas questões. Por isso, estamos vivendo a chamada crise de representatividade dos partidos políticos. Uma solução para essa crise estaria nas experiências de democracia participativa. Em termos bem gerais, a democracia participativa consistiria em criar novos mecanismos de participação política para que o controle do povo sobre a política se desse de forma mais direta (não mediada exclusivamente pelos partidos políticos) e permanente (não a cada 4 anos).[26] No momento, pelo menos em nível federal e estadual, a democracia participativa ainda se coloca, pelo menos para alguns grupos, como um ideal distante.[27] No presente, o que temos é a democracia

---

[26] Convém lembrar que a Constituição Brasileira de 1988 contempla dois mecanismos de participação direta da população na política, além do voto em candidatos de partidos a cada quatro anos. O artigo 14 da Constituição Federal determina que "a soberania popular será exercida pelo voto direto e secreto, e também, nos termos da lei, pelo plebiscito, referendo e pela iniciativa popular". Tanto no plebiscito quanto no referendo a população é chamada a decidir através do voto. Em ambos os casos, a decisão tomada pelo povo é transformada em lei. Em 1993, foi feito um plebiscito para que o povo decidisse o regime de governo (monarquia ou república) e o sistema de governo (presidencialismo ou parlamentarismo). Em 2005, houve um referendo sobre o desarmamento. O Congresso havia aprovado uma lei que, em termos bem simples, impedia a venda de armas e restringia ainda mais o porte de armas. O povo votou contra e a lei foi revogada. A diferença entre ambos é que no plebiscito o povo vai votar sobre algo que pode passar a existir, caso a maioria assim decida. Já no referendo o povo é chamado a decidir sobre uma lei existente, que pode então ser mantida ou revogada. A iniciativa popular é o mecanismo que possibilita que qualquer um que consiga reunir a assinatura de 1% do eleitorado brasileiro possa apresentar um projeto de lei para ser votado no Legislativo. A Lei da Ficha Limpa, aprovada em 2010, que proíbe a candidatura de pessoa condenada em processo criminal, surgiu de uma iniciativa popular com mais de 1,3 milhão de assinaturas.

[27] Há quem afirme existir experiências bem-sucedidas de democracia participativa em alguns municípios brasileiros. Porém, quando o assunto sai da esfera municipal e vai para a esfera estadual e federal, rareia o número das experiências e aumentam as resistências. Deve ficar claro que os que resistem a determinadas propostas de democracia participativa não são inimigos da democracia. Um dos argumentos contrários alerta que a criação de mecanismos que estejam acima do Legislativo ou que tenham o poder de se contrapor às suas decisões colocaria em risco a própria democracia, pois permitiria ao governante governar sem o Legislativo.

representativa, que atribui grande poder aos partidos e ao Legislativo, pois nele são produzidas as leis que todos devemos obedecer. Dele saem as leis que regulam a vida das empresas. E o poder repressivo do Estado está pronto para obrigar os que se negam a obedecer a essas leis.

Além do Legislativo, o governo é outra instituição do Estado e, portanto, da política, que também tem grande poder. O governo, como já foi falado, é a máquina administrativa. As fontes de poder do governo são variadas. Uma delas é a possibilidade de produzir decretos que têm peso de lei. Fazer leis é uma prerrogativa do Legislativo, mas o governo pode fazer decretos para regulamentar algum aspecto de uma lei aprovada pelo Legislativo. O decreto detalha a lei e não pode ir contra ela.

Outra fonte de poder do governo está na grande quantidade de recursos financeiros de que ele dispõe. Nesse caso, trata-se de um determinado recurso de que os governos dispõem. Este recurso é financeiro, ou seja, o dinheiro de que o governo dispõe para emprestar ou realizar obras. Há grupos que precisam desses recursos e há grupos que gostariam de ver realizada determinada obra pública. Esses recursos financeiros se tornam fonte de poder porque cabe ao governo decidir quem receberá os recursos e quais obras serão realizadas. Em suma, ao determinar a alocação dos recursos, ele pode beneficiar tal ou qual grupo ou tal ou qual região.

Esses recursos, na sua maior parte, são provenientes da arrecadação de impostos. Embora todos os níveis de governo disponham desse tipo de recurso, o que chama a atenção no Brasil é a grande concentração da arrecadação nas mãos do governo federal. Segundo a Receita Federal, em 2011, em relação à distribuição por esfera administrativa, o governo federal ficou com 70,0% do total da arrecadação, enquanto os estados ficaram com 24,4% e os municípios com 5,5%. É bem verdade que uma grande parte destes recursos é utilizada para a manutenção da própria máquina pública, ou seja, para o pagamento de salário dos funcionários públicos e para despesas correntes dos ministérios, secretarias e departamentos. Porém, há também uma quantidade expressiva de recursos que pode ser utilizada segundo orientação do governo. Esses recursos deviam ser utilizados segundo critérios técnicos, ou seja, de acordo com o maior retorno para a sociedade. Esses recursos se tornam fonte de poder quando são utilizados segundo critério político, pois, nesse caso, troca-se recurso por apoio político.

O que tentamos mostrar nesta seção foi que, na sociedade, existem duas instituições, o Legislativo e o Executivo, que são centros de poder. Centros de poder porque podem gerar decisões vinculatórias, mas também, no caso do Executivo, por dispor da possibilidade de alocar recursos financeiros. Como eles são centros de poder, tornam-se o objeto da ação política. Os diferentes grupos que existem na sociedade usarão dos seus recursos políticos para gerar decisões vinculatórias que atendam aos seus ideais ou interesses ou conseguir do governo a liberação de recursos, o que também atenderá aos seus interesses. Basicamente este é o que podemos chamar de o jogo da política, e é sobre ele que vamos falar agora.

7.6 O JOGO DA POLÍTICA

Os grupos que têm interesses a defender ou ideais a alcançar têm que participar da política caso queiram ver seus ideais realizados ou seus interesses atendidos. Existem várias formas de participar da política. Vamos falar das mais comuns.

Na democracia representativa, os atores políticos por excelência são os partidos políticos. Qualquer grupo que tenha um ideal ou interesse a defender deve encontrar um partido que seja simpático à sua causa e conseguir que um deputado ou senador apresente um projeto de lei que contemple esse ideal ou objetivo. Aí começa o jogo político dentro do Parlamento, pois, como é comum acontecer, nem todos os partidos ou políticos verão esse projeto da mesma forma. Há os que discordam em parte e há também os que são totalmente contra. Caso o partido que apresentou o projeto tiver certeza que conta com a maioria, ele o coloca em votação e, por causa dessa maioria, o projeto é aprovado e vira lei. Caso não haja essa certeza, ele terá que negociar. O resultado das negociações é sempre incerto. Muitas vezes, o projeto ficará parado numa comissão até que se chegue a um acordo, e isso pode demorar muito tempo. Outras vezes, os grupos negociam para que o projeto seja modificado e os pontos polêmicos sejam retirados.

Tradicionalmente, os empresários utilizam os seus órgãos de classe para interferir na política. Estes órgãos de classe (confederações, federações e sindicatos ou associações de classe) agrupam os interesses de um determinado ramo ou setor empresarial. Por exemplo, a Febraban defende os interesses dos banqueiros. A Sociedade Rural Brasileira, o interesse dos produtores rurais, e por aí vai. Estas associações de classe podem fazer campanhas junto à opinião pública para defender uma visão que satisfaça os seus interesses. Porém, geralmente elas atuam junto aos políticos para convencê-los de apresentar ou aprovar projetos favoráveis aos seus interesses ou rejeitar os que forem contrários a esses interesses.

ATIVIDADE 7.6   Leia a notícia a seguir e responda ao que se pede.

"SÃO PAULO – Centrais sindicais, Ministério Público do Trabalho, Dieese e outras sete organizações de defesa dos trabalhadores marcaram para esta quarta-feira, em Brasília, o relançamento da campanha pela diminuição da jornada de trabalho de 44 horas para 40 horas sem redução de salários. O movimento 'pró-40 horas', que defende a votação imediata da Proposta de Emenda Constitucional (PEC) 231, que está no Congresso Nacional desde 1995, segundo o presidente da CUT, Vagner Freitas, pretende pressionar os parlamentares a recolocarem a proposta na pauta de votação da Câmara dos Deputados. Estudo realizado pelo Dieese aponta que uma redução da jornada em 4 horas criaria cerca de 3,2 milhões de novos empregos, e representaria um impacto de apenas 1,99% nos custos totais das empresas. Entidades empresariais como a Confederação Nacional da Indústria (CNI) são contra a PEC 231 e, além de contestarem os números do Dieese, consideram que a medida, caso seja aprovada, irá reduzir ainda mais a competitividade da produção brasileira e aumentar o desemprego nas micro e pequenas empresas.

'A CUT não tem a menor intenção de reduzir a competitividade das empresas brasileiras. Isso não ajudaria o Brasil, pelo contrário. As empresas têm que entender que um trabalhador com mais tempo para a família e para o lazer vai render mais para os interesses empresarias' – disse Freitas, lembrando que, além de sindicalistas e trabalhadores, vários ministros, deputados e senadores favoráveis à PEC 231 estarão no ato que acontece às 14 horas desta quarta-feira no Auditório Nereu Ramos, na Câmara dos Deputados.

Para o vice-presidente da CNI, Alexandre Furlan, a entidade tem demonstrado em estudos que a redução da jornada sem a contrapartida do corte de salários acabaria reduzindo postos e aumentado o custo do trabalho no país. Segundo ele, a CNI não é contra a redução do número de horas trabalhadas, desde que ela seja negociada entre sindicato e empresa no acordo coletivo de trabalho. Jornadas reduzidas, diz ele, já acontecem em alguns segmentos industriais como o automotivo. 'Isso [a criação de empregos] é uma falácia. O Brasil já é conhecido por ter uma produtividade mais baixa que seus principais concorrentes. Querer criar emprego por meio de lei só irá piorar a nossa situação', avalia Furlan, que também preside o Conselho de Relações do Trabalho da CNI.

Assim como Furlan, o diretor adjunto do departamento sindical da Federação das Indústrias do Estado de São Paulo (Fiesp), Adauto Duarte, entende que a diminuição da jornada é um tema que tem que ser tratado no âmbito da negociação coletiva. 'É claro que é possível ter jornada de trabalho maior ou menor que 40 horas, mas desde que negociada entre empresas e sindicatos', diz Duarte, salientando que uma lei como querem os sindicalistas, se aprovada, acabará gerando mais desemprego."

RODRIGUES, Lino. Centrais voltam a pressionar pela redução de jornada de trabalho. Jornal *O Globo*, 3 jun. 2014. Disponível em: <http://oglobo.globo.com/economia/centrais-voltam-pressionar-pela-reducao-de-jornada-de-trabalho-12710200#ixzz35NvojTYq>. Acesso em: 6 out. 2015.

> Responda:
> a) Qual é o motivo da discórdia e quais grupos se contrapõem?
> b) Caso você fosse um deputado, como votaria nessa questão? Justifique o seu voto.

Em qualquer democracia representativa, o jogo da política não é jogado apenas pelos partidos políticos. Um dos recursos que se tem para interferir nas decisões dos partidos consiste em mobilizar uma opinião pública em defesa ou contra o projeto que se quer transformar em lei. Tanto os grupos que defendem como os grupos que criticam o projeto podem organizar manifestações para defender a posição deles. Quanto mais massivas forem essas manifestações, maiores são as chances de se criar uma opinião favorável no parlamento, pois essas manifestações e as suas repercussões na mídia indicam para onde os ventos da opinião pública estão soprando, e os políticos são muito sensíveis a isso. Mas a batalha da opinião pública não se faz apenas na forma de grandes manifestações públicas. Ela também pode ser feita, como ocorre na maior parte das vezes, através da mídia. Os meios de comunicação podem, por exemplo, fazer denúncias ou alertas sobre os efeitos de uma determinada política, e isso tem um peso enorme na atividade política, pois acredita-se que os meios de comunicação expressem a opinião pública. Isso sensibiliza os políticos que, por isso, se sentem compelidos a agir segundo os ditames da chamada opinião pública.

Tudo o que foi falado em relação aos partidos políticos também se aplica ao governo. Frequentemente vemos notícias de grupos pressionando o governo para que ele faça ou deixe de fazer algo. Em tese, os meios de comunicação deveriam expressar a chamada opinião pública. Mas o que é a opinião pública? Ela poderia ser o que pensa a maioria da população brasileira sobre certos temas. Porém, na prática, a chamada opinião pública expressa a opinião dos grupos que controlam as editorias nos jornais e demais meios de comunicação. Não há nada de errado nisso. Afinal, os meios de comunicação existem para expressar diferentes concorrentes de opinião. A capacidade de influenciar a ação política depende do prestígio e da pressão feita pelo meio de comunicação.

ATIVIDADE 7.7 Leia o trecho da notícia a seguir e explique o que o MTST quer e como ele pretende atingir esse objetivo.

"Após ocupar mais um terreno na capital paulista e ameaçar invadir uma área nova por semana, o Movimento dos Trabalhadores Sem Teto (MTST) promete levar 10 mil pessoas nesta terça-feira à Câmara Municipal. Mais uma vez, o protesto tem por objetivo pressionar os vereadores a votar o novo Plano Diretor, que beneficia quatro ocupações do grupo. O impasse, porém, deve prosseguir. Nesta segunda-feira, 23, integrantes da oposição avisaram que não vão agir mediante chantagem."

CASTRO, Adriana. MTST promete levar 10 mil à Câmara Municipal nesta terça-feira. *O Estado de S. Paulo*, 24 jun. 2014. Disponível em: ‹http://sao-paulo.estadao.com.br/noticias/geral,mtst-promete-levar-10-mil-a-camara-nesta-terca-feira,1517131›. Acesso em: 6 out. 2015.

Outra forma de tentar influenciar os políticos que atuam no parlamento é o *lobby*. O *lobby* é a defesa de interesses junto a políticos. Ela é feita por profissionais especializados que usam diferentes estratégias para fazer com que os políticos apoiem o projeto que interessa ao grupo que o lobista representa. O *lobby* é mais bem-sucedido quando o lobista consegue articular, seja no governo ou no Parlamento, um grupo para defender os interesses que ele representa. Para exercer a sua função, o lobista deve conhecer pessoas que ocupem postos-chaves no governo ou que tenham capacidade de influenciar um grande número de políticos no Parlamento; em suma, deve ter livre trânsito junto às pessoas que decidem ou influenciam, assim poderá expor o ponto de vista que beneficia o interesse defendido. Além disso, ele deve ter bom conhecimento de causa sobre o ponto de vista que vai defender.

Em princípio, o *lobby* não significa compra de favor ou tráfico de influência.[28] Em tese, nada há de ilegal nesta atividade. Ela é apenas uma forma de representação de interesses. Tanto que, em vários países do mundo, a atividade do *lobby* é legal. A atividade de *lobby* pode ser desempenhada por um escritório especializado ou por uma pessoa individualmente. É um serviço profissional e remunerado. Por envolver pessoas com elevado grau de conhecimento e capa-

---

[28] Há diferentes situações que podem parecer *lobby*, mas que se diferenciam radicalmente dele. Há corrupção quando alguém paga para que o político ou membro do governo tome uma decisão favorável ao interesse particular de uma empresa ou de um setor de empresas. Há tráfico de influência quando alguém usa do seu prestígio ou poder para gerar uma decisão favorável de político ou funcionário. Ambos os casos são crimes. No Brasil o *lobby* não é uma atividade regulamentada, porém não é crime. Para saber mais sobre o *lobby* como atividade importante e legal há o depoimento de uma pessoa que por muitos anos desempenhou essa função no Brasil no livro: FARHAT, Saïd. *Lobby*: o que é, como se faz – ética e transparência na representação junto a governos. São Paulo: Aberje, 2007.

cidade de persuasão, é um serviço caro. Por isso, basicamente, são as entidades empresariais as que mais recorrem a esse tipo de serviço.

7.7 O EMPRESÁRIO COMO ATOR POLÍTICO

Costuma-se chamar de ator político o grupo ou organização que em dada situação participa da ação política. Os empresários têm interesses a defender, e o atendimento de grande parte desses interesses depende de que os empresários participem da política, ou seja, tentem influenciá-la. Quanto mais forte for a presença do Estado na economia, mais os empresários precisarão participar da política para verem atendidos os seus interesses.

Antes de caracterizarmos o empresário como ator político, precisa ficar claro que eles não são um bloco monolítico. Isso quer dizer que, ao longo da história, foram muito raras as situações em que existiu um interesse único que unisse os empresários. Assim, quando se trata o empresário como um ator político, deve-se ter em conta que, na maior parte das vezes, o que chamamos de empresário é um grupo heterogêneo. Os empresários participam de diferentes setores (agrícola, industrial, comercial, financeiro, serviços etc.), cada um deles com interesses distintos e até opostos. Além disso, dentro de cada um desses grupos há distinções que podem separar e opor empresários de um mesmo setor. Por exemplo, empresários do ramo industrial que dependem de importações para produzir têm interesse em um dólar barato, ao passo que empresários do ramo industrial que vivem do mercado interno têm interesse num dólar mais caro, pois isso dificulta a entrada de produtos estrangeiros concorrentes.

ATIVIDADE 7.8 Você lerá a seguir um trecho da nota oficial lançada pela Fiesp e pelo Ciesp:

"A Federação e o Centro das Indústrias do Estado de São Paulo (Fiesp/Ciesp) defendem o controle da inflação, mas também defendem que condições favoráveis sejam criadas para os investimentos crescerem e, consequentemente, a produção e o emprego no Brasil. Por isso, têm plena convicção de que juros altos são, sempre, empecilhos ao desenvolvimento."

CIESP, 28 jan. 2010. Disponível em: ‹http://www.ciesp.com.br/noticias/selic-estavel-e-condicao-basica-para-o-crescimento-e-a-geracao-de-emprego-e-renda/›. Acesso em: 4 jan. 2016.

Responda:
a) Qual grupo se sente prejudicado na nota acima e por quê?
b) Qual argumento ele utiliza para defender os seus interesses?

É verdade que se pode falar em empresários desde os primórdios da história do Brasil, afinal os senhores de engenho eram empresários tal como os que exploravam datas (jazidas de ouro) nas minas. Eles não controlavam o poder central, pois este, como sabemos, era controlado pela Coroa portuguesa, mas controlavam o poder local, ou seja, nas vilas. No Brasil império, os fazendeiros continuaram dominando o poder local e contavam com a maioria dos representantes na Câmara dos Deputados e no Senado, de forma a fazer com que as políticas de Estado e de governo atendessem aos seus interesses. Na República Velha (1889-1930), o controle dos empresários sobre o poder aumentou consideravelmente. Tirando uns pequenos períodos, durante a maior parte dessa fase, as práticas políticas vigentes possibilitaram que os fazendeiros, em especial os cafeicultores, tivessem o controle sobre o Executivo, pois elegiam os presidentes da República que tivessem ampla maioria no Legislativo. Além disso, os principais setores empresariais se faziam representar através das suas associações de classe (associações comerciais nos Estados, Sociedade Rural Brasileira e Associação Industrial). Na visão de Boris Fausto: "Com a advento da República, a hegemonia da burguesia do café se estende do nível estadual ao nível nacional, através de um breve período de luta onde os opositores se concentram sobretudo no estrato militar".[29] O período da República Velha foi a fase em que mais nos parecemos com a visão que Karl Marx tinha sobre a relação da burguesia com o poder. Para o autor, no capitalismo a burguesia controla o poder, pois o Estado é um instrumento necessário para a realização dos seus interesses.

A derrubada da chamada República Velha feita pela Revolução de 1930 inaugurou um quadro novo. A própria Revolução de 1930 foi um sinal de que a sociedade brasileira tinha sofrido um processo de transformação. Ela encerrou o forte domínio que a burguesia cafeeira tinha sobre a política nacional. Na década de 1920, o Brasil havia estimulado o processo de industrialização através da substituição de importações. Além disso, e até por causa disso, assistia-se a um processo de urbanização. A industrialização e a urbanização trouxeram para a cena política novos atores, como empresários do setor industrial e comercial, operários e uma nascente classe média. Esses grupos urbanos não se sentiam dependentes dos fazendeiros e tinham seus próprios interesses e ideais, e eles também passaram a ter uma importância crescente no processo político.

---

[29] FAUSTO, Boris. Expansão do café e política cafeeira. In: *O Brasil Republicano 1*. História Geral da Civilização Brasileira. São Paulo: Difel, 1975, p. 200.

Segundo o projeto aprovado pela Constituinte de 1934, o novo regime deveria seguir o modelo liberal democrático.[30] No regime pretendido, as decisões vinculatórias deveriam ser fruto de negociação entre os distintos atores políticos. Evidentemente que a força de cada um deles seria determinante na configuração da decisão vinculatória a ser produzida. Porém, a incorporação dos grupos urbanos no processo político se fez à margem da política partidária. Eles foram a base dos movimentos políticos de esquerda e de direita (o comunismo e o integralismo) que questionavam o regime liberal democrático. As agitações criadas por esses movimentos serviram de justificativa para o golpe de 1937, que instaurou a ditadura do Estado Novo (1937-1945) com Getulio Vargas à frente.

O ditador Getulio Vargas fechou o Congresso, acabou com os partidos políticos e implantou a censura aos meios de comunicação. Nessa fase, o Estado aumentou a sua intervenção sobre a economia. Na proposta de modernizar o Estado brasileiro, foi criado o Ministério da Indústria e Comércio. Também foram criadas várias comissões e departamentos (Conselho Nacional do Petróleo, Comissão Executiva do Plano Siderúrgico Nacional, Comissão de Mobilização Econômica, Superintendência de Moeda e Crédito etc.). Algumas delas atuavam em áreas de interesse dos empresários. Destaque especial deve ser dado à criação dos sindicatos patronais e operários. Através deles, os empresários tinham um instrumento para pressionar o governo a tomar medidas que atendessem aos seus interesses. Dessa forma, mesmo a ditadura do Estado Novo tendo acabado com a atividade político-partidária, os empresários conseguiam representar seus interesses através das suas organizações de classe. Pressionaram para garantir tarifas protecionistas a fim de proteger a indústria nacional, criar mecanismos que protegessem o nascente setor de seguros e que garantissem que o setor bancário ficaria em mãos de brasileiros, afastando os bancos estrangeiros.[31]

Com a derrubada de Vargas em 1945, a política voltou a ser praticada como uma democracia liberal centrada nos partidos políticos. Nos anos 1950 os governantes, em especial Juscelino Kubitschek, assumiram o projeto de fazer o

---

[30] GOMES, Ângela Maria de Castro et. al. Confronto e compromisso no processo de constitucionalização (1930-1935). In: FAUSTO, Boris. *O Brasil Republicano 3*. Sociedade e Política (1930-1964). São Paulo: Difel, 1981, p. 72.

[31] LEOPOLDI, Maria Antonieta P. Estratégias de ação empresarial em conjuntura de mudanças políticas. In: PANDOLFI, Dulce (org.). *Repensando o Estado Novo*. Rio de Janeiro: Ed. Fundação Getulio Vargas, 1999. A autora afirma que já havia por parte de Getulio Vargas um projeto de alterar a base da economia nacional reduzindo a nossa dependência em relação à economia cafeeira. Isso o levou a criar uma base para o crescimento de indústrias no país.

Brasil crescer (desenvolvimentismo). Este projeto já beneficiaria os interesses empresariais, pois, entre outras medidas, garantia crédito, por meio do Banco do Brasil e do Banco Nacional de Desenvolvimento (BNDE) para a criação e expansão de empresas. Os empresários continuaram atuando através das suas associações de classe, mas dispunham agora de apoio de políticos de diferentes partidos para garantir a aprovação de projetos que beneficiassem seus interesses.[32] Nessa fase, os empresários passaram a enfrentar a crescente força de movimentos de trabalhadores em diferentes setores da economia. A riqueza e as oportunidades trazidas pelo desenvolvimentismo combinadas com uma estrutura política dominada por dois partidos (PSD/PTB) proporcionou a conciliação dos interesses de empresários e trabalhadores, possibilitando a estabilidade política.

No governo de João Goulart (Jango), do PTB, a aliança foi rompida. O aumento da inflação deu mais força ao movimento dos trabalhadores e o governo parecia tender para o lado dos trabalhadores. Nesse período se presenciou uma ação política por parte dos empresários como nunca tinha se visto antes. Assustados com as reivindicações de vários movimentos de trabalhadores rurais e urbanos, um grande número de empresários participou abertamente da oposição ao governo, fato inédito na nossa história. Na oposição, havia muitos que acreditavam que Jango levaria o Brasil para o comunismo. Empresários que se sentiam ameaçados pelos rumos que o governo estava tomando passaram a participar de uma conspiração com militares para derrubar o governo. Assim, deram apoio político e material aos militares e Jango foi derrubado. Novamente, o Brasil passou a viver sob uma ditadura (1964-1985).

Na quase totalidade do período da ditadura, o Congresso funcionou e os partidos existiram, porém, o Legislativo perdeu grande parte do seu poder. Subordinado ao mando dos militares, o Executivo se agigantou. Diante disso, os empresários, de forma individual ou através das suas associações de classe, fizeram do acesso ao governo uma forma de garantir os seus interesses. O sociólogo e ex-presidente da República Fernando Henrique Cardoso cunhou a expressão "anéis burocráticos" para caracterizar a aliança feita entre burocratas do governo e grupos de empresários para viabilizar os interesses desses

---

[32] "O governo representava objetivamente os interesses da maioria parlamentar. Esses interesses estavam representados na aliança PTB/PSD: os da elite rural preservados, uma vez que o sistema de poder e propriedade no campo permaneceu intocável na sua essência e os interesses do empresariado (não apenas os vinculados ao capital estrangeiro, como os que dependiam de créditos, pois a política financeira permaneceu controlada pelo PSD) e das novas camadas urbanas mobilizadas pela distribuição das vantagens advindas com o desenvolvimento econômico." Ver: BENEVIDES, Maria Victória. *O governo Kubitschek*. Rio de Janeiro: Paz e Terra, 1976, p. 70.

últimos.[33] Com grande frequência, eles atuam por meio das suas associações de classe (Fiesp, Febraban, CNI etc.). A ação política dos empresários era feita nos gabinetes de ministérios e secretarias.

Com a volta da democracia e com o fortalecimento do Legislativo e dos partidos políticos, a forma de ação política dos empresários teve que se alterar. É bem verdade que ainda prevalecem os "anéis burocráticos" e uma parte dos interesses de empresários é atendida através dessa aliança. Os empresários sabem o peso que as decisões legislativas podem ter sobre a vida de setores empresariais. Por isso, devem atuar através dos partidos políticos. Há uns poucos setores empresariais, como os proprietários rurais, que contam com representantes em diferentes partidos, formando a "bancada ruralista", para garantir que os seus interesses sejam atendidos.

Ao longo da história do Brasil republicano, nunca houve um partido político que concentrasse o apoio dos empresários em bloco. Nunca houve um partido que afirmasse defender única ou preferencialmente os interesses dos empresários. Um fator que explica isso é, como já vimos, que os empresários não formam um grupo homogêneo. Eles frequentemente têm interesses distintos e, por vezes, contraditórios. Além disso, um partido que fosse criado com esse fim não teria muitos votos, pois os empresários são uma minoria dos eleitores. O que se observa é os empresários optarem por apoio individual a tal ou qual partido, que podem ser os mais diferentes possíveis. Individualmente, quer seja como pessoa física ou pessoa jurídica, eles votam e até apoiam financeiramente a campanha de candidatos de diferentes partidos.[34]

---

[33] Segundo ele, o que forma os anéis burocráticos seria a "[...] definição, nos quadros dados pelo regime, de um interesse específico que pode unir, momentaneamente ou, em todo caso, não permanentemente, um 'círculo de interessados' na solução de um problema: uma política energética ou rodoviária, o encaminhamento de uma sucessão estadual, a defesa de uma política tarifária etc. O que os distingue de um *lobby* é que são mais abrangentes (ou seja, não se resumem ao interesse econômico) e mais heterogêneos em sua composição (incluem funcionários, empresários, militares etc.) e, especialmente, que para ter vigência no contexto político-institucional brasileiro, necessitam estar centralizados ao redor do detentor de algum cargo". Ver: CARDOSO, Fernando Henrique. *Autoritarismo e democratização*. Rio de Janeiro: Paz e Terra, 1975, p. 208.

[34] Convém destacar que o financiamento de campanhas políticas é uma forma de empresas tentarem influenciar decisões políticas. As campanhas eleitorais são caras e, quanto mais elevado for o cargo em disputa, mais cara é a campanha. Evidentemente que não há apoio desinteressado. Ao contribuir financeiramente para a campanha de um político, a empresa não está comprando esse político, caso ele seja eleito, mas espera, no mínimo, ter um canal aberto de diálogo com esse político para expor os seus interesses. Na eleição presidencial de 2014, 98% do dinheiro utilizado na campanha eleitoral dos dois principais candidatos vieram de doações de empresas. As coisas estão mudando. Em 2014 o Senado aprovou um projeto de lei que impede o financiamento sob a alegação de que essas doações ferem o princípio da igualdade, pois empresas doadoras teriam mais influência que o eleitor comum e os políticos com menos recursos seriam prejudicados. A maioria do STF também se manifestou pela legalidade desse projeto.

O que deve ficar claro é que, mesmo que as ações políticas coletivas dos empresários tenham se resumido a alguns poucos momentos da história brasileira, a ação política dos empresários é feita de forma discreta, mas rotineiramente, a fim de garantir que os seus interesses prevaleçam ou, no mínimo, sejam levados em consideração.

QUESTÕES DE FIXAÇÃO

1. Defina o que é Estado e explique o conceito de soberania a ele associado.
2. O que significa afirmar que o Estado detém o monopólio da violência legítima?
3. Segundo o liberalismo, qual deve ser o papel do Estado?
4. Sobre a intervenção do Estado na esfera econômica, cite os conceitos que também podem expressar períodos históricos de maior intervenção do Estado na economia e períodos de menor intervenção do Estado na economia.
5. Quais entidades podem exercer poder sobre a empresa?
6. Quais são as formas mais comuns do Estado interferir nas empresas?
7. Baseado no conteúdo do capítulo, formule uma definição de política.
8. Em que medida é possível dizer que a política envolve ideais e interesses?
9. Por que é possível afirmar que a política é o espaço do conflito?
10. Quais as duas formas mais usuais dos empresários (como grupo) atuarem na política?

CAPÍTULO 8 — O PODER NA EMPRESA

8.1 INTRODUÇÃO

Grande parte dos estudantes dos cursos de Administração cria uma visão idílica sobre como será a sua atuação quando vier a exercer um cargo de comando para o qual está sendo preparado. Nessa visão idílica, quando estiver no comando, os funcionários a ele subordinados seguirão as suas orientações porque elas expressam a luz da razão, são fundadas no conhecimento adquirido e, por isso, resistir a elas seria totalmente irracional. Nessa visão idílica, os funcionários seguiriam não a uma pessoa, mas ao conhecimento que ela detém. Essa visão contém um grão de verdade, mas ainda se constitui como um *wishful thinking*;[1] a antevisão de um mundo (corporativo) ideal.

Mesmo que o pensamento gerencial não compartilhe dessa visão idílica, ele tem uma parcela de culpa na construção dela. Predomina hoje uma exaltação desmesurada ao líder, com a sua contrapartida, que é a execração do chefe. O líder guia pelo conhecimento. O chefe é obedecido pelo temor. Mesmo que essa antítese não seja explicitada pelos representantes do pensamento gerencial, ela está contida no endeusamento do líder. Todos querem ou devem ser líderes. No mundo corporativo, aceita-se a ideia de que o líder é o futuro; e o chefe, portanto, é o passado. Uma evidência dessa tendência pode ser encontrada no retumbante sucesso comercial do livro *O monge e o executivo: a essência da liderança*, que vendeu mais de 3 milhões de exemplares, um número nunca

---

[1] *Wishful thinking* é uma expressão inglesa de difícil tradução. Basicamente, significa tomar os desejos por realidade. Ela também pode significar otimismo exagerado.

alcançado por outro livro de administração. Nele está explícita a comparação entre o chefe e o líder, com claro prejuízo para o primeiro.

Não há dúvida de que, no pensamento gerencial, a maior atenção dada ao líder reside na crença de que ele pode, mais do que o chefe, garantir maior eficiência às organizações. Num ambiente intelectual dominado pela glorificação ao líder, a discussão sobre o poder fica sem sentido ou perde em importância. Essa é uma consequência nefasta para os alunos de administração e futuros ocupantes de cargos de comando. Nefasta, em primeiro lugar, porque os desprepara para exercer o poder, e em segundo porque acaba colocando sobre o exercício do poder uma condenação moral.

Não se trata aqui de ir contra a corrente, de exaltar o chefe em detrimento do líder.[2] O que se pretende neste capítulo é ver como a sociologia pode nos ajudar a entender o significado destes dois termos (chefia e liderança) e como eles se relacionam no mundo corporativo.

De qualquer forma, não se pode esquecer que administrar é exercer o poder. Evidentemente, não se reduz a isso, mas o exercício do poder é uma parte importante das tarefas do gestor. Para entendermos melhor esse tema, precisamos antes refletir sobre o que é o poder, como ele se constitui, como se manifesta e como é mantido. Pretendemos mostrar também que há tanto semelhança como expressiva diferença entre poder e liderança. Porém, um não pode ser reduzido ao outro. A sociologia nos mostra que liderança não é poder.

8.2 O CONCEITO DE PODER

A definição de poder desperta acirrada polêmica. Existem inúmeras definições de poder e nada indica que, num futuro breve, a comunidade acadêmica das ciências sociais dirá qual delas é a melhor. Isso desperta espanto tendo em vista que esta palavra é empregada das mais variadas maneiras (poder econômico, poder nuclear, poder de compra, poder de fogo, poder da mente, poder das plantas, poder da palavra etc.). Convém lembrar que os desacordos e a polêmica são comuns em todas as ciências, inclusive nas ditas ciências "exatas". Não há ciência sem polêmica. Embora esses desacordos possam causar um desânimo

---

[2] Um livro que expressa muito bem a antítese entre o chefe e o líder é: TULGAN, Bruce. *Não tenha medo de ser chefe*. Como combater a epidemia de subgerenciamento e se tornar o líder que a sua equipe precisa. Rio de Janeiro: Sextante, 2009. O título principal dá a entender que se trata de uma tentativa de restaurar ou de reinventar a importância do chefe, porém, a leitura do livro deixa claro que se trata de mais uma obra para destacar a importância de ser líder.

em estudiosos,[3] paradoxalmente, eles expressam o vigor de um campo de conhecimento. Atestam que há muitas pessoas pesquisando, refletindo e dispostas a discutir para poder conhecer melhor um determinado aspecto dessa realidade.

A nossa primeira tarefa consiste em definir poder. Embora se possa falar em poder associado a entidades abstratas (o poder das ideias ou o poder do "sistema"),[4] para as ciências sociais poder é sempre uma relação social. Isso quer dizer que ele existe numa relação social e envolve atores concretos. Como exemplo de relações sociais podemos citar a relação professor/aluno, a relação gerente/subordinados, pai/filho etc.

Vamos entender melhor o que significa dizer que o poder existe apenas numa relação social, tomando como exemplo a relação professor/aluno e a de gerente/subordinados. Ambos só têm poder em determinada circunstância (o professor em sala de aula e o gerente no interior da empresa) e sobre determinado grupo (o professor apenas sobre os seus alunos e não sobre todos os alunos; o gerente apenas sobre os seus funcionários e não sobre todos os funcionários da empresa). Tanto o professor quanto o aluno, na primeira relação citada, e tanto o gerente quanto o funcionário, na segunda, são atores concretos, ou seja, existem na realidade.

Que o professor, o gerente, o pai, o oficial, o bispo, o ditador, o presidente e vários outros tenham poder, ninguém duvida. A questão que se coloca é a seguinte: o que é ter poder? A definição que nos parece a melhor é a de Max Weber,[5] para quem poder é a probabilidade de um ator impor a sua vontade a

---

[3] LUKES, Steven. *Power*: A Radical View. Houndmills: Palgrave Macmillan, 2005. O autor afirma que tanto Bruno Latour quanto James March, diante da grande confusão em torno do conceito de poder, declaram que o conceito perdeu sentido e que, por isso, deveríamos abandoná-lo (p. 64).

[4] Contrariamente a esta visão, há nas ciências sociais autores que afirmam que o poder não é um recurso de um ator social, mas uma propriedade do sistema social, ou seja, da própria sociedade. Talcott Parsons (1902-1979) não se interessa em refletir sobre o poder de um agente. A questão que desperta a sua curiosidade é a seguinte: Por que todas as sociedades dispõem de alguma estrutura de poder? Para ele, o poder é um recurso que toda sociedade deve ter para coordenar o esforço coletivo, de forma a atingir os fins a que se propõe. É bem verdade que ele fala que o exercício do poder implica em coerção e consenso, porém, a sua principal preocupação é indicar como o poder contribui para a manutenção da ordem social. Outro autor é Michel Foucault (1926-1984), que escreveu bastante sobre o poder, embora nunca fique claro o que realmente ele entende como poder. Para ele, o poder não está localizado em nenhum ponto da organização social. Em outras palavras, ele estaria em toda parte (em todas as relações sociais) e todos nós somos ao mesmo tempo veículos do poder e submetidos a ele. O mais próximo que ele chega de uma definição consiste na sua afirmação de que o poder se exerce segundo os interesses de um agente dominante, sem que nos seja dito quem é esse agente. Certamente, esta visão sistêmica do poder tem seus méritos. Porém, para o nosso caso, que é o estudo do poder dentro das organizações (empresas), consideramos que ela não enriquece a nossa visão, pois pouco esclarece sobre os agentes dotados de poder numa organização.

[5] Essa opinião é endossada por Gerard Lebrun. Diz ele: "Não conheço nenhuma definição de poder, enquanto fator sociopolítico, que seja superior a esta fórmula de Max Weber". Ver: LEBRUN, Gerard. *O que é poder*. São Paulo: Brasiliense, 1981, p. 12. A visão weberiana do poder também é defendida e utilizada por Daniel Brass em: BRASS, Daniel J. Intraorganizational Power and Dependence. In: BAUM, Joel, A. C. (org.). *The Blackwell Companion to Organizations*. Oxford: Blackwell Publishing, 2005.

outro mesmo contra a sua vontade (a vontade do outro).[6] Por que alguém disporia dessa probabilidade ou capacidade de alterar o comportamento de outrem? O ator A pode alterar o comportamento de outrem porque dispõe de recursos para isso, e o principal é a coerção. O ator A pode exercer sanções caso B não cumpra a sua ordem. Metaforicamente, esse recurso pode ser identificado ao chicote, símbolo do castigo.

Para outros autores, as recompensas também são recursos de poder. Nesse caso, o ator B obedeceria ao ator A porque está sensibilizado pela recompensa que este pode lhe dar. Além disso, as recompensas produzem a obediência porque elas moldam comportamentos. Quando, por exemplo, alguém recebe uma recompensa, a empresa está sinalizando para o restante dos funcionários o tipo de comportamento que ela valoriza e quer que todos sigam.

Assim, podemos dizer que alguém só tem poder quando dispõe de recursos. É a posse desses recursos que possibilitam gerar a obediência. Esses recursos podem ser de dois tipos. Podem ser recursos de coerção, que basicamente implicam em algum tipo de sanção (castigo); em termos bem simples, no poder baseado na coerção, o ator A pode dispor de um "saco das maldades". Mas também há os recursos de recompensa. Em termos bem simples, nesse caso, o ator A dispõe de um "saco de bondades". Quer seja por temor às sanções ou porque deseje as recompensas, o ator B vai agir segundo as determinações do ator A. É a posse desses recursos que possibilita produzir a obediência. Quando alguém dispõe de recursos, ele não precisa necessariamente utilizá-los para gerar a obediência. Basta que os seus subordinados saibam que ele possui tais recursos e que ele pode utilizá-los.

Convém destacar que os recursos de poder podem ser materiais ou simbólicos. Materiais porque eles possuem alguma materialidade, ou seja, produzem efeitos materiais. Uma suspensão ou uma carta de advertência seriam exemplos de recursos materiais. Já chamar a atenção de um funcionário seria uma forma simbólica de coerção. O mesmo se pode dizer das recompensas. Uma promoção é material. Já a escolha do funcionário como o "funcionário do mês" é simbólica.

---

[6] Curiosamente, no campo das ciências sociais, muitas vezes o mérito dessa definição é atribuído a Robert Dahl (1915-2014). As definições de poder criadas por Weber e por Dahl são idênticas. Pode-se dizer que Dahl apenas repetiu, com outras palavras, a ideia central que Weber já tinha exposto, pelo menos, sessenta anos antes. Para Dahl, poder é a capacidade do ator A de impor a sua vontade sobre o ator B, mesmo contra a vontade deste.

> **ATIVIDADE 8.1** A legislação trabalhista brasileira obriga o trabalhador demitido a cumprir o período de aviso prévio trabalhando 6 horas por dia. Porém, a maioria das empresas não exige que o trabalhador demitido faça isso. Elas pagam o mês de aviso prévio sem que o trabalhador precise trabalhar. Qual seria a razão desse procedimento adotado pelas empresas?

O poder só existe numa relação social e num determinado contexto. Por exemplo, professor tem poder apenas sobre os seus alunos e no contexto da sala de aula. O mesmo pode ser dito do gerente. Ele não tem poder sobre funcionários de outros departamentos e nem pode dar ordens para seus funcionários fora do contexto de trabalho.

Deve ficar claro que toda relação social de poder está baseada na desigualdade. Um ator dispõe de mais recursos de poder (o poder de usar sanções ou dar recompensas) do que o outro e, por isso, ele consegue produzir a obediência.[7] Por isso Weber utiliza a palavra *dominação* para se referir a uma relação de poder.

Embora tanto os recursos de coerção como os de recompensa possam ser utilizados para gerar obediência, alguns cientistas sociais afirmam que esses dois tipos de recurso não têm o mesmo peso. Para eles, os recursos de coerção são muito mais efetivos do que os de recompensa. Se alguém não ficar sensibilizado com a recompensa oferecida pelo chefe, ele não se sentirá compelido a obedecer. Em tese, ele não perde nada. Porém, no caso da coerção, o não cumprimento da ordem dada implica obrigatoriamente algum tipo de sanção. Aqui ele sofre um dano real

> **ATIVIDADE 8.2** Mao Tse-Tung (1893-1976), o homem que liderou uma revolução, criou a República Popular da China, implantou o comunismo e governou ditatorialmente esse país de 1949 até 1976, afirmou: "O poder nasce da ponta do cano de um fuzil". Esta frase contradiz ou confirma o que foi falado até aqui sobre o poder? Justifique sua resposta.

---

[7] Há autores que afirmam que essa relação social de poder também contém uma relação de dependência. Este é o caso, por exemplo, de: PFEFFER, Jeffrey. *Managing with Power*: Politics and Influence in Organizations. Boston: Harvard University Press, 1992. A questão a que esses autores tentam responder é a seguinte: Por que as pessoas (os atores que obedecem) se mantêm sob uma relação de poder? A dependência explicaria essa permanência. O ator B permanece nessa relação porque depende de recursos detidos pelo ator A. Embora consideremos destacar essa dependência, não a consideramos fundamental para entender o fenômeno do poder. A noção de dependência apenas explica por que o polo subordinado permanece numa relação desigual de poder, mas não explica como o poder é exercido. Este é o nosso objetivo nesta parte do capítulo.

Que o exercício do poder depende da coerção, isso é um fato. Porém nenhuma ordem social, seja ela a própria sociedade ou uma empresa, pode persistir no tempo se estiver baseada apenas na coerção. Nesse caso, voltamos à questão da legitimidade que já foi falada no capítulo anterior. Lembramos que a questão da legitimidade surge porque muitos sociólogos reconhecem que o poder é importante para manter a ordem social, mas que esta ordem não pode ser mantida apenas pelo medo ou pelo interesse. Embora as pessoas possam obedecer por medo ou interesse, Weber observa que nesses casos a relação de poder é instável. Ela pode durar uma eternidade, mas funda-se apenas no medo de perder ou no desejo de ganhar. O medo não é uma base sólida porque ele gera resistência e oposição. O interesse também não é porque os recursos que podem ser distribuídos como prêmios são finitos, e isso acabará causando descontentamentos.

Para Weber, a relação de poder só é estável quando ela é legítima. Deve ficar claro que Weber não está diminuindo a capacidade dos recursos de coerção e de recompensa produzirem a obediência. O que ele está dizendo é que o exercício do poder, que pressupõe a utilização de recursos de coerção e de recompensa, se torna mais estável quando as pessoas reconhecem que quem manda tem o direito de mandar. Para quem exerce o poder, é fundamental que ele seja estável, ou seja, que não encontre resistências.

Para Weber, a base da legitimidade do poder do Estado é a mesma da legitimidade do poder do gerente. Em ambos a base da legitimidade é racional-legal. No caso do Estado, não se obedece a uma pessoa, mas à lei. No caso de uma empresa, o que chamamos de lei são os regimentos internos e as normas que regem a vida da empresa. Por exemplo, em uma escola, o coordenador tem a prerrogativa (legal) de convocar reuniões com os professores. Reuniões são importantes para o bom funcionamento da escola. Ele convoca a reunião para o sábado. Evidentemente que os professores não gostam de reuniões no sábado, mas eles obedecem e vêm à reunião porque sabem que sábado é dia letivo e, portanto, o coordenador pode convocar reunião para esse dia.

O mesmo acontece com o gerente de uma empresa. O gerente tem um poder que não é de fato seu, mas do cargo que ocupa. A amplitude do poder do gerente, ou seja, o que ele pode exigir dos seus funcionários pode variar de empresa para empresa, mas em todas está assentado que, dentro dos limites estabelecidos naquela empresa, ele pode esperar obediência. Os funcionários sabem disso e sabem também que, ao obedecer a uma ordem, estão obedecendo a uma regra – a que determina que, dentro dos limites aceitos, o funcionário deve obedecer ao seu superior hierárquico. Esse poder é estável porque, ao aceitar o emprego numa empresa, o funcionário também está aceitando as regras que regem essa empresa. Evidentemente, a aceitação não implica total subserviência. Os funcionários podem discordar de uma regra. Eles podem se unir, manifestar o seu desacordo e pressionar para que a regra seja alterada – e podem ser derrotados ou vitoriosos nas suas pretensões.

Mesmo que, por pressão dos funcionários, uma ou outra regra sofra alterações, nada muda em relação à base da legitimidade, pois ela continuará se fundando na crença de que o melhor que se tem a fazer é obedecer à (nova) regra. É por isso que Weber faz uma distinção importante: quando ele fala do poder pura e simplesmente, ele usa o conceito de *dominação*; já quando fala do poder legitimamente aceito, ele usa a expressão *autoridade*. O conceito de autoridade foi criado porque a estabilidade da ordem social não pode ser explicada adequadamente apenas em termos de coerção.

Weber utiliza o conceito de dominação legítima para caracterizar algumas situações nas quais os que obedecem veem nos que mandam o direito de mandar. Toda vez que isso acontecer, teremos um poder estável. Weber cita três situações de dominação legítima: a dominação tradicional, a carismática e a racional-legal. Vamos ficar com a última porque Weber diz ser este o tipo predominante no Estado e nas empresas. Na política ou na empresa, não se obedece a uma pessoa. As pessoas obedecem à lei. Quando alguém deixa de parar em fila dupla porque o guarda disse que era proibido, ele não está obedecendo ao guarda, mas à lei criada pela sociedade que proíbe parar em fila dupla. O mesmo acontece na empresa: quando os funcionários de um setor obedecem às ordens do seu diretor, eles o fazem porque sabem que está dentro da alçada de poder do diretor dar aquele tipo de ordem. Dessa forma, eles não obedecem à pessoa do diretor, mas à regra existente que determina que o diretor pode dar aquele tipo de ordem. Este poder (dominação) é visto como legítimo porque as pessoas acreditam que o mais correto a ser feito é obedecer às leis, no caso, às ordens dadas pelo diretor.[8]

Assim, para Weber, alguém pode ter o poder, mas não ter a autoridade. Ele terá o poder quando as pessoas o obedecerem apenas por medo das punições. Ele terá autoridade quando as pessoas a ele submetidas acreditarem que obedecer às suas ordens é o melhor que têm a fazer.

Para se entender o poder e como ele funciona, devemos ainda acrescentar dois pontos. O primeiro deles é que o poder é um jogo de "soma zero". Ou

---

[8] GISSURARSON, Hannes H. Authority (verbete). In: OUTHWAITE, William; BOTTOMORE, Tom (orgs.). *The Blackwell Dictionary of Twentieth-Century Social Thought*. London: Blackwell, 1993, p. 37-39. Há versão em português da obra: *Dicionário do pensamento social do século XX*. Rio de Janeiro: Zahar, 1993.

seja, se o polo dominante na relação perde alguma prerrogativa do seu poder, isso quer dizer que o polo dominado passou a deter essa prerrogativa. Assim, o que um perde, o outro ganha. No exemplo da escola citado anteriormente, se por pressão dos professores eles passarem a ter o poder de estabelecer o dia da reunião pedagógica, então, pelo menos essa prerrogativa do poder o coordenador perdeu.

O segundo ponto a ser destacado é que, em qualquer relação de poder, embora uma parte seja dotada institucionalmente ou legalmente de recursos para produzir a obediência, a outra parte, ou seja, os que estão abaixo na hierarquia do poder, também pode lançar mão de recursos para resistir ou alterar uma ordem dada ou estabelecida. Evidentemente que esses recursos não são os mesmos detidos por quem está no poder. Numa empresa, os funcionários subordinados a um chefe podem se unir para pressionar o chefe por mudança em tal ou qual item.

Isso reforça a ideia de que a empresa não é um campo pacífico onde todos compartilham dos mesmos interesses e ideais. A empresa é um espaço onde convivem pessoas com visões e interesses distintos e, por vezes, antagônicos. Isso faz da empresa um espaço de tensões latentes que, por vezes, podem se transformar em conflito. Uma das funções do poder do chefe ou dos gerentes é administrar essas tensões de forma a que não se transformem em conflito.

8.3 A REVOLUÇÃO GERENCIAL

Neste capítulo, estamos usando propositalmente o nome "gerente" para designar todos os que ocupam uma posição na hierarquia da empresa e que, por isso, têm sob o seu poder um grupo de funcionários. Sabemos que há vários níveis de gerência e que as áreas de comando abrangidas em cada nível diminuem quanto mais se desce na hierarquia da gerência. Entretanto, o nosso interesse é refletir sobre o poder do gerente e, por isso, vamos tratar todos os que são dotados institucionalmente de poder como gerentes.[9] Não é muito fácil dizer quando os gerentes ou administradores teriam surgido. Peter Drucker afirma que a pessoa que comandou a construção das pirâmides teria sido o primeiro

---

[9] Estamos cientes de que essa classificação tem problemas. Ela deixa de fora tanto os que estão na cúpula do poder corporativo, como o presidente e os diretores, como os que estão na parte mais baixa da hierarquia de poder, como os chefes de equipe. Tecnicamente seria um erro chamá-los de gerentes. Porém, usamos a palavra gerente de forma bem ampla, ou seja, para rotular todos os que detêm posição de poder na empresa.

e maior administrador.[10] Faz sentido, pois a construção dessas grandes obras e de outras, como o Coliseu em Roma ou o Taj Mahal na Índia, requerem um projeto e a coordenação do trabalho de milhares de pessoas. Certamente que eles tinham poder, pois podiam ordenar castigos físicos e até a morte para quem se recusasse cumprir suas ordens. Porém, há que se registrar aqui que se tratava de obras públicas, e não de empresas. Já Mickletwaith e Wooldridge afirmam que o administrador só teria surgido no início do século XVII, com as grandes companhias comerciais.[11] Também faz sentido, afinal, como os próprios autores dizem, elas foram as primeiras empresas a terem administradores profissionais. Contudo, há que se registrar que, nas áreas geográficas de atuação dessas companhias, todas bem longe da Europa, os administradores eram ao mesmo tempo chefes políticos encarregados da administração da região sob domínio da companhia e comandantes militares. Estas duas últimas funções até se sobrelevavam à função de administrador/gerente de uma empresa econômica.[12]

As fábricas da primeira fase da Revolução Industrial não requeriam a função de um gerente desassociada da figura do dono, ou seja, o dono fazia a função de gerente. Ele mandava porque era o proprietário. Havia algumas funções hierarquicamente superiores à função dos operários do chão de fábrica. Inicialmente havia apenas os capatazes, responsáveis unicamente por manter a disciplina dos funcionários. Posteriormente surgiram contramestres que, além de manter a disciplina, também tinham uma função técnica para garantir a qualidade do que era produzido. Ambos podiam até ser dotados de poder, mas as funções que desempenhavam e o conhecimento que era requerido para elas estavam muito mais próximos do mundo operário. Eram pessoas de origem operária e que dominavam o conhecimento operário. Convém lembrar ainda que, em alguns setores industriais, a produção ainda dependia bastante do conhecimento dos próprios operários.

Para vários autores, o surgimento do gerente (administrador) tal como é visto hoje em dia é uma criação bem recente, mais precisamente, da segunda metade

---

[10] Resposta à pergunta: quem foi o maior administrador (gerente) de todos os tempos, no International Knowledge Management Symposium, 1998. Revista *Cio Enterprise*, vol. 11, Aug. 1998.
[11] MICKLETWAITH, J.; WOOLDRIDGE, A. *Companhia*: breve história de uma ideia revolucionária. Rio de Janeiro: Objetiva, 2003, p. 52-53.
[12] Um bom exemplo disso pode ser constatado na leitura do livro: MELLO, Evaldo Cabral de. *Nassau, governador do Brasil holandês*. São Paulo: Companhia das Letras, 2006. Nassau era funcionário (administrador) da Companhia Holandesa das Índias Ocidentais. Ele era da nobreza (conde) e foi escolhido para o cargo por suas virtudes militares. No livro, vemos que, em grande parte, o tempo de Nassau era ocupado com questões político-administrativas, e não com questões empresariais.

do século XX. Este surgimento decorre do crescente aumento da complexidade necessária ao funcionamento das empresas. A quase totalidade das fábricas e dos estabelecimentos comerciais da primeira fase da Revolução Industrial era de operação simplificada. Tanto um como outro eram majoritariamente formados por pequenos estabelecimentos nos quais o dono trabalhava junto com seus funcionários, tendo o mercado local como seu horizonte. Se tudo tivesse continuado assim, não haveria necessidade do gerente.

Como já vimos, esse quadro mudou em decorrência da criação do sistema de transporte ferroviário. As ferrovias alteraram esse quadro de duas maneiras. A primeira é que a própria ferrovia exigia uma gestão mais especializada, tendo em vista que o funcionamento desse tipo de serviço requeria a coordenação do trabalho de milhares de funcionários e de uma série de funções como abastecimento, armazenamento, venda de passagens, controle de tráfego etc. Para o serviço ser reconhecido como útil, ele deveria cumprir horários e prazos. Isso criava uma pressão muito grande, e só o conhecimento especializado poderia solucionar os problemas surgidos em cada etapa da operação do serviço ferroviário. A segunda é que a ferrovia também contribuiu para criar um mercado nacional, e isso levou as empresas a crescerem para atender a esse mercado. O crescimento dessas empresas as levou a ter novas preocupações, pois passaram a empregar mais pessoas, a comercialização e a distribuição em nível nacional passaram a ser um novo problema e a divulgação do produto por todo o país era outro. Com isso, surgiu a necessidade de empregar pessoas que tivessem conhecimentos específicos em cada uma dessas áreas, ou treiná-las para isso. Essas pessoas iriam comandar setores com inúmeros funcionários e funções determinadas. As empresas grandes que se formavam não podiam ser eficientes sem essas funções específicas. Essas funções se tornaram permanentes, pois eram imprescindíveis.[13]

No setor industrial, o taylorismo foi o grande responsável pela criação dos gerentes. Até então, muitas fábricas dependiam do conhecimento operário. Nos setores em que foi aplicado, o taylorismo dividia o processo de trabalho em uma série de tarefas realizadas, cada uma delas por distintos trabalhadores. Essa simplificação do trabalho prescindia do saber operário. Com o taylorismo, o conhecimento não foi afastado da produção, mas passou para o gerente. Afinal, cabia a ele pensar o processo de trabalho e estabelecer a divisão das tarefas e coordenar a divisão do trabalho de modo a garantir maior produtividade.

---

[13] KIPPING, Matthias; ÜSDIKEN, Behlül. Business History and Management Studies. In: JONES, Geoffrey; ZEITLIN, Jonathan (orgs.). *The Oxford Handbook of Business History*. Oxford: Oxford University Press, 2007.

Com o taylorismo, ficava claro que o gerente, ou seja, o administrador, mandava porque sabia e, consequentemente, o operário devia obedecer porque não sabia.

O surgimento da gerência como uma função imprescindível à empresa é o primeiro passo para a chamada *revolução gerencial*. O termo *revolução* é utilizado para dar a entender que os gerentes assumiram o poder nas empresas.[14] Convém lembrar que, durante muito tempo, o poder estava na mão do proprietário. O conceito de revolução gerencial indica que houve uma transferência de poder no interior da empresa, que passou das mãos do proprietário para as do gerente. Este manda porque detém o saber (conhecimento).

Há empresas em que isso é uma realidade palpável. O Citibank não tem um dono, pois o seu controle acionário está muito fragmentado. Ele é comandado por executivos escolhidos na assembleia de acionistas. São eles que comandam o banco. Este é um exemplo extremo de controle totalmente desassociado da propriedade. Mesmo nas empresas que têm um presidente com 100% das ações, os gerentes também mandam. Como o dono não pode dominar todos os conhecimentos necessários ao bom funcionamento de empresas, ele tem que delegar o poder a especialistas, no caso o gerente. Assim, com a revolução gerencial, nas empresas o poder passou das mãos de quem tem a propriedade para as mãos de quem tem o conhecimento.

> **ATIVIDADE 8.4** Analise a seguinte situação: o dono e presidente de uma grande empresa do setor da construção civil paga um salário bem elevado para o seu diretor financeiro. Porém, nos últimos meses, o dono tem ignorado seguidamente as orientações dadas por ele e feito apenas o que lhe dá na cabeça. Responda: na sua opinião, a empresa ganha ou perde com a continuação dessa situação? Justifique sua resposta.

Mesmo que não se aceite integralmente a tese de uma revolução gerencial,[15] ela introduz um dado importante sobre o poder do gerente. Ao ser nomeado

---

[14] A ideia de uma revolução gerencial começou a ganhar contornos com a obra: BERLE JR., Adolf A.; MEANS, Gardiner C. *The Modern Corporation & Private Property*. New York: Transaction Publishers, 1932. Contudo, o conceito só foi aparecer explicitamente na obra: BURNHAM, James. *The Managerial Revolution*: What is Happening in the World. New York: John Day Co., 1941. Nesse livro, o autor afirma que a chamada revolução gerencial não ficava restrita às empresas, mas avançava também sobre outras áreas da sociedade, como a política e a administração pública.

[15] Nem todos os autores aceitam o conceito de revolução gerencial. Há os que o criticam por acreditarem que o poder, em última instância, está com os donos e, portanto, a autonomia dos gerentes é limitada. Há também os autores marxistas para quem tanto o dono quanto os gerentes seriam apenas instrumentos da lógica capitalista. Em relação a essas críticas deve ser dito que não se trata de ignorar o poder do dono ou que toda e qualquer empresa está submetida a certos imperativos e que um desses imperativos é a busca do

pelo dono da empresa ou por outra pessoa da hierarquia, o gerente passa a dispor automaticamente de recursos de poder. Deve ficar claro que não é o conhecimento em si que lhe dá o poder. O conhecimento possibilita que ele ocupe uma posição na hierarquia, esta sim, dotada de determinados recursos de poder. Para que isso fique claro, podemos fazer uma analogia com a democracia. O governante chega ao poder pelo voto, mas o voto em si não é a fonte do seu poder. O seu poder é o poder atribuído ao cargo pela Constituição do seu país. Ele tem o poder, por exemplo, de nomear por indicação uma série de pessoas para ocupar determinados cargos. Tem, também, o poder de exonerá-las caso não estejam desempenhando bem a função que lhes compete. Essas são algumas das prerrogativas, ou atributos, do cargo que ele ocupa.

8.4 PODER E CONTROLE

A palavra *poder* designa a capacidade de fazer algo. No caso deste capítulo, como já vimos, poder é a capacidade de produzir obediência. Porém, poder também pode ser a capacidade de estabelecer o que vai ser feito. Neste caso, a palavra seria mais bem traduzida por *atribuição* ou *competência*.

O campo de atribuição ou competência de um gerente depende da posição que ele ocupa na hierarquia organizacional. Porém, independentemente do lugar ocupado na estrutura hierárquica, todos os gerentes têm poder sobre os seus funcionários. Basicamente, o trabalho do gerente é planejar algo a ser feito, delegar tarefas, coordenar o trabalho necessário à realização da tarefa e controlar os seus funcionários para que as tarefas sejam feitas com a máxima perfeição possível e dentro do prazo estabelecido.

Num mundo perfeito, esta última função seria desnecessária, pois todos se empenhariam ao máximo o tempo todo. No entanto, no mundo real das empresas, o controle é fundamental. O controle não garante o êxito da tarefa, mas, sem ele, o êxito é impossível.[16]

---

lucro. O que se afirma é que mesmo que o dono trace o rumo geral da empresa, ele não tem os conhecimentos necessários para interferir sobre todas as atividades inerentes ao funcionamento da mesma. Por isso, pode-se dizer que ele deve se submeter às orientações dadas pelos seus gerentes. Sobre a segunda crítica, deve ficar claro que buscar o lucro é uma coisa e conseguir lucro é outra. As falências diárias indicam que, embora todas as empresas visem ao lucro, nem todas conseguem obtê-lo. Isso depende de estratégias bem-sucedidas que dependem, em parte, do conhecimento dos gerentes.

[16] Podemos citar um exemplo do campo militar. Por maior que seja o controle que um oficial possa ter sobre a sua unidade num campo de batalha, o êxito na batalha depende de uma série de fatores como a estratégia adotada nessa batalha, a quantidade e a qualidade do material bélico empregado e a quantidade de efetivos utilizados por cada um dos lados envolvidos no conflito. Porém, uma coisa é certa: mesmo com vantagem em todos os itens citados, um exército não teria êxito se as suas unidades não estivessem sob estrito controle dos

Controle é uma das tarefas mais importantes para qualquer organização. Anthony Stafford Beer (1926-2002), um estudioso no campo da administração, chegou a afirmar que controle é a profissão do administrador. Nenhuma empresa pode existir e ter sucesso sem controle. Sem controle nunca se saberá se erros estão sendo cometidos e, portanto, não se poderá corrigi-los. A operação de uma empresa implica várias formas de controle. *Grosso modo*, podemos dividir o controle em dois grupos: controle sobre coisas e controle sobre pessoas. Essa divisão é meramente didática porque, como se verá, o controle sobre as coisas só pode ser feito se houver o controle sobre as pessoas. No controle sobre coisas incluímos o controle sobre os gastos. Só exercendo o controle a empresa poderá saber quanto e como estão sendo gastos os seus recursos e comparar-se com outras empresas do setor para ver se algo pode ser feito de forma a reduzir um ou outro gasto. Há controles sobre estoques, vendas, processo de produção etc. O controle sobre pessoas implica saber se as pessoas estão realizando de forma satisfatória as tarefas que lhes cabe. Neste livro, vamos tratar apenas do controle sobre pessoas, pois trata-se de um livro de sociologia.

O controle sobre as pessoas implica disciplina. Primeiramente, temos o controle da assiduidade, da pontualidade e a detecção e eliminação de todas as formas que os funcionários encontram para matar o tempo. Em termos bem simples, significa fazer o trabalhador produzir durante todo o tempo pelo qual está sendo pago. Neste caso, controle significa disciplinar o corpo. Mas o controle não objetiva apenas a disciplina, ou seja, corpos dóceis. Ele também é usado para garantir que a produtividade desejada seja alcançada. Para isso as empresas possuem outros instrumentos de controle a fim de garantir que o funcionário cumpra as metas pretendidas pela empresa. Espera-se que tudo funcione perfeitamente e que as pessoas cumpram o que lhes for determinado. Porém, a empresa precisa saber se isso está ocorrendo: essa é uma face do controle. Ela também precisa advertir ou impor sanções a quem não seguir as regras e cumprir as metas: essa é a outra face do controle.

Michelle Perrot nos mostra como as formas de controle se transformaram ao longo do tempo.[17] Inicialmente, as formas de controle adotadas nas organizações econômicas, em especial na fábrica, eram aplicações das formas que

---

seus oficiais. Convém lembrar que foi Weber um dos primeiros a observar a importância do controle para a eficiência de uma organização, seja militar ou econômica. WEBER, Max. *O significado da disciplina*. In: GERTH, Hans; MILLS, Charles Wright; WEBER, Max. *Ensaios de Sociologia*. Rio de Janeiro: Zahar, 1971.

[17] PERROT, Michelle. Novas formas de controle fabril. *Os excluídos da História*: mulheres, operários, prisioneiros. Rio de Janeiro: Paz e Terra, 1988.

já existiam na organização militar e que consistiam em vigiar os movimentos dos trabalhadores no interior da unidade produtiva e punir qualquer violação da longa lista de regulamentos que regiam o trabalho fabril. Dali chegamos às formas atuais, menos repressivas e visíveis, mas tão ou mais eficientes que as primeiras formas. Atualmente, parte do tempo e da função do gerente/administrador é utilizada nas diferentes práticas que constituem o controle.

O controle não deve ser identificado a despotismo ou tirania empresarial. Estes dois últimos conceitos expressam uma realidade na qual o poder está concentrado e a quase totalidade da sociedade não tem como interferir na produção de decisões vinculatórias. Por isso, à luz da nossa cultura atual e das novas teorias gerenciais, ambas são formas condenáveis de exercer o poder. Para perceber que a identificação automática entre controle e despotismo não é correta, basta imaginar uma empresa que seja o extremo oposto. Nessa empresa não haveria dono nem divisão hierárquica. Nela se aplica a autogestão e, por isso, todas as decisões e todas as regras são resultado de decisões coletivas nas quais o voto de cada funcionário tem o mesmo peso.[18] Nesse caso, a única diferença é que os objetivos, as estratégias, as tarefas e as regras não seriam impostos pela direção. Mesmo assim, teria de haver meios para garantir que o que foi decidido coletivamente está sendo cumprido, ou seja, estamos falando de formas de controle.

O controle pode ser mais ou menos rigoroso; também pode ser imposto ou fruto de acordo. O fato é que nenhuma organização pode ser eficiente se não houver controle, pois ele é responsável em parte pela eficiência da empresa, porque numa empresa todos os funcionários têm responsabilidades específicas e é através do controle que se pode saber se as pessoas estão cumprindo satisfatoriamente o que lhes foi determinado.

ATIVIDADE 8.5 Nos Estados Unidos, em muitas profissões o trabalhador ganha por hora. Numa obra da construção civil, um funcionário interrompeu o serviço para fumar um cigarro, e seu chefe o demitiu por isso. Relacione esse fato tendo como base o que foi falado anteriormente sobre controle.

---

[18] O conceito de autogestão é um dos conceitos utilizados para descrever as várias experiências possíveis de controle operário. Especificamente, está associado às correntes socialistas e anarquistas. Ainda hoje, várias formas de autogestão são defendidas por economistas, sindicatos e até administradores.

ATIVIDADE 8.6 Nas universidades dos Estados Unidos há a regra "publique ou morra" (publish or perish). Essa regra estabelece que os candidatos a subir na carreira de professor dentro de uma universidade têm a obrigação de publicar certo número de artigos científicos por ano em revistas de elevada qualidade acadêmica. Quem não conseguir poderá ser demitido. Como as revistas são poucas e os professores são muitos, há uma forte concorrência entre eles. Cada um deve tentar fazer pesquisas científicas cada vez melhores para que elas possam gerar um artigo aceito pelas revistas de ponta. Paralelamente a isso, sabe-se que os Estados Unidos são, de longe, o país que ganhou mais prêmios Nobel nas áreas científicas. Inclusive, muitos professores de outras nacionalidades estavam produzindo em universidades americanas quando ganharam o Nobel. Relacione essas informações com o que você leu na Seção 8.4.

ATIVIDADE 8.7 Leia a notícia abaixo e responda ao que se pede.

"Médicos batem ponto sem trabalhar em hospital do interior do Rio
Reportagem exibida na noite desta segunda-feira (26) no SBT Brasil mostra que médicos do Hospital Estadual Roberto Chabo, em Araruama (RJ), assinam o ponto e vão embora sem prestar qualquer atendimento à população.
De acordo com a reportagem, o hospital é utilizado por moradores de 11 cidades da Região dos Lagos, que têm juntas 770 mil habitantes.
A reportagem afirma ainda que os médicos flagrados recebem por cem horas semanais, mas não permanecem nem dez minutos no hospital.
Em junho, o SBT Brasil denunciou que médicos da maternidade pública Leonor Mendes de Barros, na zona leste de São Paulo, agiam da mesma forma."

UOL. *Médicos batem ponto sem trabalhar em hospital do interior do Rio*, 26 ago. 2013. Disponível em: ‹http://noticias.uol.com.br/cotidiano/ultimas-noticias/2013/08/26/medicos-batem-ponto-sem-trabalhar-em-hospital-do-interior-do-rio.htm›. Acesso em: 7 out. 2015.

Responda:
a) Quem perde com essa situação?
b) Por que isso acontece?

8.5 GESTÃO CENTRALIZADA E GESTÃO PARTICIPATIVA

Quando analisamos as formas políticas de exercício de poder, ou seja, formas de governo, na sociedade, geralmente utilizamos os conceitos de democracia e de ditadura, pois eles expressam duas formas diferentes e opostas de exercício do poder. Na primeira, a sociedade controla o Estado; já na segunda o Estado controla a sociedade. Estes dois conceitos indicam polos distintos e opostos, mas, entre eles, há várias posições intermediárias. Por exemplo, há diferentes graus de ditaduras,[19] como também há diferentes graus de democracia.[20]

Porém, quando se fala das formas de exercício do poder na empresa, estes dois conceitos quase não são usados. Há autores que falam em democracia industrial para, com esse conceito, englobar diferentes formas de participação dos funcionários sobre a gestão da empresa.[21] Nos livros de administração, este termo raramente aparece, e nos textos de sociologia ele esteve em voga na década de 1980, mas sua utilização tem declinado. Há autores que falam em ditadura ou despotismo fabril como uma forma de caracterizar que na empresa os funcionários não participam das decisões.[22] Em suma, o que estamos querendo dizer é que, ao contrário da ciência política, o pensamento gerencial pouco utiliza os conceitos de democracia ou de ditadura para caracterizar as formas de exercício do poder na empresa. Mas é necessário algum conceito para dar

---

[19] LINZ, Juan J. *Totalitarian and Authoritarian Regimes*. Boulder: Lynne Rienner, 2000. Nesse livro, o autor distingue as ditaduras autoritárias das totalitárias. Os regimes autoritários se caracterizam, entre outras coisas, pela existência de organizações autônomas da sociedade com atuação política. Eles admitem partidos, sindicatos, jornais e vários outros organismos que podem fazer oposição, desde que não ultrapassem certos limites. Um exemplo de ditadura autoritária bem próximo de nós foram os governos militares (1964–1985). Em relação a este ponto, a diferença fundamental e que caracteriza a ditadura totalitária é que nela não há nenhuma forma de organização autônoma da sociedade, ou elas só podem existir como órgãos do Estado ou são rigidamente controladas pelo Estado. São exemplos de totalitarismo o regime nazista implantado por Hitler e a ditadura implantada por Stálin. Contudo, convém destacar que há ainda inúmeras outras formas de ditaduras. Assim, fica claro que o conceito de ditadura apenas alude a um grande número de formas de governo no qual o poder está concentrado.

[20] O mesmo pode ser dito sobre a democracia. Apenas para ficar num exemplo da polissemia desse termo, destacamos o Índice da Democracia no Mundo (Economist Intelligence Unit Democracy Index), criado pela revista *The Economist*. Em 2011, os pesquisadores da revista analisaram o regime político de 167 países, e os grupos classificatórios criados nesta lista indicam como o grau de democracia varia. Ela lista três grupos de países que podem ser considerados democráticos, mas não no mesmo grau. Eles são: democracias plenas, democracias imperfeitas e regimes híbridos. Este é apenas um esquema de classificação das democracias; existem outros além desse.

[21] Gyorgy Széll escreveu no verbete "Industrial Democracy": "O conceito designa a ideia e a prática de cooperação entre o capital e o trabalho para que juntos administrem a empresa. A democracia industrial pretende superar a divisão social do trabalho, ou seja, as divisões hierárquicas no processo de produção". Ver: SZÉLL, Gyorgy. Industrial (verbete). In: OUTHWAITE, William; BOTTOMORE, Tom (orgs.) *The Blackwell Dictionary of Twentieth-Century Social Thought*. London: Blackwell, 1993, p. 278.

[22] A ideia de que a fábrica é um local de total submissão já estava em Marx quando este associa as condições existentes nas fábricas às de uma prisão. Ele escreveu: "Estaria Fourrier errado, portanto, ao chamar as fábricas de presídios mitigados?" (*O Capital*, Livro I, capítulo "A Fábrica"). Embora sem adotar essa metáfora, a ideia nunca abandonou o pensamento marxista. Posteriormente ela foi um pouco mais desenvolvida para dar conta das transformações que tinham ocorrido dentro das empresas na segunda metade do século XX. Ver: GORZ, André. O despotismo fabril e suas consequências. *Crítica da divisão do trabalho*. São Paulo: Martins Fontes, 1989. E mais recentemente: BERNARDO, João. *Democracia totalitária*: teoria e prática da empresa soberana. São Paulo: Cortez, 2004. Embora tenha a palavra *democracia* no título, o livro foi escrito para defender a tese de que as empresas são expressão do totalitarismo.

cabo dessa realidade. Por isso optamos pelos conceitos de gestão centralizada e gestão participativa.

O fato do pensamento gerencial pouco usar o conceito de democracia não significa que a preocupação com a democracia esteja ausente do debate na empresa e nos livros de administração. Essa preocupação tem adquirido crescente força. Quando se leem os livros mais atuais de administração, percebe-se que a gestão centralizada é criticada, enquanto a gestão participativa é exaltada. Vamos entender por que e como isso se deu.

Partiremos da situação das primeiras grandes empresas do século XIX. As fábricas dessa época tinham uma gestão centralizada, o dono ou os gerentes mandavam e todos deviam obedecer. Pode-se dizer que essa autocracia ainda predomina atualmente em grande parte das empresas.

A ideia de que os trabalhadores deveriam ter maior participação nas decisões da empresa não é nova. Pode-se até dizer que ela surgiu junto com as fábricas. Ela surgiu na Europa, na segunda metade do século XIX, como uma consequência do movimento socialista. Atribui-se a Pierre-Joseph Proudhon (1809-1865) o fato de ter sido o primeiro a levantar a bandeira da democracia industrial, ou segundo, o vocabulário utilizado aqui, da gestão participativa, ao defender que numa fábrica os gerentes deveriam ser eleitos pelos operários e demais funcionários. Em 1897, os socialistas Sidney e Beatrice Webb publicaram o livro *Industrial Democracy*, no qual defendiam o fortalecimento dos sindicatos como instrumento para se contrapor ao poder patronal. Por um tempo, a chamada *democracia industrial* foi apenas uma ideia, mas com a Revolução Russa ela foi aplicada na prática. O governo comunista estimulou a participação dos empregados na direção das empresas. Porém, a crise da industrialização soviética, por volta de 1930, levou Stálin a querer aumentar a produtividade do trabalho. Ele acabou com essa experiência e implantou uma rígida gestão centralizada.[23] Isso não significou a morte desse ideal. Muito pelo contrário, diferentes experiências de democracia industrial vêm sendo aplicadas e com relativo sucesso. Além disso, encontrar formas de aumentar a participação dos empregados nas decisões da empresa se tornou um objetivo a ser perseguido.

Dois fatores explicam a persistência e o fortalecimento desse ideal. O primeiro é a ação política dos sindicatos. Predomina nos sindicatos a crença de que a autocracia ou a gestão centralizada aumenta a alienação do trabalhador, e a democracia industrial seria uma forma de resistir e assim reduzir essa

---

[23] WU, Tuong. Workers under Communism: Romance and Reality. In: SMITH, Stephen A. (org.). *The Oxford Handbook of the History of Communism*. Oxford: Oxford University Press, 2014.

alienação. A ação dos sindicatos atua sobre duas frentes. Uma delas é a ação política para mudar a legislação. Isso explica, por exemplo, a legislação alemã, que estabelece que em qualquer empresa com mais de mil empregados os diretores serão escolhidos por um conselho composto metade pelos acionistas e metade pelos funcionários. A outra é a ação diretamente sobre as empresas para que elas criem órgãos e (ou) mecanismos internos que viabilizem a participação dos empregados.

O segundo fator que explica a persistência e o fortalecimento de diferentes experiências de gestão participativa vem das próprias empresas e do pensamento gerencial. Todos sabem que um trabalhador motivado produz mais. Pesquisas mostram que o fator que mais motiva os trabalhadores é o sentimento de participação, ou seja, de que ele é valorizado pela empresa. A empresa o faz ver que a sua opinião e os seus conhecimentos são importantes. Ela cria mecanismos de participação e, por isso, o funcionário sente que faz parte da empresa e se sente responsável pelo seu destino. Além disso, a gestão centralizada se justificava na crença de que o gerente manda porque conhece e o empregado obedece porque não sabe. Pesquisas mostram que os empregados, por estarem diretamente inseridos no processo de produção, têm conhecimentos sobre o processo de trabalho que, muitas vezes, os gerentes desconhecem. Assim, ao se criar mecanismos para os empregados participarem, estão se criando possibilidades de a gerência absorver esses conhecimentos. Várias empresas perceberam isso e criaram esses mecanismos. Uma delas foi a Toyota, que legou ao pensamento gerencial o termo *toyotismo*. Como prática gerencial, um dos pilares do toyotismo é o grupo de trabalho, que consiste em fazer com que todos os trabalhadores que formam um grupo responsável por uma tarefa na produção se envolvam igualmente, dando soluções que podem reduzir custos ou aumentar a rapidez na execução da tarefa.

Como vimos, sob o rótulo de democracia industrial ou gestão participativa há diferentes experiências, cada uma delas com diferentes graus de participação dos funcionários nas decisões. No polo extremo de participação estão as experiências de autogestão. Nesse caso, a propriedade e a administração das empresas são dos seus funcionários. Experiências desse tipo são raras, e um dos casos existentes atualmente é o da cerâmica Zanon na Argentina. Em 2001, o dono fechou a fábrica como forma de acabar com a luta dos seus funcionários por aumento salarial. Os funcionários ocuparam a fábrica e a mantiveram funcionando. Em 2009, a justiça expropriou a fábrica e transferiu a propriedade para os trabalhadores, que passaram a administrá-la e a rebatizaram como FaSinPat (Fábrica Sin Patrones). Outra forma de autogestão são as cooperativas. Há várias formas de cooperativas.[24] A que nos interessa aqui é a formada por uma cooperativa de trabalhadores. As cooperativas de trabalhadores são menos comuns do que a de produtores e de consumidores; no entanto, o seu número cresce, embora mais lentamente do que a de outros tipos. Todas as cooperativas procuram seguir os mesmos princípios, e um deles é o da gestão democrática, o que significa que nenhum membro pode ter mais poder sobre as decisões gerais sobre os rumos da cooperativa, de modo que seguem o princípio "um homem, um voto".[25] O caso mais famoso de cooperativa de trabalhadores existente hoje em dia é o grupo Mondragón, na Espanha, que reúne algo próximo a 90 mil associados em 100 empresas, incluindo um banco e uma universidade.[26]

Os tipos acima representam os graus mais elevados de gestão participativa, pois neles os empregados participam diretamente das decisões que estabelecem os rumos da empresa. Mas também há experiências que representam graus menos elevados de gestão participativa. Nesse caso, os trabalhadores participam das decisões sobre tarefas específicas. Já vimos que os grupos de trabalho são um caso, mas há também os chamados *círculos de qualidade*. Eles também foram criados para aumentar a participação dos empregados nos processos decisórios e consistem em pequenos grupos de funcionários que se reúnem regularmente no período de trabalho para refletir e encontrar soluções para problemas gerenciais como, por exemplo, reduzir os desperdícios de tempo ou matéria-prima. Por último, mas sem esgotar o tema, convém falar de outra forma de gestão participativa que está muito em moda no pensamento gerencial contemporâneo: a governança corporativa. Ainda que os escritos sobre a governança corporativa vislumbrem a possibilidade de que funcionários e a própria sociedade possam vir a ter algum peso nas decisões, atualmente ela tem sido encarada

---

[24] Em termos bem simples, é possível dizer que o cooperativismo é uma forma de associação voluntária entre pessoas para formar uma empresa de modo a que todos possam tirar vantagem dessa associação. As vantagens podem ser: ganhar poder de barganha junto a fornecedores, auxílio mútuo, enfrentar a concorrência etc. O movimento cooperativista é bem antigo. A primeira cooperativa foi criada em 1700 na Inglaterra e os associados pagavam uma pequena quantia que gerava um fundo a ser utilizado por qualquer associado cuja propriedade viesse a sofrer um incêndio. A ideia se espalhou pela Europa e depois para o mundo. Em 1830, já havia mais de 300 cooperativas na Inglaterra, sendo a mais famosa delas a de Rochdale, que deu os princípios para a hoje forte Aliança Cooperativista Mundial. Também aqui foi forte a influência dos socialistas. No século XIX, o cooperativismo era visto como a forma de realizar o projeto socialista de solidariedade e de igualdade. Dentre os tipos de cooperativas, destacamos dois: a que é formada por empresas ou produtores autônomos, cujo caso mais comum é na atividade agrícola, e a que é formada por empregados/sócios que formam uma empresa. Nos dois casos a gestão é participativa, ou seja, democrática.

[25] WILLIAMS, Richard C. *The Cooperative Movement Globalization from Below*. Hampshire: Ashgate, 2007, p. 12.

[26] Sobre o grupo Mondragón, ver o *site*: <http://www.mondragon-corporation.com/>. Acesso em: 7 out. 2015.

como uma forma de garantir aos acionistas um maior peso nas decisões rotineiras da empresa. Por isso, ela tem se aplicado exclusivamente às empresas de capital aberto, ou seja, que têm ações em bolsa.

Assim, podemos concluir que, a partir do final do século XX, as empresas vêm tentando aplicar diferentes mecanismos capazes de aumentar efetivamente a participação dos trabalhadores nas decisões das empresas. O que vai variar é a forma e a amplitude do poder atribuído aos funcionários. Porém, convém deixar claro que se trata de decisões e orientações a serem seguidas pela empresa que antes eram tomadas de forma centralizada e impostas, e agora são compartilhadas. Isso não significa que o poder e o controle deixaram de existir ou perderam sentido nas empresas com gestão participativa. As decisões precisam ser implementadas, as tarefas a serem feitas precisam ser cobradas, os prazos e a qualidade precisam ser mantidos. Se quem vai fazer isso é o gerente escolhido pelos funcionários ou os membros do grupo de trabalho ou do círculo de qualidade, não faz muita diferença. O fato é que precisa ser feito e assim voltamos à questão do poder e do controle.

8.6 O CHEFE E O LÍDER

Agora vamos tratar de um tema que assumiu uma gigantesca proeminência no pensamento gerencial contemporâneo: a liderança. Desde a última década do século XX até hoje milhares de livros sobre liderança foram publicados por autores ligados à área de administração. Tudo indica que essa torrente vai continuar por um bom tempo, pois as pessoas estão ávidas para aprender sobre liderança. Não seria exagero afirmar que todos esses milhares de livros têm pontos em comum: todos exaltam a figura do líder, prescrevem as características que um líder deve ter e transmitem a ideia de que é possível formar líderes.

As ciências sociais têm uma longa tradição no estudo da liderança. Podemos dizer que essa tradição começou com Weber, no início do século XX, e continuou ao longo do século com a busca de explicações sobre porque certas pessoas assumiram o papel de líder. A sociologia e a ciência política se preocupam em explicar como pessoas como Moisés, Adolf Hitler, Benito Mussolini, Mahatma Gandhi, Martin Luther King e outros conseguiram fazer com que grande parte das suas nações visse neles a condensação das suas esperanças, o instrumento da realização dos seus sonhos. Mais próximos de nós, os líderes populistas da América Latina, como Juan Domingo Perón na Argentina, Getulio Vargas no Brasil, Hugo Chavez na Venezuela e outros despertaram a mesma curiosidade em cientistas sociais. Em suma, o que se tenta saber é como eles conseguiram mobilizar um grande número de seguidores e como se tornaram objeto de devoção para eles.

Embora o pensamento gerencial e as ciências sociais estudem a liderança, há duas diferenças fundamentais entre a forma como cada um desses campos vê esse fenômeno. Weber vê a liderança como um fenômeno raro e de difícil, senão impossível, reprodutibilidade, pois os líderes estudados surgiram de situações histórico-sociais muito particulares. Para ele, o líder seria uma pessoa extraordinária capaz de feitos heroicos. Isso explica por que, para as ciências sociais, apesar de vivermos num mundo de bilhões de pessoas, o número de líderes é ínfimo. Estes, pode-se dizer, nasceram líderes. Nascer líder não quer dizer que a capacidade de liderança seja genética, mas é uma forma de dizer que se trata de um talento individual distribuído muito desigualmente entre as pessoas.

Já no pensamento gerencial fica claro que é possível criar líderes e que, em tese, todos poderiam ser líderes caso seguissem os ensinamentos contidos nos livros que trazem essa prescrição. Há duas formas de entender a diferença entre essas duas visões. Elas podem ser vistas como antagônicas (e, se for assim, para que uma delas esteja certa, a outra deve estar errada) ou podem ser vistas como complementares, pois o pensamento gerencial lidaria com pessoas dotadas das mesmas qualidades dos homens extraordinários das ciências sociais, só que atuando num espaço social bem mais restrito, o de uma organização, por exemplo. Assim, o pensamento gerencial falaria de uma série infindável de pessoas, na maior parte das vezes anônimas, que em contextos bem menores do que a sociedade conseguiram sintetizar aspirações e conduzir pessoas. Aceitando-se isso, não seria despropositado admitir que houvesse centenas de milhares de líderes espalhados pelo mundo e que os números são prova de que se pode criar líderes através de processo educativo. Voltaremos a essa questão mais adiante.

A quase totalidade dos livros sobre liderança no campo da administração exalta a figura do líder e, implicitamente na maioria dos casos, a contrapõe à figura do chefe. O chefe seria o passado da administração, algo a ser superado. O líder, com todas as virtudes que lhes são atribuídas, seria o único capaz de conduzir as empresas nesses novos tempos. Ele é o futuro. Deixando de lado os adjetivos, parece-nos correta a contraposição entre o chefe e o líder. Realmente há uma diferença crucial que os separa, mas antes de falar da diferença, vamos falar da semelhança: ambos conseguem alterar o comportamento de outrem. Tanto o chefe quanto o líder conseguem obediência. Contudo, e aqui está a diferença que os contrapõem, eles utilizam meios distintos. O chefe altera o comportamento utilizando-se dos recursos tradicionais: recompensas e sanções. Já o líder altera o comportamento através da persuasão, ou seja, as pessoas fazem o que o líder pede porque estão convencidas de que isso é o melhor a ser feito. Para resumir, dizemos que o chefe usa o poder enquanto o líder usa a influência.[27]

A base da liderança é a influência. A principal característica da influência é que, ao contrário do poder, ela não pode ser imposta. As pessoas não estão obrigadas a seguir o líder; elas o seguem porque o veem como objeto de admiração e, em certos casos, até mesmo de devoção. Isso nos remete ao conceito de carisma utilizado por Max Weber. A ideia de líder e de liderança em Weber só pode ser entendida a partir da sua noção de carisma. Para ele, alguém só se torna um líder porque tem carisma.

Ele coloca o carisma como uma das fontes de legitimidade do poder e atribui ao líder carismático um papel preponderante em processos de profundas transformações sociais. Por que as pessoas seguem o líder? A resposta a essa questão passa pela caracterização que Weber faz do carisma, vendo-o como uma qualidade pessoal.[28] Para ele alguém se torna líder por realizar atos heroicos ou pelo discurso. O exemplo típico do primeiro caso é o líder guerreiro que se destaca pelas vitórias e pelo seu comportamento durante o combate. Mas a pessoa também pode se tornar líder através do discurso. O líder faz isso através da definição da situação.[29] Através da fala ele define a situação e aponta rumos. Ele só se torna líder porque, de alguma forma, as pessoas para quem ele dirige o seu discurso compartilham ou são convencidas a compartilhar a mesma definição da situação. Mas só isso não basta,

---

[27] Uma parte dos livros de administração que tratam da liderança confunde ou associa esta noção à de poder. Então, para esses autores, a liderança é uma forma de poder. Ver: Terry Bacon, um desses autores, afirma: "Sem poder não há influência nem liderança". BACON, Terry R. *The Elements of Power*: Lessons on Leadership and Influence. New York: Amacom/American Management Association, 2011, p. X. A posição que defendemos neste livro separa influência de poder e é endossada por vários autores. Bennis e Nanus afirmam: "Há uma profunda diferença entre gerenciamento e liderança. Gerenciar significa produzir, realizar, ter o dever ou responsabilidade de conduzir. Liderança é influenciar, guiar ação ou opinião e o fator essencial na liderança é a capacidade de influenciar". BENNIS, Warren; NANUS, Burt. *Leaders*: Strategies for Taking Charge. New York: Harper Business, 2007, p. 20.

[28] "Deve-se entender como carisma a qualidade que passa por extraordinária [...] de uma personalidade cuja virtude a faz ser considerada como possuidora de forças sobrenaturais ou sobre-humanas – ou, pelo menos, extra cotidianas e não acessíveis a qualquer outra pessoa – ou como enviado de Deus, ou como exemplar, e, por consequência como chefe, caudilho, guia ou líder." WEBER, Max. *Economia y sociedade*. México: Fondo de Cultura Económica, 1992, p. 193 (tradução do autor).

[29] DE PREE, Max. What Is Leadership? *Business Leadership*. A Jossey-Bass Reader. San Francisco: Jossey-Bass, 2003, p. 65-71.

elas também precisam vê-lo como a pessoa capaz de conduzir a situação em questão a um bom desfecho.

Fica claro que uma pessoa se torna líder pela influência que tem sobre os seus liderados. As massas estão convencidas de que ele é o homem providencial.[30]

É bem verdade que não há liderança carismática sem um contexto histórico visto como problemático.[31] Ela surge justamente porque aponta caminhos. Ela é o caminho. Porém, milhares ou mesmo milhões de pessoas vivem neste contexto, mas apenas uma se torna líder. Por isso, para Weber, o líder carismático é uma figura única na história. A própria palavra *carisma* empregada por ele significa "dom divino", ou seja, uma graça concedida por Deus a poucos. Assim, o carisma é um atributo pessoal. Os liderados seguem e têm devoção a uma pessoa, a pessoa do líder.

Weber reconhece que o número de líderes carismáticos deveria ser bem grande nas sociedades tradicionais. Afinal, os chefes tribais, os chefes guerreiros, os profetas conseguiam suas posições pelo carisma que lhes era atribuído. Contudo, na sociedade moderna o exercício do poder nos regimes democráticos depende de um conjunto de organizações cuja divisão entre elas é estabelecida de forma que o poder de uma delas seja contrabalançado pelo das demais. Além disso, ela é regida pelo princípio da impessoalidade. Tudo isso reduz enormemente a importância do carisma. O mesmo processo ocorreu também dentro das organizações econômicas (empresas) na sociedade moderna. Nelas, a disciplina se funda numa base racional que se contrapõe à autonomia típica do líder carismático. A eficiência da empresa moderna depende da racionalidade. Ela não pode depender das qualidades extraordinárias ou mágicas do líder carismático.[32]

Weber não está afirmando que o carisma e o líder deixaram de existir. O que ele afirma é que não há mais espaço tanto no governo quanto na empresa para o poder exercido pela devoção pessoal dos cidadãos e dos funcionários ao seu

---

[30] "Se as pessoas que o veem [o líder] como enviado não reconhecem a sua missão e sua exigência, ele fracassará. Se o reconhecem como tal, ele se converte em seu 'senhor' enquanto souber manter pela 'prova' tal reconhecimento" (WEBER, 1992, p. 848, tradução do autor). Em suma, quer seja pela fala ou por atos heroicos, reais ou simbólicos, ele tem que provar, ou seja, convencer que tem qualidades extraordinárias. Caso contrário, como Weber afirma, ele pode perder o reconhecimento do povo e voltar a ser um homem normal (WEBER, 1992, p. 851, tradução do autor).

[31] "A criação de um domínio carismático no sentido 'puro' anteriormente descrito sempre é resultado de situações singularmente 'extremadas' – especialmente de situações políticas, econômicas ou psíquicas internas, sobretudo religiosas – e se origina por uma excitação comum a um grupo de indivíduos, excitação surgida do extraordinário e tendente à consagração, ao heroísmo de qualquer classe que seja" (WEBER, 1992, p. 856, tradução do autor).

[32] WEBER, 1992, p. 888-889.

líder. Por mais carisma que alguém tenha, a sua capacidade de gerar a obediência não pode se sobrepor às regras impessoais que regem o exercício do seu cargo.

A capacidade de transformação do líder na sociedade moderna depende de que ele ocupe uma posição de comando nas instituições existentes. Cabe a ressalva de que, quando se trata da sociedade, há inúmeros casos em que um líder fora da estrutura de poder possa liderar um processo de transformação revolucionário.[33] Isso acontecia no passado com mais frequência e pode acontecer no presente em sociedades com pouca tradição democrática. Porém, quando se trata de uma organização, entenda-se uma empresa, é impossível que alguém de fora da empresa lidere um processo de transformação na empresa, como também é inimaginável que alguém em uma posição hierárquica bem inferior possa liderar um processo de transformação. Assim, no caso das organizações, o líder tem que ocupar uma posição de chefia. Dá para perceber como isso complica a discussão sobre chefia e liderança. Alguém num posto de comando de uma empresa é líder ou chefe? Ele pode ser líder e chefe ao mesmo tempo?

Weber fez questão de distinguir duas situações: liderança carismática e rotinização do carisma. Na primeira, temos o líder sem poder, isto é, ele não ocupa nenhuma posição na hierarquia de poder preexistente. O seu carisma torna essa estrutura desnecessária. O seu carisma o capacita a fazer seus liderados realizarem façanhas extraordinárias. Porém, vai chegar um momento em que não há mais necessidade de façanhas. A situação se estabiliza e então a liderança carismática precisa de instituições para gerir a rotina do dia a dia. Esta é a segunda situação da qual fala Weber. Nela o líder mantém seu carisma, mas opera dentro da estrutura de poder existente ou de uma estrutura de poder criada por ele.[34] Para ele,

---

[33] Poderíamos imaginar um exemplo mais contemporâneo: Mahatma Gandhi (1869-1948). Embora ele tenha sido líder do Partido do Congresso por vários anos, renunciou a esse cargo, ficando sem nenhum cargo político. A sua prática em defesa da casta dos intocáveis, a mais baixa de todas as castas, e das mulheres fez com que esses grupos o vissem como o seu salvador. Milhares de aldeias indianas o viam como filho de Deus e alguém abençoado. Quando ele liderou o processo de independência da Índia (1947), ele não tinha poder. Caso não tivesse sido assassinado (1948), é possível presumir que ele tivesse assumido um elevado cargo de poder no novo governo. Se isso acontecesse, ele não perderia o carisma, mas teria que conviver e se submeter à ordem constitucional criada.

[34] Weber trata da rotinização do carisma em duas partes de seu livro (WEBER, 1992, p. 197-204 e p. 856-889). Vamos lembrar que, quando se fala em rotinização do carisma, estamos nos referindo ao líder como chefe, ou seja, alguém que também dispõe de poder. A rotinização do carisma cria dois problemas. O primeiro é a sucessão. Geralmente o líder carismático indica o seu sucessor, mas Weber alerta que isso não garante a transmissão do seu carisma, o que mostra que o carisma é pessoal e intransferível. Ele também não é transmissível a partir de ensinamentos, pois senão bastaria o líder carismático treinar o seu sucessor. O segundo problema é a constituição do corpo de auxiliares que vai ajudá-lo a exercer o poder. Weber não chega a afirmar que o carisma, isto é, a liderança no seu sentido *lato*, se extingue com a sua rotinização, mas que ele tende a declinar de forma acentuada. Cito três passagens. Na primeira ele afirma: "Com ela [a democracia e o sistema representativo] se abandona completamente à estrutura do fundamento carismático" (p. 862). Logo a seguir: "[...] o heroísmo carismático entra em conflito com o poder habitual exercido pela máquina

a rotinização do carisma leva ao seu declínio. Isso acontece porque, no dia a dia, fora de contextos de crise, o líder precisa seguir as regras das instituições, quer sejam as existentes, quer tenham sido criadas por ele. Essas regras limitam a sua autonomia. Assim, ele deixaria de ser líder para ser apenas o chefe.

Mas não é essa a posição defendida pelos livros recentes de administração que têm a liderança como tema. Quando se acompanha a produção bibliográfica no campo da administração, nota-se claramente que, nas duas últimas décadas do século XX, há o que podemos chamar de rebelião contra o chefe. A tônica dessas obras é a seguinte: o mundo empresarial está vivendo novos tempos. Estes novos tempos colocam novos e surpreendentes desafios. O chefe não está capacitado a enfrentá-los; por isso, precisamos de líderes que o façam. Estas obras vendem a ideia de que o líder é condição fundamental para o sucesso empresarial. Por isso, elas além de contraporem o chefe ao líder, diminuem a figura do primeiro e avultam a figura do segundo.[35]

Basicamente o que o pensamento gerencial defende é que os gestores devem deixar de ser chefes para se tornarem líderes. Com toda certeza eles não estão defendendo que os chefes devem renunciar aos seus cargos para se tornarem líderes. Isso é possível porque os líderes nada mais são do que chefes que adotam ou passaram a adotar determinadas atitudes na sua relação com os seus subordinados. Por isso, a liderança pode ser ensinada, e uma vez o chefe adotando essas atitudes ele se tornaria um líder.

Essa ideia é interessante e, caso correta, ela mostraria como se pode ser chefe e líder ao mesmo tempo. Porém, há aqui um problema Não há consenso sobre as atitudes que fazem de um chefe um líder. Elas variam de autor para autor. Na introdução que fez a um livro sobre liderança, Keith Grint diz que precisou ler vários textos para fazer um livro sobre esse tema, e neles contou 127 "condições necessárias para a liderança".[36] Como este número é o somatório das diferentes atitudes citadas nas obras que ele leu, a questão de saber o que faz de alguém um líder torna-se insolúvel a não ser que arbitrariamente escolhamos um determinado autor e aceitemos que a sua lista é a melhor.

---

partidária" (p. 864). No início da seção que trata da disciplina ele afirma: "O destino do carisma e sua força estão selados. O carisma se retrai na medida em que se consolida a estrutura permanente da ação comunitária do poder tradicional ou da organização racional" (p. 882).

[35] Dentre as inúmeras obras que fazem questão de destacar a oposição entre o chefe e o líder citamos: KOTTER, John. *A Force for Change*: How Leadership Difers from Management. New York: The Free Press, 1990. Logo no início (p. 7) se diz que a diferença fundamental entre o chefe (*manager*) e o líder está no fato de que o segundo produz mudanças proveitosas, enquanto o primeiro cria a ordem. Ao fazer isso, ele associa o líder à mudança, e como toda empresa precisa mudar, o líder assume um papel proeminente.

[36] GRINT, Keith (org.). *Leadership, Classical, Contemporary, and Critical Approaches*. Oxford: Oxford University Press, 1997, p. 3.

A resposta que vamos dar a essa questão é a seguinte: os chefes podem e devem se esforçar para agirem como líderes. Nem de longe queremos passar a ideia de que sabemos com precisão quais são as atitudes que fazem um líder. O que a leitura dos livros de liderança nos ensinou é que ao contrário do chefe que se caracteriza por uma postura impositiva, o líder tem uma postura mais dialógica, ou seja, está disposto a ouvir e a aceitar e incorporar pontos de vistas diferentes do seu para criar um consenso. Então, no fundo o que defendemos não é uma figura do líder, mas uma atitude de diálogo e negociação.

Os chefes devem se esforçar em assumir tal atitude por uma única razão: assim ele conseguirá a obediência sem resistência. O seu primeiro esforço deve consistir em usar da fala para levar os seus subordinados a compartilharem da sua definição da situação. Isso é basicamente um trabalho de convencimento (influenciar). A definição da situação implica em determinar um leque de ações possíveis. Pela definição da situação compartilhada, as pessoas já tenderiam mais para uma das ações. Não se pode imaginar que basta o chefe falar que todos concordarão, assumirão a sua definição da situação e o seguirão. Tudo vai depender da sua capacidade de convencimento e de fazer concessões quando forem necessárias para se constituir o consenso. Uma vez construído esse consenso as pessoas agirão da forma esperada sem que o chefe precise usar os seus recursos de poder. Então se pode dizer que ser líder é saber construir consensos.

Mas, o gestor que agir dessa maneira nunca deve esquecer que ele tem recursos de poder. Ele não deve rejeitar de forma absoluta a possibilidade de um dia ser obrigado a usar os recursos de poder típicos do chefe. Sempre poderá haver um funcionário recalcitrante que dê demonstrações de recusa em agir segundo o consenso estabelecido. Casos assim requerem a utilização dos mecanismos coercitivos. A diferença é que nestes casos, o próprio grupo justificará essas medidas, uma vez que as ações dissonantes agridem o consenso construído.

8.7 MANTER O PODER

Como vimos, dentro das empresas existe uma estrutura de poder. Como já foi dito por Gareth Morgan, as empresas se assemelham a países, uma vez que são governadas de uma determinada forma. Por isso, segundo ele, podem ser vistas como sistemas políticos.[37] Vistas como tal, e ainda seguindo as ideias de Morgan, não há como negar que a maioria das empresas podem ser consideradas sistemas

---

[37] MORGAN, Gareth. Interesses, conflito e poder: as organizações como sistema político. In: *Imagens da organização*. São Paulo: Atlas, 2002.

políticos autocráticos. A autocracia é um sistema de governo no qual o poder está concentrado nas mãos de um só.[38] Max Weber classificava as empresas e as organizações como associações imperativamente coordenadas. Evidentemente, não pode ser negligenciado o fato de que muitas empresas adotaram mecanismos de participação dos seus empregados em determinadas áreas de decisão, como também muitas outras, por questão de governança corporativa, devem submeter as principais decisões dos seus executivos à aprovação de um conselho de administração. Contudo, a autocracia ainda predomina.

O fato da maioria das corporações se organizarem como autocracia não implica que nelas não exista a atividade política. Na sociedade moderna, a atividade política, como já vimos, é feita por grupos institucionalizados, os partidos políticos. Cada um deles, em tese, defende publicamente diferentes visões e diferentes interesses. Eles lutam pelo poder e o grupo vitorioso poderá colocar em prática as suas ideias. Há na sociedade um espaço próprio da política que é o Parlamento. Mesmo sendo uma autocracia, a empresa não está livre da luta pelo poder. Só que ao contrário da sociedade, nela a luta pelo poder não é feita abertamente nem por grupos institucionalizados.

Em uma empresa pode haver, e certamente há, a luta pelo poder. Quando se trata do poder no primeiro escalão (diretorias ou até mesmo a presidência, em certos casos), a luta aparece como um conflito pessoal, mas que tem a sua origem e fundamento num conflito de visões. Se em algum momento do processo houver um espaço de diálogo em que as ideias possam ser conciliadas, a divergência não se tornará foco de tensão e, posteriormente, motivo de luta pelo poder. Embora possa parecer um conflito pessoal entre defensores de ideias divergentes, o fato é que, na quase totalidade das vezes, a luta pelo poder no alto escalão da empresa envolve a formação de grupos.[39]

Em uma empresa, os grupos que lutam pelo poder são informais, ou seja, não têm existência legal, mas existem realmente. Para se entender melhor essa noção de grupos informais, veja a sua sala. O professor enxerga um grupo de alunos, mas quem vive como aluno a realidade da sala sabe que há nela um ou mais grupos formados pelos mais diferentes motivos. Esses grupos não

---

[38] Basicamente não há uma diferença essencial entre a autocracia e a ditadura. Ambas são regimes em que o poder está concentrado numa determinada pessoa que dispõe de poder para impor as chamadas, por Bobbio, decisões vinculatórias. Talvez a única distinção que haja entre estes dois sistemas políticos esteja no fato de que nas ditaduras modernas o poder não é pessoal, mas de um partido ou grupo (militares, religiosos etc.).

[39] Morgan (2002, p. 189) defende uma ideia parecida ao afirmar: "As organizações são coalizões. São formadas por coalizões e a formação de coalizões é uma dimensão importante de quase toda a vida organizacional. As coalizões surgem quando grupos de indivíduos se reúnem para cooperar em assuntos específicos, eventos ou decisões ou para defender valores específicos ou ideologias".

existem formalmente, isto é, não têm existência reconhecida, mas existem e agem como grupo.

Na política da empresa, tal como na política na sociedade, quem conseguir formar uma aliança mais expressiva ou numerosa tem grandes chances de sair vencedor na disputa em jogo. É evidente que numa organização autocrática a decisão final, ou seja, a arbitragem nas disputas internas, está nas mãos do chefe máximo. Mas é certo que ele levará em conta o peso dos grupos envolvidos. Assim, tal qual na política, em uma empresa a obtenção de poder (de cargos de poder) ou a sua manutenção depende da capacidade de formar alianças, isto é, grupos.

Nos altos escalões, a luta política é basicamente a disputa sobre quem vai comandar e sobre o rumo que a empresa deve tomar em tal ou qual assunto. Temos descrito isso como um conflito e, na verdade, é. A palavra *conflito* tem um sentido negativo. A opinião geral é que o conflito deve ser evitado, contudo, isso não é aconselhável. Tanto numa democracia quanto em uma empresa, o conflito, ou seja, a existência de opiniões divergentes e até antagônicas, desempenha um papel importante. O debate ilumina a discussão e pode evitar que erros sejam cometidos. Nesse sentido, o conflito é positivo. Na sociedade não se espera que a situação (os que apoiam o governo) e a oposição se deem os braços e sigam juntas. Pelo contrário, a oposição existe para criticar abertamente o governo. Em uma empresa, ao contrário, espera-se que uma vez decidida a orientação a ser tomada, todos se unam em prol do objetivo comum. Em uma empresa ideal seria assim. Porém, no mundo real, as coisas nem sempre acontecem dessa maneira.

Na sociedade, o conflito se torna um problema quando cresce em intensidade e assume a forma de violência. Na empresa, o conflito não chega a esse ponto, mas ele pode se tornar altamente problemático quando alcança tal intensidade que as partes envolvidas passam a se ver como adversários em confronto. Em situações assim, o conflito assume a forma latente. Mesmo que isso não transpareça, a empresa está partida. Caso não haja uma intervenção por parte de quem detém o poder, de modo a reconstruir a unidade perdida, a persistência dessa situação terá efeitos danosos para a empresa.

Há no interior da empresa outra esfera de ação de poder que tem uma dinâmica própria e que pode ser associada à política. Trata-se da relação do chefe com os seus funcionários. Precisa ficar claro que a posição de chefe é delegada. Alguém em um patamar superior da hierarquia nomeia (delega) alguém para ocupar um posto de chefia. Ele será cobrado pelo seu superior hierárquico pela manutenção do controle sobre os seus funcionários e pela execução das tarefas determinadas ou estabelecidas. Justamente por ocupar esse posto, ele dispõe de recursos para produzir a obediência. Por se tratar de uma imposição, a relação de poder entre o chefe e os seus subordinados é foco de tensão. Isso acontece porque nem todos os seus funcionários seguem à risca as regras impostas ou realizam a contento as tarefas que lhe foram atribuídas. As ações de poder podem contrariar interesses e gerar discordâncias. Se isso acontecer, elas acabam causando diferentes formas de oposição ou resistência.[40]

Lidar com as diferentes formas de resistência faz parte das tarefas do chefe. Quando elas são individuais e isoladas, a utilização dos recursos de poder permite lidar com a situação. O problema assume uma dimensão maior quando a oposição se dissemina. Isso significa que os seus funcionários ou um grupo deles formou uma aliança. A formação dessa aliança pode decorrer de uma união contra uma imposição específica ou por que cada um dos que fazem parte dela tem a sua demanda específica contra o poder e viram na aliança uma forma de reforçar a sua posição. Percebe-se com isso que, mesmo para os funcionários subalternos, a formação de alianças é um recurso. Unidos, eles têm mais condições de resistir às imposições do poder.

A formação de alianças entre os funcionários coloca um problema para o chefe porque, nesse caso, os recursos próprios do poder ficam neutralizados. Será que ele dispõe de tantas recompensas para comprar apoios e assim enfraquecer a aliança dos seus funcionários? Dificilmente. A utilização dos mecanismos coercitivos sobre um número elevado de funcionários pode ter um efeito contrário. Os seus superiores certamente interpretarão o seu gesto como um ato não de força, mas de fraqueza. Ele será visto como alguém que perdeu a autoridade.

Aqui recorremos a Ralf Dahrendorf. Segundo esse autor, o poder do gerente é delegado. A delegação lhe dá os recursos de poder, mas a manutenção do seu poder depende do que chama de *consenso*.[41] Aqui voltamos ao que já foi falado

---

[40] O conceito de resistência está em voga nos livros que discutem o poder nas organizações. Certamente baseados na famosa frase de Michael Foucault de que todo poder gera resistências, surgiram recentemente um sem-número de obras nas quais os mais diferentes tipos de ações, sejam elas visíveis ou não, são classificadas como formas de resistência. A confusão é tanta que dois estudiosos desse tema se perguntaram: "Como todos esses fenômenos podem ser descritos com o mesmo conceito?". Ver: HOLLANDER, Jocelyn A.; EINWOHNER, Rachel. Conceptualizing Resistance. *Sociological Forum*, v. 19, n. 4, 2004, p. 537. Pesquisando uma vasta bibliografia que utiliza este conceito, as autoras fazem uma tipologia com sete tipos diferentes de resistência, cada um englobando uma miríade de ações. É possível que este conceito tenha alguma vantagem sobre o conceito de oposição. Por ora, como isso ainda não está claro, utilizamos os dois termos como sinônimos. Afinal, toda resistência é uma forma de oposição.

[41] "É verdade que, mesmo para o gerente, a propriedade não deixa de funcionar como uma base da autoridade. O direito que o gerente tem de comandar e esperar obediência deriva em parte dos direitos de propriedade delegados a ele pelos acionistas [...]. Mas, ao lado desses direitos de propriedades delegados, o gerente, em virtude do seu contato mais imediato com os participantes da produção, tem de buscar uma segunda forma de legitimidade para a sua autoridade, a qual é, muitas vezes mais importante, qual seja algum tipo de consenso entre os que devem obedecer às suas ordens." DAHRENDORF, Ralf. *As classes e os seus conflitos nas sociedade industriais*. Brasília. Editora da UNB, 1982. P.50

no item sobre liderança. Volta-se à necessidade de se construir um consenso. A construção desse consenso, como vimos, depende da capacidade de convencimento do chefe, mas também depende de uma certa negociação. Esse consenso precisa ser cotidianamente negociado. Negociação não significa barganha, mas diálogo e, com certeza, algum tipo de concessão de ambas as partes. Um diálogo para "aparar as arestas possíveis". Através dessa negociação, o chefe restringe bastante as possibilidades de formação de alianças contra ele.

É aqui que o chefe e o líder se encontram. Ao ser nomeada, uma pessoa se torna chefe. Ele tem os recursos de poder. Porém, a utilização desses recursos tem um custo. Quanto menos ele precisar utilizá-los, melhor. Para tanto, ele precisará dialogar e tentar convencer os seus funcionários da importância ou necessidade das medidas tomadas. Ao usar da persuasão para construir alianças a seu favor, ele estará se utilizando do recurso do líder. Ele não precisa ser um líder no sentido carismático do termo. Mas com toda certeza a sua manutenção no poder depende, em primeiro lugar, da negociação que ele fará rotineiramente com os seus funcionários.

QUESTÕES DE FIXAÇÃO

1. Defina *poder*.
2. É possível afirmar que o gerente tem poder?
3. Por que, para alguns cientistas sociais, a verdadeira base do poder é a coerção?
4. Relacione estabilidade do poder com legitimidade.
5. Por que se poder afirmar que Friedrich Taylor criou o administrador moderno?
6. Quais são os dois objetivos do controle sobre os trabalhadores que é feito em todas as empresas?
7. Quais fatores explicam o fortalecimento da ideia de gestão participativa nas empresas e no pensamento gerencial?
8. Indique uma semelhança e uma diferença entre o chefe e o líder.
9. Agora que você leu o capítulo, escolha a frase que lhe parece mais correta, justificando a sua opção: a) Uma pessoa pode se tornar um líder caso estude e pratique bastante; b) O líder não é feito, ele, de certa forma, nasce líder.
10. O que significa dizer que o poder do gerente é delegado e é negociado?

CAPÍTULO 9 — CULTURA E SOCIEDADE

9.1 INTRODUÇÃO

Neste capítulo vamos tratar de outro tema importante para a sociologia: a cultura. Importante porque nos ajuda a entender a realidade social. Como veremos a seguir, falar de cultura não é uma tarefa simples nem fácil. E isso por uma razão muito simples. Se fôssemos falar sobre economia, todos saberiam, pelo menos em termos gerais, do que trata a economia. O mesmo aconteceria se fôssemos falar de política. Porém, quando se trata de cultura, a coisa muda de figura, pois tudo o que caracteriza a vida de uma sociedade, inclusive a economia e a política, pode ser classificado como cultura. A arte, a educação, a moda, as nossas maneiras à mesa, a nossa maneira de morar, casar, se divertir e um sem-número de outros fenômenos podem ser considerados manifestações culturais. Como entender e explicar um fenômeno tão multifacetado, ou seja, que aparece sob as mais diferentes formas?

Para mostrar a importância do nosso tema, vamos partir de uma premissa básica de que é a cultura que nos transforma em seres humanos. Quando uma pessoa vai a uma entrevista de emprego importante para a sua carreira, ela recebe o seguinte conselho: aja naturalmente. No sentido usual, esse conselho pede que não tentemos ser o que não somos. Porém, se entendermos literalmente essa frase, certamente a entrevista teria um resultado oposto ao que gostaríamos, pois a frase "aja naturalmente" poderia ser entendida como um convite a que agíssemos segundo a natureza e, se nos comportássemos assim, se déssemos livre vazão para os nossos instintos naturais, retornaríamos à animalidade. Provavelmente ninguém gostaria de ficar perto da gente.

Sigmund Freud (1856-1939) já nos alertava para esse papel fundamentador da cultura. Ao reprimir nossos instintos, a cultura faz com que a vida social perca seu caráter selvagem, no qual predomina a lei do mais forte. Biologicamente fazemos parte do reino animal. Porém, a expressão *ser humano* estabelece uma ruptura entre animalidade e humanidade. É a cultura que possibilita essa ruptura. É a cultura que, ao nos humanizar, nos afasta da animalidade. Muitos animais constroem suas casas, mas nenhum animal criou um mundo material tão rico e diversificado quanto o nosso. Muitos animais se comunicam, mas nenhum criou tantas formas tão diferentes e complexas de se comunicar. Nenhum animal criou regras de convivência que possibilitam e levam a cooperação a níveis cada vez mais elevados. Nenhum animal, com o trabalho, transformou tanto a natureza e criou o seu próprio mundo. Nenhum animal sequer tentou criar um universo simbólico, como a arte, a religião, a ética e outras manifestações do nosso pensamento, tão rico quanto o nosso. Ao fazer tudo isso, as pessoas estavam criando cultura e se afastando definitivamente da nossa natural animalidade.

Pelo que vimos até aqui, dá para perceber que a cultura permeia toda a nossa vida. Essa é a sua importância, e por isso devemos conhecer como isso ocorre. A sociologia pode nos ajudar nessa tarefa.

9.2 REFLEXÕES SOBRE A NOÇÃO DE CULTURA

9.2.1 Não existe um ser humano sem cultura

Vamos partir de uma premissa: não existe ninguém sem cultura. É comum ouvirmos ou lermos que alguém não tem cultura. Pode-se apostar que, nesse caso, querem dizer que alguém tem baixo ou nenhum nível de escolaridade ou que não tem os costumes que são considerados "certos". No sentido sociológico, essa frase nunca poderia ser pronunciada, pois não existe ser humano sem cultura.

Desde a Pré-História, as pessoas procuravam dar sentido ao mundo em que viviam. Afirma-se que o primeiro deus a ser adorado pelos povos da Antiguidade e até mesmo pelos astecas e incas foi o sol. O sol é um elemento do mundo físico. O sol, com o dia claro, os protegia dos predadores noturnos. O sol fazia germinar os vegetais. Eles dependiam do sol. Ao fazer do sol um deus, eles estavam dando um sentido a ele. Hoje continuamos a dar sentido ao mundo. Veja por exemplo a educação. Todo dia você vem para a faculdade, escuta professores falarem e cumpre as tarefas determinadas. Você repete essas ações ao longo do ano. Se um antigo egípcio viajasse no tempo e observasse essas ações, não conseguiria entender essa rotina. Essa rotina só ganha sentido na cultura da sociedade moderna que dá grande valor à educação. Se um marciano nos visse acenando com a mão para outra pessoa, não entenderia o gesto. É a nossa cultura que atribui a esse gesto um sentido; estamos cumprimentando ou nos despedindo de alguém. Para viver numa sociedade, precisamos compreender os sentidos que essa cultura atribui ao mundo.

Quando os europeus chegaram ao continente americano, eles tiveram contato com povos que foram, erradamente, chamados de índios. Na visão de grande parte deles, os índios viviam próximos ao estágio de bestialidade (animalidade), e muitos dos seus costumes eram próprios de animais. Se, à época, eles utilizassem o conceito de cultura como nós o fazemos, certamente diriam que os índios não tinham cultura. Isso seria um erro. Hoje sabemos que os grupamentos indígenas possuíam uma rica cultura. Era o olhar etnocêntrico do europeu que só via como cultura o modo de vida semelhante ao seu.

9.2.2 Cultura de massa e cultura de elite

A ideia de que existem pessoas sem cultura permanece viva nos dias de hoje. Não estamos falando dessas referências a uma pessoa ou outra, mas a todo um grupo social. A distinção entre cultura de massa e cultura de elite foi criada para indicar que as camadas mais baixas da população tinham hábitos e gostos vulgares. Em certo sentido, ela revive a crença de que há pessoas sem cultura não porque afirme que os pobres não têm cultura, mas porque os hábitos e gostos dos membros dessa camada social são tão vulgares e grosseiros que não poderiam ser classificados como cultura. A única cultura seria a que se expressa nos hábitos e gostos das camadas mais altas da sociedade, a sua elite, e, por isso, nem precisa ser qualificada. Ela é, por excelência, a cultura. Quem não participa dessa cultura de elite, é visto como alguém que não tem cultura.

O mais curioso em relação a essa distinção é que ela só começou a ganhar força no século XIX. Na Antiguidade, as obras de arte, como as esculturas, estavam em locais públicos. Todos podiam vê-las e todos as entendiam. O mesmo acontecia com as peças de teatro na Grécia e na Roma antigas e com a arte religiosa durante a Idade Média: elas eram admiradas por todos independente da classe social. O teatro de Shakespeare era assistido, entendido e admirado por todos que pudessem pagar a entrada. A ideia de refinamento só passou a fazer parte da cultura da nobreza europeia a partir do século XVII, e assim mesmo incluía apenas modos à mesa, modos de se vestir, a arte da conversa e outros.

Foi só no século XIX que alguns autores, olhando para as manifestações culturais existentes, fizeram uma distinção dizendo que seria considerada cultura apenas as manifestações mais elevadas do espírito humano. Eles estavam se referindo basicamente às obras de arte. As manifestações artísticas que expressassem o padrão de qualidade determinado pelas elites seriam chamadas de alta cultura ou apenas de cultura. Estabelecia-se assim a distinção entre cultura popular e a alta cultura. A primeira passou a ser discriminada, pois era vista como vulgar ou ruim. Dessa maneira, sem precisar eliminar fisicamente essas manifestações artísticas, elas eram eliminadas simbolicamente, porque não fariam parte da vida de pessoas educadas.

Atualmente, muitos pesquisadores afirmam que a distinção entre cultura popular e alta cultura não se sustenta. Não se sustenta, em primeiro lugar, porque ela era mantida basicamente por ser um dos principais elementos que a elite tinha para se diferenciar e se afirmar como superiora aos demais. Ao eleger os seus hábitos e seus gostos como o padrão mais elevado, esse grupo também estava se colocando na posição mais elevada socialmente. Hoje se aceita que há produtos de excelente qualidade na antes chamada arte popular. Antes, o samba era classificado como arte popular, hoje os críticos reconhecem que há sambas de elevada qualidade. Em segundo lugar, porque nas sociedades modernas da atualidade ocorreu uma democratização da audiência em relação a gêneros que antes eram restritos à elite. A tecnologia colocou à disposição de todos bens culturais que antes eram privilégio da elite.

9.2.3 A complicada tarefa de definir o que é cultura

No dia a dia, aqueles que utilizam a palavra *cultura* sabem, ou acreditam saber, ao que ela se refere. Porém, entre os cientistas sociais, essa certeza não existe. Entre eles não há um acordo. Em 1952, três antropólogos escreveram um livro para refletir sobre o conceito de cultura e constataram quão difícil seria essa tarefa, pois haviam catalogado 164 diferentes definições desse conceito.[1] Daquela data até hoje, o número certamente deve ter aumentado. Na década de 1990, uma enciclopédia afirmava: "Depois de um século de esforços para definir cultura de forma adequada, não há, até 1990, um acordo entre os antropólogos sobre o significado desta palavra".[2] O historiador da cultura, Raymond Williams afirma que a cultura é uma das duas ou três palavras mais complicadas da língua inglesa.[3]

---

[1] KROEBER, A, L. et al. *Culture*: A Critical Review of Concepts and Definitions. New York: Vintage Books, 1952.
[2] APTE, M. Language in sociocultural context. In: ASHER, R. E. (org.). *The Encyclopedia of Language and Linguistics*. Vol. 4. Oxford: Pergamon Press, 1994. p. 2000-2010. Disponível em: <http://www2.warwick.ac.uk/fac/soc/al/globalpad/openhouse/interculturalskills/global_pad_-_what_is_culture.pdf>. Acesso em: 7 out. 2015.
[3] WILLIAMS, Raymond. *Palavras-chave*: um vocabulário de cultura e sociedade. São Paulo: Boitempo Editorial, 2007, p. 117.

O problema com as diferentes definições de cultura é que não podemos dizer que uma é mais correta do que as demais, pois cada uma sempre envolverá uma seleção arbitrária de um conjunto de elementos. Dependendo do autor, esse conjunto pode ser bem amplo ou mais restrito. Algumas definições são por demais amplas. Por exemplo, há quem defenda que cultura é tudo aquilo que resulta da criação humana. Os antropólogos ingleses do século XIX Edward B. Tylor e Lewis Henry Morgan viam a cultura como tudo aquilo que expressar a criação de mentes racionais com o objetivo de melhorar a vida das pessoas. Outras definições são por demais restritas ou por demais vagas. Matthew Arnold, outro autor do século XIX, considera a cultura o esforço desinteressado do homem em busca da perfeição.[4] A polêmica é grande e os estudiosos não chegam a um acordo. Quem quiser estudar a cultura terá que encontrar uma forma de se mover nesse terreno movediço.

Até aqui, você viu que há autores que incluem na definição de cultura tudo o que os seres humanos produziram ao longo da sua existência. Ao fazer isso, englobam tanto elementos materiais como imateriais. Para ficar apenas em um exemplo, lembramos que ao longo do tempo as pessoas criaram diferentes formas de morar. Todas essas moradias e os objetos que estão no seu interior são criações humanas e, portanto, expressam elementos da cultura material. Por outro lado, a ideia do amor romântico ou de felicidade também são criações humanas. Elas são um exemplo de um elemento imaterial da cultura (a distinção entre esses dois aspectos parece fácil de estabelecer. O livro que você está lendo tem uma existência material. As ideias que ele contém têm uma existência não material).

Porém, em muitos casos, essa distinção nem sempre é tão nítida quanto se imagina, pois muitos elementos materiais da cultura assumiram um sentido que transcende a sua existência material. Esse sentido pode variar ao longo do tempo e de grupo para grupo. Vamos dar um exemplo: a calça *jeans* foi criada pelo industrial Levi Strauss em 1853. Ela foi criada para atender aos mineradores que precisavam de uma calça bem resistente devido ao trabalho que faziam no interior das minas. Por causa disso, durante muito tempo, a calça *jeans* (um elemento material da cultura) tinha um sentido; quem a usava estava passando uma mensagem: "eu sou pobre". Em meados da década de 1950, a calça jeans foi utilizada por Marlon Brando e James Dean em filmes em que eles expressavam a rebeldia dos jovens. A partir de então, o mesmo elemento da cultura

---

[4] ARNOLD, Matthew. *Culture and Anarchy* (1869). Prefácio. Disponível em: <http://www.gutenberg.org/ebooks/4212>. Acesso em: 7 out. 2015.

material assumiu outro sentido: ela se tornou símbolo de juventude. Em tempos passados, quando você entrava numa empresa, você podia saber quem era o chefe de uma seção pelo tamanho da mesa que ele utilizava. Assim, embora a mesa seja um elemento típico da cultura material, nesse caso, o seu tamanho assumia um significado (abstrato) simbólico: era símbolo do poder. Na década de 1970, uma campanha publicitária de uma marca de *jeans* usava o seguinte jingle: "Liberdade é uma calça velha azul e desbotada". Essa frase fala de elementos materiais (calça velha azul e desbotada) para dizer que eles expressam um valor simbólico, a liberdade.

> **ATIVIDADE 9.1** A Coca-Cola, um refrigerante vendido em garrafas, é considerada um elemento material da cultura. Sabe-se que alguns países do mundo, por um certo período, proibiram a sua venda. São exemplos a Alemanha Oriental e Cuba. Encontre uma explicação para essas medidas tomando como referência a distinção entre elementos materiais e elementos imateriais/simbólicos de uma cultura.

9.3 DEFININDO CULTURA

Mesmo com todas as dificuldades, temos que dar uma definição de cultura já que vamos tratar deste tema. No caso deste livro, vamos definir cultura como as crenças, os valores e as normas dominantes em uma sociedade. Veremos apenas esses três elementos porque eles são os mais importantes e também porque, como este livro se destina a alunos do curso de Administração, são esses três elementos da cultura que, a nosso ver, mais enriquecem a nossa reflexão sobre a dimensão cultural da vida empresarial. A empresa existe num ambiente cultural e, além disso, existe um ambiente cultural no interior da empresa. Assim, a reflexão sobre a cultura nos ajuda a entender como ela interfere na vida da empresa.

9.3.1 Os valores

Valor é uma ideia à qual um grupo ou uma sociedade atribui elevada importância. Ao se atribuir valor a determinada ideia, ela deixa de ser apenas uma ideia e passa a ser um ideal. O ideal dá sentido e guia as nossas ações. Assim, os valores são ideais que orientam as ações humanas. Como ideal, os valores estabelecem padrões válidos ou positivos de conduta. Em contrapartida, ações que se oponham a esse ideal são condenáveis. Por exemplo, valorizamos a honestidade e, portanto, todos devem agir de forma honesta. Por isso, condenamos alguém que usa o cargo que ocupa para benefício próprio, ou seja, condenamos a corrupção, pois a vemos como expressão da desonestidade.

Para entender melhor o conceito de valor, vamos citar dois exemplos. O primeiro é a guerra. A guerra pode ser vista como um retorno à barbárie, pois o que se vê nela é a matança generalizada. Esperava-se que seres humanos civilizados não precisassem recorrer a ela. Para os países aliados que lutaram na Europa na Segunda Guerra Mundial, essa luta era apresentada não como uma luta entre países, entre pessoas, mas como a luta pela democracia que estava ameaçada pelo avanço das tropas de Hitler. O discurso dos Aliados fez da democracia um valor e milhares de pessoas arriscaram e deram a sua vida por ela. Em suma, a Segunda Guerra Mundial foi vista como o confronto de ideais e, por ideais, as pessoas estão dispostas a entregar suas vidas. O segundo exemplo é mais trivial. Quando um aluno tenta passar "cola", mesmo arriscando ser pego pelo professor e ter a sua prova anulada, ele faz isso para ajudar um amigo. Ele sabe que isso é errado, mas faz isso porque está em conflito entre dois valores, o da honestidade pregado pela escola e o da amizade predominante no seu grupo. Faz isso por amizade, e nesse caso a amizade é um valor.

ATIVIDADE 9.2 A Revolução Francesa tinha o seguinte lema: Liberdade, Igualdade e Fraternidade. Analise esse lema tendo como base a reflexão sobre valores.

É preciso ficar claro que, por serem ideais a serem seguidos, os valores motivam e dão um propósito para as nossas ações. Veja o seu caso. Você estudará intensamente por quatro ou cinco anos para completar o seu curso superior. Por que alguém se submete a esse sacrifício? Alguém poderia dizer que faz isso por querer saber mais. Outro afirmaria que faz isso porque quer ganhar mais dinheiro. Na cultura da nossa sociedade, o conhecimento e a riqueza são valores. Eles motivam os estudantes.

ATIVIDADE 9.3 Leia a seguir dois ditados populares e indique qual valor cada um deles exalta.
a) Deus ajuda quem cedo madruga.
b) Amigos, amigos, negócios à parte.

É importante fazer a distinção entre valores intrínsecos e valores instrumentais. Um valor intrínseco possui um fim em si mesmo. A liberdade e a honestidade são exemplos de valores intrínsecos. Os valores intrínsecos pertencem ao campo da ética, ou seja, aquilo que um grupo ou uma sociedade considera correto ou certo. Já os valores instrumentais são aqueles aos quais se atribui importância porque são necessários para se atingir determinados fins. Podemos citar como exemplos de valores instrumentais típicos das empresas a produtividade, a lucratividade e a pontualidade. Esses valores são cultuados nas empresas porque garantem a sobrevivência e o crescimento num mercado competitivo. *Grosso modo*, pode-se dizer que os valores intrínsecos regem a vida em sociedade. Já os valores instrumentais regem a vida das organizações. Obviamente, nenhuma organização adotará valores que neguem os valores intrínsecos da sociedade na qual ela está inserida. Porém, além desses, ela estabelecerá um conjunto de valores que considera fundamental para a sua existência e para o seu sucesso como organização.

> **ATIVIDADE 9.4** Cite dois valores instrumentais que um técnico de futebol deve incutir na sua equipe.

9.3.2 As normas

O segundo elemento formador da cultura são as normas. Para a sociologia, normas sociais são regras criadas pela sociedade que especificam como as pessoas devem agir em várias situações. Elas tanto podem determinar padrões de comportamento como proibir padrões de comportamento. Sem elas, a vida social seria caótica e imprevisível. Sem as normas, o que um aluno poderia esperar de um professor? Ou o que um professor poderia esperar da sua interação com os alunos? As pessoas não saberiam o que esperar nas suas diferentes interações com outras pessoas. Ao estabelecerem padrões de comportamento, as normas estabelecem uma ordem e tornam as interações sociais previsíveis. Por existirem normas sociais, os alunos esperam que seus professores ensinem, e estes, por sua vez, esperam e cobram que os seus alunos estudem. Pelas normas, filhos devem respeitar e obedecer aos pais. E, por elas, pais devem cuidar dos filhos. Além dessas, há um sem-número de outras normas. Todas elas estipulam como deve ser a relação das pessoas entre si, com os animais, com o meio ambiente e com os deuses.

Falamos que as normas são criadas pela sociedade, mas o correto seria dizer que elas são, tanto quanto os valores, criações humanas. Em algum momento, pessoas criaram essas normas porque viram benefícios sociais na sua existência. O interessante é que as normas são criações humanas que de certa forma nos aprisionam, pois espera-se que as pessoas se comportem segundo o prescrito por elas. Dessa forma, elas têm uma força coatora sobre nós. Não há e nem pode haver sociedade sem normas porque são elas que tornam a vida social possível. Nas sociedades primitivas e entre as comunidades indígenas brasileiras não há leis escritas, nem há polícia, mas a vida social transcorre normalmente porque as pessoas aprenderam as normas que regem a vida dessas comunidades e, na maior parte das vezes, as seguem voluntariamente.

Se fôssemos fazer uma lista das normas que existem na nossa sociedade, ela seria muito longa, e isso considerando apenas a nossa sociedade. Lembre-se de que uma parte expressiva das normas pode variar segundo a cultura que rege uma determinada sociedade. Por exemplo, os muçulmanos não devem ingerir bebida alcóolica. Nem todas as normas têm a mesma força coercitiva. A norma "não matarás" tem muito mais força do que a que prescreve que nos transportes públicos os mais jovens devem ceder lugar aos idosos ou às grávidas. Algumas normas que têm pouco peso hoje podem ter tido um peso enorme no passado, e outras deixaram de existir. Isso mostra que a cultura de uma sociedade é dinâmica, ou seja, sofre mudanças ao longo do tempo.

O conceito de norma social é recente na sociologia. No passado usavam-se os conceitos de costumes, tradições ou convenções. Todos indicam a mesma coisa: um comportamento prescrito. Em um passado distante, com o surgimento das primeiras civilizações, houve um processo interessante. Algumas das normas foram transformadas em leis. Isso significa que agora elas estavam escritas e todos daquela sociedade deveriam obedecê-las porque, como lei, estavam previstas sanções para os transgressores. Para alguns estudiosos, essas transformações ocorreram em sociedades que estavam recebendo muitos estrangeiros vindos com outros costumes (normas). Isso poderia enfraquecer a obediência às normas locais. Transformar normas em leis era uma forma de forçar a obediência a elas.

Recentemente no Brasil ocorreu um processo semelhante. Durante muito tempo, os filhos se sentiam moralmente obrigados a dar assistência aos pais idosos que não tivessem condições de se manter. A norma era essa. Porém, se constatou que essa norma tinha perdido a força coatora. Aumentaram muito os casos de idosos abandonados por seus filhos. Criou-se então uma lei. Agora, por lei, eles estão obrigados a fazer isso. Em 2013, foi aprovada na China uma lei que obriga os filhos a visitarem os pais idosos e pune com cadeia quem não fizer isso.

ATIVIDADE 9.5 Relacione os Dez Mandamentos com o que foi falado sobre normas.

ATIVIDADE 9.6 Acesse o site ‹http://www.albinoblacksheep.com/flash/italy› e assista a um desenho animado que trata das diferenças culturais entre italianos e outros povos que compõem a Europa Ocidental. Basicamente, ele trata a reação de diferentes povos às normas. No desenho, algumas normas são leis, enquanto outras são apenas normas sociais. Depois de assisti-lo, diga com qual dos dois grupos (italianos ou os demais povos da Europa) os brasileiros mais se parecem. Justifique a sua escolha.

9.3.3 As crenças

O terceiro elemento formador da cultura são as crenças. Geralmente, quando ouvimos ou lemos essa palavra, logo nos vem à mente a noção de religião, como se todas as crenças fossem ligadas à religião. As religiões se baseiam em crenças, mas nem todas as nossas crenças têm origem religiosa. Há algumas que têm matriz religiosa, mas hoje existem independentemente da sua origem. A crença de que todos os homens são iguais é um bom exemplo. Ela pode até ter tido uma origem religiosa, mas hoje ninguém recorre à religião para defendê-la.

Crenças são as ideias que assumimos para dar sentido ao mundo e à vida. Há aqui uma distinção que precisa ser feita. O que nós chamamos de ciência ou conhecimento científico também são crenças. O que distingue essas crenças das que vamos tratar neste capitulo é que elas são crenças confiáveis ou conhecimentos justificados. As que vamos tratar estão mais próximas do que se costuma chamar de senso comum. Embora não sejam científicas, essas crenças não são produtos da fantasia, isto é, de devaneios. Nós realmente acreditamos nelas. As pessoas que acreditam nelas têm fortes motivos para isso. Em algumas acreditamos porque gostaríamos que o mundo fosse assim. A crença de que o bem sempre vence, muito forte em nossa sociedade, é um bom exemplo. Em outras acreditamos porque temos provas de que ela dá resultados. Uma dessas é a crença de que todo esforço será recompensado. Sempre se encontrará mil casos para comprovar essa crença.

Na sociedade moderna, diferentes atividades são orientadas pelo conhecimento científico. Mas grande parte delas não. Nesse caso, agimos orientados por nossas crenças.

Essas crenças variam de cultura para cultura e também variam ao longo tempo. Por dar sentido ao mundo e à vida elas orientam as nossas ações. Em todas as culturas as pessoas agem segundo as suas crenças. Entre algumas comunidades indígenas que vivem no Brasil há o costume de se matar crianças gêmeas assim que elas nascem. Segundo alguns estudiosos, isso aconteceria porque nessas comunidades se tem a crença de que um dos gêmeos representa o bem, enquanto o outro o mal. Com não podem deixar o mal crescer, eles matam os dois por não saberem distinguir qual deles é o bem e qual é o mal. A crença de que o trabalho deve ser fonte de realização humana é bem recente na história da humanidade. Durante a maior parte dessa história ninguém imaginava que essas duas noções (trabalho e realização humana) pudessem ser associadas. Atualmente, essa crença orienta muitas críticas à desumanização do trabalho que ainda predomina em muitas empresas.

Nunca se saberá quem criou uma crença. Elas existem exatamente porque as pessoas acreditam nelas. Algumas foram derrubadas pelo conhecimento científico. Estamos muito longe de realizar o sonho iluminista e cientificista de uma sociedade na qual a ciência eliminará todas as crenças, se é que isso acontecerá algum dia. Por enquanto vivemos em culturas repletas de crenças, e, enquanto elas existirem, guiaremos nossas vidas por elas. Isso explica porque esse elemento da cultura é tão importante.

Na prática, esses três elementos – valores, normas e crenças – que formam a cultura podem ser considerados interligados. Grande parte das normas só existe porque consagra valores. Veja-se o caso da norma "não matarás". Ela existe porque expressa o valor que a sociedade dá à vida humana. A norma "não roubarás", por sua vez, expressa o valor que a sociedade dá à propriedade privada. Da mesma forma, as crenças contêm alusão a valores e a normas. Embora eles sejam interligados, isso não significa que se refiram à mesma realidade, ou seja, que tratem da mesma coisa. Cada elemento da cultura (valores, normas e crenças) pode e deve ser estudado como uma realidade distinta.

Sempre haverá quem alegue que a nossa lista é limitada e que deixou de fora outros elementos que compõem a cultura. Poderiam citar, por exemplo, os costumes. Costumes são modos de ser ou fazer que marcam uma cultura. Os nossos costumes culinários se diferenciam bastante dos costumes culinários coreanos. O costume de ir à praia, típico de algumas cidades brasileiras, era desconhecido até o século XIX e ainda o é hoje por vários grupos que moram no litoral. Certamente os costumes e outros elementos não citados também poderiam ser elencados como componentes da cultura. Porém, como já afirmamos, destacamos os que nos parecem mais importantes para refletir sobre a relação entre cultura e empresa.

9.4 CULTURA E SOCIEDADE

A cultura nunca é individual, ela sempre é social, porque só existe em um grupo. Afinal, é a cultura que transforma um conjunto de pessoas em um grupo social, uma comunidade ou mesmo uma sociedade. Ela une indivíduos, pois faz com que eles tenham consciência de que formam um grupo, pois agem e pensam como os membros desse grupo. Os grupos humanos se distinguem fundamentalmente pela sua cultura, que dá a eles uma identidade única. Por isso, podemos dizer que a cultura é a marca distintiva de uma sociedade.

A cultura transforma indivíduos em uma sociedade porque promove a coesão social, ou seja, aquilo que une as pessoas. Ao compartilhar das mesmas crenças, dos mesmos valores e seguir as mesmas normas, as pessoas sentem que fazem parte do mesmo grupo social. Elas estão unidas por compartilharem os mesmos elementos culturais. Por compartilharem os mesmos valores, normas e crenças, elas se veem como fazendo parte de uma mesma sociedade.

Para que isso fique bem claro, vamos analisar o conceito de nação. No século XVII, se alguém perguntasse a uma pessoa que morava por aqui se ele era brasileiro, tinha grande chance de a resposta ser não, pois, nessa época, era chamado de brasileiro apenas quem negociava o pau-brasil. Isso indica que ainda não tínhamos construído a ideia de que as pessoas que viviam aqui formavam uma nação. A construção da nacionalidade é um bom exemplo de como a cultura forma grupos. Nós nos identificamos como brasileiros, assim como os franceses, os ingleses, os argentinos e muitos outros povos acreditam formar uma nação. As pessoas que vivem no mesmo território têm muitas coisas em comum com todas as outras, mesmo que não as conheçam pessoalmente. Anteriormente, as pessoas se sentiam unidas a outras por terem a mesma religião, estarem submetidas ao mesmo rei ou por viverem na mesma região. Era assim que elas se identificavam.

A ideia de que pessoas de diferentes regiões e de diferentes religiões podem, ainda assim, formar uma nação é recente na história da humanidade. Ela está associada ao surgimento do Estado moderno. Esse Estado, para ganhar legitimidade, precisava criar a crença de que ele representava um grupo homogêneo de pessoas. Esse grupo seria a nação; a nação é uma comunidade imaginada.[5] Portanto, a ideia de que as pessoas pertenceriam a uma mesma nação foi uma construção que se deu ao longo do tempo e que é o resultado de um conjunto de práticas intencionais. Uma dessas práticas é a obrigação de um idioma oficial. Todos os documentos, livros, jornais e o ensino deviam ser feitos em um devido idioma. Outra prática é a criação de um passado comum. A história, seja ela transmitida através da literatura ou dos livros de história, estabelece um passado comum. A história e a literatura unem a vida de todo o povo a um

---

[5] ANDERSON, Benedict. *Comunidades imaginadas*: reflexões sobre a origem e difusão do nacionalismo. São Paulo: Brasiliense, 2008.

destino comum. Além dessas, há a prática da invenção das tradições. Com elas se estabelece, no caso brasileiro, a imagem do Brasil como país do futebol, o país do carnaval, o país da fé etc. Cada uma dessas tradições é mantida com os seus "rituais".[6] Ao compartilhar uma mesma língua, um mesmo passado, um mesmo destino e as mesmas tradições, um povo se transforma numa nação.

Como a cultura transforma um grupo de pessoas numa sociedade? Isso se dá por meio de uma série de práticas englobadas sob o rótulo de processo de socialização. Os livros de sociologia utilizam o conceito de socialização para definir o processo através do qual a cultura de uma sociedade é transmitida aos seus membros. Nesse caso, o significado de socializar seria criar um ser social. O conceito de socialização parte de uma premissa: ninguém nasce sabendo antecipadamente como viver em sociedade. Deixadas única e exclusivamente à sua própria natureza, as pessoas retornariam à animalidade. O conceito de socialização nos diz que viver em sociedade é fruto de um aprendizado. O conceito de socialização nos remete diretamente ao conceito de cultura, pois socializar significa transmitir a cultura de uma sociedade. A socialização então seria os processos através dos quais são transmitidos os valores, as normas e as crenças de uma sociedade.

Assim, desde a mais tenra idade, vai sendo introjetada na criança a noção do que é certo e do que é errado, como ela deve se comportar e por quais valores ela deve guiar as suas ações. Além disso, também são passadas para a criança as crenças de sua sociedade e, assim, ela é levada a ver o mundo da mesma forma que os seus pais e professores. Evidentemente, uma pessoa que é levada a ter os mesmos valores, respeitar as mesmas normas e ter as mesmas crenças acabará se comportando da maneira que se espera. Assim, a cultura molda as pessoas e a ordem social é reproduzida.

Vamos entender melhor como isso funciona. A sociologia criou a noção de papel social. Em um filme, uma novela ou peça de teatro, o ator representa um papel. Ele deve se comportar de forma a dar vida àquele personagem. Se, por exemplo, ele representa um *nerd*, ele deve falar, agir e se vestir como tal. A noção de papel social nos diz que o ocupante de uma posição social deve se comportar segundo o papel que a sociedade estabeleceu para aquela posição. Embora ser pai ou mãe pressuponha um laço biológico, ser pai ou ser mãe implica desempenhar papéis. Se eles negligenciarem cuidados aos seus filhos, serão criticados. Note que negligenciar significa não cumprir o papel que uma sociedade

---

[6] Outras práticas também poderiam ser citadas para expor como se constrói a identidade nacional. É possível falar do papel dos meios de comunicação de massa (rádio e televisão) que, ao formarem cadeias nacionais, contribuem para uma maior homogeneização cultural. Porém, para nós, essas são por demais elucidativas.

estabeleceu para a posição de pai ou mãe. Biologicamente, eles sempre serão pai ou mãe, porém social e até afetivamente poderão deixar de ser vistos como tal. A amiga que não ajudar as suas amigas na hora que elas precisam poderá perder as suas amizades porque não fez (representou) o papel que a posição de amiga lhe obrigaria a fazer. A partir desses exemplos, podemos dizer que ninguém nasce sabendo o que é ser mãe ou pai, da mesma forma que não se nasce sabendo o que é ser amigo. Tudo isso a pessoa vai aprendendo ao longo da vida, observando e ouvindo como, na sua cultura, devem se comportar pessoas que desempenham esses papéis.

Assim, vimos que é a cultura que diz como o portador de uma posição social deve se comportar, ou seja, que valores ele deve perseguir e que normas deve respeitar. Ser esposa na Grécia antiga é bem diferente do que ser esposa numa sociedade moderna no início do século XXI. Na Grécia antiga, a esposa devia ser leal e submissa ao marido. Ela vivia reclusa em casa e nas poucas vezes em que saía à rua devia estar acompanhada do seu marido. O marido via a sua esposa apenas como uma mulher que ia gerar filhos para perpetuar o nome da sua família e garantir que as suas propriedades continuassem com a sua família. Dela, o marido não esperava nem amor, nem companheirismo.[7]

ATIVIDADE 9.7 A escritora e filósofa Simone de Beauvoir (1908–1986), em seu livro *O segundo sexo* (1949), afirmou: "Não se nasce mulher, torna-se mulher". Explique essa frase a partir do que você aprendeu sobre o conceito de socialização.

A socialização prossegue na escola. A escola é, por excelência, o local de transmissão de conhecimentos, habilidades e competências – ou seja, é o lugar de instrução. Mas ela também ensina às crianças e aos jovens o que é certo, ou seja, transmite valores, normas e crenças – ou seja, também é o lugar de educação. Assim, a escola instrui, mas também educa. O professor não é apenas um mero transmissor de conhecimento, mas um educador. A função educativa é o campo próprio da socialização. Essa distinção é importante, embora, na prática, a transmissão de valores seja indissociável da transmissão do conhecimento. Isso acontece porque a transmissão de valores e normas se dá junto com a matéria. Elas se apresentam, por exemplo, na seleção do conteúdo a ser transmitido, na seleção dos textos que os alunos devem ler, na formulação de uma atividade etc.

---

[7] YALOM, Marilyn. *A história da esposa: da Virgem Maria a Madona*. O papel da mulher casada dos tempos bíblicos até hoje. Rio de Janeiro: Ediouro, 2002, p. 37-42.

> **ATIVIDADE 9.8** Leia a seguir a fábula de Esopo "O cachorro e a sua sombra" e depois responda: Como essa história educa uma criança?
>
> "Um cachorro com um pedaço de carne na boca estava atravessando um rio a caminho de casa quando viu sua sombra refletida na água. Pensando que estava vendo outro cachorro com outro pedaço de carne, ele abocanhou o reflexo para se apropriar da outra carne, mas quando abriu a boca deixou cair no rio o pedaço que já era dele e o perdeu."
>
> RUSSELL, Ash; HIGTON, Bernard (org.). *Fábulas de Esopo*. São Paulo: Companhia das Letrinhas, 1994.

O processo de socialização tem nos meios de comunicação de massa um poderoso instrumento. Os filmes contam histórias, mas essas histórias transmitem mensagens. Em grande parte das vezes, essas mensagens reforçam os valores e as normas da sociedade. O mesmo pode ser dito das telenovelas. Em termos gerais, os personagens bons são os que expressam os valores exaltados na sociedade. Os personagens maus são maus exatamente por demonstrarem desprezo às normas e aos valores dominantes. Ao assistir os personagens bons vencendo, a audiência fica convencida de que, de alguma forma, ela será recompensada por seguir os padrões culturais dominantes. Os jornais aparentemente têm um caráter apenas informativo. Mas, mesmo que seja de forma implícita, eles assumem um caráter formativo. Ao emitir sua opinião nos editoriais, ao escolher determinadas notícias e a forma de abordá-las, na maioria das vezes, os jornais reforçam a importância dos valores e das normas compartilhadas.

> **ATIVIDADE 9.9** Nas novelas brasileiras, é muito comum uma pessoa pobre se casar com uma pessoa rica. As estatísticas mostram, no entanto, que essa situação é uma ínfima exceção. Nas novelas a frequência com que isso acontece dá a entender que isso é muito comum. A repetição de casamentos entre ricos e pobres em diferentes novelas reforça uma crença. Que crença é essa?

Além disso, a cultura reproduz a ordem social porque um dos seus elementos, as crenças, agem no sentido de naturalizar e assim justificar a realidade social. Podemos dizer que naturalizar a realidade social é vê-la não como uma construção humana, mas algo que existiria por força da natureza. Veja-se, por exemplo: por centenas de anos se acreditou na superioridade do homem em relação à mulher. Essa crença se assentava na ideia de que é assim porque sempre foi assim. Ao acreditar nisso, as pessoas, em geral, se acomodam e a desigualdade entre sexos é justificada por essa crença. Se as pessoas virem a ordem social (no caso, a desigualdade entre os sexos) dessa maneira, elas tenderão a aceitá-la sem questionamentos e assim a ordem social será mantida, ou seja, não haverá mudanças significativas na estrutura hierárquica da sociedade.

A teoria social criada por Karl Marx prefere utilizar o conceito de ideologia em vez de cultura para abordar esse assunto. Para Marx, nas sociedades divididas em classes sociais, a ideologia dominante expressa a visão de mundo e da vida da classe dominante naquela sociedade. Marx acrescenta que, nas sociedades de classe, baseadas na exploração e na opressão de uma classe sobre as demais, a ideologia tem a função de mistificar a realidade social criando uma visão distorcida da mesma. Uma visão distorcida que contribui, à sua maneira, para a reprodução/manutenção de uma ordem social baseada na exploração e na opressão. Assim, podemos dizer que, embora Marx não utilize a palavra *cultura*, a sua visão da ideologia enfatiza a função que a ideologia (cultura) tem na reprodução da ordem social existente.

Quando se trata da reprodução (manutenção) da ordem social, os conceitos de cultura e de ideologia podem ser vistos como sinônimos, pois eles têm a mesma função. Veja-se, por exemplo, um fato da Roma antiga. Tito Lívio (59 a.C.–17 d.C.) escreveu a história da Roma antiga e nos conta que, por volta de 493 a.C., os plebeus revoltados com os privilégios concedidos aos patrícios decidiram abandonar Roma. Foi nesse momento que o cônsul romano Menênio Agripa proferiu um discurso no qual narrou uma parábola que contava que o corpo humano vivia em um estado de perfeita harmonia com cada órgão cumprindo a sua função. Mas essa harmonia foi quebrada quando os diferentes órgãos se voltaram contra o estômago. Eles afirmavam que trabalhavam para alimentar o preguiçoso estômago. Da insatisfação, passaram à revolta. Os pés se recusaram a caçar, os braços se recusaram a colher, os dentes se recusaram a mastigar. Tudo isso para evitar alimentar o preguiçoso estômago. O resultado foi que o corpo todo foi se enfraquecendo. Menênio Agripa terminou o seu discurso falando que a sociedade (romana) era como o corpo humano. Todos os grupos, tal como cada órgão, tinha a sua função, e a harmonia e a sobrevivência da sociedade dependiam de que cada grupo cumprisse a sua função. Os plebeus se convenceram e desistiram de abandonar Roma. A situação voltou a ser como antes. Para Marx, isso seria o exemplo mais acabado de uma ideologia, pois esse discurso mistificava a realidade fazendo com que as camadas pobres, as mais prejudicadas pela ordem social, a aceitassem. O mesmo diria um autor que defende a utilização da noção de cultura em vez de ideologia. Este diria que a cultura mantém a ordem social (leia-se uma ordem social que beneficia mais um grupo que os outros), enquanto a maioria das pessoas continuar acreditando na crença defendida no discurso, qual seja, a de que todos têm uma função importante para a manutenção da sociedade.

> **ATIVIDADE 9.10** Como o discurso de Menênio Agripa contribuiu para a reprodução da ordem social da Roma antiga?

Vamos dar outro exemplo. No século XIX, na Inglaterra e nos EUA, foi criado o culto da domesticidade. Para entender o que isso significa, precisamos voltar ao passado. Até então, não havia diferença entre a casa e o trabalho. A maioria da população era rural e no campo as pessoas trabalhavam e moravam nas suas propriedades. O mesmo acontecia com os artesãos, que tinham a sua oficina como uma parte das suas casas. No século XIX, com o crescimento das cidades, das fábricas, das atividades comerciais e de serviços, implanta-se uma separação entre o local de moradia e o de trabalho. Na classe média e alta, o homem saía de casa para trabalhar, enquanto a mulher ficava em casa cuidando da casa e da família. Essa situação colocava a mulher numa situação subalterna. Nesse ponto entra o culto da domesticidade, um sistema de crenças, valores e normas que exaltam o papel de dona de casa. Cuidar da casa, mantê-la impecável e confortável para o marido e para a família passou a ser visto como uma tarefa honrosa. A esposa devia ser recatada e submissa ao seu marido. No mundo do trabalho, a seriedade e a respeitabilidade de um homem também eram medidas pelos "bons modos" da sua família e pelo quanto a sua casa parecesse um lar. A esposa era a responsável por isso. Naquela época, jornais, livros e revistas femininas transformavam as esposas em rainhas do lar, atendendo apenas as vontades do marido.[8]

> **ATIVIDADE 9.11** Como o culto da domesticidade contribuiu para reproduzir uma ordem social hierarquizada? Justifique a sua resposta.

Há ainda uma terceira forma através da qual a cultura mantém e, portanto, reproduz a ordem social. Trata-se dos mecanismos de controle social. Numa sociedade ideal, as pessoas seriam socializadas, aprenderiam o necessário para

---

[8] GLENNA, Matthews. *Just a Housewife*: The Rise and Fall of Domesticity in America. New York: Oxford University Press, 1989.

desempenhar os seus papéis e os desempenhariam de forma apropriada até o fim dos tempos. Em suma, em uma sociedade ideal, o comportamento real das pessoas não destoaria do comportamento esperado. Na prática, as coisas não funcionam assim. Os seres humanos estão constantemente reinterpretando a realidade e criando formas de vida segundo essas interpretações. Nesse caso, teríamos comportamentos desviantes do padrão estipulado para tal ou qual papel. Deve ficar claro que não estamos nos referindo a medidas coercitivas e punitivas impostas pelo poder do Estado, embora essas também sejam formas de controle social. Referimo-nos apenas aos mecanismos de controle social criados pela sociedade e que são colocados em prática pelos próprios indivíduos.

Basicamente, os controles sociais são formas criadas para reprimir comportamentos que destoem ou se contraponham aos padrões dominantes ou existentes. Em suma, eles são recursos para manter a estabilidade das interações sociais. Há vários instrumentos de controle social. O escárnio é um deles. O grupo pode rir ou ridicularizar quem apresenta um comportamento desviante, e isso coloca essa pessoa numa situação ruim. A pessoa que pratica algum tipo de comportamento desviante pode ser censurada com palavras. A censura pública ou privada é outro instrumento. Uma mãe pode repreender a sua filha afirmando que o que ela fez não é próprio de uma moça decente, mas ela também pode ser castigada de várias maneiras. Os castigos podem implicar algum tipo de supressão da liberdade, expulsão do grupo e outras formas de violência.

ATIVIDADE 9.12   As piadas que ridicularizam os *gays* podem ser vistas como uma forma de controle social? Justifique sua resposta.

9.5 CULTURA E MUDANÇA

Embora elementos da cultura funcionem como um mecanismo de reprodução da ordem social, deve ficar claro que nenhuma cultura é imutável. As sociedades tradicionais aparentam ser estáticas. Vejam-se, por exemplo, as comunidades indígenas que subsistem sem contatos com a civilização. A impressão que se tem é que elas permaneceram as mesmas desde tempos imemoriais. Mas não é bem assim. Mesmo nelas, há mudanças culturais, só que elas mudam muito lentamente e, por isso, a impressão de quem as observa é que elas são estáticas. Há uma forte razão para isso. Acredita-se que nessas sociedades a socialização se dá de forma mais efetiva e, por isso, todos compartilham os mesmos valores, seguem as mesmas normas e creem nas mesmas crenças. Elas vivem sob a força da tradição. Além disso, nessas sociedades predomina o dogmatismo. Isso quer dizer que nelas os valores, as normas e as crenças assumem um estatuto de certezas inquestionáveis. A divergência não é bem vista.[9]

Nas sociedades modernas, ao contrário, predomina o pluralismo e a liberdade de crítica. As crenças podem ser contestadas, as normas podem ser questionadas e certos valores podem perder importância ou ser reinterpretados. Além disso, a sociedade moderna valoriza o individualismo e este, como já vimos, coloca o indivíduo como soberano das suas escolhas. Em suma, dá a ele a liberdade, mas também a responsabilidade, pelas opções que fizer na vida. Segundo o individualismo, somos livres para buscar a nossa felicidade onde nos aprouver. As instituições e a cultura da sociedade moderna podem não estimular a mudança cultural, mas, e isso é o mais importante, não colocam obstáculos à mudança e a veem como legítima.

Mas também há fatores individuais, ou seja, que dizem respeito à natureza humana. As pessoas são seres criativos e que buscam a liberdade e a realização. Nessa busca, elas reconstroem os arranjos sociais reinterpretando os papéis sociais. Isso aconteceu com a interação marido e esposa. Na sociedade moderna, os papéis foram reinterpretados de forma a que a relação fosse menos opressiva para a esposa. Em suma, os indivíduos estão sempre reinventando suas formas de convivência e os seus papéis sociais. Além disso, na sociedade moderna existem diferentes formas de casamento, ou seja, de viver a vida a dois. Por exemplo, alguns casais veem como positiva as chamadas férias conjugais. Basicamente, quer dizer que tiram férias separados. Dentro de certos limites (estabelecidos é verdade, pela cultura), os casais estabelecem, de forma explícita ou implícita, acordos de como viverão os seus casamentos e vivem sob

---

[9] Registre-se que essa suposta falta de historicidade das sociedades tradicionais é uma ilusão ou fruto da ignorância. Essa crença tem suas raízes no evolucionismo que dominou a sociologia e a antropologia no século XIX e parte do século XX. A percepção de que sociedades primitivas encontradas no continente americano e africano viviam tais quais os nossos ancestrais mais antigos levou muitos estudiosos à crença de que essas eram sociedades sem história, paradas no tempo. A falta de documentos escritos que lhes registrassem a história, ou seja, a nossa ignorância sobre o seu passado e a narrativa mítica que esses povos faziam desse mesmo passado reforçaram essa falsa imagem. Hoje se sabe que todas essas sociedades têm a sua história. O fato de muitas delas viverem isoladas, sem contato com culturas distintas, explica a lentidão nas mudanças sociais. Em situações como essa, a ordem social existente tende a ser apresentada e aceita pelos membros dessa cultura como a que expressa a ordem natural do mundo. Essa visão legitima a repressão a qualquer pressão para a mudança social. O antropólogo Claude Lévi-Strauss (1908-2009), em obra de 1949, parece reforçar essa ideia ao distinguir as sociedades frias (sem historicidade ou com história estacionária) das sociedades quentes. Posteriormente, em obra de 1952, ele esclarece que "Todas as vezes que somos levados a qualificar uma cultura humana de inerte ou de estacionária, devemos, pois, nos perguntar se este imobilismo aparente não resulta da nossa ignorância sobre os seus verdadeiros interesses, conscientes ou inconscientes, e se, tendo critérios diferentes dos nossos, esta cultura não é, em relação a nós, vítima da mesma ilusão". LÉVI-STRAUSS, C. *Raça e história*. São Paulo: Abril Cultural, 1978, p. 73 (Coleção Os Pensadores).

esses acordos. É possível que uma dessas formas venha a prevalecer no futuro. Então ficará claro para o observador que houve uma mudança.

> **ATIVIDADE 9.13** Nos Estados Unidos, as mulheres podem se alistar nas Forças Armadas e irem para a guerra. Hoje se vê mulheres dirigindo tanques de guerra ou aviões de combate. Relacione este fato com a questão da mudança na cultura.

> **ATIVIDADE 9.14** Você já deve ter ouvido a seguinte frase: *achado não é roubado*. Estabeleça uma relação entre esta frase e a afirmação de que as normas podem ser reinterpretadas.

Essa mudança não precisa ser radical, ou seja, não precisa ser uma revolução que altere radicalmente, se é que isso é possível, toda a sociedade. Basta que ela altere aspectos importantes da ordem social.

Veja, por exemplo, o caso do feminismo. Basicamente, o feminismo é um movimento organizado por mulheres surgido na segunda metade do século XIX que procurava garantir certos direitos. Por séculos, a desigualdade entre os sexos foi vista como natural e aceita sem grandes questionamentos. Ela estava baseada na crença da superioridade masculina. Porém, para combater a supremacia da nobreza, as chamadas revoluções burguesas clamaram por igualdade. Nos países em que a sociedade moderna predominou, a igualdade se tornou um valor que devia reger as relações sociais. Havia, porém, certas limitações do princípio da igualdade. As mulheres não tinham os mesmos direitos. É verdade que, para legitimar essa desigualdade entre os sexos, foram adotadas crenças que "comprovavam" a inferioridade ou exaltavam a domesticidade feminina. A primeira onda do movimento feminista lutava pelo direito de voto. Era muito difícil contestar essa sua reivindicação, pois ela estava baseada no valor da igualdade. Como, diziam elas, podemos dizer que a nossa sociedade está baseada na igualdade se negamos às mulheres a igualdade no direito ao voto? O feminismo venceu essa luta. A sociedade mudou. Hoje a igualdade entre os sexos é um princípio que rege a sociedade moderna.[10]

O mesmo pode ser dito sobre os *gays*. No século XIX, predominava a crença de que os homossexuais eram moralmente depravados ou portadores de

---

[10] FREEDMAN, Estelle. *No Turning Back*: The History of Feminism and the Future of Women. New York: Ballantine Books, 2007.

uma patologia psíquica. Essas crenças justificavam práticas repressivas. Uma lei americana de 1779, por exemplo, condenava os homens homossexuais à castração e mulheres homossexuais à amputação do nariz. Até hoje, em vários países muçulmanos, a prática homossexual gera pena de morte. Além de medidas repressivas, os *gays* estavam submetidos a práticas discriminatórias e ao menosprezo público. A década de 1960 foi de grande liberação dos costumes. A causa *gay* começou nos EUA como uma luta pela liberdade. Ela ganhou força ao mesmo tempo que estudos científicos negavam que ser homossexual era um comportamento patológico. Filmes, novelas e livros se encarregaram de destruir a imagem dos *gays* como pervertidos. Ainda hoje é bem grande o número de pessoas que não aceitam e até condenam a orientação afetiva dos homossexuais, porém, não há dúvida de que a pressão feita por indivíduos e grupos contribuiu para mudar as nossas crenças sobre o assunto. Mudam as crenças, muda a sociedade.

Assim, chegamos à conclusão de que a cultura tem um peso enorme, quer seja na reprodução, quer na transformação da sociedade.

QUESTÕES DE FIXAÇÃO

1. Faça uma análise crítica da seguinte frase: "Os ianomâmis não têm cultura".
2. Qual é a definição de cultura adotada neste livro e como essa definição é justificada?
3. Que dimensão importante do fenômeno cultural foi negligenciada na definição acatada neste livro? Por que essa dimensão também seria importante?
4. O que significa dizer que a cultura é a marca distintiva de uma sociedade?
5. Por que é possível dizer que a cultura nos dá uma identidade?
6. Como a cultura é transmitida?
7. Como a cultura contribui para reproduzir a ordem social?
8. Por que as sociedades modernas apresentam uma velocidade maior nas mudanças sociais que as sociedades tradicionais?

ns
CAPÍTULO 10 — CULTURA E EMPRESA

10.1 INTRODUÇÃO

Como vimos nos capítulos anteriores, toda empresa existe num ambiente social, e a cultura é um dos elementos que formam esse ambiente social. Neste capítulo, vamos ver também que a cultura de uma sociedade determina ou influencia a maneira de ser das empresas. Isso quer dizer que a cultura pode ser um fator causal que explica sucessos ou fracassos no mundo empresarial. Vamos ver alguns casos que exemplificam essa tese.

CASO 1

Na década de 1950, uma empresa americana do ramo alimentício lançou um produto. Pela primeira vez, era oferecida ao mercado uma massa pronta para bolo. Bastava a dona de casa adicionar leite à massa, batê-la durante um tempo e levá-la ao forno que, em pouco tempo, ela teria um bolo pronto. Este produto tinha muitas virtudes: era barato, saboroso e, principalmente, prático. A dona de casa gastaria bem menos tempo para preparar um bolo. Com tantas vantagens assim, a empresa que lançou esse produto tinha certeza de que ele seria um campeão de vendas, mas isso não aconteceu. As vendas ficaram bem abaixo do esperado.[*]

[*] GOEBERT, Bonnie. O consumidor e o Focus Group. *Revista HSM Management*, n. 37, mar.-abr. 2003.

Pesquisando sobre este resultado, a empresa que lançou o produto constatou que as donas de casa americanas dessa época, o público-alvo do produto, rejeitavam a tal massa porque elas não consideravam honesto para com sua família dizer que tinham feito aquele bolo, uma vez que exigia muito pouco trabalho por parte delas. Na visão da época, ser dona de casa implicava ter que realizar muitos trabalhos. Naqueles tempos, a mulher que evitasse esses trabalhos não seria vista como uma boa dona de casa.

Com base no caso, responda: Qual a natureza do obstáculo ao sucesso de vendas desse produto?

CASO 2

No livro *Muitas globalizações* há um capítulo sobre a forma como a globalização vem afetando a Índia. Sob vários aspectos, a Índia está se inserindo e até lucrando com a globalização. Mas há aspectos nos quais o processo de globalização encontra forte resistência. O autor fala do insucesso da implantação da cadeia de *fast-food* McDonald's na Índia.** O retorno do empreendimento ficou muito abaixo do esperado. Ao contrário dos demais países, nos quais a chegada dessa rede de *fast-food* sempre foi um sucesso retumbante com filas quilométricas, na Índia os consumidores eram raros e inconstantes. Segundo o autor, esse fracasso pode ser explicado pela recusa de grande parte dos indianos em comer sanduíches feitos com carne de vaca porque, na religião hinduísta, elas estão associadas a várias divindades.

Com base no caso, responda: Qual a natureza do obstáculo que as vendas do McDonald's enfrentam na Índia?

CASO 3

A Volvo Car Corporation é uma fábrica sueca que produz os carros Volvo. Ela sempre foi inovadora na questão da segurança dos seus carros. Foi um engenheiro da Volvo quem criou o cinto de segurança de três pontas, a luz de freio, o assento diferenciado para crianças pequenas e vários outros itens que hoje são equipamentos obrigatórios em muitos países. Os carros Volvo são reconhecidos como os mais seguros do mundo. A Volvo vende carros porque eles estão associados a um valor, a segurança. Pode-se dizer então que ela vende um valor ao seu consumidor.

Com base no caso, responda: Sobre a relação da empresa com os seus funcionários, qual deve ser o nível de preocupação da Volvo com a segurança no trabalho nas suas fábricas? Igual às demais empresas ou bem superior às demais? Justifique sua resposta.

** SRINIVAS, Tulasi. Um encontro com o destino: globalização cultural na Índia. In: BERGER, Peter; HUNTINGTON, Samuel P. *Muitas globalizações*. Rio de Janeiro: Record, 2004, p. 116-117.

Pelo que você leu, é possível ter uma ideia de como a cultura de uma sociedade pode influenciar o desempenho de uma empresa. Nos casos apresentados, vimos que não levar a cultura em conta pode ser a causa de problemas enfrentados por muitas empresas. Nos dois primeiros casos, vimos a cultura como algo externo à empresa, mas que interfere no seu desempenho. Nessa situação trata-se da cultura da sociedade. No terceiro caso, vemos que o sucesso da empresa decorre dela vender um valor (segurança), e que ele rege a relação dela com os seus funcionários. Aqui trata-se de um valor que rege a vida da empresa internamente. Estamos falando de cultura organizacional.

Os casos apresentados têm algo em comum: eles nos mostram como a cultura pode interferir na vida das empresas, seja a cultura da sociedade ou a cultura organizacional. Neste capítulo, trataremos dessas duas dimensões da cultura a partir de uma abordagem da sociologia.

10.2 A CULTURA ECONÔMICA

Já vimos que a empresa ou organização existe num ambiente social e que este ambiente social *influencia* ou *determina* a maneira de ser da empresa. Como diziam os antigos romanos, as palavras têm peso. O verbo *influenciar* tem um peso bem menor do que o verbo *determinar*, que tem um caráter imperativo. Optamos por utilizar esses dois verbos para indicar que, dependendo da situação, a força da cultura poderá ser menor, quando ela influencia, ou maior, quando ela determina a maneira de ser e de agir das empresas e organizações.

O primeiro conceito a ser abordado nesta parte do capítulo é o de *cultura econômica*. Por cultura econômica entendem-se os valores, as normas e as crenças que regem a vida econômica de uma comunidade ou de um país. A cultura econômica também se manifesta nas atividades empresariais. Por muito tempo, a riqueza de um reino ou Estado era explicada por fatores geográficos, climáticos, saldo na balança comercial, divisão do trabalho etc. Explicava-se o sucesso apelando para a geografia ou para a economia. A partir da segunda metade do século XIX, alguns autores passaram a destacar a importância que a cultura tinha na explicação do elevado crescimento econômico de determinados países. Em outras palavras, pensar por que alguns grupos ou países tiveram um crescimento econômico bem maior do que outros é a questão que funda os estudos no campo da cultura econômica.

A cultura econômica é uma área de estudo cujas pesquisas procuram ver a relação entre os elementos da cultura (valores, normas e crenças) e as atividades econômicas.

Embora haja quem atribua a Alexis de Tocqueville (1805-1859) a primazia nos estudos sobre cultura econômica,[1] achamos mais correto afirmar ter sido Max Weber (1864-1920) o primeiro autor que efetivamente desenvolveu pesquisas nesse campo. A questão que despertava a sua atenção era a seguinte: por que, à época, os países protestantes eram os que demonstravam maior crescimento econômico? Ele concluiu que a ética protestante era favorável aos negócios.[2] O protestantismo valorizava o trabalho num mundo em que as elites viam o trabalho manual e o comércio como atividades desprezíveis. Para o protestantismo, todo trabalho tem o mesmo valor, pois todos engrandecem a obra de Deus. O protestantismo afirma que o tempo ocioso é um tempo roubado à glória de Deus. Também exalta o trabalho árduo e condena a ociosidade tendo como referência não os negócios, mas uma forma de agradar a Deus. Porém, não há como negar que, ao fazer isso, o protestantismo cria uma cultura econômica que favorece o trabalho produtivo e, assim, mesmo que essa não seja a sua intenção, acaba estimulando os negócios.

Além disso, há no protestantismo, em especial no calvinismo, uma valorização da riqueza. O catolicismo não valorizava muito a riqueza. Há na Bíblia a passagem: "É mais fácil um camelo passar pelo buraco de uma agulha do que um rico entrar no reino do céu" (Mateus 19:24). Em outra passagem, uma pessoa pergunta a Cristo o que deve fazer para segui-lo, e Cristo responde: "Vá, dê tudo o que tem e me siga" (Mateus 19:21). Fica óbvio nessas passagens que a riqueza não era bem vista e que ela era, de alguma maneira, um obstáculo para se chegar a Deus. O protestantismo altera essa crença. Ele não valoriza a riqueza em si, mas vê nela um dos sinais da graça. Ser bem-sucedido nos seus empreendimentos era um sinal de que Deus o tinha escolhido. Só o envolvimento com o mundo dos negócios poderia fazer alguém rico. Ao valorizar a riqueza, o protestantismo estimula os negócios. Para finalizar, também podemos citar a exaltação da frugalidade. O protestante devia ter uma vida simples, sem luxo ou vaidade. O trabalho árduo produz riqueza, mas esta não pode ser gasta em frivolidades. Esse dinheiro que não é gasto também não ficará parado. Ele será investido, o que estimula o mundo dos negócios.

---

[1] SWEDBERG, Richard. *Principles of Economic Sociology*. Princeton: Princeton University Press, 2003. É verdade que Tocqueville foi o primeiro a relacionar os costumes dos norte-americanos com o regime democrático implantado neste país (uma novidade revolucionária para a época). Porém, o tema desta parte do capítulo é a cultura econômica e, embora haja em Tocqueville uma sugestão de que a prosperidade americana pode ser explicada pelos costumes desse povo, essa sugestão é bem vaga. Não há nele, como há em Weber, uma reflexão mais acurada sobre a relação entre valores e economia, ou seja, sobre o mundo dos negócios.

[2] WEBER, Max. *A ética protestante e o espírito do capitalismo*. São Paulo: Martin Claret, 2001. Nessa obra, Weber em nenhum momento faz referência a empresas. Porém, ao mostrar como o protestantismo criou um ambiente cultural favorável aos negócios, ele está se referindo, ainda que de forma implícita, ao mundo empresarial.

Assim, Weber mostrou como a exaltação do trabalho e da riqueza, combinada com a condenação do luxo, defendidas pelo protestantismo, contribuíram para criar um ambiente favorável às atividades econômicas. Usando a sua própria expressão: contribuíram para criar um *éthos* capitalista. Para a Sociologia, *éthos* é o conjunto de traços culturais que distingue um povo. Weber acredita que o capitalismo tenha traços culturais próprios. Mas Weber também mostra o oposto, ou seja, como determinadas éticas criavam obstáculos ao mundo dos negócios. Estudando a história das religiões mundiais, ele cita vários exemplos desse tipo de obstáculo.[3] A crença taoísta de que a forma das rochas pode afetar os demônios fez com que os povos que seguiam essa religião evitassem atividades como a mineração ou a construção de estradas e pontes para não afetar o equilíbrio geodésico e assim provocar a ira dos demônios. O espírito de casta, típico do hinduísmo, repelia qualquer tipo de mudança econômica e inovação. A profunda rejeição do mundo material e da riqueza pregada pelo budismo coloca como objetivo da atividade econômica a mera subsistência.

Estudos mais recentes no campo da cultura econômica atualizam a ideia básica de Weber, qual seja, de que os valores, as normas e as crenças de grupos ou países contribuem tanto para explicar a sua prosperidade quanto, no caso oposto, o seu fracasso em prosperar. Um exemplo dessa atualização é o debate sobre o chamado "milagre do ocidente". Nesse caso, a questão que intriga os pesquisadores é a seguinte: como a Europa (entendida como o ocidente), que durante a maior parte da história da humanidade não foi a região mais próspera do mundo, acabou assumindo a supremacia a ponto de dominar o mundo no século XIX? Inúmeros livros e artigos foram escritos para explicar a supremacia do ocidente. Novamente, as explicações divergem. Muitos afirmam ser a tecnologia, inclusive a militar, a razão da supremacia do ocidente. Outros veem a base dessa supremacia na ciência, nas instituições e até mesmo na acirrada competição geopolítica entre Estados europeus. Há outros, porém, que veem a cultura econômica da Europa como um importante fator para explicar essa supremacia.[4] Nesse caso, estamos entrando no campo da cultura.

---

[3] Sob o rótulo "religiões mundiais" englobam-se apenas aquelas que conseguiram se expandir por áreas bem mais amplas do que a sua região de origem. Dentre elas estão o judaísmo, o cristianismo, o budismo, o hinduísmo, o islamismo e o taoísmo.

[4] Nem todos esses autores dão primazia ao elemento cultural na explicação da prosperidade europeia. Porém, eles são representativos, pois essa vasta bibliografia mostra como a questão é relevante. Ver: JONES, E. *The European Miracle*: Environments, Economies and Geopolitics in the History of Europe and Asia. Cambridge: Cambridge University Press, 1987. GOLDSTONE, Jack. *Why Europe?* The Rise of the West in World History. 1500-1800. New York: McGraw Hill, 2008. POMERANZ, Kenneth. *The Great Divergence*: China, Europe, and the Making of the Modern World Economy. Princeton: Princeton University Press, 2001. HANSON, Victor Davis. *Por que o ocidente venceu?* Massacre e cultura da Grécia antiga ao Vietnã. Rio de Janeiro: Ediouro,

Os estudos sobre cultura econômica não discutem apenas o passado, mas procuram explicar o presente.

> **ATIVIDADE 10.2** Leia o seguinte trecho de um artigo do economista Cláudio de Moura Castro:
>
> "Em uma pesquisa internacional sobre aprendizado de leitura, os resultados da Coréia (do Sul) pareciam errados, pois eram excessivamente elevados. Despachou-se um emissário para visitar o país e checar a aplicação. Era isso mesmo. Mas, visitando uma escola, ele viu várias mulheres do lado de fora das janelas, espiando para dentro das salas de aula. Eram as avós dos alunos, vigiando os netos, para ver se estavam prestando atenção nas aulas.
>
> A obsessão nacional que leva as avós às janelas é a principal razão para os bons resultados da educação em países com etnias chinesas. A qualidade do ensino é um fator de êxito, mas, antes de tudo, é uma consequência da importância fatal atribuída pelos orientais à educação.
>
> Foi feito um estudo sobre níveis de *stress* de alunos, comparando americanos com japoneses. Verificou-se que os americanos com notas muito altas eram mais tensos, pois não são bem-vistos pelos colegas de escolas públicas. Já os estressados no Japão eram os estudantes com notas baixas, pela condenação dos pais e da sociedade.
>
> Pesquisadores americanos foram observar o funcionamento das casas de imigrantes orientais. Verificou-se que os pais, ao voltar para casa, passam a comandar as operações escolares. A mesa da sala transforma-se em área de estudo, à qual todos se sentam, sob seu controle estrito. Os que sabem inglês tentam ajudar os filhos. Os outros – e os analfabetos – apenas vigiam. Os pais não se permitem o luxo de outras atividades e abrem mão da TV. No Japão, é comum as mães estudarem as matérias dos filhos, para que possam ajudá-los em suas tarefas de casa."
>
> A vovó na janela. *Veja*, 10 nov. 2004. Disponível em: ‹http://veja.abril.com.br/101104/ ponto_de_vista.html›. Acesso em: 8 out. 2015.
>
> Sobre o texto, responda:
> a) No capítulo anterior, estudamos três elementos que compõem a cultura de um grupo ou sociedade (valores, normas e crenças). Qual deles é destacado no texto acima?
> b) Numa parte do artigo citado, o autor dá o seguinte dado: "É curioso notar que os nipo--brasileiros são 0,5% da população de São Paulo. Mas ocupam 15% das vagas da USP". O texto apresentado tem alguma explicação para esse dado da educação brasileira?

2002. LANDES, David S. *A riqueza e a pobreza das nações*: Porque algumas nações são tão ricas e outras são tão pobres. São Paulo: Campus/Elsevier, 2003.

O livro *A cultura importa: valores que definem o progresso humano* é dedicado a mostrar como os valores, as normas e as crenças de uma cultura podem interferir na prosperidade.[5] Convém destacar que não há entre os vários autores do livro um consenso, revelando que os elementos que compõem a cultura econômica de um grupo ou país não são os mesmos. Em parte, isso se explica porque eles tratam de realidades culturais distintas, uma vez que falam de diferentes países ou regiões.

Um dos textos desse livro é o de Francis Fukuyama, que utilizou a noção de capital social para indicar os valores que levam os membros de um grupo a cooperar entre si. Dentre esses valores, os principais são o apreço pela verdade (falar a verdade) e a obrigação de cumprir compromissos. Quanto mais as pessoas aderem a esses valores, mais elas são confiáveis.

A expressão ou o efeito do capital social é a confiança. Nas suas palavras: "A confiança age como um lubrificante que faz qualquer grupo ou organização funcionar de forma mais eficiente".[6] Acreditamos que a expressão *capital social* tenha sido usada porque ela remete a algo que pode produzir, tal como o capital puro e simples, mais riqueza. Sociedades com maior quantidade de capital social, leia-se confiança, são mais prósperas. Para fundamentar essa tese, ele retoma a pesquisa feita por Max Weber e afirma que os países protestantes prosperaram mais porque os protestantes, por viverem de forma mais intensa os princípios morais da sua religião, tornam-se altamente confiáveis. Ele também fundamenta essa tese pelo seu oposto, citando o caso do sul da Itália, notoriamente menos próspero do que o norte, afirmando que lá o volume de capital social, leia-se de confiabilidade entre as pessoas, é bem menor.[7]

> **ATIVIDADE 10.3** No Brasil existe a figura dos cartórios. Exige-se fotocópia autenticada para um sem-número de situações, e temos que ir ao cartório. Exige-se reconhecimento de firma para várias operações, isso só pode ser feito em cartório. Em passado recente, até para vender uma linha telefônica, a transação tinha que passar por um

---

[5] HARRISON, Lawrence E.; HUNTINGTON, Samuel P. (orgs.). *A cultura importa:* valores que definem o progresso humano. Rio de Janeiro: Record, 2002. Um dos organizadores do livro, Huntington vai mais longe afirmando que o objetivo do livro não é apenas conhecer mais profundamente como a cultura afeta a prosperidade, mas principalmente orientar políticas que possam levar a este objetivo.

[6] FUKUYAMA, Francis. Capital social. In: HARRISON, Lawrence E.; HUNTINGTON, Samuel P. (orgs.). *A cultura importa:* valores que definem o progresso humano. Rio de Janeiro: Record, 2002, p. 98.

[7] Esta comparação com o sul da Itália não é feita no capítulo que ele escreveu para esse livro, mas em um livro totalmente dedicado a esse tema. O livro é: FUKUYAMA, Francis. *Confiança:* as virtudes sociais e a criação da prosperidade. Rio de Janeiro: Rocco, 2000.

> cartório. Nos Estados Unidos não existe a figura do cartório e o reconhecimento de firma pode ser feito por qualquer pessoa autorizada. Convém destacar que o reconhecimento de firma só é exigido em situações que envolvem compra ou venda de imóveis e algumas questões de direito de família. Compare a questão do cartório nesses dois países a partir da noção de capital social utilizada por Francis Fukuyama.

A expressão "milagre japonês" demonstra a importância da cultura para o crescimento econômico. Para se ter uma ideia desse crescimento, basta lembrar que o Japão, um país que tinha sido destruído no fim da Segunda Guerra Mundial, se tornou, no início da década de 1990, a terceira economia mundial, atrás apenas dos EUA e da Alemanha. Como vimos, na base de todo crescimento econômico de qualquer país está o crescimento das suas empresas. No caso do Japão, era o sucesso das suas empresas em inundar o mundo com carros, motocicletas, produtos eletrônicos e computadores que estava na base do "milagre japonês". Como explicar tão retumbante sucesso empresarial? A resposta a essa pergunta não estava na tecnologia, nem no dinheiro barato (juros baixos) para investimentos, pois nesses dois pontos vários países, inclusive os Estados Unidos, se equiparavam ao Japão. A resposta estaria na cultura organizacional de empresas japonesas.

No Japão, os funcionários veem as empresas nas quais trabalham como uma comunidade, próxima a uma família. Nelas predomina um espírito de colaboração. Há uma relação de lealdade e comprometimento na relação da empresa com os seus funcionários e desses para com a empresa. Nas empresas japonesas, a obediência e a disciplina não precisam ser impostas, pois são vistas como naturais pelos funcionários – essas características explicariam a grande produtividade das empresas japonesas. Por outro lado, essas características seriam fruto da cultura dominante na sociedade japonesa.[8] Murray Sayle dá destaque à milenar tradição da plantação de arroz e ao espírito do samurai. A cultura do arroz está baseada no trabalho intenso e na ajuda mútua. O espírito do samurai implica proteger e servir. Assim, esses traços milenares fariam das empresas japonesas organizações harmoniosas e produtivas. Esta seria a base do "milagre japonês" da década de 90 do século XX.[9]

---

[8] Uma síntese do chamado milagre japonês e do papel que a cultura desempenhou nesse milagre encontra-se em: RATNER, Henrique. Revisitando o "milagre" japonês. *Revista Espaço Acadêmico*, set. 2003. Disponível em: <http://www.espacoacademico.com.br/028/28rattner.htm>. Acesso em: 8 out. 2015.

[9] SAYLE, Murray, citado por: MORGAN, Gareth. *Images of Organization*. London: Sage, 1986, p. 114-116. Na bibliografia citada por Morgan, há duas obras de Sayle, mas nas páginas apontadas ele não fala o nome de qual das duas ele extraiu este trecho.

Vimos alguns exemplos de como a cultura de uma sociedade pode contribuir para promover o crescimento econômico. Porém, da mesma forma que pode produzir o crescimento, ela também pode gerar a estagnação econômica. Ao contrário de Francis Fukuyama, que centra sua atenção nos valores que aumentam o capital social, Mariano Grondona faz uma lista dos valores que devem fazer parte da cultura econômica de qualquer grupo ou país que aspire à prosperidade.[10] O interessante da sua lista é que ele apresenta sempre duas visões sobre um determinado elemento da cultura econômica, deixando claro que uma dessas visões levam à prosperidade, enquanto a outra, não. A lista é longa, com vinte itens, por isso, vamos citar apenas um deles.

Um dos elementos citados por Grondona é a valorização da concorrência. Algumas sociedades valorizam a concorrência e por isso são prósperas, enquanto outras parecem recear a concorrência e isso atravanca o seu crescimento. As sociedades prósperas veem a concorrência como um elemento importante na produção da riqueza, da excelência empresarial e individual. Segundo suas palavras: "A competição é um elemento central no sucesso no campo dos negócios, no campo intelectual, profissional e da política".[11] O pensamento pró-mercado afirma que com a livre concorrência todos ganham.

ATIVIDADE 10.4 A seguir, você lerá um trecho de uma entrevista dada por Luigi Zingales, professor de economia na Universidade de Chicago e coautor do livro *Salvando o capitalismo dos capitalistas*.* Esse autor é um formador de opinião, pois dá aulas, escreve livros, dá entrevistas e escreve artigos para jornais e revistas. Em qual grupo você colocaria esse autor: no que exalta a concorrência ou no que a teme? Justifique sua resposta.

"Revista ÉPOCA – Por que a concorrência é tão importante?

* RAJAN, Raghuram; ZINGALES, Luigi. *Salvando o capitalismo dos capitalistas*: acreditando no poder do livre mercado para criar riquezas e ampliar as oportunidades. Rio de Janeiro: Campus/Elsevier, 2004. Embora o título possa parecer flertar com as ideias socialistas, os autores desse livro falam que os verdadeiros inimigos do capitalismo são todos os capitalistas que agem contra a livre concorrência.

---

[10] GRONDONA, Mariano. *A Cultural Typology of Economic Development*. In: HARRISON, Lawrence E.; HUNTINGTON, Samuel P. (orgs.). *A cultura importa*: valores que definem o progresso humano. Rio de Janeiro: Record, 2002. Somos levados a crer que o caráter aligeirado com que os vinte elementos são tratados nesse texto deve-se à exiguidade do espaço destinado a cada texto pelos editores do livro. Tal como aconteceu com Fukuyama, as ideias que Grondona expõe neste texto são um resumo das que foram mais bem desenvolvidas no seu livro: GRONDONA, Mariano. *Bajo el imperio de las ideas morales*: Las causas no economicas del desarrollo economico. Buenos Aires: Sudamericana, 2003.
[11] GRONDONA, 2002, p. 49.

Zingales – Eu acredito que a concorrência é uma das grandes forças a serviço da humanidade. Há uma frase famosa de Adam Smith (1723-1790), de que não obtemos o pão fresco e a carne fresca por causa da bondade do padeiro e do açougueiro, mas porque isso interessa a eles. E o interesse deles vai ao encontro do nosso por causa da competição. Toda inovação e toda melhoria no padrão de vida que alcançamos nos últimos séculos são resultado da competição. Ela também trouxe benefícios aos países emergentes. Permitiu que um grande volume de capital dos países desenvolvidos que estavam à procura de retornos mais altos levasse tecnologia e investimento para os países emergentes.

Revista ÉPOCA – Em seu livro, quando o senhor diz que precisamos salvar o capitalismo dos capitalistas, é a esse tipo de lobby que se referiu?

Zingales – Exatamente. E a crise reforçou isso ainda mais. Em muitos países, o governo acabou ajudando uns poucos, em prejuízo de muitos. A ideia presente no livro de que o livre mercado é bom, mas precisa se proteger contra a influência dos grandes grupos econômicos que tentam usá-lo a seu favor, está mais atual do que nunca. Quando você é dono de uma empresa, é natural que procure obter vantagens de mercado. O que é ruim é quando você tenta usar seu poder também na área política. É isso que distorce o sistema."

"A concorrência é uma força do bem". Entrevista publicada na Revista *Época*, 26 maio 2011. Disponível em: ‹revistaepoca.globo.com/Revista/Epoca/0,,EMI236328-15259,00-LUIGI+ZINGALES+A+CONCORRENCIA+E+UMA+FORCA+DO+BEM.html›.

Evidentemente, uma visão pró-mercado, como a defendida por Zingales, é boa para as empresas. Porém, isso não é a regra. Há países nos quais o discurso dos governantes procura criar uma cultura econômica que vê negativamente o mercado e os empresários. Neste livro, nós já aprendemos sobre o pensamento antiempresarial e vimos como ele tem ganhado força na sociedade. Há países em que elementos desse pensamento fazem parte do discurso oficial dos governantes. É claro que em países assim, o ambiente cultural e político desestimula a atividade empresarial.

ATIVIDADE 10.5 Leia a notícia a seguir a respeito da Venezuela e responda ao que se pede.

"A Venezuela prendeu os proprietários de uma rede de lojas não identificada acusados de provocarem filas intencionalmente para aumentar a raiva da população com o governo socialista, disse o presidente Nicolás Maduro no domingo.

A escassez crônica de produtos básicos, incluindo farinha, frango e fraldas, tem provocado filas enormes que, em alguns casos, dão a volta no quarteirão e se tornaram um pesadelo para os venezuelanos. A maioria dos economistas afirma que a culpa é do rígido controle cambial que restringe os dólares para importações, além da queda da produção interna. Maduro, no entanto, acusa empresários gananciosos da elite de travarem uma 'guerra econômica' para tentar derrubar seu governo.

'Nós detectamos que uma famosa rede de lojas estava conspirando, irritando as pessoas', disse Maduro a uma plateia de apoiadores e soldados. 'Nós chegamos, normalizamos as vendas, convocamos os proprietários... e agora eles estão presos por terem provocado as pessoas', disse o presidente, sob aplausos, acrescentando que o governo vai assumir o comando dos mercados. Segundo Maduro, as lojas reduziram intencionalmente o número de caixas para provocar filas."

Site *G1*, 2 fev. 2015.

Sobre o texto, responda:
a) Para o governo da Venezuela os empresários são vistos positivamente ou negativamente? Justifique sua resposta.
b) Cite duas explicações para o comportamento dos empresários ameaçados pelo presidente Nicolás Maduro.

Então, nesta parte do capítulo, procuramos mostrar como a cultura pode criar tanto um ambiente favorável como um ambiente desfavorável para as atividades empresariais. Na próxima, veremos como a cultura existente no interior das empresas pode estimular o seu crescimento.

10.3 A CULTURA ORGANIZACIONAL

Nesta parte do capítulo vamos tratar da cultura que existe no interior de cada empresa ou organização. É bem verdade que, existindo em uma determinada sociedade, as pessoas que trabalham em uma empresa foram socializadas segundo os valores, as normas, as crenças e os significados da sociedade em que vivem. Por isso, é impossível imaginar uma empresa ou organização que tenha uma cultura cujos valores e normas sejam frontalmente opostos aos da sociedade na qual elas estão inseridas. O que pode acontecer com algumas empresas ou organizações é que elas reconstroem internamente esses valores, normas e crenças de forma a criar uma cultura que lhes seja própria. A isso chamamos de *cultura organizacional*.

Todo administrador gostaria que os funcionários da empresa ou organização que administra fossem unidos ou até mesmo que se sentissem como uma família. Uma empresa em que as pessoas se sentem assim tem mais condições de alcançar os seus objetivos. Afinal, todos estão imbuídos da ideia de que fazem parte de uma mesma entidade e que, por isso, devem se esforçar ao máximo. É possível conseguir a unidade através de medidas coercitivas, basta que o administrador reprima qualquer manifestação de divergência. O resultado dessa coerção será uma unidade, mas uma unidade aparente, pois quem quiser manter o seu emprego sabe que deverá ocultar qualquer opinião que destoe do consenso. Isso se chama "a paz do cemitério". Porém, também é possível conseguir uma unidade autêntica e até mesmo que os funcionários se sintam fazendo parte de uma mesma família de outra maneira. Nesse caso, o sentimento de união ou de fraternidade será construído através de diferentes práticas. Estas práticas, caso tenham sucesso, criarão este sentimento. Esta é uma das tarefas que a cultura organizacional poder realizar.

ATIVIDADE 10.6 Uma vez um aluno me contou que serviu o exército no forte do Leme, que existe num dos extremos da praia de Copacabana. Durante nove meses a sua função era cuidar da piscina que poderia ser usada pelos oficiais. Durante o seu tempo de serviço militar, isso nunca aconteceu. Sua função era manter a piscina limpa de qualquer sujeira. Seu equipamento de trabalho era uma rede na ponta de uma vara. Ele tinha que tirar a sujeira no momento em que ela caísse. Caso o sargento passasse e ele não estivesse empenhado em tirar uma folha que boiasse na superfície, era detenção na certa. Ele não podia sequer racionalizar o seu trabalho de forma a trabalhar menos, como, por exemplo, esperar até que uma quantidade maior de resíduos se juntasse para que ele então, com um movimento só os pegasse todos de uma vez. Ele tinha que fazer como o sargento mandou: pegar toda a sujeira que caísse no momento em que caísse. Caso ele quisesse conversar com o tenente sobre esse modo "mais racional" de realizar o trabalho, ele teria que pedir autorização ao sargento. Se ele negasse, o assunto estava encerrado. E se ele falasse com o tenente sem essa autorização, seria detenção na certa. Esse rapaz passou nove meses do serviço militar fazendo isso. Ao sair, ele teve a certeza de que perdeu nove meses.

Com base nessa anedota, podemos dizer que a organização militar perdeu nove meses com esse recruta? Justifique sua resposta.

Empresas produzem produtos ou serviços. Além disso, pelo texto da atividade anterior, fica claro que as organizações também produzem pessoas. Vamos mais longe e afirmamos que as organizações serão tão mais bem-sucedidas na produção de bens ou serviços quanto mais eficientes forem na produção de pessoas. Produzir pessoas significa moldá-las segundo os valores, as normas e as crenças que regem uma determinada organização. Em suma, incutir nelas a cultura organizacional.

Há na cultura organizacional o mesmo processo que há na cultura de uma sociedade. Como vimos, o processo de socialização combina uma série de práticas através das quais os valores, as normas e os significados de uma sociedade são transmitidos para os membros mais novos. Mas essas práticas são dirigidas a todos de forma a criar um sentimento de comunidade.

A cultura organizacional, tal qual a cultura da sociedade, dispõe de mecanismos de controle social. Estes mecanismos atuam para coibir os comportamentos desviantes. Vamos imaginar uma empresa que tenha como um dos valores da sua cultura organizacional o "espírito de equipe ou de grupo". Através de diferentes meios, ela sinaliza aos seus funcionários que, mesmo respeitando suas individualidades, eles devem cooperar para que possam atingir os objetivos estabelecidos. Numa cultura assim, um funcionário que impõe sua opinião ou o funcionário que não acata o que o grupo decidiu, será mal visto ou visto como alguém que não está integrado. Ele pode até ser uma pessoa competente, mas certamente receberá sinais de desaprovação. Isso o colocará numa situação problemática e poderá chegar ao ponto de sua permanência ser questionada.

Embora se possa dizer que toda empresa tem a sua cultura, não se pode dizer que em toda empresa a cultura organizacional tem a mesma relevância. Por isso, vários autores distinguem entre cultura organizacional forte e fraca. Diz-se que uma empresa tem uma cultura forte quando seus valores, normas e crenças estão inculcados em seus funcionários de uma forma tão profunda que passam a fazer parte do seu jeito de ser e de ver a realidade e, por isso, eles se sentem moralmente obrigados a agir segundo essa cultura. Por compartilharem e, acima de tudo, viverem segundo a cultura organizacional, todos os funcionários sentem que fazem parte de um todo e que o trabalho que fazem tem um sentido maior do que o simples cumprir tarefas. O sentimento de pertencimento é forte. Na empresa de cultura organizacional fraca, há valores e normas, porém, a empresa não teve interesse ou não conseguiu fazer com que eles fossem inculcados nos funcionários e, por isso, não têm grande força coatora. Os funcionários trabalham e cumprem suas obrigações, mas falta neles o sentido de que fazem parte de um todo. Nesse caso, a coordenação e o controle dependerão mais do poder.

Por gerar maior grau de envolvimento por parte dos funcionários, muitos autores associam diretamente a cultura organizacional forte à eficiência e ao sucesso. A cultura organizacional seria um elemento fundamental para o bom desempenho da empresa. Em tese, a cultura organizacional daria aos funcionários um espírito de grupo na medida em que cria a ideia de que funcionários e gerência formam uma comunidade. Por acreditarem que formam uma comunidade, as pessoas acreditam que o que for bom para a empresa também será bom para elas. Além disso, em tese, a cultura organizacional, ao estabelecer valores a serem alcançados e consagrados, daria um sentido mais amplo ao trabalho e assim aumentaria a motivação dos funcionários. Justamente por causa desses benefícios é que muitas empresas passaram a dar grande importância à criação e à transmissão da cultura organizacional.

Isso nos remete à seguinte questão: quem cria a cultura organizacional? Nas empresas a criação da cultura organizacional é, em grande parte, fruto de um projeto intencional da direção. A direção tem o poder de determinar os valores e as normas que predominarão na empresa. Além disso, a direção dispõe de recursos de poder para garantir que esses valores e normas predominem. Embora possa se ver aí alguma forma de imposição, uma vez que é a direção da empresa que determina os valores e a maneira de ser da organização, deve ficar claro que a cultura organizacional deve ser aceita pelos membros da organização. Os funcionários devem ser convencidos a aceitar a cultura da organização. Para atingir esse objetivo, a organização pode lançar mão de uma série de práticas. Na quase totalidade das vezes essas práticas não têm como objetivo explícito a transmissão de valores e a introjeção da maneira de ser da organização. A função manifesta dessas práticas pode variar bastante, como, por exemplo, a homenagem a um funcionário que se aposenta, a cerimônia de premiação do funcionário do mês etc., mas a sua função latente é sempre a mesma: transmitir a cultura da organização.

A CULTURA ORGANIZACIONAL DA DISNEY WORLD

A Walt Disney World Resort, popularmente conhecida como Disney World, é apenas uma das inúmeras empresas do grupo The Walt Disney Company. No conjunto, os parques que compõem a Disney World têm 55 mil funcionários e recebem em média 2 milhões de visitantes por mês o que dá quase 25 milhões de visitantes por ano. Ela é altamente rentável em termos econômicos. Tamanho sucesso não pode ser fruto de sorte ou do acaso. Para o pesquisador Tom Connellan, grande parte deste sucesso se deve à cultura organizacional aplicada na Disney World.[*]

[*] CONNELLAN, Tom. *Nos bastidores da Disney*: os segredos do sucesso da mais poderosa empresa de diversões do mundo. São Paulo: Saraiva, 2010. Este quadro sobre o Disney World é um resumo adaptado das ideias expostas por esse autor nessa obra.

Pelas suas elevadas despesas operacionais, a Disney World tem que continuar atraindo milhões de clientes por ano. E clientes não têm faltado a ela. Isso acontece porque a cultura organizacional é voltada prioritariamente para atrair e manter os seus clientes.

Até os possíveis clientes externos, ou seja, aqueles que ainda não estão no parque, são alvo de atenção. Os funcionários aprendem que os concorrentes da Disney World não são apenas os outros parques do mundo, mas todas as empresas com as quais ela pode ser comparada nas dezenas de atividades que realiza. Por exemplo, os milhares de possíveis clientes ligam todos os dias para obter informações. Nesse momento eles, que ainda não são clientes, estão comparando o atendimento recebido com o de outras empresas. Assim, nesse caso, a empresa com quem a Disney World deve concorrer é a que se sai melhor no atendimento telefônico aos clientes. É com essa empresa que eles devem se comparar e lutar para superar.

A cultura organizacional da Disney World leva os funcionários a verem os clientes como convidados. É para eles que a "festa" diária é organizada e eles devem ser o centro das atenções. O corpo de funcionários é levado a se ver como elenco. Tal como no cinema, o elenco é o grupo de artistas que trabalham no filme. Cada dia é visto como uma grande apresentação teatral na qual cada ator tem seu papel e deve se esforçar ao máximo para representá-lo da melhor maneira possível. Em relação aos convidados, o elenco é ensinado a ser "agressivamente gentil".

Nesse sentido, eles são treinados para dar fantástica atenção aos detalhes. Por exemplo, não basta que a montanha russa esteja funcionando perfeitamente. Todos os detalhes dessa atração devem estar bem limpos e dar a aparência de novo. Há no parque colunas que são repintadas todas as noites. A atenção aos detalhes também aparece em todos os elementos do parque, do cardápio dos restaurantes ao ajardinamento dos hotéis. O cardápio do restaurante francês do Epcot Center é assinado por três dos mais renomados chefes franceses. As plantas que estão no jardim do Hotel Polynesian tem que ser as que realmente existem nessa região do mundo. O que se busca não é o luxo, mas que os clientes vejam na nossa "fantástica atenção aos detalhes" uma homenagem a eles.

Todos os funcionários devem sempre demonstrar entusiasmo. Por exemplo, qualquer funcionário, não importa seu lugar na hierarquia, deve pegar um papel que algum convidado tenha jogado no chão. Isso quer dizer que, embora tenha funcionários dedicados a limpeza, manter o parque limpo é tarefa de todos. Todos os funcionários devem estar preparados para ajudar aos convidados no que eles precisarem. Mas vão mais longe, como no caso da garotinha que não podia entrar em um brinquedo com sorvete e o funcionário, percebendo isso, falou que tomaria conta do sorvete. Quando a criança saiu, havia um sorvete novinho esperando por ela. Tudo é feito para causar a admiração no convidado. Não são apenas os funcionários que devem transmitir entusiasmo, mas também todos os elementos materiais. Certamente, a maioria dos convidados não percebe que todos os elementos que compõem o parque são idênticos aos originais dos quais eles foram copiados. Por exemplo, a roupa de um personagem que represente um colono americano do século XVII é feita com um tecido igual ao que eles usavam naqueles tempos e costurado à mão da mesma maneira que no passado. Os visitantes que notam isso se sentem honrados, pois veem nesse esmero uma forma de homenageá-los. Os funcionários que foram treinados e portanto sabem desses detalhes constatam que o parque foi criado com muito entusiasmo e que, por isso, eles devem transmitir esse mesmo entusiasmo.

Nos treinamentos, os funcionários aprendem que essas não são regras, mas a tradição da Disney World. Então eles não estão apenas obedecendo a ordens, mas mantendo a história do parque. Eles se sentem como fazendo parte dessa história. Muito mais eficiente que cursos de treinamento são os exemplos que eles veem diariamente. Veem seus colegas de trabalho se esforçando ao máximo para fazer com que os convidados vejam essa visita ao parque como uma experiência mágica.

Para manter o entusiasmo e fazer com que os seus funcionários se empenhem sempre mais, a empresa Disney World dá prêmio ao funcionário que, naquele dia, tenha se destacado por fazer mais do que o esperado para os convidados. A ele são dados recompensa (material), reconhecimento e comemoração, pois em uma cerimônia pública interna ele é elogiado e soltam fogos quando ele sobe ao palco para receber o seu prêmio. Com isso, a Disney constrói o modelo de funcionário que quer e que todos devem ser.

Toda a cultura organizacional da Disney World é focada no bem-estar do cliente. Eles não medem esforços nem dinheiro para isso. A estratégia tem dado certo. Tanto que 70% dos visitantes do parque voltam para uma nova visita. Voltam porque sentem que são o centro das atenções e porque, mesmo voltando, sempre saem admirados. Isso é exatamente o que os diretores da Disney, através da cultura organizacional da Disney World, quiseram criar.

Quando se fala em criar a cultura organizacional, deve-se ter em mente que estamos falando de dois processos distintos. O primeiro consiste no estabelecimento dos valores, das normas e das crenças que serão predominantes na empresa. O segundo diz respeito às formas através das quais essa cultura organizacional será transmitida e assim enraizada no coração e na mente dos funcionários. Nesse último caso, estamos nos referindo a um processo de socialização.

Embora a cultura organizacional seja criada principalmente pela direção da empresa, ela não é criada exclusivamente pela direção. Ela também é criada pela interação social, mais precisamente, pelo sentido que o funcionário atribui às suas múltiplas vivências na empresa. Por exemplo, a direção pode tentar criar a crença de que a empresa constitui uma grande família em que todos se importam com todos. Ela pode proclamar aos quatro cantos que a empresa e todos que nela trabalham devem valorizar o companheirismo e o espírito de grupo. Porém, se as demissões como meio de reduzir custos forem muito frequentes, os empregados entenderão esse fato como uma negação da mensagem que a direção passa e criarão uma visão da empresa diametralmente oposta à que a direção da empresa quer passar.[12]

A direção tem condições de criar e de levar os funcionários a introjetar a cultura da empresa, porém o sucesso desse empreendimento depende dos significados que os funcionários derem à realidade por eles vivenciada. Dessa forma, a direção da empresa tem que tomar todo o cuidado para que as suas práticas estejam em consonância com os valores exaltados pela cultura organizacional. Qualquer contradição entre as práticas da organização e os valores por ela exaltados acabará enfraquecendo a cultura organizacional. Um dos inúmeros prejuízos que o enfraquecimento da cultura organizacional pode causar é fazer com que a direção se apoie apenas na coerção para gerar a obediência. Em uma cultura organizacional forte, os funcionários compartilham valores e sentem que fazem parte de um mesmo todo. Nesse caso, a aceitação das normas e a cooperação partem dos próprios funcionários, não precisam ser impostas.

Vamos nos ater agora aos mecanismos que as empresas utilizam para incutir nos funcionários a cultura organizacional. Arriscamos dizer que, hoje em dia, nas grandes empresas, a cultura organizacional tornou-se um dos principais critérios na seleção dos futuros funcionários. É claro que currículo e experiência contam, mas na seleção também se avalia se o candidato tem um perfil apropriado à cultura da empresa. Quanto maior for a identidade entre ambos, mais integrado à equipe (empresa) ele se sentirá. Assim, na seleção, procura-se evitar problemas futuros. Não adianta selecionar alguém que demonstra na entrevista que não compartilha dos valores e das normas da empresa.

---

[12] DEAL, Terrence E.; KENNEDY, Alan A. *Corporate Cultures*: The Rites and Rituals of Corporate Life. Reading: Addison-Wesley, 1982. Este livro é um dos que defende que a cultura organizacional é uma criação da direção da empresa. Nele lemos: "De fato, moldar e reforçar os valores pode se tornar a mais importante tarefa que um administrador pode fazer" (p. 22).

> **ATIVIDADE 10.7** Abaixo você lerá um trecho do livro *Sonho grande*, de Cristiane Correa, que conta a trajetória de Jorge Paulo Lemann, Marcel Telles e Beto Sicupira, donos da Ambev e de várias outras grandes empresas, sem dúvida os mais bem-sucedidos empresários brasileiros no momento. Este trecho fala do início da história profissional deles: a corretora Garantia. Foi o sucesso dessa corretora que possibilitou o crescimento dos negócios desses três sócios.
>
> "Havia um tipo específico de profissional que Jorge Paulo [Lemann] estava sempre farejando e que ele batizou com a sigla PSD: Poor, Smart, Deep Desire to Get Rich (pobre, esperto e com grande desejo de enriquecer). No início, ter uma educação em escolas de primeira linha ou experiência internacional não fazia parte das principais características que o financista buscava. A razão era simples. Naquela época o país crescia sobretudo graças à intervenção do governo, com a criação de estatais, incentivo às exportações e projetos financiados por dívida externa. Nesse ambiente rudimentar, tanto a corretora Garantia quanto outras instituições financeiras prosperaram negociando, principalmente, títulos da dívida do governo. Assim, valia mais a pena ter gente com jogo de cintura, bom faro de vendedor e até uma certa malandragem do que jovens brilhantes, mas sem traquejo. 'Todo mundo ali tinha um pouco da *escola da vida*' [...]."
>
> CORREA, Cristiane. *Sonho grande*: como Jorge Paulo Lemann, Marcel Telles e Beto Sicupira revolucionaram o capitalismo brasileiro e conquistaram o mundo. Rio de Janeiro: Sextante, 2013, p. 59.
>
> Após a leitura do texto:
> a) Relacione o conteúdo deste trecho com a seleção de futuros funcionários de uma empresa de acordo com a cultura organizacional.
> b) No texto apresentado, a malandragem é valorizada. Como isso pode ser justificado?

Efetivamente, o primeiro contato que o novo funcionário tem com a cultura organizacional é no treinamento. Em certas empresas, especialmente nas maiores, esse treinamento chega a durar uma semana. Durante esse tempo, o novo funcionário aprende como funciona a empresa, como ela se divide. Aprende também sobre como deve desempenhar a sua função. Mas aprende, acima de tudo, a missão, os valores e as normas dessa empresa. O treinamento tem um peso grande na transmissão e na introjeção da cultura organizacional porque lá se ouve a "voz da empresa". É como se ela estivesse dizendo: eu sou assim e espero que você seja da mesma maneira. Muitas empresas fazem do treinamento uma experiência permanente, quer seja quando o funcionário passa a ocupar uma nova função, quer seja porque veem nessa repetição uma forma de reforçar a cultura organizacional.

ATIVIDADE 10.8 Leia a seguir um texto sobre o treinamento dado aos novos funcionários da Disney World.

"Queremos que a mesma postura interior seja instigada em cada novo membro do elenco. Assim, durante o Traditions [Tradições], que é o primeiro curso de treinamento a que todos compareçem, os novos membros do elenco contemplam duas imagens: uma rua do lado de fora do parque e a Main Street, aqui no parque. Comparada à do parque, a rua de fora é o próprio caos. Os prédios têm estilos e idades diferentes, e alguns exigem reparos. Ha papéis e lixo pela rua. Nada se encaixa. Por outro lado, a Main Street está sempre impecavelmente limpa, e todos os prédios e adornos são fiéis ao período. As pessoas olham para uma foto... e para a outra... e então todos começam a compreender a importância de se manter o parque limpo.
— Sim, mas tenho outra pergunta. Por que você usa o Tradições como curso inaugural para o treinamento de novos funcionários?
— Não temos funcionários — Michael lembrou o grupo —, temos membros do elenco. Essa é uma diferença importante na nossa cultura. Com isso, não nos vemos como 'orientadores' dos membros do elenco, mas como transmissores de tradições. Se você é um novo membro do elenco da Disney World, acabará passando por esse curso."

CONNELLAN, Tom. *Nos bastidores da Disney*: os segredos do sucesso da mais poderosa empresa de diversões do mundo. São Paulo: Saraiva, 2010, p. 54-55.

Após a leitura do texto, responda:
a) Que valor da cultura organizacional dos parques da Disney está sendo enfatizado na resposta à primeira pergunta? Você acha que eles estão certos ao darem tanta importância a esse valor? Justifique.
b) Qual é o sentido que a noção de tradição tem na cultura organizacional da Disney World?

Além do treinamento, há outras práticas corporativas que também transmitem a cultura organizacional. Algumas delas são formais, pois se assentam em práticas permanentes e renovadas dentro da organização. Tal como os treinamentos, estas práticas formais têm objetivos bem específicos. Por exemplo, as mensagens da direção colocadas no quadro de aviso, os boletins emitidos pela direção e os jornais ou revistas internas tem como objetivo transmitir informações sobre a empresa. Essas mensagens informam, mas também formam, pois transmitem os valores, as normas e as crenças da cultura organizacional.

> **ATIVIDADE 10.9** Leia a seguir um trecho da mensagem do presidente do grupo Bunge, uma das maiores empresas de agronegócios do Brasil, divulgado para todos os seus 20 mil funcionários. Trata-se de um documento oficial da empresa. Em seguida, responda: o texto confirma ou nega a afirmação de que os comunicados organizacionais informam e formam? Justifique sua resposta.
>
> "O ano de 2012 marcou o encerramento de um importante ciclo na história da Bunge Brasil. Chegamos a um ponto em que podemos nos reconhecer como uma única empresa, que compartilha a mesma visão, missão, valores e aspirações. Para chegarmos até aqui foi preciso muito trabalho, dedicação e comprometimento de cada um dos nossos profissionais. Agora, temos de continuar a tarefa de fortalecimento da nossa cultura corporativa, com o foco na excelência operacional, assegurando o compromisso com os três pilares da sustentabilidade: econômico, social e ambiental.
>
> A Bunge está presente no Brasil há mais de um século e sua atuação está, cada vez mais, alinhada às políticas públicas e iniciativas da sociedade civil que visam o desenvolvimento do país. Nosso planejamento estratégico, assim como os investimentos em nossas áreas de negócio, sempre consideram os benefícios e impactos que as operações da empresa terão sobre as comunidades. Não poderia ser diferente, tendo em vista que estamos presentes em toda a cadeia do agronegócio e somos uma das maiores empresas globais nesse setor."
>
> Mensagem do Presidente da Bunge. Disponível em: ‹http://www.bunge.com.br/sustentabilidade/2013/port/ra/03.htm#.Ux-OIMKYboM›. Acesso em: 8 out. 2015.

Além das mensagens corporativas, a cultura organizacional também é transmitida através dos rituais corporativos. Nesse caso, referimo-nos às festas ou a qualquer outro tipo de comemoração realizada regularmente pela empresa. Justamente por serem realizadas regularmente é que esses rituais se classificam como meios formais de transmissão da cultura organizacional. A palavra *ritual*, muito estudada pela antropologia, originalmente estava associada apenas à religião. De forma simplificada, podemos dizer que ritual é um conjunto de atos e palavras que envolve objetos e outros elementos cuja realização segue uma ordem. Essa ordem é prescrita pela religião ou pela tradição. O ritual tem um espaço e uma época determinados. Nesse sentido, tanto a cerimônia do batismo quanto a posse de um presidente num regime democrático quanto as festas de Natal numa família podem ser vistas como rituais. Fiquemos apenas no caso da festa de Natal. Ela é realizada apenas em uma noite do ano, implica pronunciar certas palavras (feliz Natal etc.), compartilhar a comida e trocar presentes. O que nos interessa destacar é que a festa de Natal, como qualquer ritual, tem uma função simbólica (cultural). Neste caso, a função simbólica é estreitar os laços entre os membros da família, unindo-a.

Todo ritual tem um objetivo explícito. Alguns países fazem uma cerimônia anualmente para homenagear os mortos nas guerras ou em uma guerra específica. Este é o objetivo explícito. Mas a realização do ritual acaba desempenhando outras funções para o grupo ou para a sociedade na qual ele é realizado. No caso desses rituais, eles são uma forma de exaltar o amor pela pátria, afinal, aqueles que estão sendo homenageados fizeram isso. O ritual reafirma que a pátria está acima de tudo. Além disso, o ritual estabelece uma relação dos mortos com os vivos, afinal, eles deram a vida em nome de outros. Assim, o ritual funciona como um elemento integrador, que dá coesão ao grupo em torno de alguns valores.

ATIVIDADE 10.10 A seguir você lerá um trecho da entrevista dada por Nolan Bushnell, criador e dono da Atari (empresa líder durante muito tempo no ramo dos videogames). No trecho ele fala de uma cerimônia. Caso você fosse funcionário da Atari, o que você acha que aprenderia com essa cerimônia?

"Celebre o fracasso. É normal que as empresas, à medida que cresçam, sejam tomadas pelos processos. Elas deixam de tomar riscos, de pensar fora da caixa, de ser criativas. Porém, a criatividade está intimamente ligada ao fracasso. Na Atari, todos os bimestres tínhamos um jantar, onde celebrávamos o funcionário que tinha tido a ideia mais maluca que tinha falhado. Queríamos que as pessoas falhassem para aprender. Sem errar, não se aprende. Se você não cair, é porque não está andando rápido o suficiente."

Site *Época Negócios*, 4 nov. 2014.

Rituais e festividades não são sempre cerimônias festivas. Muitas têm um tom grave, mas cumprem a mesma função: integram o grupo e exaltam valores.

A empresa também tem os seus rituais corporativos. Eles podem ser de vários tipos. Há os ritos de passagem que marcam, por exemplo, a promoção ou a aposentadoria de alguém. Há os rituais de exaltação, como, por exemplo, aqueles em que são premiados os que tiveram excelente desempenho. Há os rituais de confraternização, como a festa que comemora o aniversário da empresa ou a de fim de ano. Há os rituais de expiação, nos quais os comportamentos negativos são criticados. Em vários rituais corporativos há espaço para a fala. Alguém falará em nome da empresa e, com certeza, essa fala reforçará a cultura organizacional. Por exemplo, ao fazer uma premiação pública de um ou mais funcionários, a empresa estará disseminando um tipo de comportamento.

O encontro anual da empresa de cosméticos Mary Kay é um exemplo de ritual corporativo. Terence Deal e Allan Kennedy dizem que essas festas:

> elevam a cerimônia a um nível extravagante de grande festival onde o tempo e as despesas parecem não contar. O seminário anual da Mary Kay Cosmetics é um evento de muitos milhões de dólares realizado no centro de convenções de Dallas. Os fundadores da Mary Kay definem essa festa como "um misto de premiação do Oscar em Hollywood, com o concurso de Miss América e com uma estreia da Broadway". Há prêmios deslumbrantes, competições, dramas e diversão.
>
> Em todos os encontros de vendas, cursos são realizados e neles as centenas de pessoas de vendas da Mary Kay aprendem algo. Mas o que é mais esperado são os encontros noturnos de premiação – mais de treze horas de apresentação que educam, motivam, inspiram e divertem. Numa noite, as luzes destacam no palco o grupo de líderes que serão promovidas a diretoras e que são tratadas como heroínas. Elas desfilam no palco e cada uma delas conta ao microfone como a Mary Kay possibilitou que elas fossem bem-sucedidas.
>
> Em outra cerimônia são dados prêmios para as melhores vendedoras – [carros] Cadillacs ou Buicks, todos pintados de cor de rosa. Um ano os carros simplesmente estavam flutuando sobre o palco... Mas a maior noite é um espetáculo de cinco horas no qual a empresa coroa como rainha as diretoras e vendedoras que mais se destacaram. A elas são dados diamantes e casacos de pele e as rainhas coroadas são cercadas por uma corte de mulheres que também fizeram enormes vendas. Ao final desta peça extravagante, todo mundo entende que o desafio desta companhia está nas vendas.[13]

Além das práticas formais de se transmitir e introjetar a cultura da empresa ou organização, há também as práticas informais. Uma das características dessas práticas informais é o fato de que não há data certa nem um espaço especial para que elas ocorram. Elas podem ocorrer a qualquer momento e em qualquer lugar. Uma dessas práticas informais é a narrativa de histórias. Essas histórias são narrativas verdadeiras ou fictícias que falam de algum evento ocorrido na empresa. Veja o que nos diz Yiannis Gabriel, um estudioso do tema:

> Histórias ajudam a comunidade a transmitir sua herança cultural, moral e espiritual de uma geração para outra, elas são vitais para a instrução dos membros mais jovens da comunidade, as histórias estabelecem o comportamento que se espera dos membros da comunidade e oferecem modelos para serem imitados ou evitados. Tais como os outros artefatos da cultura, as histórias são dotadas de elementos

---

[13] DEAL; KENNEDY, 1982, p. 74.

simbólicos pois como material simbólico elas são depósitos de significados... Como artefatos, elas mantêm um conjunto de valores e formam parte de uma ampla rede através da qual os significados são divulgados.[14]

Na maior parte dos casos, as histórias típicas da cultura organizacional são edificantes, ou seja, intentam conduzir à virtude por meio das palavras. Nesses casos, as histórias exaltam valores como: realizações, lealdade, devoção, perseverança, esforço intenso etc. Há também histórias que contam dissabores, ou seja, experiências negativas de tristeza ou infelicidade. Mas também essas são repletas de significados, pois também exaltam valores.

Por volta de 1900, John Davison Rockefeller era o homem mais rico do mundo, dono de inúmeras companhias de petróleo e outras empresas. Os funcionários de todas suas empresas ouviam a seguinte história. Uma vez, andando por uma das suas refinarias, ele viu um soldador fechar um barril de petróleo. Ele perguntou quantos pingos de solda ele dava para fechar o barril e o trabalhador respondeu que dava 40. Rockefeller pediu para ele reduzir para 35, o que foi feito, mas o barril vazava. Outras tentativas foram feitas até que se constatou que com 39 pingos de solda o barril não vazava. Uma ordem foi dada para que todos os que faziam aquela função só dessem 39 pingos de solda. A economia foi de US$ 1.000,00, nada expressivo para o porte das suas empresas. Esta história pode nunca ter acontecido, mas sempre era contada. O valor que ela transmitia era o da parcimônia, ou seja, de fazer economia. Se o presidente da empresa se preocupava com isso, todos deveriam se preocupar.

> **ATIVIDADE 10.11** Em uma determinada empresa, os funcionários mais novos ouvem a seguinte história dos mais velhos: Um dia, o presidente da empresa foi impedido, por um funcionário subalterno, de entrar em um setor da sua empresa porque estava sem o crachá, mesmo estando acompanhado de vários diretores. O presidente não reclamou e voltou para buscar o seu crachá. O que a narrativa dessa história ensina sobre a empresa para os seus funcionários?

Assim, através da cultura organizacional, a empresa ou organização produz pessoas. Inculcando valores e normas ela produz os funcionários ideais. A intenção da empresa é fazer com que seus empregados sintam que fazem parte de

---

[14] YIANNIS, Gabriel. *Storytelling in Organizations*: Facts, Fictions, and Fantasies. Oxford: Oxford University Press, 2000, p. 88.

um mesmo grupo e que trabalham não por dinheiro, mas para realizar valores. Essa é o projeto da cultura organizacional.

QUESTÕES DE FIXAÇÃO

1. O que se entende por cultura econômica?
2. O que é cultura organizacional?
3. Qual é a tese de Max Weber para explicar o crescimento de determinados países?
4. Qual é a diferença entre cultura organizacional forte e cultura organizacional fraca?
5. Relacione o processo de seleção e a cultura organizacional.
6. Quais são os principais mecanismos para divulgar e reforçar a cultura organizacional?
7. É possível dizer que o ritual corporativo educa, motiva e integra?

CAPÍTULO 11 — A SOCIEDADE DO CONSUMO

11.1 INTRODUÇÃO

A partir da segunda metade do século XX, vários sociólogos passaram a classificar a sociedade existente em alguns países como uma sociedade de consumo. Convém lembrar que isso era uma novidade, pois até então tinha prevalecido a classificação feita por Karl Marx no século XIX, que utilizava o conceito de capitalismo para classificar essas mesmas sociedades. Ao utilizar o conceito de capitalismo, Marx estava dizendo que a forma como uma sociedade produz, no caso através das empresas privadas capitalistas, determinava a forma de ser da sociedade. Os conceitos de sociedade moderna ou de sociedade industrial raramente eram utilizados fora dos meios acadêmicos. O conceito de sociedade de consumo não nega que as sociedades continuem a ser capitalistas, mas aponta numa outra direção, a da importância que o consumo assumiu nessas sociedades. Este conceito, cujo uso é corrente nos meios de comunicação, nos diz que o consumo assumiu um lugar central nas sociedades modernas contemporâneas.

Em agosto de 2013, o papa Francisco I condenou o consumismo, e os dois papas que o antecederam também viram o consumismo como o mal dos nossos dias. A condenação do consumismo, no entanto, não é exclusividade da Igreja. Centenas de intelectuais que se irmanam nessa denúncia; para ficar com apenas um exemplo, poderíamos citar a filósofa Hannah Arendt (1906–1975). Não há semana em que não leiamos nos meios de comunicação uma crítica à sociedade de consumo. Independentemente dessas críticas serem pertinentes ou não, elas servem como prova irrefutável de que grande parte das sociedades do mundo hoje pode ser caracterizada como sociedade de consumo.

Para o estudante de Administração, a reflexão sobre o consumo e sobre a sociedade de consumo assume enorme importância, em primeiro lugar porque as empresas são as criadoras da sociedade de consumo. Foi a produção em massa do século XIX que possibilitou que uma parte cada vez maior da humanidade participasse do que é chamado sociedade de consumo. As empresas produzem para o consumo. Em segundo lugar, porque o consumo, como prática social, precisa ser produzido. Isso quer dizer que as pessoas precisam ser levadas a consumir tal ou qual produto. Dessa maneira, saber o que pode levar as pessoas a consumir é vital para as empresas.

A sociologia pode contribuir para enriquecer a nossa visão sobre os fatores sociais que promovem o consumo, conforme veremos neste capítulo.

11.2 A SOCIEDADE DE CONSUMO

Na nossa sociedade, "fazer compras" tornou-se uma forma de lazer. Os *shoppings* são o paraíso do consumo. As pessoas sempre têm algo para comprar ou que sonham comprar. O consumo passou a ocupar uma parte expressiva da nossa vida. As pessoas avaliam a si próprias e os outros pela quantidade e pela qualidade dos bens que possuem. Dependendo desse cálculo, sentem-se realizadas ou frustradas. Vivemos em uma sociedade em que o ter passou a ser mais importante do que o ser, por isso muitos cientistas sociais a chamam de sociedade de consumo.

Na sociologia, é impressionante a variedade de categorias criadas pelos cientistas sociais para designar a mesma realidade: a sociedade existente nos países industriais avançados. Aliás, a expressão "países industriais avançados" é mais um nome para a sociedade em que vivemos. Além desse, pode-se citar: sociedade moderna, sociedade capitalista, sociedade industrial, sociedade pós-industrial, sociedade de risco, sociedade do conhecimento, sociedade de rede, sociedade de massas e sociedade de consumo. Quando se emprega esta última designação, procura-se destacar a enorme importância que o consumo assumiu na sociedade atual. O verbo consumir tem vários significados, mas para a finalidade do nosso estudo, podemos simplificar, afirmando que consumir é fazer uso de algum bem ou serviço. Para Adam Smith (1723–1790), o objetivo final da produção é o consumo. Entretanto, o consumo só se realiza quando o bem ou serviço é comprado. Assim, o conceito de consumo pressupõe uma relação de mercado, ou seja, de compra e venda de bens e serviços.

Como outros conceitos das ciências sociais, a definição de sociedade de consumo também gera muita polêmica. Por isso é frequente ver que muitos livros que tratam da sociedade de consumo ou de algum aspecto do consumo evitam apresentar uma definição.[1] O problema que esses autores tentam resolver já foi bem explicitado por Lívia Barbosa[2] e pode ser resumido desta maneira: se o consumo já está presente nas sociedades desde a Antiguidade, por que só a nossa sociedade é chamada de consumo? Dessa forma, uma definição adequada do termo tem que nos dizer qual ou quais características fazem da nossa sociedade uma sociedade de consumo.

Colin Campbell, um estudioso do tema, nos diz que este conceito indica "[...] uma sociedade organizada mais em torno do consumo do que da produção de bens e serviços".[3] Neva R. Goodwin assume que: "Sociedade de consumo é aquela na qual a possessão e o uso de um crescente número de bens e serviços se tornou a principal aspiração cultural e a mais acertada fórmula para a felicidade pessoal, para se ter prestígio e sucesso".[4] Pode-se ver que, por essas definições, o que caracteriza uma sociedade de consumo é a centralidade que essa prática assume na vida social.

Jean Baudrillard concorda com esses autores, ou seja, destaca a centralidade que o consumo assumiu na vida cotidiana de grande parte das sociedades existentes.[5] Porém, vai além ao destacar que a sociedade de consumo é uma sociedade produtora e consumidora de signos.[6] O que isso significa? Quando alguém em uma sociedade tradicional comprava um casaco ou um sapato, estava

---

[1] Um exemplo dessa tão frequente ausência pode ser encontrado em: BARBOSA, Lívia. *Sociedade de consumo*. Rio de Janeiro: Jorge Zahar Editor, 2004. Apesar do título, em nenhum momento ficamos sabendo qual é a definição de sociedade de consumo adotada pela autora. Em determinada passagem ela afirma: "Entretanto, uma definição do que é sociedade de consumo não é simples, ao contrário" (p. 8). Logo adiante ela reafirma: "À dificuldade conceitual de se definir o que é uma sociedade de consumo, junta-se o caráter elusivo da atividade de consumir que a torna apenas social e culturalmente percebida na sua dimensão supérflua, ostentatória e/ou de abundância" (p. 12). Devemos convir que isso não se enquadra como uma definição
[2] BARBOSA, 2004, p. 7.
[3] CAMPBELL, Colin. Consumer Society (verbete). In: OUTHWAITE, William; BOTTOMORE, Tom (orgs.). *The Blackwell Dictionary of Twentieth Century Social Thought*. London: Blackwell, 1993, p. 109. Logo adiante o autor alerta: "Entretanto, a afirmativa de que há um limite claro separando as sociedades moldadas pelas forças de produção das sociedades moldadas pelas forças de consumo tem sido duramente criticada tanto por historiadores quanto por sociólogos" (p. 110).
[4] GOODWIN, Neva R. Overview Essay. In: GOODWIN, Neva R.; AKERMAN, Frank; KIRON, David (orgs.). *The Consumer Society*. Washington: Island Press, 1997, p. 2.
[5] BAUDRILLARD, Jean. *Sociedade de consumo*. Rio de Janeiro: Elfos, 1995. O autor diz: "Chegamos ao ponto em que o 'consumo' invade toda a vida, em que todas as atividades se encadeiam do mesmo modo combinatório, em que o canal das satisfações se encontra previamente traçado, hora a hora, em que o 'envolvimento' é total, inteiramente climatizado, organizado, culturalizado" (p. 19). Embora Baudrillard esteja se referindo ao *shopping* nessa citação, o seu texto deixa claro que o *shopping* é uma metáfora da sociedade.
[6] Ele nos diz: "é o pensamento mágico que governa o consumo, é uma mentalidade sensível ao miraculoso que rege a vida cotidiana, é a mentalidade primitiva, no sentido em que foi definida como baseada na crença na onipotência dos pensamentos: no caso presente, trata-se da crença na onipotência dos signos" (BAUDRILLARD, 1995, p. 21).

comprando apenas um objeto. Para entender o que Baudrillard está falando, precisamos saber que os objetos assumem significados, ou sejam, tornam-se signo de algo. No passado, quando alguém entrava em um escritório e queria saber quem era o chefe, bastava observar o tamanho da mesa. Nesse caso, a mesa grande era o símbolo do poder. Hoje, um lugar não é apenas um lugar. Quando uma pessoa diz que passa as férias em Ibiza, uma praia da moda na Europa, ela passa uma imagem de quem ela é. Nesse caso, um lugar simboliza algo. Uma roupa não é apenas uma vestimenta, mas significa algo. Quem a usa passa uma mensagem. Assim, uma sociedade se torna uma sociedade de consumo quando os objetos não são comprados pelo seu valor de uso, mas pelo que simbolizam. Também há uma questão de gradação, pois desde a Antiguidade alguns objetos também eram consumidos pelo seu valor simbólico, porém, só na nossa sociedade, com a difusão do consumo para todas as classes, a questão do significado do objeto se universalizou.

Resumindo, podemos dizer que grande parte das sociedades atuais pode ser classificada como sociedade de consumo, porque nelas o consumo de bens e serviços se tornou socialmente mais importante do que a sua produção, posto que o consumo é pleno de significados. Em termos bem simples, podemos dizer que nós somos ou a sociedade nos vê pelo que consumimos. Aqui entramos no campo da cultura, pois é a cultura do consumo que cria a sociedade do consumo. Ao se afirmar que o consumo assumiu um papel preponderante nas sociedades atuais, se está querendo dizer que vivemos em uma sociedade em que ele se tornou uma linguagem, ou seja, uma forma de dizermos o que somos. Isso só pode ser feito porque os objetos que consumimos adquiriram significados.

11.3 O SURGIMENTO DA SOCIEDADE DE CONSUMO

Quando teria surgido a sociedade de consumo? Há muitas respostas para essa pergunta, mas é certo que o consumo existia já nas civilizações da Antiguidade. Na Bíblia, há várias passagens em que fica clara a existência de um mercado de bens de luxo e que as pessoas ricas desejavam esses bens:

> Os mercadores de Sabá e Raamá eram os teus mercadores; em todos os seus mais finos aromas, em toda a pedra preciosa e ouro, negociaram nas tuas feiras. (Ezequiel 27:22)

> Ora, havia um homem rico, e vestia-se de púrpura e de linho finíssimo, e vivia todos os dias regalada e esplendidamente. (Lucas 16:19)

Pode-se falar em consumo também na Grécia antiga. Max Weber criou o termo *cidades de consumo* para indicar que o mercado tinha um papel relevante na vida dessas cidades.[7] Evidentemente, não se tratava de um paraíso do consumo como nos dias atuais, mas Weber indicava que a cidade se caracterizava pela existência do mercado. O mercado era um local onde alguém trocava ou vendia o que tinha produzido e dessa forma obtinha o que precisava. Embora houvesse um mercado, a economia grega, assim como aquelas que constam da Bíblia, eram de subsistência, ou seja, grande parte da produção era para consumo da própria família.

Tanto na Grécia como na Roma antiga os mais ricos consumiam produtos importados, como tecidos, joias e perfumes. Contudo, convém lembrar que a cultura dessas sociedades exaltava a frugalidade, ou seja, a vida simples. Os romanos tinham duas palavras dignas de nota nesse contexto: *magnificentia* e *luxus*. A palavra magnificência, isto é, a qualidade do que é magnífico, era usada para descrever as obras públicas como templos, prédios públicos e monumentos. Esses eram feitos com os melhores e mais caros materiais. Nesse caso, por ser algo público, era visto positivamente. Já o *luxus* era a ostentação privada e, por isso, condenável.[8] Isso explica porque tanto Grécia quanto Roma introduziram as chamadas leis suntuárias.[9] A palavra *suntuário* se refere a luxo. No caso dessas duas sociedades, as leis suntuárias proibiam a ostentação, como o uso de joias, o gasto excessivo em banquetes etc. Fica difícil surgir a sociedade de consumo quando a cultura dessa sociedade valoriza a frugalidade. Segundo Plutarco, os espartanos eram tão frugais que economizavam até nas palavras.

A cidade de Roma teria tudo para ser o nascedouro da sociedade de consumo. Por volta do ano 1, ela abrigava 1 milhão de pessoas – um número que Londres, por exemplo, só alcançaria no século XIX. A maior parte desses habitantes não tinha acesso à terra e, portanto, não tinha como tirar da natureza o seu sustento.

---

[7] Weber criou a oposição entre cidade de consumo e cidade de produção para diferenciar as cidades da Antiguidade das cidades medievais. As cidades da Antiguidade seriam cidades de consumo porque elas eram um centro de governo que oferece serviços como segurança, mercado etc. em troca de impostos.

[8] O que os gregos consideravam como luxúria era o exagero, fosse ele no comer, no beber ou no luxo das vestimentas. Para nós, a noção de luxúria está associada a um desejo sexual irrefreável. Entre os romanos, a ideia de luxúria estava associada ao desejo passional por todo prazer corporal e material. Assim, para eles, a luxúria estava associada à cobiça, à gula, à embriaguez, à lascívia, à ostentação e a gastos extravagantes. Ver: WHITE, Roderick Thirkell. Luxury at Rome: *avaritia, aemulatio* and the *mos maiorum*. *Ex Historia* (jornal on-line da Universidade de Exeter). Disponível em: <https://humanities.exeter.ac.uk/media/universityofexeter/collegeofhumanities/history/exhistoria/volume6/Luxury_at_Rome.pdf>. Acesso em: 9 out. 2015.

[9] O sentido das leis suntuárias mudou ao longo da história. No passado, na Grécia e Roma antigas, era uma forma de condenar a ostentação. Na Idade Média e no início da Idade Moderna, era uma forma de marcar a diferença social. Nesse caso, as pessoas que não eram nobres estavam impedidas de se utilizar de certas cores, vestimentas e utensílios típicos dos nobres.

Em tese, teriam que comprar tudo o que precisariam para sobreviver. Tanto o governo quanto os templos distribuíam alimento para centenas de milhares de pessoas diariamente. Certamente que grande parte da população romana dessa época precisava recorrer ao comércio para suprir suas necessidades mais básicas, como alimentação e vestimenta. Em nenhuma outra cidade da Antiguidade o comércio teve tanta importância.[10] Porém, o grande obstáculo para a efetivação de uma sociedade de consumo estava no fato de que a renda era altamente concentrada. Não havia um consumo de massas.

No século V, com o colapso do governo central do Império Romano e a ocupação de áreas do Império pelos povos bárbaros (tribos germânicas), a importância das cidades e do comércio declinou acentuadamente. Esta situação perdurou por 700 anos, e durante esse tempo o que ocorreu em relação ao consumo foi a intensificação do padrão predominante desde a Antiguidade, ou seja, a quase totalidade do consumo era restrita a uma minoria.[11] Sobre o padrão de consumo na Antiguidade e na Idade Média, veja o que nos diz Peter Stearns:

> Há evidências de uma forte preocupação com o consumo antes dos tempos modernos em diferentes sociedades. Dois cenários são particularmente comuns antes do século XVIII. Muitos nobres buscavam o luxo e se deliciavam com produtos de luxo extravagantes e mesmo por ser novidade, uma forma de definir a sua posição social adotando esse estilo de vida. Quando os mercadores começaram a crescer em número e riqueza tal como ocorreu na China durante a dinastia Tang (618 a 907 d.C.), eles também passaram a ter preocupação com o consumo, em especial com grandes moradias, muitas vezes para imitar o estilo de vida da prestigiada nobreza.[12]

Na Europa ocidental, a ampliação do consumo está diretamente ligada à chamada Revolução Comercial dos séculos XIII e XIV. Lentamente, essa expansão foi criando renda para agricultores que produziam com intuito de vender. Também aumentou a renda dos comerciantes que negociavam com diferentes mercados. Além disso, quanto mais crescia o comércio, maior era a receita dos impostos cobrados pela nobreza sobre as atividades econômicas. Com isso, a demanda aumentou e se sofisticou nos séculos seguintes. O consumo de bens exóticos vindos do Oriente se difundiu entre a nobreza e os mais ricos, tornando-se um luxo e um modo de mostrar posição social. A noção de moda ganhou força.

---

[10] HOLLERAN, Claire. *Shopping in Ancient Rome*: The Retail Trade in the Late Republic and the Principate. Oxford: Oxford University Press, 2002.
[11] STEARNS, Peter N. *Consumerism in World History*: The Global Transformation of Desire. London: Routledge, 2001, p.8.
[12] STEARNS, 2001, p. 1.

A questão sobre quando precisamente surgiu a sociedade de consumo provoca uma exacerbada disputa. Um ou outro autor afirma ter ocorrido um verdadeiro *boom* do consumo já no século XVI. Richard Goldthwaite constata um expressivo aumento da quantidade e da variedade de mercadorias oferecidas nos mercados de algumas cidades italianas como Veneza, Florença, Milão e Roma e vê nisso uma clara evidência do surgimento da sociedade de consumo. Ele afirma:

> a cultura material da Renascença gerou a primeira agitação de consumismo, movimento este que encontrará o seu verdadeiro estágio no século XVIII e que finalmente culminará na cultura do desperdício, dos seguidores da moda e da mercadoria típica dos nossos dias.[13]

Ninguém coloca em dúvida que, nessas cidades, quando comparadas com os séculos precedentes, havia um expressivo comércio. Nem se coloca em questão o fato de que o crescimento da riqueza, trazida pelo próprio comércio, fez crescer o número de pessoas aptas a consumir. Entretanto, o aumento do consumo não implica necessariamente na sociedade de consumo. O que caracteriza esse tipo de sociedade é o fato do consumo se tornar um estilo de vida, e é exatamente por isso que ele assume um lugar central na vida social. As sociedades da Renascença estavam longe disso.

Há quem situe o *boom* do consumo um pouco mais adiante. Veja o que nos diz Grant McCracken:

> Nos últimos vinte e cinco anos do século XVI ocorreu um espetacular boom de consumo. Os homens nobres da Inglaterra elisabetana (rainha Elisabeth I que governou a Inglaterra entre 1558–1603) começaram a gastar com um entusiasmo e em uma nova escala. Neste processo eles transformaram dramaticamente o seu mundo de bens e a natureza do consumo ocidental. Reconstruíram suas casas no

---

[13] GOLDTHWAITE, Richard. *Wealth and the Demand for Art in Italy – 1300-1600*. Baltimore: Johns Hopkins University Press, 1993, p. 31. O que ele está dizendo é que existe uma linha de continuidade entre o comércio de cidades italianas no século XV e XVI e os modernos centros de comércio do século XIX. Evelyn Welch concorda que nessas cidades italianas o comércio se distinguia pelo seu volume e pela diversidade das mercadorias oferecidas. Nesse sentido, podemos dizer que ela também localiza temporalmente o surgimento, senão da sociedade de consumo, pelo menos de um certo consumismo nas cidades da Renascença italiana. Porém, ela discorda da tese da continuidade. Para ela: "Dessa perspectiva, a criação das lojas de departamento em Florença e Milão, no final do século XIX podem ser vistas mais, ao invés de menos, como uma ruptura com o modo tradicional de comércio predominante na Itália (do Renascimento)". Ver: WELCH, Evelyn. *Shopping in the Renaissance*: Consumer Cultures in Italy – 1400-1600. New Haven: Yale University Press, 2005, p. 15.

campo de acordo com um novo modelo grandioso e começaram a assumir a despesa adicional de manter uma residência em Londres. Do mesmo modo, mudaram também seus padrões de hospitalidade, inflando amplamente o seu caráter cerimonial e os custos aí implicados. Os nobres elisabetanos entretiam-se uns aos outros, bem como os seus subordinados e ocasionalmente a sua monarca às expensas de um gasto arruinador.

Esse surto de gastos pode ser atribuído a dois importantes desenvolvimentos no período. Primeiro, Elisabeth I utilizou as despesas como um instrumento de governo [...]. O objetivo deste novo padrão de despesas era fazer da corte, nas palavras do historiador Fernand Braudel, "uma espécie de desfile, de espetáculo teatral [...] e (com luxúria), um meio de governar".

[...] Com uma nova discriminação Elisabeth sorria apenas para aqueles que demonstravam a sua lealdade e deferência através de uma participação ativa na ordem cerimonial da sua corte. O custo de tal participação era arruinador [...].

O segundo fator responsável pelo boom do consumo no final do século XVI foi a competição que tomou lugar entre a nobreza elisabetana [...] Quando cada nobre se dirigia à corte para solicitar a atenção da rainha, se afastava da localidade na qual detinha a posição de cume indisputável em uma sociedade acentuadamente hierárquica. Transportado para a corte ou para Londres, este nobre tornava-se subitamente um indivíduo a mais na disputa pela proeminência. Sua reação a esta nova multidão de buscadores de status era uma espécie de ataque de ansiedade no que se refere à sua honra, à sua posição social e à sua relação com a monarca. Era, assim, quase inevitável que fosse levado a um excesso esbanjador de consumo.[14]

> **ATIVIDADE 11.1**
> a) Que grupo social teria sido o responsável pela expansão do consumo no final do século XVI?
> b) Como o autor explica os grandes gastos com consumo feitos por este grupo?

Porém, há autores que situam o *boom* do consumo bem mais à frente no tempo, como é o caso de Neil McKendrick:

> No século XVIII, na Inglaterra, ocorreu um *boom* do consumo. No terceiro quarto do século esse *boom* atingiu proporções revolucionárias. As pessoas, em especial as mulheres, compraram como nunca tinha acontecido antes. Até mesmo os seus

---

[14] McCRACKEN, Grant. *Cultura & consumo*. Rio de Janeiro: Mauad, 2003, p. 30-32 (adaptado).

filhos puderam ter acesso a um grande número de bens, fato que nunca tinha acontecido anteriormente. De fato, no final do século XVIII houve tamanha convulsão no ter e no gastar, uma gigantesca ampliação de uma nova prosperidade, e tão grande explosão de novas técnicas de produção e venda, que, pela primeira vez na história, numa sociedade, uma parcela grande da população pôde desfrutar do prazer de comprar e consumir bens. Eles compravam não apenas os gêneros de primeira necessidade e até artigos que antes eram considerados de luxo [...]. Da mesma forma que a Revolução Industrial do século XVIII marca uma grande ruptura na história, um momento decisivo na experiência humana, a Revolução do Consumo que aconteceu nesse período também deve ser considerada igualmente importante. Isso porque a revolução do consumo acontecida nessa época é a correspondência necessária à Revolução Industrial. A erupção da demanda teve que ser satisfeita e isso só pode ser feito pela Revolução Industrial.[15]

> **ATIVIDADE 11.2**
> a) Por que Neil McKendrick *et al.* afirmam que houve uma revolução do consumo no final do século XVIII?
> b) Que relação Neil McKendrick *et al.* estabelecem entre esta chamada Revolução do Consumo e a Revolução Industrial?

Deve ficar claro que estes autores estão falando de um *boom* do consumo, ou seja, estão descrevendo cenários em que o consumo de um ou mais grupos da sociedade aumenta expressivamente. Obviamente, o *boom* do consumo está diretamente associado ao surgimento da sociedade de consumo. Afinal, a primeira característica desse tipo de sociedade é a ampliação do consumo de forma a englobar, de modo crescente, um número cada vez maior de pessoas. Mas só isso não basta. A sociedade de consumo só se materializa quando se constituiu uma cultura do consumo. Nos textos anteriores até se pode ver uma cultura do consumo, mas ela ainda estava limitada a certos grupos da sociedade, não tinha se tornado ainda um elemento da cultura de toda a sociedade.

Mas o que é a cultura do consumo? Segundo Goodman e Cohen:

> Nós vivemos numa cultura do consumo porque o consumo influencia profundamente a nossa vida. Os valores, sentidos e custos do que consumimos assumem uma crescente importância tanto na nossa vivência pessoal quanto social.

---

[15] McKENDRICK, Neil; BREWER, John; PLUMB, J. H. *The Birth of a Consumer Society*: The Commercialization of the Eighteenth Century England. London: Hutchinson, 1983, p. 9.

Ocasionalmente nos surpreendemos vendo quanto tempo gastamos consumindo, pensando em consumir ou nos preparando para consumir.[16]

O que os autores estão dizendo é que, na nossa sociedade, o consumo se tornou uma prática social relevante em nossas vidas. Pode-se até dizer que, sob certo ponto, ele se tornou um estilo de vida. Vivemos para consumir.[17] Pode-se dizer que vivemos em uma cultura do consumo porque assumimos uma visão materialista na qual os bens materiais assumem gigantesca importância em nossas vidas. Nós nos avaliamos socialmente e nos identificamos socialmente pelos tipos de bens que temos.

Na caracterização feita, os autores falam no sentido do que consumimos. Quando se fala do sentido, entra-se na dimensão simbólica do consumo. Nós já vimos que os bens que consumimos também podem ter uma dimensão simbólica. E, muitas vezes eles são consumidos justamente pela sua dimensão simbólica. Estar em tal praia ou visitar tal país expressa quem você é. Então podemos dizer que vivemos numa cultura do consumo porque expressamos através da dimensão simbólica agregada aos bens e lugares que consumimos a nossa posição na hierarquia social e/ou a nossa identidade social.

A construção dessa cultura do consumo é um processo demorado, mas que ganhou enorme força com a produção nas manufaturas e depois nas fábricas com a Revolução Industrial. A Revolução Industrial contribuiu para consolidar a sociedade e a cultura do consumo tanto de forma direta quanto indireta. De forma direta, isso ocorreu porque ela implicou a produção em massa de vários artigos de consumo popular, como tecidos, utensílios domésticos e ferramentas. A produção em massa fez com que os preços desses produtos baixassem, e assim mais pessoas puderam consumi-los. A Revolução Industrial também gerou uma massa de assalariados que, por isso, tinha renda para comprar bens de consumo. O crescimento das fábricas estimulou o crescimento das atividades comerciais, bancárias e agrícolas. O crescimento desses setores criou novas

---

[16] GOODMAN, Douglas J.; COHEN, Mirelle. *Consumer Culture*: A Reference Handbook. Thousand Oaks: Sage, 2003, p. 1.
[17] No capítulo em que tratamos a cultura, destacamos apenas três elementos que a formam. Abordamos os valores, as normas e as crenças porque nos parecem os mais relevantes para introduzir o aluno na reflexão sobre a dimensão cultural da sociedade e também porque esses três elementos são mais visíveis e, por isso, relevantes na reflexão sobre ambiente cultural e cultura organizacional. Neste capítulo, estamos nos referindo a outro elemento importante que também faz parte da cultura, que são os sentidos ou significados. A cultura atribui sentidos ou significados. Veja-se por exemplo alguém que faz um gesto fechando a mão e colocando o polegar para cima. A nossa cultura atribui a esse gesto o sentido de "positivo" ou "tudo bem". Outro exemplo: atribuímos ao objeto cruz um sentido religioso.

oportunidades de emprego e de geração de renda. Mais consumidores se acrescentavam ao mercado.

Um dos resultados mais palpáveis do aumento da renda desses grupos foi a massificação do consumo de bens que antes eram considerados de luxo. Um bom exemplo é o açúcar que, no século XVII, era um artigo de luxo. Com a produção nas áreas coloniais, a oferta foi aumentando e o preço caindo, de forma que no final do século XIX ele já fazia parte da dieta diária de qualquer família operária. O mesmo aconteceu com o café, o chá, o tabaco, o rum etc.

A Revolução Industrial contribuiu de forma indireta para a consolidação tanto da sociedade como da cultura do consumo na medida em que ela favoreceu a urbanização. No campo, as classes viviam separadas tanto social como espacialmente. As cidades possibilitaram, senão uma maior aproximação das diferentes classes sociais, pelo menos uma maior visibilidade entre elas. As camadas médias e baixas passaram a ter maior contato com as camadas altas e conhecer seus hábitos de consumo e, pelo menos as camadas médias puderam, na medida do possível, imitá-las nas suas maneiras de vestir e morar.

Além disso, no século XIX, a tecnologia permitiu fazer vidros de dimensões maiores que serviram para criar grandes vitrines para as lojas. A luz artificial deu maior visibilidade às lojas e às mercadorias. Dessa forma, as lojas adquiriram um maior refinamento e se tornaram um lugar público de diversão. O "ir às compras" se tornou algo interessante a se fazer e não mais uma simples obrigação, como tinha sido no passado. As mulheres da classe média até então confinadas ao espaço do lar e às casas de chá passaram a ter mais lugares aonde ir. E não apenas ir: nesses espaços elas reinavam soberanas.

Pode-se dizer assim que, em meados do século XIX, pelo menos nas grandes cidades da Europa e dos Estados Unidos, a sociedade e a cultura do consumo estavam consolidadas. Na segunda metade desse mesmo século dois elementos deram mais força ainda a essa consolidação. O primeiro foi a criação das lojas de departamentos. Até então, as pessoas precisavam frequentar lojas diferentes, em locais diversos, para comprar o que necessitavam, ou então, como nas cidades menores, ir a algum armazém que agrupasse todas as mercadorias que costumavam adquirir. Também existiam, nas cidades maiores, as chamadas ruas de comércio, com lojas especializadas (roupas femininas, chapéus, sapatos, roupas masculinas etc.). Desde o início, a loja de departamentos se caracterizou por ser um grande prédio construído exclusivamente para o comércio, ricamente decorado e com luz elétrica. Nela, se tornou possível encontrar todos os tipos de produtos para uso pessoal e para uso doméstico. Os administradores dessas lojas de departamento, ao constatar que eram as mulheres que tomavam as decisões sobre o consumo da família, passaram a orientar a decoração, a composição do ambiente e a publicidade, de modo a atrair a atenção feminina. Elevadores, uma novidade da época, levavam os clientes de um andar para o outro. Havia salões de chá para a alimentação e o descanso. As pessoas podiam passar a tarde em uma dessas lojas. Dessa forma, ir às compras se tornou um programa.

O segundo elemento que marca o surgimento da sociedade de consumo é a propaganda.[18] Deve ficar claro que a função da propaganda é produzir o consumidor. Os jornais foram os primeiros meios de comunicação de massa e, por isso, logo se percebeu que podiam se tornar um excelente veículo para a divulgação dos produtos. John Wanamaker, dono de uma grande cadeia de lojas de departamentos nos Estados Unidos, afirmava: "Qual é a melhor época para a publicidade? Todo o ano. Ela deve ser feita durante todo o ano". Os jornais já existiam desde o século XV, porém foi a publicidade que lhes garantiu uma grande fonte de receita e possibilitou que se tornassem cada vez mais importantes. É impossível imaginar uma sociedade de consumo sem a publicidade. Ela é feita para direcionar a preferência do consumidor para produtos e serviços, envolvendo-o em uma teia de sedução que o leva a ter necessidade daquele bem ou serviço anunciado. Para muitos, a publicidade é uma fábrica de sonhos.

Entre 1900 e 1940, o consumo cresceu de forma impressionante, tanto pelo aumento da renda na mão dos consumidores quanto, principalmente, pela quantidade de novos produtos lançados. O rádio, a geladeira, o ventilador, o aspirador de pó, a batedeira e o ferro elétrico, entre muitos outros, seduziram as donas de casa. A produção em massa popularizou o automóvel e despertou a paixão dos homens. À medida que o automóvel passava a dominar as ruas, surgia a nova catedral do consumo: o shopping. As lojas de departamento geralmente eram construídas na área central da cidade.

Com o crescimento do comércio e do setor de escritórios, o centro da cidade deixou de ser uma região tranquila. Os que podiam se afastavam para morar em bairros mais distantes. Alguns empresários, percebendo o potencial de consumo dessas pessoas, criaram grandes espaços cobertos na proximidade de rodovias, os quais, ao contrário da loja de departamentos que era um único estabelecimento, abrigariam diferentes casas comerciais. A estratégia usada para atrair compradores foi construir o shopping a partir de um supermercado.

---

[18] Alguns autores fazem questão de distinguir entre propaganda e publicidade. Para eles, a primeira nem sempre tem interesse comercial. Já a segunda é feita exclusivamente com interesse comercial. A expressão "nem sempre" cria um problema, pois abre a possibilidade de que, em certos momentos não especificados, as duas se misturam. Além disso, basta ver a propaganda de partidos e de políticos para ver quanto ela tem de publicidade, pois utiliza técnicas próprias desta. Diante disso, não vemos por que distinguir as duas noções.

Da década de 1950 em diante, os shoppings tiveram uma grande expansão, primeiro nos Estados Unidos e, depois, no resto do mundo. Hoje, são um ponto de referência para a vida social. Tornaram-se locais de encontro e de lazer. As pessoas vão aos shoppings para comprar, se alimentar, se divertir, fazer ginástica, se embelezar, acessar caixas eletrônicos bancários, ir ao cinema, procurar pequenos consertos ou simplesmente passear. Mais do que nunca, o consumo assumiu uma importância muito grande na nossa vida. Ao contrário do passado, em que a maior parte das pessoas adquiria apenas o estritamente necessário, hoje consideramos o supérfluo como necessário. A publicidade nos faz acreditar que o produto que temos, embora nos sirva perfeitamente, está ultrapassado ou fora de moda. Queremos o novo. Acreditamos que com tal ou qual produto ou serviço teremos uma vida mais cômoda, segura, longa, prazerosa. Está tudo à nossa disposição, à nossa espera. Basta comprar.

Para a sociologia e a antropologia, interessa saber como e por que o consumo assumiu importância tão grande na vida dos indivíduos. Apresentaremos a seguir algumas teorias que mostram como os cientistas sociais têm criado explicações para esse fenômeno.

11.4 TEORIAS SOBRE O CONSUMO: O CONSUMO COMO IMPOSIÇÃO

A sociologia, desde o seu surgimento, sempre esteve dividida em duas matrizes explicativas. Uma delas considera o indivíduo subordinado às estruturas sociais. Para essa corrente, pressões sociais que podem vir da economia, da política ou da cultura levam o indivíduo a agir de determinada maneira. Por exemplo, quando explicamos a violência, os crimes, como um efeito da pobreza, o que estamos dizendo é que uma determinada condição econômica – a pobreza – conduz pessoas à criminalidade. Elas foram compelidas a agir contra a lei, pela sua situação econômica. Não se trata de saber se essa explicação é boa ou ruim, mas de apontar que, por esse ponto de vista, os indivíduos são levados a agir pela pressão dos fatores sociais. Nesse tipo de explicação, o peso maior está no meio social em que o indivíduo vive. Algumas explicações sobre o consumo adotam essa visão, e um dos primeiros a adotá-la foi Thorstein Veblen (1857–1929).

Normalmente, acredita-se que o consumidor faz uma escolha procurando sempre o produto que tenha uma boa qualidade pelo preço mais barato. Porém, Veblen notava, já na sua época, que muitas pessoas não guiavam as suas escolhas de consumo pelo puro cálculo econômico de comprar sempre o melhor e mais barato. Ele observava que muita gente escolhia os produtos mais caros.

Seriam esses produtos mais caros por serem melhores? Comparando dois produtos do mesmo tipo, Veblen notou que a diferença de qualidade não justificava a enorme diferença de preços. Então ele se perguntou: por que muitos pagam bem mais caro por produtos que não têm uma qualidade muito superior à de produtos semelhantes com preços menores? Isso não seria irracional?

Para Veblen, a resposta para essa questão seria a pressão que a cultura da sociedade moderna exerce sobre o indivíduo. Por isso, pode-se falar no consumo como imposição. Vivemos em uma sociedade na qual a posse de riquezas confere honra e prestígio, sendo, assim, um símbolo do sucesso. Ele afirma que a pressão pelo sucesso é grande, pois os membros da sociedade que "não atingem esse padrão [...] sofrem na estima dos seus companheiros; consequentemente sofrem também na sua própria autoestima, já que a base usual da própria estima é o respeito dos outros."[19] Daí ele designar esse consumo de conspícuo, que, segundo o dicionário, refere-se ao que é visível, que chama a atenção.

Embora mencione outros incentivos para a aquisição e a acumulação de riqueza, além do desejo de sobrepujar os outros em posição pecuniária, toda a obra desse autor é construída como se a pressão pela emulação fosse a única existente. Dessa forma, o consumidor, para Veblen, não age irracionalmente, uma vez que tem um objetivo claro: *status* social. O consumo de bens que simbolizam esse *status* é o modo que encontra para atingir esse objetivo.

O texto a seguir é um trecho do livro de Veblen, *A teoria da classe ociosa*:

> Mas enquanto a regressão é difícil, um novo avanço nos gastos conspícuos é relativamente fácil; de fato, ele se processa quase que normalmente [...] Isso sugere que o padrão de vida, que em geral governa os nossos esforços, não são os gastos ordinários comuns, já alcançados; e o consumo ideal pouco além do nosso alcance, ou cujo alcance requer um certo esforço. O motivo é a competição – o estímulo de uma comparação individual que nos instiga a sobrepujar aqueles que estamos habituados a considerar como pertencentes à nossa classe. A mesma proposição é substancialmente expressa na observação comum (em voga) de que cada classe inveja e compete com a classe logo acima dela na escala social, enquanto que raramente se compara com a que fica abaixo ou muito acima. Isso significa, em outras palavras, que o nosso padrão de decência nos gastos, assim como em outros meios de competição, é determinado pelo que vigora entre os logo acima de nós quanto a respeitabilidade [...].[20]

---

[19] VEBLEN, Thorstein. *A teoria da classe ociosa*. São Paulo: Nova Cultural, 1998, p. 18 (Coleção Os Economistas).
[20] VEBLEN, 1988, p. 50-51.

> **ATIVIDADE 11.3** Nesse texto, Veblen vê a condição do indivíduo na sociedade moderna como alguém em estado de satisfação ou mesmo que possa, um dia, alcançar essa satisfação ou de permanente insatisfação? Justifique a sua reposta.

Para Veblen, um dos elementos centrais da nossa cultura é a emulação, que é a vontade das pessoas em se igualar ou superar os demais. A vida seria uma constante competição. A simples acumulação de dinheiro não basta. As pessoas precisam dar mostras do seu sucesso, da sua superioridade. O consumo de bens caros e supérfluos é a melhor maneira de expressar uma posição social diferenciada e superior. Veblen chama isso de consumo ostentatório ou conspícuo. Essa necessidade de ostentação não seria privilégio do nobre ou do burguês, mas atingiria todas as classes sociais. Não há um limite. Quem alcança o padrão de sucesso dos que estão acima, tudo fará para superá-los e mostrar que se encontra em posição superior. Para esse autor, tal comportamento tornou-se um padrão de vida, e padrões de vida são muito difíceis de serem quebrados.

A explicação de John Kenneth Galbraith (1908–2006) se parece com a de Veblen, quando assinala que vivemos em uma cultura emulativa (que estimula a competição por sucesso social). Galbraith afirma que no passado a produção existia para atender às necessidades humanas básicas. Era uma época em que se produzia um bem porque havia quem precisasse dele. No mundo de hoje, as pessoas ficam sabendo do lançamento de carros mais potentes, de alimentos diferentes, de roupas da moda e passam, então, a sentir necessidade de tais bens. Galbraith enfatiza que ocorre o inverso do que existia no passado. Existem mecanismos de criação do desejo de consumo por meio da publicidade, que se encarrega de despertar nos indivíduos a necessidade daquilo que a indústria produz. Assim, para Galbraith, e nesse ponto ele se diferencia de Veblen, a nossa vontade de consumir e o que consumimos são determinados pela publicidade. Para vender automóveis, por exemplo, a publicidade lança mão de várias estratégias. Uma delas é a chamada obsolescência planejada ou programada. O simples lançamento de modelos do ano já induz os consumidores a sentirem que possuem carros ultrapassados, que é preciso trocá-los. A publicidade torna o antigo ruim, e o novo, por ser novo, bom.

Vários autores afirmam que há uma estreita associação entre a produção de bens e a produção da necessidade de consumi-los, destacando a importância que a publicidade e o marketing têm na produção dessas necessidades ou desejos. Pesquisas mostram que há uma ampla relação entre o que é gasto na produção de bens de consumo e o que é gasto para sintetizar o desejo de que haja esta produção. Um novo produto de consumo, para ser introduzido, precisa de uma campanha publicitária apropriada para provocar um interesse por ele. Então, nesse caso, a ideia que se quer passar é que consumimos porque somos levados a isso pela publicidade e pelo marketing.[21]

Veja o que nos diz sobre isso John Kenneth Galbraith:

> [...] Os desejos dos consumidores podem ter origens bizarras, frívolas ou mesmo imorais e ainda assim é possível defender uma sociedade que busca satisfazê-las. Mas a tese se torna indefensável se o mesmo processo que satisfaz as necessidades é o que as gera. Pois então aquele que insiste na importância da produção para a satisfação das necessidades estará exatamente na posição daquele observador que aplaude os esforços da cobaia que tenta galgar os degraus da roda que ela própria impele com os seus movimentos.
>
> O argumento foi levado mais adiante. O professor Duesenberry, um destacado teórico moderno do comportamento do consumidor afirmou explicitamente "a nossa sociedade é uma das sociedades em que uma das principais metas sociais é um padrão de vida mais elevado [...] Isto tem uma enorme significação na teoria do consumo [...] o desejo de obter bens de qualidade superior adquire vida própria. Gera um impulso de se aumentar os gastos que talvez seja mais forte que aquele proveniente das necessidades que supostamente deveriam ser satisfeitas com esses gastos". As implicações deste ponto de vista são impressionantes. A noção de uma necessidade estabelecida independentemente passa agora para segundo plano. Uma vez que a sociedade atribui enorme importância à capacidade de se produzir um alto padrão de vida, ela avalia e julga as pessoas pelos produtos que estas possuem. O ímpeto de consumir é engendrado pelo sistema de valores que enfatiza a capacidade da sociedade de produzir. Quanto mais for produzido, mais a pessoa que deseja manter o seu prestígio precisa adquirir. Este é um ponto fundamental pois mesmo que não cheguemos a reduzir os bens ao papel de símbolos de prestígio numa sociedade afluente, como fez Duesenberry, fica claro que a sua argumentação implica plenamente que a produção de bens cria necessidades que os bens supostamente deveriam satisfazer.[22]

---

[21] Há quem situe a distinção no objetivo de lucro, de vantagem econômica. O lucro parece ser o âmago da distinção entre a publicidade e a propaganda: a primeira tem a intenção de gerar lucro e o segundo em regra exclui o benefício econômico. Enquanto a publicidade tem a finalidade de divulgar comercialmente um produto ou um serviço, a propaganda visa a um objetivo ideológico, religioso, filosófico, político, econômico ou social. Ver: GRINOVER, Ada Pellegrini et al. *Código brasileiro de Defesa do Consumidor comentado pelos autores do anteprojeto*. São Paulo: Forense Universitária, 1999, p. 266. Citado por: <http://www.ambito-juridico.com.br/site/index.php?n_link=revista_artigos_leitura&artigo_id=1082>. Acesso em: 9 out. 2015. Entretanto, quando se lê o texto desses autores, vê-se que a distinção não se sustenta, tanto que, na prática os dois conceitos são utilizados como intercambiáveis sem prejuízo nenhum para o entendimento. Foi o que fizemos no capítulo.

[22] GALBRAITH, John Kenneth. *A sociedade afluente*. São Paulo: Livraria Pioneira Editora, 1987, p. 126-127.

ATIVIDADE 11.4 Tradicionalmente se acredita que a produção existe para atender a necessidades. Em termos bem simples, isso significa que alguém vai produzir para atender à demanda do mercado. Galbraith critica essa visão. Exponha o pensamento dele em relação ao tema.

ATIVIDADE 11.5 Em uma entrevista dada por Steve Jobs, dono e fundador da Apple, para a revista *Business Week* de maio de 1998, ele diz: "Para uma coisa tão complicada, é realmente difícil conceber produtos com base em estudos do tipo 'focus groups'. Muitas vezes, as pessoas não sabem o que querem até que mostremos a elas". Esta frase concorda ou nega a tese defendida por Galbraith? Justifique a sua resposta.

PUBLICIDADE, A ARTE DA PERSUASÃO

Para alguns pesquisadores, a história da publicidade é muito antiga. Textos dos antigos egípcios já anunciavam a venda de bens. Em Pompeia, na Grécia e em Roma também foram publicados anúncios. Assim, para esses autores, a história da publicidade se confundiria com a história da escrita. Para outros estudiosos, a história da publicidade só teria começado em 1631, quando *La Gazette*, o primeiro jornal francês, passou a publicar uma seção com anúncio de empregos e de venda de bens. Na metade do século XVII, os jornais ingleses também começaram a trazer anúncios sobre o lançamento de um novo livro ou sobre a estreia de alguma peça de teatro.

No entanto, o grande impulso para a publicidade só veio no século XIX, com a Revolução Industrial. A produção em massa precisava de um grande mercado, não podia mais ficar restrita, como antes, à própria cidade, onde geralmente produtor e consumidor se conheciam. Com a Revolução Industrial, o mercado tornou-se nacional e, logo em seguida, internacional. Surgiu, dessa forma, concomitantemente à exigência de informar o consumidor sobre o produto disponível e, mais importante, persuadi-lo a comprar. Essa passou a ser a tarefa da publicidade.

Originalmente, a publicidade surgiu nos jornais, restrita às páginas finais. Em pouco tempo, ganhou espaço e começou a aparecer também em outros suportes. Atualmente, está nas revistas, no rádio, na televisão, nos *outdoors*, na internet, nas camisetas, nas roupas dos atletas, enfim, em todo lugar de visibilidade. No passado, limitava-se a informar as características e as vantagens do produto. Hoje, trabalha para fixar a imagem da marca, sempre associando o produto a uma imagem sedutora.

Antes, os anúncios eram de produtos. Hoje, faz-se publicidade de governos, políticos, igrejas, ONGs e outras organizações. Quer seja para vender sabonete, quer seja para "vender a imagem" de um político, a publicidade tem que persuadir. Para tanto, primeiro precisa chamar a atenção, o que pode ser feito causando impacto com uma mensagem de humor, com a participação de alguma celebridade ou pela repetição da mesma mensagem em diferentes horários e meios. Não há apenas um apelo para o lado racional do consumidor, demonstrando que ele fará um bom negócio comprando determinado produto ou serviço, mas também, principalmente, para o emocional. Na verdade, dizem vários pesquisadores, a publicidade não vende produtos, mas sentimentos, emoções, identidades. O produto é apresentado como um modo de satisfazer desejos, como o de se sentir bonito (a), diferente, de ter sucesso na vida e assim por diante. Então, a publicidade tem sucesso, isto é, leva ao consumo daquele produto, não porque repete a ideia de que satisfaz a uma necessidade legítima (o carro como meio de transporte, por exemplo), mas a uma necessidade *social* (o carro como símbolo de *status*) ou a uma necessidade *emocional*.

Há outras teorias sociológicas para explicar a importância que o consumo assumiu. Uma delas se baseia no conceito de alienação, desenvolvido por Karl Marx para fazer uma crítica à sociedade capitalista. No capitalismo, os indivíduos são subjugados por forças que eles mesmos criaram. É o caso, por exemplo, do mercado, construído pela decisão cotidiana de compra e venda de milhares de pessoas. Mesmo sendo uma criação humana, raros são os casos em que um único indivíduo pode alterá-lo. No geral, todos estão submetidos a ele. Por exemplo, se alguém vai lhe contratar, pagará o salário de mercado para alguém com suas qualificações, se alguém for alugar um imóvel, o fará pelo preço de mercado. Além disso, de acordo com Marx, na produção capitalista, por causa da divisão do trabalho, o trabalhador não se reconhece no que produz. Com o seu trabalho, ele cria um mundo material, mas um mundo que lhe é estranho. A alienação, uma característica objetiva da sociedade capitalista, cria nos indivíduos um sentimento de angústia e impotência. Por isso, Marx vê a alienação como algo negativo.

Mas o que isso tem a ver com a sociedade de consumo? Para alguns autores, por causa da alienação, os indivíduos se sentem perdidos, pois vivem em um mundo que, para eles, é estranho. O consumo torna-se então um modo de buscar um sentido para suas vidas. Compram objetos e se dedicam a atividades de lazer com o objetivo de criar uma identidade e valorizar suas próprias vidas. Para Marx, entretanto, o sentido da vida só pode vir da produção, quando os indivíduos voltarem a assumir o controle do processo de trabalho. Tanto para as teorias de Veblen e de Galbraith quanto para o marxismo, os indivíduos são seres passivos, que consomem não para expressar a sua liberdade e a sua vontade, mas porque são compelidos a isso pela cultura emulativa, pela pressão da publicidade ou para fugir da alienação. Eles são levados pela força de diferentes pressões sociais. Assim, não consomem, o que seria um ato livre, mas são consumidos.

11.5 TEORIAS SOBRE O CONSUMO: O CONSUMO COMO ESCOLHA

Há teorias sobre a importância do consumo na nossa sociedade que o consideram menos como uma imposição e mais como um ato livre que depende da escolha pessoal. Os autores dessas correntes não ignoram a força das pressões sociais, mas defendem que o consumo é um ato que depende basicamente de escolhas e estratégias dos indivíduos. A realidade social, desse modo, em vez de uma gaiola que aprisiona, é um campo aberto construído pela ação intencional e racional das pessoas. Para uma dessas teorias, que tem origem na economia clássica, o consumidor, um ser racional, pode até comprar muito, caso a sua renda permita tais gastos, porém, ele age (consome) orientado basicamente por algum interesse pessoal, ou seja, a compra é um ato livre que acontece de acordo com a sua vontade. Além disso, o consumidor está razoavelmente informado e, na maior parte das vezes, a sua decisão de consumo é o resultado de um cálculo que levou em consideração preço e qualidade. Assim, os indivíduos não seriam escravos das pressões sociais, mas soberanos nas suas escolhas.

O consumidor, ao agir racionalmente, busca produtos e serviços com qualidade cada vez melhor, por preços cada vez menores. Procedendo dessa maneira, seu comportamento beneficia a todos, pois obriga as empresas a um permanente esforço para conquistar o mercado consumidor. Resultaria daí um crescente bem-estar social, pois a redução de preços permitiria que cada vez mais pessoas pudessem comprar bens e serviços que melhorariam a qualidade das suas vidas. Além do permanente aumento do bem-estar, haveria importantes resultados na esfera da política, porque, igualmente nessa área, as pessoas tenderiam a se comportar como consumidoras. Para alguns autores, este é um efeito positivo, pois se passaria a exigir do Estado serviços (educação, saúde, segurança etc.) cada vez melhores a custos menores, com impostos cada vez mais baixos. Para outros teóricos, ao contrário, tais atitudes criariam uma sociedade formada por indivíduos interessados apenas na melhoria da sua qualidade de vida e desinteressados das questões maiores da política.

Outra teoria sobre o consumo apoia-se no conceito de identidade social.[23] Mas o que vem a ser isso? Vamos imaginar que alguém que não o conheça lhe pergunte por meio da internet quem você é. Sua primeira resposta seria dizer o seu nome. Mas se a pessoa quer saber mais sobre você, a sua resposta pode variar desde uma descrição física até seus gostos e ideias. Você pode dizer, por exemplo, que é jovem e roqueiro, ou jovem e nerd. Nesse aspecto, você na verdade estará se localizando socialmente e transmitindo a imagem pela qual se vê e é visto pelo seu grupo. Em suma, você se reconhece e é reconhecido socialmente de tal ou qual maneira e essa é a sua identidade social, conceito que pode ser entendido como a definição que uma pessoa faz de si mesma como membro de um determinado grupo social. Mesmo quando mencionamos características físicas para nos identificarmos, estamos nos referindo a características socialmente construídas. Por exemplo, pode-se pensar que a classificação de alguém como do sexo feminino expressa apenas certas evidências físicas, diferentes das do sexo masculino. Alguns autores apontam, no entanto, que apenas características físicas não são suficientes para identificar uma pessoa como mulher ou homem. Ser mulher implica a soma das características físicas com o que chamam de feminilidade, um conjunto de atributos do sexo feminino criado pela cultura e, por isso, diverso de um grupo social para outro. Estariam incluídos nas características culturais de feminilidade as roupas, o modo de falar, os gestos, as atividades consideradas próprias da mulher etc. Assim, fala-se em identidade social feminina, ou seja, todos os aspectos que uma pessoa do sexo feminino reúne para se identificar e ser reconhecida como uma mulher pela sociedade. Como ninguém nasce sabendo quais são os aspectos culturais que caracterizam o sexo feminino, isso é ensinado e aprendido ao longo do tempo. A família, as amizades e os meios de comunicação são os principais meios de transmitir o modelo de feminilidade de uma sociedade, que é, dessa maneira, um modelo socialmente construído.

Para estabelecer uma identidade social, é preciso criar uma relação sólida com o grupo e seguir os seus padrões de comportamento. A identidade social supõe modelos de comportamentos, mas não significa que se trata de uma prisão. Tanto que ela muda ao longo do tempo. As pessoas são seres criativos, além disso, cada uma tem uma personalidade única e diferente das demais. Assim, pode haver, e geralmente há, uma tensão entre os anseios de alguns indivíduos e o modelo que lhes é estipulado para tal ou qual identidade social que lhes é atribuída. Se os instrumentos de controle social tiverem força, os descontentes serão reprimidos e

---

[23] A caracterização de identidade social feita aqui foi extraída de: JENKINS, Richard. *Social Identity*. London: Routledge, 1996.

o padrão de comportamento se manterá. Porém, se os instrumentos de controle enfraquecerem, é possível que algumas pessoas reinterpretem o padrão para uma determinada identidade social e que essa reinterpretação se torne um novo padrão.

Na sociedade tradicional, o número de identidades sociais a serem assumidas por um único indivíduo era bem limitado. Na sociedade moderna, ao contrário, por privilegiar-se o individualismo e a liberdade de escolha, as pessoas têm a possibilidade de criar e viver múltiplas e distintas identidades. Os indivíduos são livres para criar e assumir diversas identidades. Para entender a relação entre identidade social e consumo, devemos ter em vista que qualquer tipo de bem consumido, além do seu valor utilitário, também tem um significado simbólico. Da mesma forma que objetos, os lugares também adquirem significado. As pessoas procuram frequentar os locais "certos", aqueles que ajudam a compor a identidade social escolhida. São espaços onde se divertem, mas também gastam, ou seja, o consumo não cessa. Mesmo alguém que queira construir uma identidade de pessoa despojada, totalmente alheia a bens materiais, também precisa consumir e adotar atitudes condizentes com essa identidade. O consumo como componente da construção da identidade não leva necessariamente ao exagero de compras, ele apenas indica por que determinadas pessoas compram determinados produtos. Nessa perspectiva, o consumo é visto como um ato razoavelmente livre.

Veja o que nos diz Colin Campbell sobre esse tema:

> Visto por este prisma, o fato de o consumo ter adquirido importância central em nossas vidas pode indicar algo bem diferente do que se costuma sugerir – que somos todos vítimas de uma aquisitividade e de um materialismo egoísta. Muito pelo contrário, isso pode ser visto como indicativo da aceitação de uma metafísica fundamentalmente idealista. Se assim for, então, isso pode significar que o consumo não deve ser mais visto como uma reação desesperada e necessariamente fútil à experiência da insignificância e, sim, como uma perfeita solução para essa experiência. A sugestão é que o próprio consumo pode propiciar a significância e a identidade que os seres humanos modernos tanto desejam, e que é, em grande parte, através dessa atividade que os indivíduos podem descobrir quem são, e conseguir combater seu senso de insegurança ontológica. Por conseguinte, é exatamente nesse aspecto de suas vidas que a maioria das pessoas encontra as bases sólidas sobre as quais assentar sua percepção do real e da verdade, e também de onde extrair seus objetivos de vida.[24]

---

[24] CAMPBELL, Colin. Eu compro, logo sei que existo: as bases metafísicas do consumo moderno. In: BARBOSA, Lívia; CAMPBELL, Colin (org.). *Cultura, consumo e identidade*. Rio de Janeiro: Editora FGV, 2006, p. 63.

> **ATIVIDADE 11.6** O texto citado de Colin Campbell defende ou critica a teoria do consumo como imposição? Justifique a sua resposta.

11.6 CONSUMISMO, UM MAL DO NOSSO TEMPO

Identificar o consumo como prática social não implica necessariamente uma crítica. Porém, tudo muda de figura quando o consumo passa a ser considerado uma característica básica da sociedade, em outras palavras, quando se torna consumismo. Esse conceito carrega uma crítica social: a sociedade moderna seria moralmente má por estimular o consumismo.

> **ATIVIDADE 11.7** Leia o texto a seguir e indique qual o mal que o papa via no consumismo.
>
> Manchete. "Na Missa do Galo papa Bento XVI critica o consumismo
>
> O pontífice recomendou que os homens abandonem o 'brilho da sociedade de consumo e a soberba da razão liberal para se deixarem seduzir pela humildade de Jesus, um Deus para todos' [...] 'O Natal hoje se transformou em uma festa do comércio, cujas luzes brilhantes escondem o mistério da humildade de Deus'."
>
> Fonte: Revista *Veja*. 25 dez. 2011 http://veja.abril.com.br/noticia/mundo/papa-e-preciso-recobrar-a--humildade-diante-do-consumismo.

Na sociedade moderna, não se pode viver sem consumir. Temos que comprar o que necessitamos para viver, de modo que não há como condenar o consumo. Já o consumismo é considerado moralmente condenável. O que separa o consumo, uma prática social necessária, do consumismo, uma prática social nefasta? O consumismo é o comportamento que leva uma pessoa a desejar possuir cada vez mais coisas, sem nunca estar satisfeita; por exemplo, em estar sempre preocupada em seguir a última moda, em adquirir a mais recente novidade tecnológica, o automóvel do ano e assim por diante. Sintetizando, o que caracteriza o consumismo é a busca incansável de ter sempre mais do que já se tem, mesmo que não haja necessidade. Para muitos analistas, o consumismo se tornou uma epidemia, uma doença que afeta o conjunto da sociedade moderna.

Veja o que nos diz Alan Durning:

Cronistas contemporâneos que falaram sobre a riqueza concordam. Por décadas Lewis Lapham, nascido numa família enriquecida pelo petróleo, perguntava às pessoas de quanto dinheiro elas precisariam ter para serem felizes. Segundo Lapham, "Não importando a renda delas, um número gigantesco de americanos respondia que se tivessem o dobro da renda que tinham eles poderiam ter a felicidade prometida na Declaração de Independência dos EUA. Quem ganhava US$ 15.000,00 ao ano, afirmava que poderia aliviar seu sofrimento se ganhasse US$ 30.000,00, o homem que ganhava 1 milhão ao ano dizia que ele estaria bem se ganhasse 2 milhões".

Se os desejos humanos são, de fato, infinitamente expansíveis, o consumo é incapaz de garantir a realização humana. [...] Muitos cientistas sociais encontraram fortes evidências de que nas sociedades de elevado padrão de consumo, é naquelas com padrão mais alto de vida, que se encontram o maior número de pessoas insatisfeitas consigo mesmas. A sedução da sociedade de consumo é poderosa, mas não deixa de ser superficial.[25]

ATIVIDADE 11.8 Qual crítica Alan Durning faz à sociedade de consumo?

Na crítica ao consumismo, autores chegam a compará-lo a uma doença epidêmica que se alastra rapidamente. Em livro recente, os seus autores cunharam a palavra *affluenza* que combina o vírus da gripe (influenza) com a palavra afluência, de abundância. De Graaf et al. afirmam:

> Em meio à prosperidade, ao crescimento econômico e a uma atmosfera otimista marcando o alvorecer do novo milênio, um vírus contamina a sociedade americana, ameaçando a nossa carteira, nossas amizades, nossas famílias, nossas comunidades e nosso ambiente. Nós chamamos esse vírus de affluenza.[26]

Um efeito devastador. Pegue-se apenas um dos termos citados ("nossas comunidades") para imaginar a dimensão do dano. Supomos que os autores estejam afirmando que o consumismo acabará destruindo, pelo predomínio do egoísmo e do materialismo, os laços de sociabilidade que nos unem aos demais membros da nossa sociedade.

---

[25] DURNING, Alan. *How Much is Enough?* New York: W.W. Norton & Company, 1992, p. 38.
[26] DE GRAAF, John; WANN, David; NAYLOR, Thomas. *Affluenza*: The All-Consuming Epidemic. San Francisco: Berrett-Koehler, 2002, p. 2.

Zygmunt Bauman também faz duras críticas ao consumismo:

> O que se registrou nas últimas décadas como criminalidade crescente [...] não é um produto de disfunção ou negligência, mas um produto próprio da sociedade de consumo, legítimo em termos lógicos (se não legais). Mais do que isso é também o seu produto inescapável, ainda que não se qualifique desse modo segundo a autoridade de alguma comissão oficial de qualidade. Quanto maior for a demanda de consumo, (ou seja, quanto mais eficaz for a sedução de potenciais clientes) mais segura e próspera será a sociedade de consumo. Ao mesmo tempo mais larga e profunda se tornará a lacuna entre os que desejam e podem satisfazer seus desejos (os que foram seduzidos e prosseguem agindo da maneira pela qual o estado de ser seduzido os estimula a agir) e os que foram seduzidos de forma adequada, mas que são incapazes de agir da forma como se espera que ajam. Louvada como um grande equalizador, a sedução do mercado também é um divisor singular e incomparavelmente eficaz.[27]

ATIVIDADE 11.9
a) Qual o mal que, segundo Bauman, o consumismo causa para a vida social?
b) Como, segundo Bauman, o consumismo causa este mal?

Se há uma acirrada polêmica em torno do conceito de sociedade de consumo, sobre a sua origem histórica e outros temas relacionados ao consumo, não há discordância alguma em relação às acusações que lhes são feitas. O elenco de críticos da sociedade de consumo é enorme. As acusações são as mais variadas, porém, nas ciências sociais, poucos, se é que alguém, ousam refletir sobre a validade dessas críticas. Está dada como verdade absoluta que a sociedade de consumo é um mal. Para os alunos do curso de Administração, essa crítica tem um peso maior, pois as empresas são as grandes fomentadoras e as grandes beneficiadas com a expansão do consumo.

Porém, o que precisa ser avaliado é a justeza dessas críticas. O que se critica efetivamente quando se critica o consumismo? Somos todos consumistas ou o consumismo é o comportamento patológico de alguns, da mesma forma que o alcoolismo atinge algumas pessoas? Para os críticos, o consumismo não é uma patologia psicológica e, portanto, individual, mas social. Esta imagem persiste porque os críticos do consumismo são críticos da sociedade. Para eles, é a

---

[27] BAUMAN, Zygmunt. *Vida para consumo*: a transformação das pessoas em mercadoria. Rio de Janeiro: Zahar, 2008, p. 164.

sociedade que nos tornaria consumistas. A nossa sociedade teria criado consumidores compulsivos que vivem ou para consumir ou pensando em consumir. Basicamente, o que se diz é que vivemos numa sociedade onde predomina a alienação ou uma cultura materialista. No primeiro caso, os indivíduos criaram um mundo de bens materiais que acabam por dominá-los. No segundo caso, guiamos nossas vidas por uma cultura que valoriza os bens materiais.

Essa imagem descreve bem você? Grande parte das pessoas consomem e sonham em consumir, mas não se enquadram nessa categoria do consumidor compulsivo.

11.6.1 O que é necessário e o que é supérfluo na sociedade moderna?

Os cientistas sociais não caracterizam o consumismo como um problema do indivíduo. Se assim fosse, esse tema deveria ser estudado pela psicologia, e não pela sociologia. Para as ciências sociais, é uma característica da sociedade moderna, a qual constantemente faz uma pressão para estimular o consumismo. Embora o consumo dependa do nível de renda e, por isso, os miseráveis e pobres tenham menos condição de consumir, ele é, de acordo com vários autores, uma atitude que atinge a todas as camadas da sociedade. Os que podem, consomem; os que não podem, sonham com o que desejam consumir. Como essa atitude se tornou tão disseminada socialmente? A resposta pode variar, mas, no geral, os indivíduos seriam manipulados pela publicidade, vítimas da moda, obcecados pelo *status* ou mesmo orientados por uma cultura do consumo.

Todos parecem concordar que a nossa sociedade é consumista. O problema surge quando se tenta definir o momento em que o consumo deixa de ser uma atividade normal, necessária, e passa a ser a expressão de uma patologia social. Qual seria a quantidade de um determinado bem (vamos dizer, calças *jeans* ou tênis) que distingue o consumo necessário do desenfreado? O que diferencia um bem indispensável de um supérfluo? Não há uma resposta única ou mesmo definitiva. Alguns sociólogos indicam que as pessoas só precisariam do essencial para poder viver (algumas poucas roupas para vestir, um local para dormir, alimento que as mantenham vivas, saudáveis etc.). Tudo o mais seria excesso e, consequentemente, desnecessário. Essa argumentação distingue a necessidade do desejo. Tudo que for para satisfazer as carências básicas é necessário.

Se for para satisfazer desejos, é supérfluo. Dessa maneira, o consumismo caracterizaria uma sociedade em que as pessoas deixariam de se contentar em ter apenas o necessário e buscam ansiosamente o supérfluo. Por esse critério, parece fácil separar o necessário do supérfluo. Mas não é bem assim. As necessidades básicas são construções históricas, e a forma de satisfazê-las varia ao longo do tempo. No passado, a necessidade de moradia era suprida com um abrigo que tivesse teto para proteger da chuva e paredes para proteger das feras. Hoje, a necessidade de moradia só será satisfeita se vivermos em uma casa servida por rede elétrica, de água, de esgoto e que, além disso, receba sinal de televisão. É impossível imaginar uma família da atualidade que possa viver com conforto sem geladeira, sem telefone, televisão ou mesmo um ferro de passar roupas. A habitação que hoje consideramos indigna, por não ter os serviços mínimos de proteção à saúde de seus moradores, seria considerada normal no século XVII.

Além do mais, diferentes indivíduos têm diferentes escolhas. Alguém pode considerar saudável comer peixe cinco vezes por semana e temperá-lo com azeite, para outros, isso seria um luxo desnecessário. Uma criança ou jovem pode se divertir com jogos eletrônicos sofisticados, enquanto sempre haverá quem considere isso supérfluo, argumentando que bastaria uma bola de futebol para o lazer. Separar o desejo da necessidade e distinguir o necessário do supérfluo, como se vê, não é fácil. Don Slater chega a afirmar que, na sociedade moderna, não é mais possível separar a necessidade do desejo.[28] Um produto caro, por exemplo, um fogão moderno, com muitos recursos que permitam fazer diferentes pratos, pode ser visto como necessário para uma família que gosta de culinária e de reunir os amigos para comer em casa. Já para uma família, mesmo que ela seja rica, que não tem esses hábitos, pode ser considerado supérfluo.

À parte dessa discussão sobre o que é necessário e o que é supérfluo, existe um consenso sobre o consumismo que vigora na sociedade moderna: o de que ele é considerado um problema, e a sua solução seria as pessoas mudarem o padrão de consumo que possuem, passando a comprar menos. Só há dois modos de se atingir esse objetivo. Uma delas consiste em o Estado determinar o que as pessoas podem consumir. Nesse caso, o Estado controlaria o que vai ser produzido e a quantidade que pode ser comprada por cada um. E o outro caminho seria as pessoas refletirem sobre o seu padrão de consumo para identificarem as reais necessidades daquilo que pretendem comprar. Seria preciso, para isso, um esforço educacional constante de conscientização de toda a sociedade.

---

[28] SLATER, Don. Needs/Wants. In: JENKS, Chris (org). *Core Sociological Dichotomies*. London: Sage, 1998. Embora reconheça ser impossível distinguir necessidade de desejo, ele, nem por isso, deixa de criticar a sociedade moderna pela criação descontrolada e incomensurável de desejos.

11.6.2 Qualidade de vida e consumo consciente

A impossibilidade de distinguir entre necessidade e desejo não invalida a crítica ao consumismo. Duas correntes teóricas se destacam nesse campo. A primeira discute o sentido que damos à nossa vida, ou existência, sendo por isso classificada como existencial. Para os autores desse grupo, há no mundo moderno uma preocupação tão grande com o que se tem ou se deve ter que a felicidade passa a ser avaliada pela quantidade do que se pode consumir, em vez de pela qualidade do que se possui. O fundamento da crítica existencial é, portanto, a antítese quantidade/qualidade. A busca desesperada por ter sempre mais e melhor reduz consideravelmente a qualidade de vida das pessoas, que, por não conseguirem tudo que querem, sentem-se cada vez mais frustradas e infelizes. Trabalha-se mais, com o único objetivo de aumentar a renda e então poder obsessivamente consumir. Trabalha-se bastante acreditando que quanto mais se tiver, mais feliz a pessoa será. Segundo os seus críticos, essa é uma busca fadada à frustração. Só que as pessoas acabam acreditando que essa frustração poderá ser sanada se tiverem mais. Uma busca sem fim, porque, segundo os críticos, se procura no lugar errado.

Uma segunda crítica ao consumismo denuncia os danos ambientais que ele traz, e é chamada de crítica ambientalista. A produção dos bens que consumimos requer a utilização de matérias-primas retiradas da natureza e outras produzidas industrialmente; requer, também, alguma fonte de energia. Além disso, os produtos são embalados e transportados para os estabelecimentos comerciais. Isso tudo, dependendo do produto, causa em maior ou menor grau um impacto ambiental. Veja-se o caso do papel e do papelão. A matéria-prima do papel é a celulose e para produzi-la, matas e florestas deram, e ainda dão, lugar à plantação de pinheiros e eucaliptos, reduzindo o equilíbrio de muitos ecossistemas. A fabricação do papel consome bastante energia e utiliza produtos químicos tóxicos, como a soda cáustica, que também pode causar danos quando descartada na natureza. O petróleo, usado como matéria-prima para uma infinidade de produtos, desde o combustível de veículos até o plástico da caneta esferográfica descartável, precisa ser extraído e refinado em indústrias petroquímicas, e todo esse processo tem impacto ambiental. A produção do algodão, matéria-prima básica de roupas, requer o uso intensivo de produtos químicos tóxicos, o uso excessivo de água e provoca erosão do solo.

Quanto mais consumimos, maior é o impacto ambiental, pois cada vez mais precisamos de matérias-primas, energia e outros insumos, gerando, assim, um aumento gradativo do impacto ambiental negativo e prejudicial à nossa vida e ao planeta. Para alguns autores, o nível atual de impacto ambiental, causado pelo padrão de consumo da população rica dos países do Ocidente, chegou a um nível insuportável. São consumidos por essa parcela de 20% da população mundial 80% dos recursos mundiais (energia, matéria-prima etc.). Mais assustador é que no mundo atual esse padrão de consumo dos ricos se tornou um modelo de consumo para os pobres. Tal como aconteceu anteriormente com os japoneses, os bilhões de chineses e indianos, que até 30 anos atrás viviam em comunidades agrícolas autossuficientes e que agora estão enriquecendo com as atividades industriais, irão querer viver com o mesmo padrão de conforto desfrutado por americanos e europeus ocidentais. Quanto mais as pessoas forem aumentando seu poder de compra em todas as partes do mundo, mais elas vão querer imitar o padrão de consumo das sociedades ocidentais modernas. O nosso meio ambiente conseguirá suportar a incorporação de bilhões de novos consumidores?

Para muitos, a resposta é negativa. Esse é, por exemplo o caso de Rajendra Pachauri, ex-presidente do Painel Intergovernamental sobre Mudanças Climáticas (IPCC), órgão da ONU:

> O estilo de vida ocidental é insustentável. Eu não entendo por que não pode haver um medidor em cada quarto de hotel para registrar quanto V. consome com o ar condicionado ou aquecimento e depois V. pagar. Com mudanças desse tipo, poder-se-ia obter que o pessoal começasse a medir seus atos consumistas. O uso de carros deve ser reprimido. Acho que podemos manipular os preços para regular o uso de veículos particulares. Os restaurantes oferecerem água gelada aos clientes é um esbanjamento enorme. Acho que [...] os adultos foram corrompidos por causa dos caminhos que percorremos há anos.[29]

As críticas ao consumismo, sejam elas existenciais ou ambientais, têm recebido atenção de vários grupos sociais. Embora apontem para diferentes problemas, todas as críticas partem da mesma premissa: sociedades industriais avançadas vêm consumindo demais, e seu padrão de consumo se tornou o padrão mundial. Resumindo, o mundo caminha para um consumismo global. Os críticos nos alertam que alguma coisa deve ser feita. Há diversas propostas para enfrentar tal realidade, por exemplo: adotar um modo de vida simples como novo padrão de consumo. Um dos problemas dessa solução é

---

[29] Jornal *The Observer*, 29 nov. 2009. Mas há quem discorde dessa visão catastrofista. Este é o caso de BAILEY, Ronald. *The End of Doom*: Environmental Renewal in the Twenty-first Century. New York: St. Martin's Press, 2015. Para esse autor, mesmo a população mundial tendo aumentado nos últimos 30 anos e o mundo tendo crescido a taxas expressivas, o preço das matérias-primas tem declinado. Isso, para ele, é uma prova de que a chamada devastação dos recursos naturais não está ocorrendo.

não se ter clareza sobre o que seria esse modo simples de vida. De quantos bens e serviços as pessoas estariam dispostas a abrir mão sem dispensar o que consideram condições mínimas de bem-estar? Outra proposta seria o chamado consumo responsável ou consciente, que implicaria em uma alteração de valores e hábitos de consumo das pessoas por meio da educação. O consumo consciente parte de uma avaliação das reais necessidades para uma vida de qualidade e envolve práticas cotidianas de preservação e valorização dos bens já adquiridos.

A educação em defesa do consumo consciente é um passo importante para erradicar ou reduzir os males do consumismo. Essa educação também formará a opinião pública, criando instrumentos poderosos para pressionar o Estado, no sentido de implementar políticas públicas cada vez mais favoráveis à qualidade de vida de todos os cidadãos. No Brasil, por exemplo, de acordo com pesquisas recentes, grande parcela da população já aprova a adoção de práticas de consumo consciente. Embora a noção de consumo consciente seja bem vaga, ela aponta numa direção correta, pois supõe uma educação dos indivíduos para que todos, diante da compra de um produto, ou seja, diante do ato de consumo, reflitam se realmente precisam daquele produto, se a produção daquele produto prejudica o meio ambiente (em comparação com o seu concorrente), se é produzido em sociedades ou empresas que garantem a dignidade do trabalho e outras questões. Acredita-se que se o consumidor sinalizar para os empresários que valoriza esses critérios, os empresários darão maior importância a eles.

QUESTÕES DE FIXAÇÃO

1. Defina sociedade de consumo.
2. Qual é a tese de Grant McCracken sobre o *boom* de consumo no final do século XVI, na Inglaterra?
3. Neil McKendrick criou uma tese original sobre a Revolução Industrial. Por que ela destoa das interpretações tradicionais?
4. Por que é possível dizer que a produção manufatureira e a produção fabril contribuíram para a consolidação da sociedade de consumo?
5. Relacione a publicidade com a consolidação da sociedade de consumo.
6. Explique a noção de consumo conspícuo para Thorstein Veblen e diga por que, para ele, o consumo pode ser explicado como uma imposição social.

7 Segundo John Kenneth Galbraith, a produção impõe o consumo. O que ele quer dizer com essa frase?

8 Relacione consumo e identidade social.

9 Conteste a afirmação feita na frase a seguir baseado no que você aprendeu da leitura do capítulo: "O grande mal-estar da sociedade atual é que lutamos para satisfazer os nossos desejos, em grande parte criados pela publicidade, e não percebemos que para ser feliz bastaria satisfazer as nossas necessidades".

10 O que é consumo consciente?

CAPÍTULO 12 — GLOBALIZAÇÃO E EMPRESA

12.1 INTRODUÇÃO

Até 1990 era possível um estudante de Administração fazer todo o seu curso sem ouvir uma vez sequer a palavra globalização. Poucos anos depois, isso se tornou impossível. De lá para cá, milhares de livros foram escritos sobre o tema. Isso prova uma coisa: a globalização se tornou um fato, e como tal deve ser estudado para conhecermos sua natureza, suas características, sua dimensão e as implicações que tem sobre a nossa vida.

A geração atual tem certeza de que vive num mundo globalizado. Isso nos é mostrado das mais diferentes formas: na diversidade de produtos das mais variadas partes do mundo que estão à nossa disposição, na programação oferecida pela tevê paga, nas páginas consultadas através da internet, nos destinos turísticos para lugares exóticos etc. Hoje em dia é muito forte a percepção de que todos nós, habitantes deste planeta, estamos unidos de alguma forma.

Que a globalização é uma realidade ninguém duvida. Para o estudante de Administração, esse tema tem grande importância por dois motivos. O primeiro deles é que as empresas são os maiores agentes da globalização, pois foram elas que fizeram do mundo um mercado global, incluindo a mão de obra globalizada e o campo global de investimentos. Pelo menos dois dos principais aspectos da globalização são de inteira responsabilidade das empresas: elas são responsáveis pela globalização econômica e também são as principais agentes da globalização cultural.

O segundo aspecto diz respeito à própria existência das empresas. É inegável que a globalização altera a forma das empresas fazerem negócios. Até pouco tempo atrás, os fornecedores das empresas eram, na maior parte das vezes, empresas locais. Hoje, esses fornecedores podem estar em qualquer parte do mundo. Antes, o consumidor de uma empresa era, na maior parte das vezes, um consumidor nacional. Hoje, com o comércio eletrônico, o consumidor pode estar em qualquer parte do mundo. Evidentemente, isso interfere na vida das empresas, que devem pensar suas estratégias para sobreviver e crescer neste novo mundo globalizado.

12.2 QUANDO SURGIU A GLOBALIZAÇÃO

Ninguém mais discute que, no mundo atual, a globalização é uma realidade. Vivemos num mundo globalizado e o processo de globalização avança aceleradamente. Como todo e qualquer processo histórico, ele teve um início. Mas quando tudo começou?

Quando lemos o discurso de Péricles, proferido no túmulo dos atenienses mortos no primeiro ano da Guerra do Peloponeso, em 430 a.C., encontramos a seguinte passagem: "A grandeza e a importância da nossa cidade atraem os tesouros de outras terras, de modo que não só desfrutamos dos nossos produtos como daqueles do universo inteiro".[1] Embora o discurso mencione "universo inteiro", o mais provável é que os gregos fossem abastecidos de produtos orientais vindos pela Rota Real criada e mantida pelo Império Persa, que chegava até o norte da atual Índia. Posteriormente, o mundo foi alargado com a criação da Rota da Seda. O que se tornou conhecido como Rota da Seda era na verdade um grupo de rotas terrestres e marítimas que começaram a ser estabelecidas a partir de 200 a.C., unindo o Extremo Oriente à Europa. Na sua extensão máxima chegava a 12.000 km. Por ela circulavam mercadorias, ideias e costumes. Era uma viagem muito demorada e a carga era feita por animais. Pode-se até falar em globalização, mas ela se restringia a partes de três continentes.

Por volta do século XVI, o mundo ficaria bem maior em razão da expansão do comércio na Europa e das grandes navegações. No início desse século, os europeus conquistaram o continente americano. Por volta de 1520, portugueses e espanhóis chegaram à Nova Guiné, uma ilha que faz parte da Oceania. Assim, os cinco continentes uniram-se pelas trocas comerciais.

Karl Marx e Friedrich Engels nunca usaram o conceito de globalização, mas vamos ler o que eles escreveram:

---

[1] PORTAL da História. *Oração de Péricles*. Disponível em: <http://www.arqnet.pt/portal/discursos/abril10.html>. Acesso em: 12 out. 2015.

A antiga organização feudal da indústria, em que esta era circunscrita a corporações fechadas, já não podia satisfazer às necessidades que cresciam com a abertura de novos mercados. A manufatura a substituiu. A pequena burguesia industrial suplantou os mestres das corporações; a divisão do trabalho entre as diferentes corporações desapareceu diante da divisão do trabalho dentro da própria oficina.

Todavia, os mercados ampliavam-se cada vez mais: a procura de mercadorias aumentava sempre. A própria manufatura tornou-se insuficiente; então, o vapor e a maquinaria revolucionaram a produção industrial. A grande indústria moderna suplantou a manufatura; a média burguesia manufatureira cedeu lugar aos milionários da indústria, aos chefes de verdadeiros exércitos industriais, aos burgueses modernos.

A grande indústria criou o mercado mundial preparado pela descoberta da América: o mercado mundial acelerou prodigiosamente o desenvolvimento do comércio, da navegação e dos meios de comunicação por terra. Este desenvolvimento reagiu por sua vez sobre a extensão da indústria; e, à medida que a indústria, o comércio, a navegação, as vias férreas se desenvolviam, crescia a burguesia, multiplicando seus capitais e relegando a segundo plano as classes legadas pela Idade Média.

Pela exploração do mercado mundial a burguesia imprime um caráter cosmopolita à produção e ao consumo em todos os países. Para desespero dos reacionários, ela retirou à indústria sua base nacional. As velhas indústrias nacionais foram destruídas e continuam a sê-lo diariamente. São suplantadas por novas indústrias, cuja introdução se torna uma questão vital para todas as nações civilizadas, indústrias que não empregam mais matérias-primas autóctones, mas sim matérias-primas vindas das regiões mais distantes, e cujos produtos se consomem não somente no próprio país, mas em todas as partes do globo. Em lugar das antigas necessidades, que reclamam para sua satisfação os produtos das regiões mais longínquas e dos climas mais diversos. Em lugar do antigo isolamento de regiões e nações que se bastavam a si próprias, desenvolvem-se um intercâmbio universal, uma universal interdependência das nações. E isto se refere tanto à produção material como à produção intelectual.[2]

ATIVIDADE 12.1 Embora nem Marx nem Engels tenham utilizado a palavra *globalização* nesse texto, é inegável que eles descrevem um processo que pode ser classificado como globalização (econômica). Cite dois fatores que teriam promovido a globalização na Idade Moderna.

---

[2] MARX, Karl; ENGELS, Friederich. *O manifesto do Partido Comunista*.

Muitos autores afirmam que, desde o século XVI, com as grandes navegações, já se pode falar de um processo de globalização. Porém as naus, embarcações maiores que as caravelas, carregavam apenas 250 toneladas (hoje um supercargueiro pode carregar 375 mil toneladas). Uma viagem de Portugal ao Brasil durava, em média, 45 dias, dependendo dos ventos (hoje demoraria 7 dias de navio e 9 horas de avião). A carta de Pero Vaz de Caminha com a notícia da descoberta de novas terras demorou mais de um mês para chegar às mãos do rei de Portugal (hoje pela internet a transmissão da notícia levaria poucos segundos). Isso tudo quer dizer que, embora o mundo já estivesse unido a partir do século XVI, a velocidade e o volume das transações eram baixos em relação ao que ocorre atualmente. John Gray caracteriza um pouco melhor esse ponto:

> O mundo antes de 1914 parecia-se com um mercado global. Havia poucas fronteiras que importavam. Dinheiro, bens e gente circulavam livremente. Os alicerces tecnológicos do mercado global do século XIX haviam sido erguidos sobre os cabos telegráficos submarinos intercontinentais e os navios a vapor da segunda metade do século. Desde então, os portos do mundo foram interligados e os preços mundiais para muitas mercadorias começaram a nascer. Novamente, no final do século XIX (aproximadamente de 1878 a 1914) um sistema financeiro internacional entrou em funcionamento, o que limitou a autonomia econômica dos governos nacionais. Nessa *belle époque*, os Estados-nações soberanos foram tão efetivamente cerceados nas políticas econômicas que poderiam ir ao encalço do padrão-ouro, então em operação, como hoje vão atrás da volatilidade do capital. Em todos esses aspectos podemos reconhecer no mundo pré-1914 um precursor do mercado global dos nossos dias.
>
> No entanto é um erro fundamental concluir que nós retornamos à economia internacional do século XIX. Toda a magnitude da globalização econômica hoje – velocidade, extensão, interconexão da movimentação de mercadorias e informações ao redor do mundo – é tremendamente maior do que qualquer outra que tenha existido em qualquer período da história. Consideremos algumas dessas grandezas. Durante o período pós-guerra, o comércio mundial cresceu doze vezes. Simultaneamente, a produção cresceu apenas cinco vezes. Em quase todos os países, a importação e a exportação constituem uma parcela muito maior da atividade econômica do que no passado...
>
> Não há a menor dúvida de que, pelo menos desde 1980, a participação do comercio mundial no PIB superou a existente em qualquer época na economia internacional aberta praticada antes da Primeira Guerra Mundial. Houve uma expansão enorme e sem precedentes no volume do comércio.

Existe agora um mercado mundial de capitais como nunca existiu antes, e uma forte evidência de que os investidores de muitos países estão diversificando globalmente as suas carteiras, tanto com ativos quanto com títulos.[3]

> **ATIVIDADE 12.2**
> a) As ideias de John Gray estão de acordo com o texto de Marx e Engels no que se refere ao início da globalização? Justifique sua resposta.
> b) Para John Gray, o que realmente indica que a globalização teria começado apenas no final do século XX?

Certamente, ela poderia ter começado antes, mas por cerca de 40 anos um grande obstáculo impediu a criação de um mundo globalizado, conforme aponta Thomas Friedman:

> [...] Ou, como meus filhos me perguntariam, "Papai, de onde veio a globalização?" Começaria a minha resposta da seguinte maneira: A Guerra Fria era como uma vasta planície, repartida à maneira de um tabuleiro de xadrez e dividida por cercas, muros, trincheiras e becos sem saída. Era impossível ir muito longe, ou com muita rapidez, naquele mundo sem deparar com o Muro de Berlim, ou com a Cortina de Ferro, ou com o Pacto de Varsóvia, ou com as tarifas protecionistas e com os controles de capitais de algum feudo. E por trás dessas cercas e muros, os países eram capazes de encontrar inúmeros desvãos onde se ocultar e preservar as suas formas de vida, sua política, sua economia e sua cultura exclusivas. Não importava se estavam no Primeiro Mundo, no Segundo Mundo ou no Terceiro Mundo. Talvez seus sistemas econômicos fossem muito diferentes – a economia comunista de planejamento central, a economia de bem-estar-social, a economia socialista ou a economia do livre mercado. E ainda podiam manter ampla diversificação de sistemas políticos – da democracia à ditadura, passando pelo autoritarismo esclarecido, pela monarquia e pelo totalitarismo. E as diferenças talvez permanecessem bem nítidas, do gênero preto no branco, pois havia muros suficientes para protegê-las e elas não se deixavam penetrar com facilidade.[4]

---

[3] GRAY, John. *Falso amanhecer*: os equívocos do capitalismo global. Rio de Janeiro: Record, 1999, p. 85-86.
[4] FRIEDMAN, Thomas L. *O Lexus e a oliveira*: entendendo a globalização. Rio de Janeiro: Objetiva, 1999, p. 68.

> **ATIVIDADE 12.3**
>
> a) Segundo Thomas Friedman, o que dificultava a criação de um mundo globalizado no período em questão (1950-1990)?
> b) Que acontecimento histórico ocorrido na década de 1990 teria possibilitado efetivamente a criação de um mundo globalizado?

O que caracteriza o fato de vivermos num mundo globalizado é o volume das transações, a rapidez com que transmissões de dados e informações são feitas e o grau de integração entre diferentes culturas. Assim, deve ficar claro que, para os teóricos da globalização, o que prova que vivemos uma realidade completamente diferente da do passado é o elevado grau que esses três indicadores (rapidez, volume e integração) assumem no mundo de hoje. Vimos que desde a Antiguidade já havia relações de troca de bens e ideias entre diferentes regiões do globo. Vimos também que, com as grandes navegações, já se podia falar que todos os continentes estavam integrados através do comércio. Porém, segundo os teóricos da globalização, foi só no final do século XX que a rapidez das trocas de produtos e informações, o volume de comércio, de circulação do capital e de informações, além do grau de integração das culturas, assumiram um gradiente tão elevado; e só a partir de então podemos falar de um mundo globalizado.[5]

12.3 DEFININDO GLOBALIZAÇÃO

O termo globalização passou a ser utilizado na década de 1960 em revistas econômicas europeias.[6] Marshall McLuhan (1911-1980) não usou o termo propriamente, mas deu o sentido que ele tem atualmente. Ele afirma que os meios eletrônicos de comunicação faziam com que as pessoas ficassem sabendo rapidamente do que estava acontecendo em qualquer parte do mundo.[7] Nesse

---

[5] Convém lembrar que esta não é uma posição isenta de críticas. Há autores que preferem falar em "ondas de globalização" e identificam diversas dessas ondas na história da humanidade, variando a cronologia de cada uma de autor para autor. Um livro que vai nessa direção é: ROBERTSON, Robbie. *The Three Waves of Globalization*: A History of A Developing Global Consciousness. London: Zed Books, 2003. Nesse caso, o autor identifica três ondas: a primeira no século XVI, a segunda na segunda metade do século XIX e a terceira no final do século XX.

[6] O termo *globalização* aparece pela primeira vez no *Webster's Dictionary* para caracterizar a nova realidade que surgia em decorrência da criação do Mercado Comum Europeu. Nessa época também se utilizava o termo *mundialização*. Ver: MACGILLIVRAY, Alex. *A Brief History of Globalization*. New York: Carroll & Graf Publishers, 2006, p. 11.

[7] O termo teria aparecido pela primeira vez no livro: McLUHAN, Marshall. *A galáxia de Gutenberg*: a formação do homem tipográfico. São Paulo: Editora Nacional/Edusp, 1972 (publicado originalmente em inglês em 1962). No livro: *The Global Village: Transformations in World Life and Media in the 21st Century* (Oxford:

sentido, eles faziam com que o distante ficasse perto e familiar. Por causa deles, um acontecimento em um país distante nos impactaria tanto quanto se fosse em nosso próprio país. Ele também acreditava que, por causa dessa facilidade de comunicação, a cultura tenderia a se tornar mais homogênea, e isso faria do mundo uma aldeia global. Aldeia é algo pequeno. Para ele, é como se todo o mundo fosse uma aldeia.

Grande parte das pessoas com um certo grau de instrução tem ideia do que é globalização. Porém, fica um pouco mais complicado quando tentamos definir mais precisamente o conceito de globalização. O primeiro problema que aparece é que muitos autores se negam a aceitar que estamos vivendo uma nova realidade social e que ela seria marcada pela globalização. Para estes:

> [...] a globalização é um mito ou, de qualquer forma, há um grande exagero ao caracterizá-la como um fenômeno social novo e distinto e [estes autores] enfatizam a continuidade entre o passado e o presente... O que estamos assistindo é apenas o crescimento de antigas redes de comércio.[8]

Em suma, para esses autores, não há nada de novo na globalização. O que se está assistindo é a expansão do bom e velho capitalismo em nível mundial. Tanto que alguns desses autores recusam o termo *globalização* e preferem chamar o que está ocorrendo de mundialização do capital.[9]

Há outros autores que reconhecem que o processo de globalização pode não ser novo, porém, na forma em que ele existe atualmente tem sido o responsável por profundas transformações na ordem econômica, política e cultural. O conjunto dessas transformações permite que se fale de uma nova realidade social, e é isso que chamam de globalização. Anthony Giddens é um dos autores que defende essa tese. Em um livro ele começa nos dizendo:

Oxford University Press, 1989), obra publicada nove anos após sua morte, ele desenvolve melhor o tema. Por isso, McLuhan é considerado o profeta da globalização.

[8] COCHRANE, Allan; PAIN, Kathy. A Globalizing Society? In: HELD, David (org.). *A Globalizing World?* Culture, Economics, Politics. London: Routledge, 2002, p. 23.

[9] Obviamente, esses autores não desconhecem que algumas transformações estão ocorrendo no mundo atual. A criação da Comunidade Europeia, do Nafta (Tratado Norte-Americano de Livre Comércio), do Mercosul e de outros tratados integrando diferentes países são realidades por demais palpáveis para serem ignoradas. Porém, para eles, o que estaria ocorrendo seria melhor descrito como regionalização – ou seja, uma integração abarcando diferentes países de uma região – do que como globalização. Há também autores chamados de neomarxistas para quem o que está ocorrendo é uma consolidação da sociedade capitalista em nível mundial. Eles concordam que estão ocorrendo profundas mudanças, porém elas se devem a essa nova forma de capitalismo global, que também chamam de "capitalismo desorganizado", "capitalismo tardio" ou "capitalismo transnacional". Ver: McGREW, Anthony. A Global Society. In: HALL, Stuart et al. (orgs.). *Modernity and its Futures*. Cambridge: Polity Press and Open University Press, 1993, p. 79.

"Há razões fortes e objetivas para se acreditar que estamos atravessando um período importante de transição histórica". Mais adiante ele afirma que "A globalização está reestruturando o modo como vivemos, e de uma maneira muito profunda", para concluir: "Eu não hesitaria, portanto, em dizer que a globalização, tal como a estamos experimentando, é sob muitos aspectos não só nova, mas também revolucionária".[10]

Basicamente a polêmica diz respeito ao fato da globalização ser ou não uma nova realidade e se, portanto, faz sentido criar um novo conceito (o de globalização) para designar essa realidade ou se se trata de um antigo processo, a expansão capitalista. Além dessa, há ainda outra polêmica. Aceitando-se que uma nova realidade social está sendo criada e que podemos chamá-la de sociedade global, cabem as indagações: Do que realmente estamos falando quando usamos o conceito de globalização? Trata-se de um processo único e coeso que atinge o mundo de forma avassaladora ou se trata de diferentes processos que podem interagir, mas cada um com a sua dinâmica própria?

Embora possamos imaginar a globalização como um processo de interação, de integração e de interdependência que une cada vez mais os países, o melhor seria entender a globalização como a combinação de diferentes processos, cada um deles com as suas características próprias e com diferente dinâmica. Dessa forma, *grosso modo*, podemos falar de três processos distintos: a globalização econômica, a globalização cultural e a globalização política. E é sobre eles que passamos a falar.

12.4 A GLOBALIZAÇÃO ECONÔMICA

Um documento da Comissão Europeia nos diz que:

> Globalização pode ser definida como o processo através do qual os mercados e a produção em diferentes países estão se tornando crescentemente interdependentes devido à dinâmica das trocas comerciais, a venda de serviços e o fluxo de capital e tecnologia.[11]

---

[10] GIDDENS, Anthony. *Mundo em descontrole*: o que a globalização está fazendo de nós. Rio de Janeiro: Record, 1999, p. 11, 15 e 20.

[11] Documento da Comissão Europeia, 1997. Citado por: THOMPSON, Grahame. Economic Globalization? In: HELD, David (org.). *A Globalizing World?* Culture, Economics, Politics. London: Routledge, 2002, p. 92. A Comissão Europeia é formada por representantes de todos os países-membros da União Europeia e funciona como um órgão executivo, pois tem como principal função aplicar as determinações do Parlamento Europeu e do Conselho da União Europeia, embora também possa propor medidas.

Embora o documento reduza a globalização à globalização econômica, não há dúvida de que ele caracteriza muito bem esta última. Em termos bem simples, pode-se caracterizar a globalização econômica como o processo de crescente integração e interdependência de diferentes economias nacionais.

Aqui as duas palavras-chave são integração e interdependência. Por integração entende-se uma forte conexão entre as economias, de forma que elementos da economia de diferentes países possam ser coordenados para que atinjam um objetivo comum. Por interdependência entende-se o processo pelo qual um evento na economia de um determinado país gera efeito sobre a economia de outros países. Não há dúvida de que a economia atual apresenta um elevado grau de integração e de interdependência. Em suma, a economia do mundo atual apresenta fortes sinais de globalização. Hoje, uma empresa pode ter sua sede num país e outros setores dessa mesma empresa operarem em outros países. Quando falamos em "carro mundial", significa que diferentes partes de um mesmo carro são produzidas em vários países e montadas em outro. Esse é um exemplo de integração. A crise econômica em um país, dependendo da sua importância, pode afetar vários países, da mesma forma que o crescimento econômico de um país pode promover o crescimento de outros. Esses são exemplos de interdependência.

Durante muito tempo as empresas multinacionais foram os principais agentes da globalização econômica. Uma empresa multinacional é aquela que tem sede em um país, mas opera em vários outros. O mais comum é elas criarem filiais em diferentes países que fazem o mesmo que é feito no país sede (produzir e vender algo). Isso quer dizer que podem ser, por exemplo, empresas produtoras de veículos ou medicamentos, bem como bancos, agências de publicidade e consultorias. A expansão para outros países atende a uma estratégia empresarial, pois visa conquistar mercados que consideram atrativos. Geralmente essas empresas multinacionais têm concorrentes à altura tanto dentro como fora dos seus países e não querem deixar que a concorrente controle sozinha vastas áreas. Assim, o mundo se torna um campo de batalha global.

Historicamente a primeira expressão da globalização econômica é a do comércio. Desde o final da Segunda Guerra Mundial acordos têm sido assinados para regular e liberalizar o comércio internacional. Regular implica, por exemplo, condenar a discriminação nas relações comerciais, condenar o *dumping*[12]

---

[12] *Dumping* é a prática comercial por meio da qual uma empresa, ou, nesse caso, um país, faz um acordo para, durante um certo tempo, vender seus produtos por preços muito baixos, de forma a eliminar a concorrência (nesse caso, de empresas de outros países).

e outras medidas que prejudiquem a livre concorrência. Liberalizar significa combater o protecionismo, ou seja, evitar que o país se proteja da concorrência externa com tarifas elevadas. Dessa forma, estabeleceu-se no mundo, embora com grandes exceções, um cenário de livre comércio. Há fortes pressões para que, com o tempo, essas exceções venham a ser eliminadas. Estimulado pela redução das tarifas e facilitado pela revolução nos transportes e nas comunicações, o comércio mundial se expandiu gigantescamente. Basta olhar a vitrine nos shoppings e as prateleiras dos supermercados para ver a quantidade de produtos estrangeiros à venda.

Outra forma da globalização econômica é a de capitais. Pode-se dizer que hoje vive-se um mercado global de capitais. Até a primeira metade do século XX, o mercado financeiro existia para financiar as exportações e a produção. Hoje o mercado financeiro tem uma dinâmica própria. O capital financeiro ainda é utilizado para financiar a produção e as exportações, mas um sem-número de outras possibilidades de investimento surgiram ao longo do tempo. Diariamente trilhões de dólares circulam pelos terminais de computadores em busca de investimentos mais rentáveis. Esse capital é chamado de especulativo porque só se interessa pelas vantagens imediatas que pode auferir com um produto financeiro em um determinado país. Ele pode ser investido na compra de ações, em títulos da dívida pública de países, moedas, *commodities*, ou qualquer outro produto financeiro que valha a pena. Dependendo da conjuntura, ele sai com a mesma rapidez que entrou

A globalização econômica também aparece sob a forma de globalização da produção. A globalização da produção pode ser entendida de duas maneiras. Uma delas é a segmentação da produção, que ocorre quando cada país fica encarregado da produção de uma parte do produto e essas partes são mandadas para outro país onde o produto final é montado.[13] A outra é o deslocamento da produção ou de algum setor de serviço para outro país. Durante muito tempo as empresas tinham apenas suas bases nacionais. No mundo atual, como forma de reduzir custos, as empresas passaram a se localizar ou a deslocar alguns dos seus setores para países em que as condições de operação sejam mais

---

[13] O chamado carro mundial é o melhor exemplo dessa segmentação da produção e da sua distribuição por vários países. A estratégia visava aproveitar as melhores condições oferecidas por cada país em que a empresa se localizava de modo a reduzir seus custos. A produção do carro mundial, para que ele fosse realmente mundial, esbarrava em um obstáculo: as diferenças de gostos nos diferentes países ou regiões. Aparentemente, a Ford, a GM, a Volkswagen e a Peugeot têm sido bem-sucedidas em criar modelos que agradam diferentes culturas. Ver: SAMAHÁ, Fabricio. Carro mundial, um antigo conceito que voltou à cena. *Best Cars*, 4 abr. 2014. Disponível em: <http://bestcars.uol.com.br/bc/informe-se/colunas/editorial/425-carro-mundial-um-antigo-conceito-que-voltou-a-cena/>. Acesso em: 12 out. 2015.

vantajosas. Isso criou uma nova divisão internacional do trabalho. Antes essa divisão separava os países industrializados dos que apenas forneciam matérias-primas. Hoje há países que são alvo de investimentos produtivos, ou seja, de instalação de fábricas ou departamento de serviço, por fornecerem mão de obra barata e com razoável grau de instrução. Embora o baixo custo da mão de obra seja importante, ele não é o único fator que faz com que empresas mudem a localização de alguns dos seus setores. Infraestrutura, grau de instrução da população, tributação e câmbio também influem na decisão. O importante a saber é que essas empresas poderão se deslocar para outros países sempre que isso lhes for vantajoso. Resumidamente, podemos dizer que o que se chama de globalização econômica pode ser associada à figura do mundo como um grande mercado para produtos e capitais. Um território grande e razoavelmente aberto no qual as empresas podem escolher onde vão produzir.

12.4.1 Globalização: vencedores e perdedores

A globalização recebe muitas críticas. A maior parte delas e as mais exaltadas são dirigidas à globalização econômica. Para os seus críticos, ela impõe perdas e sofrimentos a muitos países, especialmente aos mais pobres. Em suma, criaria um grande número de perdedores. Por outro lado, há autores que afirmam exatamente o contrário: a globalização econômica cria mais vencedores do que perdedores. No geral, ela teria melhorado a vida das pessoas em todos os países em que delas participam.

Na maior parte das vezes, a tese de que a globalização cria perdedores se baseia na crença de que os países mais ricos têm mais condições de se beneficiar da globalização e que isso é feito às custas dos países pobres. Os críticos acusam a globalização de causar o desemprego e aumentar as desigualdades socioeconômicas. Um dos autores que refletiu sobre esse tema foi Michel Chossudovsky. Vejamos o que ele diz:

> A globalização da pobreza está a processar-se durante um período de rápidos avanços tecnológicos e científicos. Enquanto estes últimos contribuem para o incremento substancial da capacidade potencial do sistema econômico de produzir os bens e serviços necessários, os níveis acrescentados de produtividade não se traduzem numa correspondente redução dos níveis de pobreza global. No limiar de um novo milênio, este declínio global do nível de vida das populações não resulta de uma escassez de recursos produtivos.
>
> Pelo contrário, o *downsizing*, a reestruturação corporativa e a transferência da produção para locais de mão de obra barata no Terceiro Mundo têm vindo a

conduzir ao aumento do desemprego e à redução dos salários dos trabalhadores urbanos e rurais. Esta nova ordem econômica sustenta-se com a pobreza humana e com a mão de obra barata: os altos níveis de desemprego nacional, tanto em países desenvolvidos como em países em vias de desenvolvimento, contribuíram para fazer baixar os salários reais. O desemprego foi internacionalizado, com o capital migrando de um país para outro numa busca contínua de fontes de mão de obra mais barata. Segundo a Organização Internacional do Trabalho (OIT), o desemprego afeta milhões de pessoas a nível mundial, ou seja, cerca de um terço da força de trabalho global. Os mercados de trabalho nacionais deixaram de ser segregados: os trabalhadores de diferentes países encontram-se em clara concorrência uns com os outros. Com a desregulação dos mercados de trabalho, os direitos dos trabalhadores são anulados.

O desemprego global funciona como uma alavanca reguladora dos custos laborais a nível mundial: a abundância de mão de obra barata no Terceiro Mundo e no antigo bloco comunista do leste europeu contribui para o abaixamento dos salários nos países desenvolvidos. Praticamente todas as categorias da força de trabalho (sem excluir os trabalhadores altamente qualificados, os profissionais liberais e os cientistas) são afetadas; simultaneamente, a concorrência pelos postos de trabalho fomenta divisões sociais baseadas em classe social, grupo étnico, sexo e idade.[14]

ATIVIDADE 12.4 Para Michel Chossudovsky, a globalização econômica prejudica economicamente certos grupos. Exponha o pensamento do autor sobre esse tema.

Porém nem todos os autores compartilham dessa visão negativa sobre a globalização. Muitos acreditam que, em termos econômicos, ela abriu um mar de possibilidades que, se aproveitadas, beneficiará a todos que dela participarem. Mesmo olhando-se apenas para o campo do trabalho e da pobreza, esses autores defendem uma tese oposta à de críticos como Chossudovsky. Este é o caso, por exemplo, de Tom Palmer, que afirma:

> É comum que os adversários da globalização utilizem este termo para descrever todas as características da vida humana que não apreciam. Usarei o termo "globalização", de forma mais precisa, para me referir à diminuição ou eliminação das restrições estatais aos intercâmbios entre fronteiras e ao cada vez mais integrado e complexo sistema global de produção e trocas que emergiu como resultado mais

---

[14] CHOSSUDOVSKY, Michel. *A globalização da pobreza e a nova ordem mundial*. Lisboa: Editorial Caminho, 2003. Disponível em: <http://resistir.info/chossudovsky/globalizacao_intro.html>. Acesso em: 12 out. 2015.

urgente em saber quais os reais efeitos da globalização realmente têm, e se são positivos ou negativos.

A questão política fundamental é se uma fronteira deve ser utilizada para impedir as transações que seriam permitidas se ambas as partes estivessem do mesmo lado dessa fronteira. Deve-se permitir aos produtores de trigo dos EUA comprar celulares de pessoas da Finlândia? Deve-se permitir aos tecelões de Gana vender camisas e calças aos operários alemães?

Acredito que a resposta é sim. Os opositores da globalização, da esquerda e da direita, de Ralph Nader a Patrick Buchanan e Jean Marie Le Pen, dizem que não. Antes de explicar meu sim, devo enfatizar que o debate não é sobre a interação de números, mas antes sobre a interação de pessoas reais, pessoas de carne e osso que têm corpos, mentes e vidas que são importantes e têm significado.

Para colocar um pouco dessa carne e osso nos argumentos formais, permitam-me contar uma história. No ano passado, um amigo maia que ensina antropologia na Guatemala levou-me às terras montanhosas maias. Disse-me que antropólogos da Europa e dos Estados Unidos que querem "estudar" os aborígines se queixam de que muitas mulheres maias já não vestem no dia a dia seus belos trajes indígenas feitos à mão. Essas peças estão cada vez mais reservadas para ocasiões especiais, como batismos e casamentos. A reação dos visitantes é quase unanimemente de horror. Os maias estão sendo privados da sua cultura, afirmam. São as primeiras vítimas da globalização e do imperialismo cultural. Os visitantes não se preocupam em perguntar às mulheres maias por que razão muitas delas não vestem as roupas tradicionais, mas o meu amigo decidiu fazê-lo. As mulheres lhe disseram que já não usam os seus vestidos feitos à mão porque eles se tornaram excessivamente caros. O que significa as roupas feitas à mão terem-se tornado mais caras? Significa que o trabalho da mulher maia se tornou mais valioso.

Em vez de passar horas e horas num tear manual fazendo um vestido para usar, ela pode empregar esse tempo fazendo esse mesmo vestido para vender a uma mulher na França e utilizar as receitas para comprar três outras peças de roupa — e óculos, ou um rádio, ou um medicamento para combater a febre dengue. Ou as mulheres podem fazer outros trabalhos e ainda assim ter capacidade para comprar mais coisas a que dão valor. Não estão sendo roubadas; tornaram-se mais ricas. E, de sua perspectiva, isso não é um coisa ruim; mas é uma grande decepção da perspectiva daqueles a quem o meu amigo chama "turistas da pobreza" antiglobalizadores, que gostam de tirar fotografias de gente pobre colorida.

Assim, quando discutimos a globalização, devemos levar em conta as mulheres que fazem roupas que estão ficando excessivamente caras para que elas as usem todos os dias. Essas são as pessoas de carne e osso cujo destino será decidido, para o melhor ou para o pior, pelo debate sobre a globalização. Ficarão mais ricas ou mais pobres? Terão vidas mais longas ou mais curtas? A resposta a essas questões depende de adotarmos políticas sábias ou estúpidas.

Mitos sobre a globalização

1. A globalização destrói empregos. A política comercial não afeta o número de empregos, mas afeta o tipo de empregos que as pessoas têm. Se o protecionismo aumenta o número de empregos em indústrias que competem com importações, ele reduz de forma correspondente o número de empregos em indústrias exportadoras, ou seja, nas indústrias que produzem bens que teriam sido trocados por bens que teriam sido importados, mas que são agora mais caros devido às tarifas ou excluídos por quotas. As exportações são, afinal, o preço que pagamos pelas importações, tal como as importações são o preço que os estrangeiros pagam pelas nossas exportações, de tal forma que se reduzirmos através de uma tarifa o valor de bens importados, reduziremos também o valor de bens exportados para pagar essas importações. Isso se traduz numa perda de empregos nas indústrias exportadoras.

2. A globalização direciona o capital para onde os salários são mais baixos e explora os trabalhadores mais pobres. Se fosse verdade que os fluxos de capital se dirigem para onde os salários são mais baixos, seria de esperar que o Burkina Faso e outros países pobres com baixos salários estivessem inundados de investimento externo. [15]

ATIVIDADE 12.5

a) Compare a visão de Tom Palmer com a de Michel Chossudovsky em relação à globalização econômica, que implicaria em maior liberdade de comércio e na possibilidade de uma empresa produzir em qualquer parte do mundo.

b) Sintetize e exponha de forma clara a oposição das teses de Tom Palmer e de Michel Chossudovsky sobre a relação entre globalização econômica e pobreza.

É evidente que a globalização, ao fazer do mundo um vasto mercado global, cria um campo concorrencial bem intenso para as empresas. Os concorrentes de uma empresa local podem estar em diferentes países. Isso acirra a concorrência e obriga as empresas a serem cada vez mais eficientes para não falirem ou serem compradas pelos seus concorrentes internacionais.

---

[15] PALMER, Tom. A globalização é ótima. *Instituto Ordem Livre*, 19 out. 2007. Disponível em: <http://www.ordemlivre.org/aglobalizacaoeotima>. Acesso em: 30 out. 2015.

ATIVIDADE 12.6 Leia as duas notícias a seguir relacionadas à globalização econômica, que falam de países e de setores distintos. Em seguida, cite duas conclusões que você pode tirar da leitura dessas notícias. Lembre-se de que a sua resposta deve ter como núcleo a empresa.

Notícia 1. "A cidade de Galax, no estado de Virginia, nos Estados Unidos, é um bom exemplo de como a globalização pode causar danos a praticamente uma população inteira.

Incapaz de enfrentar a competição chinesa e americana na indústria têxtil, Galax tem hoje uma taxa de desemprego que corresponde ao dobro da média de todo o estado. Somente no ano passado, três grandes fábricas de tecidos fecharam as portas na cidade, deixando mais de mil pessoas desempregadas.

Para enfrentar a crise econômica que abalou a pequena cidade do sudoeste da Virginia, o governador do estado, Tim Kaine, se viu obrigado a organizar uma espécie de força tarefa para momentos de crise econômica. No escritório da Economic Crisis Strike Force, trabalhadores podem se inscrever para receber uma ajuda financeira do governo especial para aqueles que perderam seus empregos devido à competição internacional [...] Apesar da iniciativa de Kaine, os moradores da cidade permanecem preocupados e insatisfeitos com os efeitos da globalização."

Trade's victims. In the shadow of prosperity. *The Economist*, 18 jan. 2007. Disponível em: ‹http://www.economist.com/node/8548661›. Acesso em: 13 out. 2015.

Notícia 2. "Poucos empresários sofrem tanto com a concorrência dos produtos chineses quanto os fabricantes de calçados. Nada menos que 75% dos 12 bilhões de pares consumidos no mundo anualmente são produzidos na China, a um custo que pode chegar a um terço do dos fabricados no Brasil. Em meio a esse cenário desolador, em que representantes do setor optam por choramingar e pedir a proteção do governo, destoam as figuras dos irmãos gêmeos Pedro e Alexandre Grendene, de 57 anos e donos, respectivamente, de Vulcabrás e Grendene. Cada um à sua maneira, os Grendene desenvolveram a musculatura de suas empresas para enfrentar a competição com a China. Alexandre construiu marcas poderosas, como Rider, Melissa e Ipanema, e abriu o capital da Grendene há dois anos, quando a empresa já era uma das grandes do setor. Já o empreendimento de Pedro cresceu aos saltos. O maior deles foi dado em julho, quando a Vulcabrás comprou a Azaleia, maior fabricante de calçados femininos e tênis do Brasil, por um valor estimado em 350 milhões de reais. Com a aquisição, triplicou seu tamanho e se tornou o segundo maior fabricante de calçados do país, com faturamento de 1,2 bilhão de reais por ano, atrás apenas da São Paulo Alpargatas, que fatura 1,3 bilhão.

Para empresas como a Vulcabrás, crescer deixou de ser uma opção. Isso porque a economia de custos proporcionada por aquisições – e pela escala atingida com elas – é crucial para que sobrevivam na disputa com um concorrente tão poderoso quanto a indústria chinesa. Estima-se que, com a compra da Azaleia, a Vulcabrás conseguirá descontos de

> até 15% na compra de matéria-prima. Essa economia pode fazer diferença. Tome como exemplo um tênis de preço médio de 50 dólares importado da China. Nesse valor, estão diluídos o salário médio de 45 dólares por mês, os encargos sociais de 20%, o custo de cerca de 10% do frete de navio e a taxa de 35% de importação. No Brasil, o mesmo tipo de produto pode ter o dobro do preço, já que o salário médio de um funcionário é de 250 dólares e os encargos sociais chegam a 100%. Por isso, a saída encontrada pelas empresas nacionais é a obtenção de tamanho para ganhar eficiência. 'Isso torna a briga com os chineses mais saudável', diz o analista Rafael Andréas Weber, da corretora Geração Futuro. 'A Vulcabrás conseguirá cobrar menos por seus produtos sem sacrificar sua rentabilidade.'"
>
> CARVALHO, Denise. Dois irmãos contra a China. *Exame*, 26 jul. 2007. Disponível em: <http://exame.abril.com.br/revista-exame/edicoes/898/noticias/dois-irmaos-contra-a-china-m0134338>. Acesso em: 13 out. 2015.

Mesmo que a globalização econômica não tenha alcançado a dimensão que muitos dos seus arautos apregoam, não há como negar que ela é uma tendência. Mesmo que esse processo seja feito com resistências impostas por governos, mesmo que ainda se concentre mais em blocos regionais e grupos de países, é inegável que a economia mundial tende a se tornar mais interdependente e integrada. E, da mesma forma que ela cria problemas, também abre possibilidades de negócios.

12.4.2 Quem controla a globalização?

Em relação, principalmente, à globalização econômica, uma questão desperta a atenção de alguns autores: quem controla a globalização? Como existem grupos e países que têm auferido maiores benefícios com esse processo, há quem afirme que são exatamente eles quem têm o controle. Não seria exagero deduzir que, para esses autores, a globalização seria um processo promovido por tais atores justamente para beneficiá-los. Em relação a esse tema, veremos duas posições.

A seguir leremos dois textos que compartilham a mesma opinião. O primeiro é um parágrafo de um documento publicado na segunda reunião do Fórum Social Mundial que teve lugar em Porto Alegre no ano de 2002[16] e foi escrito por Frei Betto e Michael Lowy:

---

[16] O Fórum Social Mundial (FSM) é um grande encontro promovido por movimentos sociais de todas as partes do mundo, que visa apresentar propostas e dirigir ações para uma transformação social global. Segundo o seu *site*: "O FSM é um espaço de debate democrático de ideias, aprofundamento da reflexão, formulação de propostas, troca de experiências e articulação de movimentos sociais, redes, ONGs e outras organizações da sociedade civil que se opõem ao neoliberalismo e ao domínio do mundo pelo capital e por qualquer forma de imperialismo". Os primeiros encontros do FSM foram em Porto Alegre e, a partir de 2004, ele passou a ser feito em diferentes cidades do chamado terceiro mundo. O FSM se consolidou como um grande evento

Nós, do Fórum Social Mundial, acreditamos em certos valores, que iluminam o nosso projeto de transformação social e inspiram a nossa imagem de um novo mundo possível. Aqueles que se reúnem em Davos – banqueiros, executivos e chefes de Estado, que dirigem a globalização neoliberal (ou *globocolonização*) – também defendem valores. Não devemos subestimá-los, pois eles acreditam em três grandes valores e estão dispostos a lutar com todos os meios para salvaguardá-los – até guerra, se for preciso. Três importantes valores, contidos no coração da civilização capitalista ocidental, na sua forma atual. Os três grandes valores do credo de Davos: o dólar, o euro e o yen. Estes três não deixam de ter suas contradições, mas, juntos, constituem a escala de valores neoliberal globalizada.[17]

O segundo texto foi extraído de falas de Jean Ziegler em um documentário intitulado *A ordem criminosa do mundo*:

O capital financeiro percorre o planeta 24 horas por dia com um único objetivo: buscar o lucro máximo. A globalização é uma grande mentira. Os donos do grande capital que dirigem o mecanismo da globalização dizem: Vamos criar economias unificadas pelo mundo inteiro e assim todos poderão desfrutar de riqueza e de progresso. O que existe, na verdade, é uma economia de arquipélagos que a globalização criou. [...]

Há três organizações muito poderosas que regulam os acontecimentos econômicos: Banco Mundial, FMI e OMC; são os bombeiros piromaníacos. Elas são, fundamentalmente, organizações mercenárias da oligarquia do capital financeiro invisível mundial.[18]

ATIVIDADE 12.7 Segundo esses dois textos, a globalização econômica pode ser controlada? Em caso positivo, quem controlaria a globalização?

---

mundial, pois em 2014 reuniu 120 mil representantes de diferentes movimentos sociais de inúmeros países. Foi criado por iniciativa de um empresário israelense naturalizado brasileiro, Oded Grajew, que relata: "Era fevereiro de 2000 e estava com a minha mulher em Paris, quando vi uma notícia na televisão que falava maravilhas de Davos. Foi então que pensei: 'Bom, vamos tentar criar um contraponto. Já que há o Fórum Econômico Mundial, podemos criar o Fórum Social Mundial com aqueles que acreditam que outro mundo é possível e que ainda há escolhas que podem ser feitas'. Pensando nisso, falei com a minha mulher e perguntei o que ela achava. Ela respondeu que fazia sentido." (Ver: O pai do FSM. *Revista Forum*, 22 out. 2011). Disponível em: <http://revistaforum.com.br/digital/46/o-pai-do-fsm/>. Acesso em: 4 jan. 2016.

[17] LÖWY, Michael; BETTO, Frei. *Valores de uma nova civilização*. Disponível em: <http://www.dhnet.org.br/direitos/militantes/freibetto/betto02.html>. Acesso em: 12 out. 2015.

[18] CARTA Maior. A ordem criminosa do mundo. Disponível em: <http://www.cartamaior.com.br/?/Editoria/Internacional/A-ordem-criminosa-do-mundo%0D%0A/6/18486>. Acesso em: 12 out. 2015.

A seguir veremos um trecho do livro *O Lexus e a oliveira*, escrito por Thomas Friedman,[19] que defende uma posição diametralmente oposta à dos textos anteriores:

> Em setembro de 1997, o primeiro ministro da Malásia, Dr. Mahathir Mohamad, utilizou a reunião do Banco Mundial em Hong Kong para denunciar os males da globalização, depois que a moeda e o mercado acionários da Malásia foram devastados pelos investidores globais e locais. Mahathir fulminou os "mentecaptos" que negociam com moedas e acusou as "grandes potências" e os financistas como George Soros de forçar os asiáticos a abrir os seus mercados domésticos aos especuladores globais e de manipular as suas moedas para destruí-los como concorrentes. Comparou os mercados de capitais globais de hoje com uma "selva de animais ferozes" e sugeriu que eram conduzidos por uma conspiração judia. Ao ouvir o discurso de Hahathir, tentei imaginar o que o secretário do Tesouro dos Estados Unidos, Robert Rubin, que estava na audiência, teria dito ao líder malaio, se de fato pudesse falar com franqueza. Imaginei que talvez fosse algo assim.
>
> "Ah, desculpe Hahathir, mas em que planeta você vive? Você fala em participar da globalização como se fosse uma opção. A globalização não é uma escolha. É a realidade. Hoje existe apenas um mercado global e a única maneira de crescer à velocidade desejada pelo seu povo é por meio do aproveitamento dos mercados globais de ações e títulos, da busca de empresas multinacionais que invistam no país, e da venda da produção das suas fábricas no sistema comercial global. E a verdade mais elementar sobre a globalização é a seguinte: Ninguém está no comando – nem George Soros, nem as grandes potências, nem eu. Não desencadeei a globalização. Não posso interrompê-la e tampouco você – senão a um custo enorme para a sua sociedade e para as perspectivas de crescimento. Você continua procurando alguém a quem se queixar, alguém que desafogue os seus mercados, alguém a quem culpar. Bem, adivinha, Mahathir, não há ninguém do outro lado da linha. Sei que é difícil aceitar... Todos queremos acreditar que alguém está no comando e é o responsável. Mas o mercado global de hoje é um rebanho eletrônico[20] de investidores anônimos em ações, títulos e moedas, interconectados por telas e redes. E Mahathir, não banque o burro comigo. Todos sabemos que o seu Banco Central perdeu US$ 3 bilhões especulando com a libra britânica em princípios dos anos 90, portanto não venha dar uma de inocente. O rebanho eletrônico não dá moleza para ninguém. O rebanho

---

[19] FRIEDMAN, 1999, p. 32 e 133.
[20] O que é o rebanho eletrônico: "O rebanho eletrônico é composto por todos os operadores anônimos de ações, títulos e moedas, sentados em frente à tela dos computadores em todo o mundo movimentando o dinheiro a cliques do mouse, dos fundos mútuos para os fundos de pensões e para os fundos de mercados emergentes, ou negociando na Internet dentro de casa. E também consiste em grandes empresas multinacionais que agora espalham suas fábricas por todo o mundo, transferindo-as constantemente para onde for possível produzir com o máximo de eficiência ao menor custo" (FRIEDMAN, 1999, p. 129).

conhece apenas as suas próprias regras. Mas as regras do rebanho são bastante coerentes – são as regras da camisa de força dourada.[21] Agora o rebanho pasta em 180 países, Mahathir, e não tem tempo de ficar olhando para você em detalhe o tempo todo. Faz julgamentos rápidos sobre quem está respeitando as regras, e recompensa generosamente os países que atuam de maneira transparente. O rebanho odeia surpresas. Durante anos a Malásia pareceu observar as regras e atraiu volumes maciços de investimentos diretos e de investimentos em portfólios, possibilitando que você aumentasse a renda per capita do seu país de US$ 350 para US$ 5.000 em duas décadas. Mas quando você começou a desrespeitar as regras, endividando-se excessivamente e, depois construindo demais, o rebanho debandou. Será que você realmente precisava construir as duas torres de escritório mais altas do mundo? Você já alugou pelo menos metade do espaço disponível? Acho que não."

ATIVIDADE 12.8 Segundo esse texto a globalização econômica pode ser controlada? Em caso positivo, quem controlaria a globalização?

12.5 A GLOBALIZAÇÃO CULTURAL

Como já falamos acima, a globalização é um conjunto de processos (globalizadores) distintos, cada um com a sua dinâmica. Um destes processos é a globalização cultural. Em termos bem simples, o que se chama de globalização cultural é a crescente padronização de valores, gostos e formas de comportamento. Para se ter uma ideia do que seria a globalização cultural, podemos imaginar que, em um futuro longínquo, caso este processo se realizasse plenamente, teríamos um mundo onde as diferenças culturais teriam desaparecido e a humanidade formaria um grupo homogêneo em termos culturais. Isso, no entanto, está longe de acontecer.

Hoje no mundo temos um número incrivelmente grande de culturas, ou seja, estamos bem longe dessa homogeneização. Contudo, ao mesmo tempo, também é um fato que vivemos experiências de padronização cultural que se não abrangem toda a humanidade, envolvem parte significativa dela. Há uma moda de vestir que corre o mundo; hábitos alimentares, como o *fast-food*, se difundem rapidamente por diferentes países; pessoas das mais diferentes nacionalidades

---

[21] O que é a camisa de força dourada: "Para caber na camisa de força dourada, o país precisa adotar, ou pelo menos incorporar gradualmente, as seguintes regras douradas: transformar o setor privado no principal motor do crescimento econômico, manter baixas as taxas de inflação, e preservar a estabilidade dos preços, encolher a burocracia estatal, permanecer tão próximo quanto possível do equilíbrio orçamentário, eliminar e reduzir as tarifas sobre as importações, remover as restrições aos investimentos estrangeiros [...] liberar a economia, promover ao máximo a competição interna e eliminar tanto quanto possível a corrupção governamental, os subsídios e o suborno [...]" (FRIEDMAN, 2001, p. 124).

dançam ouvindo as mesmas músicas; ideias e ideais políticos criados numa parte do mundo são adotados em outras; religiões criadas por um povo se tornam mundiais; vivemos num mundo de marcas mundiais. Enfim, vivemos uma realidade na qual elementos culturais desbordam as suas fronteiras originais e se tornam globais.

Diante disso, algumas questões devem ser levantadas. Qual é a dimensão que a globalização cultural assume nos dias de hoje? Qual é a sua direção? O processo de homogeneização inerente à globalização cultural encontra resistência?

Novamente aqui devemos registrar que não há um consenso na comunidade dos estudiosos desse tema. *Grosso modo*, podemos dizer que há três interpretações sobre o processo de globalização cultural. Devemos lembrar que as três interpretações apresentadas a seguir são generalizações que simplificam as posições de diferentes autores de cada uma dessas correntes interpretativas, para que fique mais fácil o entendimento do tema.

12.5.1 A globalização como ocidentalização do mundo

Esta é, sem dúvida, a interpretação mais aceita do processo de globalização cultural, o que não significa que seja a mais correta. Segundo essa interpretação, a globalização cultural é um processo através do qual a cultura ocidental se impõe sobre todas as demais. Para essa corrente, o que está ocorrendo é uma ocidentalização do mundo, e isso quer dizer que valores, costumes, hábitos e modas produzidos no ocidente se impõem sobre o de povos não ocidentais. Os defensores dessa interpretação citam vários fatores para corroborar a sua visão, como o cinema, a música, os hábitos alimentares, a moda e outros elementos da cultura ocidental que, segundo eles, invadem e moldam o mundo. Segundo essa tese, o mundo está ficando cada vez mais parecido, e parecido significa ocidentalizado.

ATIVIDADE 12.9 A seguir você lerá um trecho de um texto que trata da ocidentalização do mundo. Após a leitura, responda ao que se pede.

"A globalização cultural é provavelmente a mais familiar forma de globalização para a maioria das pessoas. Todos conhecem os proeminentes ícones da cultura popular como a Coca-Cola, *jeans*, *rock* e o McDonald's e eles podem ser vistos em todos os cantos do mundo. Todos estamos conscientes do sentimento de uniformidade produzido pela difusão destes objetos culturais. Adicione a esta lista os filmes de Hollywood, a filosofia francesa e as técnicas gerenciais japonesas que foram amplamente adotadas por organizações americanas e europeias e torna-se fácil acreditar que a globalização cultural age inexoravelmente como um solvente universal que dissolverá todas as diferenças culturais e imporá uma tediosa homogeneização cultural sobre todo o planeta.

Chame isso de 'americanização', de 'ocidentalização' ou de imperialismo cultural (e este é o nome utilizado por muitos tanto no Ocidente como no Oriente) – as forças impulsoras por trás desta homogeneização, dizem os críticos, são os meios de comunicação de massa. Controlados basicamente pelas companhias americanas e europeias, estendem os seus etéreos tentáculos pelo espaço de forma a alcançar as mais remotas áreas do globo, e assim a mídia impõe suas poderosas imagens, sons e propagandas sobre uma audiência indefesa que assim sucumbe docilmente às suas mensagens, as quais são projetadas para aumentar os lucros das empresas capitalistas [...].

O debate sobre o capitalismo cultural começou logo após a descolonização da África. Com a morte do colonialismo, no seu lugar os estudiosos identificaram uma nova forma de subjugação capitalista sobre o terceiro mundo. Uma forma de subjugação mais econômica do que política, mais ideológica do que militar e que foi chamada de neocolonialismo. Uma vez que a dominação militar não mais podia ser imposta sobre o terceiro mundo, os poderes se tornaram mais simbólicos e psicológicos. Esta dominação foi grandemente facilitada pela difusão e pelo aperfeiçoamento dos meios de comunicação, em especial da televisão. Impulsionando basicamente a cultura americana, a qual promove as ideologias do consumismo, da gratificação instantânea e do ensimesmamento [...]".

LECHNER, Frank J.; BOLI, John (orgs.). *The Globalization Reader*. London: Blackwell Publishers, 2000, p. 283.

a) Segundo o texto, a globalização cultural implica em homogeneização cultural? Justifique sua resposta.
b) Qual é o papel das empresas na globalização cultural?

12.5.2 A globalização como orientalização do mundo

A segunda intepretação assume uma posição diametralmente oposta à primeira. Enquanto a primeira afirma que está ocorrendo uma ocidentalização do mundo, isto é, a crescente predominância da cultura ocidental, os autores que defendem esta segunda interpretação afirmam que o sentido da globalização cultural é do Oriente para o Ocidente. Então, o que acontece é o predomínio cultural do Oriente. Evidentemente, esses autores sabem que os sinais que temos no mundo atual indicam mais uma ocidentalização do que uma orientalização. Talvez por isso fica muito difícil para nós imaginar o nosso mundo passando a viver segundo crenças, hábitos, costumes e moda vindos do Oriente.[22] Porém,

---

[22] É bem verdade que tanto o judaísmo quanto o cristianismo vieram do Oriente, mas eles se ocidentalizaram e se tornaram as bases do que se pode chamar de civilização ocidental.

segundo esses autores, o processo de orientalização da nossa cultura está se dando de forma mais lenta e sem a utilização da chamada indústria cultural, ou seja, do cinema, da música, da moda e de outros elementos.

Um dos fatores que estariam promovendo essa orientalização da cultura é o chamado declínio do Ocidente. Recentemente, Samuel P. Huntington voltou ao tema. Para ele, devido ao grande crescimento das economias do Pacífico, capitaneado pela China, a supremacia econômica do Ocidente está sendo superada. A nova riqueza do Oriente fará dele uma potência militar. Dessa forma, o Ocidente não terá mais condições econômicas e militares para impor a sua cultura. Abaixo você lerá um trecho do livro de Huntington no qual ele expõe a sua ideia:

> O alcance quase universal do poderio europeu no final do século XIX e o predomínio global dos EUA no final do século XX espalharam muito da civilização ocidental pelo mundo afora. Entretanto, o globalismo europeu não existe mais. A hegemonia norte-americana está retrocedendo, quanto mais não seja porque de fato ela não é mais necessária para proteger os EUA contra uma ameaça militar soviética no estilo da Guerra Fria. Como sustentamos, a cultura acompanha o poder. As sociedades não ocidentais só poderiam ser uma vez mais moldadas pela cultura ocidental como resultado da expansão, do desdobramento e do impacto do poderio ocidental. O imperialismo é consequência lógica necessária do universalismo. Além disso, na condição de uma civilização madura, o ocidente não dispõe do dinamismo econômico ou demográfico exigido para impor sua vontade a outras sociedades, e qualquer esforço nesse sentido também é contrário aos valores ocidentais de autodeterminação e democracia. À medida que as civilizações asiática e muçulmana começam cada vez mais a afirmar a relevância universal das suas respectivas culturas, os ocidentais irão dar cada vez mais valor à vinculação entre universalismo e imperialismo.[23]

ATIVIDADE 12.10 Qual é a tese central de Samuel P. Huntington?

Essa segunda interpretação do sentido da globalização cultural comporta também um grupo de autores que destacam a importância de um outro processo: a chamada islamização do mundo. Grande parte das religiões mundiais (budismo, hinduísmo, judaísmo, cristianismo e islamismo) têm pretensões universais, ou seja, aspiram ser a única religião do mundo. O islamismo é uma delas. A segunda metade do século XX assistiu a um grande avanço do islamismo. Durante um

---

[23] HUNTINGTON, Samuel P. *O choque de civilizações e a recomposição da ordem mundial*. Rio de Janeiro: Objetiva, 1997, p. 396.

tempo, esse avanço se restringiu ao oriente. De um tempo para cá, ele tem sido feito também na Europa, o coração do ocidente. O texto que você lerá a seguir é um trecho de um artigo publicado em um jornal e foi escrito por Daniel Pipes:

> O futuro da Europa está em jogo. Ela se transformará em "Eurábia", uma parte do mundo muçulmano? Ela permanecerá aquela distinta unidade cultural que tem sido no último milênio? Ou poderia haver alguma síntese criativa das duas civilizações?
>
> A resposta tem uma importância enorme. A Europa pode até compor uns meros 7 por cento do território mundial, mas durante quinhentos anos, 1450-1950, para o bem ou para o mal, foi a máquina global da mudança. O futuro do seu desenvolvimento afetará toda a humanidade, especialmente países irmãos como a Austrália que ainda mantém vínculos íntimos e importantes com o velho continente.
>
> A dominação muçulmana foi adotada por alguns analistas como sendo inevitável. Oriana Fallaci acha que a "Europa está se tornando cada vez mais uma província do Islã, uma colônia do Islã". Mark Steyn argumenta que vasta parte do mundo "Ocidental não sobreviverá ao século XXI e que sua maioria efetivamente desaparecerá ainda durante nossa geração, incluindo muitos se não a maioria dos países europeus". Tais autores apontam três fatores que levam à islamização da Europa: a fé, a demografia e o sentimento de herança.
>
> A secularidade que predomina na Europa, especialmente entre as elites, leva à alienação em relação à tradição judaico-cristã, com os bancos das igrejas vazios, e a uma fascinação com o Islã. Em completo contraste, os muçulmanos exibem um fervor religioso que se traduz numa sensibilidade jihad, uma supremacia em relação aos não-muçulmanos e uma expectativa de que a Europa está esperando por uma conversão ao Islã.
>
> O contraste em relação à fé também tem implicações demográficas, que consiste em que cada mulher cristã tem em média 1,4 filhos, ou seja, aproximadamente um terço a menos que o necessário para continuar mantendo sua população, enquanto os muçulmanos desfrutam de um crescimento dramaticamente mais elevado de taxa de fertilidade, se é que vem decaindo. Além disso, muitos europeus já não se importam mais com a sua própria história, suas tradições e seus costumes. Culpa em relação ao fascismo, ao racismo e ao imperialismo deixam muitos com um sentimento de que a sua própria cultura tem menos valor do que a dos imigrantes. Tal autodesdém tem implicações diretas para os imigrantes muçulmanos, visto que, se os europeus evitam seus próprios costumes, por que os imigrantes deveriam adotá-los? Quando a isto se acrescentam hesitações muçulmanas preexistentes sobre muito do que é Ocidental e especialmente a cerca de questões de sexualidade, os resultados são populações muçulmanas que resistem intensamente à assimilação.[24]

---

[24] PIPES, Daniel. Europa ou Eurábia? *The Australian*, 15 abr. 2008.

> **ATIVIDADE 12.11** Segundo o texto de Samuel P. Huntington, a globalização cultural implica em homogeneização cultural? Justifique a sua resposta deixando clara a diferença entre a tese deste autor e a tese da atividade 9.

12.5.3 A globalização cultural como um processo de hibridização

Embora defendam posições opostas, as duas interpretações mencionadas anteriormente compartilham a mesma crença, qual seja, que o mundo caminha para uma homogeneização cultural, seja ela vinda do Ocidente ou do Oriente. A terceira interpretação se distingue dessas duas por acreditar não em uma homogeneização, mas em uma hibridização. Entenda-se por hibridização o processo através do qual elementos de uma cultura se combinam com o de outra e assim cria-se uma cultura que é fruto dessa combinação.[25]

Essa terceira interpretação não nega a força da globalização cultural, venha ela do Ocidente ou do Oriente. O que ela nos diz é que a cultura local mantém uma certa força e que, por isso, impõe resistências. A cadeia McDonald's é tradicionalmente vista como a expressão da força da cultura ocidental, e a sua gigantesca expansão expressa o triunfo cultural do Ocidente. Porém, segundo o texto a seguir, as coisas não são bem assim.

> Mas o McDonald's tem um produto que apresenta alguns problemas de marketing em um país como a Índia, e a ideia de um bolinho de carne dentro um pãozinho não é exatamente um grande apelo para a maioria dos hindus indianos, mesmo entre os mais ocidentalizados. Os indianos já estavam acostumados com o hambúrguer nos incontáveis restaurantes indianos que serviam o prato, mas ele raramente era escolhido. É significativo que após quatro anos na Índia, o McDonald's tenha vendido apenas sete milhões de hambúrgueres. Em comparação, mais de sete milhões de dosas (um tipo de panqueca indiana) são vendidas diariamente na Índia... Amit Jatia, da sede da empresa em Mumbai [Bombaim] afirma que o McDonald's vai precisar de pelo menos seis anos para recuperar os investimentos feitos na Índia.
>
> O McDonald's gastou muito tempo e dinheiro construindo cozinhas duplas em todas as lojas para evitar a mistura de alimentos vegetarianos e não vegetarianos. Pureza e contaminação são questões muito importantes para os consumidores indianos. Embora o McDonald's tenha feito um grande esforço, os consumidores associam a empresa ao seu principal produto, o hambúrguer de carne. Nós encontramos

---

[25] A noção de hibridização cultural foi extraída de: PIETERSE, Jan Nederveen. *Globalization and Culture*. Global Mélange. Lanham: Rowman & Littlefield Publishers, 2009.

membros mais velhos de algumas famílias discretamente cheirando pratos em busca de vestígios de carne, consumidores mais agressivos insistiram em inspecionar as duas cozinhas para ter certeza de que todos os utensílios eram mantidos separados...

O McDonald's também tentou localizar, isto é, indianizar, o cardápio. Eles substituíram o seu carro chefe, o onipresente Big Mac, pelo Maharajah Mac, um hambúrguer indiano, e também introduziram vários itens vegetarianos. Mas a falta de tempero na carne afastou muitos consumidores. Mesmo adolescentes e jovens preferiram o sabor do bolinho de carneiro no restaurante indiano da esquina àquele do McDonald's. Nem a refeição básica de hambúrguer, batatas fritas e Coca-Cola teve para o consumidor indiano o mesmo apelo conseguido em outras regiões do mundo.[26]

> **ATIVIDADE 12.12** Segundo o texto, a globalização cultural implica homogeneização cultural? Justifique sua resposta.

Exemplos de hibridização da cultura não faltam. Na Índia há Bollywood, nome dado a indústria cinematográfica indiana sediada na cidade de Mumbai, que produz filmes no estilo americano, mas com temática cultural indiana. As empresas americanas que produzem comida mexicana também são outro exemplo. Em suma, o que a tese da hibridização nos diz é que as chamadas forças globalizadoras, sejam elas empresas em expansão mundial, uma moda ou um hábito difundidos pelos meios de comunicação de massa, em grande parte dos casos, operam uma forma de negociação com a cultura local. O resultado dessa negociação é a criação de elementos culturais que não expressam mais a forma cultural original, mas uma combinação peculiar a cada cultura.

Quando comparamos o destino da globalização econômica com a da cultural fica clara uma diferença. Podemos prever com grande margem de certeza que a economia mundial caminha para uma maior integração e interdependência. Porém, quando se trata da globalização cultural fica difícil prever qual direção que o processo de globalização tem assumido acabará prevalecendo.

12.6 A GLOBALIZAÇÃO POLÍTICA

Para se entender melhor do que se trata a globalização política, vamos imaginar como seria o mundo em que a política fosse totalmente globalizada. Em um

---

[26] SRINIVAS, Tulasi. Um encontro com o destino: globalização cultural na Índia. In: BERGER, Peter L.; HUNTINGTON, Samuel P. *Muitas globalizações*: diversidade cultural no mundo contemporâneo. Rio de Janeiro: Record, 2004, p. 116-117.

mundo assim, os países como entidades políticas perderiam a sua soberania e as decisões seriam tomadas por uma entidade global que reuniria representantes de todos os países. Nesse caso, haveria uma governança global. Evidentemente, estamos bem longe desse ponto, se é que chegaremos lá um dia. Porém, no mundo atual há várias forças que reduzem a soberania dos países. Então, como em todos os outros processos de globalização, o que precisamos saber é o estado atual da globalização política e em que direção ela aponta.

Embora a Paz de Vestefália (1648) tivesse reconhecido aos monarcas o direito de governar os seus territórios sem a ingerência externa, foi só no século XX, com o fim dos impérios, que o princípio da autodeterminação efetivamente passou a reger a relação entre os países. Por esse princípio, cada Estado, entendido como o órgão máximo de poder numa sociedade, tem soberania plena sobre o seu território. É justamente isso o que o processo de globalização política vai colocar em xeque.

O mais curioso de tudo é que são os diferentes processos de globalização em outros campos que promovem a globalização política. Os Estados mantêm a sua soberania, mas o mundo atual é tão interconectado que as decisões tomadas podem acabar tendo efeito contrário. Veja os exemplos: o Estado pode aumentar a tributação sobre empresas, mas as empresas podem abandonar esse país e passar a produzir em outro; em tese, o Estado tem soberania para emitir moeda como bem lhe aprouver, porém, se esse expediente elevar demasiadamente a inflação, o país terá dificuldade em conseguir empréstimos internacionais; o Estado é soberano para fazer o que quiser com os seus recursos naturais, porém, se ele devastar suas florestas, sofrerá grande pressão da comunidade internacional. Em suma, o mundo em que vivemos hoje é um mundo no qual o Estado mantém a sua soberania, mas deve ser cauteloso no seu exercício para não ultrapassar os limites do que a comunidade internacional considera aceitável.

Um dos grandes agentes da globalização política, entendida como diminuição da soberania, é a globalização econômica. A seguir você lerá um trecho do livro *O fim do Estado-Nação*, de Kenichi Ohmae:

> Segundo o meu ponto de vista, o que realmente está em jogo não é qual partido ou programa político domina o aparato do governo central de um Estado-nação. Tampouco é o número de novas unidades independentes nas quais provavelmente se decomporá o antigo centro – que perdurou pelas turbulências da industrialização e pelas agonias de duas guerras mundiais. Tampouco são as linhas de falhas culturais ao longo das quais provavelmente se fragmentará. Pelo contrário, o que estamos testemunhando é o efeito cumulativo de mudanças

fundamentais nas correntes da atividade econômica ao redor do globo. Essas correntes se tornaram tão poderosas que abriram canais inteiramente novos para si próprias – canais que nada devem às linhas de demarcação dos mapas políticos tradicionais. Simplesmente, em termos dos fluxos reais de atividade econômica, os Estados-nações já perderam os seus papéis como unidades significativas de participação na economia global do atual mundo sem fronteiras.

A verdade perturbadora é que, em termos da economia global, os Estados-nações tornaram-se pouco mais do que atores coadjuvantes.[27]

> **ATIVIDADE 12.13**   Qual é a tese central defendida pelo autor?

Hoje na economia mundial predominam os blocos e acordos comerciais entre países. Quando um país passa a fazer parte de um bloco ou quando estabelece acordos comerciais com outros países, ele abdica um pouco da sua soberania, porque não poderá criar leis ou decretos que firam os termos dos acordos firmados. E isso inclui cláusulas tanto econômicas quanto políticas. Por exemplo, o país da Comunidade Europeia que aderir ao euro deve manter a inflação dentro da meta estabelecida pela Comunidade. Pelas normas do Mercosul, o país que não mantiver a democracia poderá ser afastado do bloco.

Mas há outros fatores que também contribuem para promover a globalização política, ou seja, reduzir a soberania dos Estados. Vejamos o que Peter Drucker diz sobre isso:

> Mas nas últimas décadas – a partir talvez dos anos 70 – o Estado-nação começou a se desfazer. Ele já havia sido superado em áreas nas quais a "soberania" perdeu todo o significado. Cada vez mais, os novos desafios enfrentados pelos governos nacionais simplesmente não podem ser superados através de ações nacionais ou mesmo internacionais. Eles exigem agências transnacionais, que possuem uma soberania própria [...].
>
> Existe uma necessidade crescente de instituições verdadeiramente transnacionais, isto é, instituições que em sua própria esfera transcendem ao Estado-nação. Essas instituições, na verdade, devem tomar decisões e agir em uma ampla gama de áreas, passando através da barreira da soberania e controlando diretamente os cidadãos e as organizações de um Estado-nação. Essas decisões deixam de lado o Estado-nação ou o transformam em agente da instituição internacional.

---

[27] OHMAE, Kenichi. *O fim do Estado-Nação*: ascensão das economias regionais. São Paulo: Campus, 1996, p. 5.

A primeira delas é o meio ambiente. São necessárias ações locais para impedir a poluição destrutiva. Mas a maior ameaça ao meio ambiente não é a poluição local – quer sejam os afluentes de uma fábrica de papel, os resíduos cuspidos no oceano pelo esgoto de um município, ou o vazamento de pesticidas e fertilizantes das fazendas locais. A maior ameaça é de danos ao habitat humano, à atmosfera, às florestas tropicais que são os pulmões da terra, aos oceanos, ao suprimento de água e ao ar – o próprio ambiente do qual depende toda a humanidade. E existe a necessidade premente de se equilibrar a proteção do meio ambiente com as demandas dos países em desenvolvimento, com sua população em rápido crescimento.

Estes desafios não podem ser enfrentados dentro das fronteiras de um Estado-nação. A poluição não conhece fronteiras, tanto quanto o dinheiro ou a informação.[28]

> **ATIVIDADE 12.14** Qual é a tese defendida por Peter Drucker nesse texto e como a questão ambiental reforça a sua tese?

Outros temas, como o combate ao terrorismo e o combate ao narcotráfico, também têm suscitado a criação de instâncias supranacionais para coordenar ações de diversos países. Ao participar de uma entidade assim, o país está obrigado a agir, a repassar informações etc. Em suma, as decisões em vários campos deixam de ser uma competência exclusiva do Estado nacional. Embora cada Estado participante dessas entidades seja ouvido, uma vez que a entidade tome decisões, elas devem ser acatadas por todos.

Até aqui falamos em globalização da política como sendo unicamente uma questão referente à soberania do Estado. Mas há uma outra dimensão em que também se pode falar em globalização da política, a que se convencionou chamar de cidadania global. Essa noção se funda na crença de que além de sermos cidadãos em nossos países, também somos cidadãos do mundo, e como tal temos responsabilidade pelos rumos que o mundo está tomando. É como se pessoas assumissem que a luta pelas causas que abraçaram não pode ficar limitada às fronteiras do seu próprio país, mas que desbordam fronteiras.

Assumindo essa consciência, pessoas do mundo inteiro participam de organizações transnacionais que pressionam governos para que estes adotem certas práticas. Essas organizações (ONGs) têm demonstrado grande força e a lista delas é muito grande. Citamos apenas algumas, como a Human Rights, que luta pela defesa dos direitos humanos em todo o mundo; a Anistia Internacional,

---

[28] DRUCKER, Peter. Transnacionalismo, regionalismo e tribalismo. *Sociedade pós-capitalista*. São Paulo: Pioneira, 1993, p. 104.

que defende pessoas presas pelas suas convicções políticas; o Greenpeace e a WWF (World Wide Fund for Nature), que lutam pela defesa da natureza etc. Quando satélites mostram um aumento no desmatamento da Amazônia, organizações reunindo pessoas de vários lugares do mundo fazem pressão para que o governo brasileiro adote medidas para sanar o problema. O governo brasileiro não está obrigado a ceder a essas pressões de organizações transnacionais. Porém, não fazer nada o coloca em uma situação delicada. Em 2006, a iraniana Sakineh Ashtiani foi condenada à morte por adultério. Segundo as leis do país, ela deveria ser morta por apedrejamento. Foram tantas as pressões contra essa prática, provenientes de todas as partes do mundo, que o governo iraniano suspendeu o apedrejamento de Sakineh e em 2012 a morte por apedrejamento foi banida do código penal iraniano.

12.7 GLOBALIZAÇÃO: ACEITAÇÃO OU RESISTÊNCIA

Pela dimensão das transformações que a globalização tem causado é inevitável que as opiniões se dividam. Há, como vimos, muitos que criticam as suas consequências. A oposição à globalização é hoje um movimento muito forte que reúne um sem-número de pessoas de várias partes do mundo. Isso fica mais visível na quantidade de pessoas envolvidas e na veemência que caracteriza os protestos feitos na cidade de Davos à época do encontro que as grandes empresas realizam anualmente.

Diante disso, o que fazer? É possível parar o processo de globalização? Tudo leva a crer que não. Para entender como isso é difícil, senão impossível, basta ver que o próprio movimento antiglobalização é um dos mais globalizados. Afinal ele agrega pessoas de várias partes do mundo e coordena ações contra a globalização em diferentes países. Como impedir a integração econômica entre os países? Como impedir a integração política? Como impedir a difusão de valores, comportamentos, moda e outros elementos culturais? Valeria a pena? Parece que a resposta é não.

Exatamente por saber a enorme dificuldade, senão a impossibilidade, de impedir a globalização nos dias atuais é que alguns autores clamam por "uma outra globalização". O geógrafo brasileiro Milton Santos escreveu um livro com o significativo título: *Por uma outra globalização*,[29] mas nele não há uma descrição do que efetivamente seria essa outra globalização. Ficamos sabendo, pela

---

[29] SANTOS, Milton. *Por uma outra globalização*: do pensamento único à consciência universal. Rio de Janeiro: Record, 2000.

leitura do seu livro, que seria uma globalização solidária e não seria submetida à "tirania do dinheiro", ao "despotismo do consumo" e à "perversidade da concorrência". Frei Betto e Michael Löwy também abordaram a possibilidade de uma outra globalização:

> A mundialização neoliberal produz e reproduz os conflitos tribais e étnicos, as guerras de "purificação étnica", os expansionismos belicosos, os integrismos religiosos intolerantes, as xenofobias. Tais pânicos induzidos pelo sentimento de perda de identidade são o outro lado da mesma medalha, o complemento inevitável da globalização imperial. A civilização com que sonhamos será "um mundo no qual cabem muitos mundos" (segundo a bela fórmula dos zapatistas), uma civilização mundial da solidariedade e da diversidade. Face à homogeneização mercantil e quantitativa do mundo, face ao falso universalismo capitalista, é mais do que nunca importante reafirmar a riqueza que representa a diversidade cultural, e a contribuição única e insubstituível de cada povo, de cada cultura, de cada indivíduo.
>
> O grande desafio, do ponto de vista de um projeto de sociedade alternativa, é estender a democracia para o terreno econômico e social. Por que permitir, neste campo, o poder exclusivo de uma elite que recusamos na área política? Uma democracia social significa que as grandes opções socioeconômicas, as prioridades de investimentos, as orientações fundamentais da produção e da distribuição, são democraticamente discutidas e decididas pela própria população, e não por um punhado de exploradores ou pelas supostas "leis do mercado" (ou, ainda, variante que já foi à falência, por um Birô Político onipotente).
>
> Esta lista não tem nada de exaustiva. Cada um poderá, em função de sua experiência própria e de sua reflexão, acrescentar outros. Como resumir em uma palavra este conjunto de valores presentes, de uma forma ou de outra, no movimento contra a globalização capitalista, nas manifestações de rua de Seattle a Gênova, e nos debates do Fórum Social Mundial? Creio que a expressão civilização da solidariedade é uma síntese apropriada deste projeto alternativo. Isto significa, não só uma estrutura econômica e política radicalmente diferente, mas, sobretudo, uma sociedade alternativa que valorize as ideias de bem comum, de interesse público, de direitos universais, de gratuidade.
>
> Proponho definir esta sociedade com um termo que resume, há quase dois séculos as aspirações da humanidade a uma nova forma de vida, mais livre, mais igualitária, mais democrática e mais solidária. Um termo que como todos os outros ("liberdade", "democracia" etc.) – foi manipulado por interesses profundamente antipopulares e autoritários, mas que, nem por isso, perdeu seu valor originário e autêntico: "socialismo".[30]

---

[30] LÖWY, Michael; BETTO, Frei. *Valores de uma nova civilização*. Disponível em: <http://www.dhnet.org.br/direitos/militantes/freibetto/betto02.html>. Acesso em: 12 out. 2015.

> **ATIVIDADE 12.15** O que os autores propõem em relação à globalização?

Há autores que discutem a possibilidade e a validade dessa chamada "outra globalização". Este é o caso, por exemplo, de Paulo Roberto de Almeida:

> De 2001 até os dias que correm, esses documentos são monotonamente repetitivos: eles condenam sempre, em termos ásperos, a globalização capitalista, conclamam à mobilização ativa contra as reuniões das organizações internacionais que supostamente pretendem facilitá-la – aquelas mesmas já mencionadas – e terminam pelas promessas de sempre: os antiglobalizadores, por ocasião dos seus próprios encontros, "não vêm manifestar, nem protestar, mas sugerir correções e propor soluções para que, finalmente, de fato, um outro mundo seja possível" ("Antiglobalização", Ignacio Ramonet, do *Le Monde Diplomatique*, da ATTAC francesa e um dos "papas" do movimento, em texto de 4 set. 2002). Busquei, em vários outros documentos, essas soluções, essas "correções" prometidas, mas confesso minha frustração: não encontrei nada digno desse nome. Não que não existam propostas ou "ideias" a respeito da globalização, ou sobre como ela poderia ser mais humana, solidária, economicamente equitativa, socialmente justa e ecologicamente responsável. Mas é que, em minha análise, as propostas ou alternativas à globalização apresentadas pelos anti me parecem desumanas, muito pouco solidárias, economicamente desastrosas, socialmente catastróficas e ecologicamente poéticas, mas insustentáveis no plano prático. Talvez eu esteja sendo apressado demais, ao condenar as alternativas antiglobalizadoras, mas esta é a sensação que me deixou a leitura de praticamente todos os documentos do site www.forumsocialmundial.org.br.
>
> Para ser honesto comigo mesmo e com os representantes da anti, existe sim uma condição geral para que essa globalização deixe de ser tudo aquilo que ela aparenta ser, aos olhos dos anti: que ela deixe de ser capitalista. Isto, pelo menos, é o que eu deduzo do 11º princípio da Carta de Princípios, que define o fórum como sendo "um movimento de ideias que estimula a reflexão, e a disseminação transparente dos resultados dessa reflexão, sobre os mecanismos e instrumentos da dominação do capital, sobre os meios e ações de resistência e superação dessa dominação, sobre as alternativas propostas para resolver os problemas de exclusão e desigualdade social que o processo de globalização capitalista, com suas dimensões racistas, sexistas e destruidoras do meio ambiente está criando, internacionalmente e no interior dos países". Em outros termos, se a dominação do capital fosse eliminada, metade (ou pelo menos grande parte) dos problemas da humanidade estaria resolvida.
>
> Ou muito me engano, ou a reflexão não vem sendo muito estimulada nesses encontros, já que não consigo atinar como se pretende eliminar um dos mais

poderosos fatores de produção criados com o processo civilizatório, desde a revolução agrícola: o capital (ou talvez mesmo desde o paleolítico inferior, uma vez que armas de pedra ou de madeira são uma forma de "capital"). Seriam os antiglobalizadores astronautas? São eles de outro planeta, ainda não tocado pelo modo de produção capitalista? Acredito que não, o que nos deixaria uma única conclusão: eles são simplesmente anticapitalistas [...].[31]

ATIVIDADE 12.16 Cite duas críticas que Paulo Roberto de Almeida faz ao movimento da antiglobalização.

QUESTÕES DE FIXAÇÃO

1. Após a leitura do capítulo, construa uma definição para globalização.

2. Explique o que significa dizer que a globalização não é um processo único, mas diferentes processos.

3. O que diferencia as teses de Karl Marx e John Gray quanto ao início da globalização?

4. Explique sucintamente as duas teses que constam do capítulo sobre o controle da globalização.

5. Cite as duas teses sobre a relação entre globalização e pobreza mundial indicando um argumento que reforça cada uma dessas teses.

6. Explique sucintamente duas teses antagônicas sobre os rumos da globalização cultural.

7. Explique a tese da hibridização cultural.

8. Quais são os dois processos que caracterizam a globalização política?

---

[31] ALMEIDA, Paulo Roberto de. *Contra a antiglobalização*: contradições, insuficiências e impasses do movimento antiglobalizador (2004). Disponível em: <http://www.pralmeida.org/05DocsPRA/1297ContraAntiGlobaliz.pdf>. Acesso em: 12 out. 2015.

REFERÊNCIAS

AFONSO, José Roberto. *Keynes, crise e política fiscal*. São Paulo: Saraiva, 2012.

AIDAR, Antônio Carlos K. et al. *A nova gestão do futebol*. Rio de Janeiro: Editora da FGV, 2002.

ALMEIDA, Paulo Roberto de. *Contra a antiglobalização*: contradições, insuficiências e impasses do movimento antiglobalizador (2004). Disponível em: <http://www.pralmeida.org/05DocsPRA/1297ContraAntiGlobaliz.pdf>. Acesso em: 12 out. 2015.

ANDERSON, Benedict. *Comunidades imaginadas*: reflexões sobre a origem e difusão do nacionalismo. São Paulo: Brasiliense, 2008.

ANDERSON, David R. et al. *An Introduction to Management Science*. 13. ed. Boston: South-Western College Pub, 2010.

ANTUNES, Ricardo. As dimensões da crise no mundo do trabalho. *Olho da História*, n. 4. Disponível em: <http://www.oolhodahistoria.ufba.br/04antune.html>. Acesso em: 4 out. 2015.

_____. O toyotismo, as novas formas de acumulação de capital e as formas contemporâneas de estranhamento (alienação). Disponível em: <http://www.afoiceeomartelo.com.br/posfsa/Autores/Antunes,%20Ricardo/Toyotismo%20-%20Ricardo%20Antunes.pdf>. Acesso em: 4 out. 2015.

APPLEBAUN, Herbert A. *The Concept of Work*: Ancient, Medieval, and Modern. Albany: State University of New York Press, 1992.

ARNOLD, Matthew. *Culture and Anarchy* (1869). Prefácio. Disponível em: <http://www.gutenberg.org/ebooks/4212>. Acesso em: 7 out. 2015.

ARNT, Ricardo (org.). *O que os economistas pensam sobre sustentabilidade*. São Paulo: Editora 34, 2010.

ARON, Raymond. *18 lições sobre a sociedade industrial*. São Paulo: Martins Fontes/Editora da UNB, 1981.

_____. *Dezoito lições sobre a sociedade industrial*. Lisboa: Editorial Presença, 1969.

ASHER, R. E. (org.). *The Encyclopedia of Language and Linguistics*. Vol. 4. Oxford: Pergamon Press, 1994. Disponível em: <http://www2.warwick.ac.uk/fac/soc/al/globalpad/openhouse/interculturalskills/global_pad_-_what_is_culture.pdf>. Acesso em: 7 out. 2015.

AWAD, Elias. *Samuel Klein e Casas Bahia*: uma trajetória de sucesso. 4. ed. São Paulo: Novo Século, 2011.

AYER, Derek. *Capitalism and Modernity*: An Excursus on Marx and Weber. London: Routledge, 1991.

BACON, Terry R. *The Elements of Power:* Lessons on Leadership and Influence. New York: Amacom/American Management Association, 2011.

BAILEY, Ronald. *The End of Doom*: Environmental Renewal in the Twenty-first Century. New York: St. Martin's Press, 2015.

BAKAN, Joel. *The Corporation*. The Pathological Pursuit of Profit and Power. New York: Free Press, 2005.

BARBIER, Edward B.; MARKANDYA, Anil. *Blue Print for a Green Economy*. London: Earthscan Publications, 1989.

BARBOSA, Lívia. *Sociedade de consumo*. Rio de Janeiro: Jorge Zahar Editor, 2004.

BAUDRILLARD, Jean. *Sociedade de consumo*. Rio de Janeiro: Elfos, 1995.

BAUM, Joel, A. C. (org.). *The Blackwell Companion to Organizations*. Oxford: Blackwell Publishing, 2005.

BAUMAN, Zygmunt. *Vida para consumo*: a transformação das pessoas em mercadoria. Rio de Janeiro: Zahar, 2008.

BELL, Daniel. *Quién decidira?* Politicos y Tecnocratas en la sociedad post-industrial. 1989.

BENEVIDES, Maria Victória. *O governo Kubitschek*. Rio de Janeiro: Paz e Terra, 1976.

BENNIS, Warren; NANUS, Burt. *Leaders*: Strategies for Taking Charge. New York: Harper Business, 2007.

BERGER, Peter. A dessecularização do mundo: uma visão global. *Revista Religião e Sociedade*, Rio de Janeiro, v. 12, n. 1, abr. 2001.

BERGERON, Louis. O homem de negócios. In: VOVELLE, Michel. *O homem do iluminismo*. Lisboa: Editorial Presença, 1997, p. 99-117.

BERLE JR., Adolf A.; MEANS, Gardiner C. *The Modern Corporation & Private Property*. New York: Transaction Publishers, 1932.

BERNARDO, João. *Democracia totalitária*: teoria e prática da empresa soberana. São Paulo: Cortez, 2004.

BOBBIO, Norberto. *O futuro da democracia*: uma defesa das regras do jogo. Rio de Janeiro: Paz e Terra, 1986.

BOCK, Keneth. Teorias do progresso: desenvolvimento e evolução. In: BOTTOMORE, Tom; NISBET, Robert (orgs.). *História da análise sociológica*. Rio de Janeiro: Zahar, 1980.

BONW, Stephen R. Merchant Kings. *When Companies ruled the world*. Vancouver: D&M Publishers, 2009.

BOWEN, Howard R. Social Responsibilities of Businessman. In: BEAL, Brent D. *Corporate Social Responsibility*. Definition, Core Issues and Recent Development. Los Angeles: Sage, 2014.

BRAVERMAN, Harry. *Trabalho e capital monopolista*: a degradação do trabalho no século XX. Rio de Janeiro: Zahar, 1977.

BRIDGES, William. *Um mundo sem empregos* – Jobshift. Desafios da sociedade pós-industrial. São Paulo: Makron Books, 1995.

BROWN, Viviene. The Emergence of Economy. In: HALL, Stuart; GIEBEN, Bran (orgs.). *Formations of Modernity*. Cambridge: Polity Press/Open University Press, 1992.

BUNGE, Mario. *Social science under debate*: a philosophical perspective. Toronto: University of Toronto Press, 1998.

BURNHAM, James. *The Managerial Revolution*: What is Happening in the World. New York: John Day Co., 1941.

BURUMA, Ian; MARGALIT, Avishai. *Ocidentalismo*: O Ocidente aos olhos de seus inimigos. Rio de Janeiro: Zahar, 2006.

CABRERA, Luiz Carlos. Afinal, o que é sustentabilidade? *Você S/A*, maio 2009.

CALVINO, João. *A verdadeira vida cristã*. São Paulo: Novo Século, 2000.

CAMPBELL, Colin. Eu compro, logo sei que existo: as bases metafísicas do consumo moderno. In: BARBOSA, Lívia; CAMPBELL, Colin (org.). *Cultura, consumo e identidade*. Rio de Janeiro: Editora FGV, 2006.

_____. Consumer Society (verbete). In: OUTHWAITE, William; BOTTOMORE, Tom (orgs.). *The Blackwell Dictionary of Twentieth Century Social Thought*. London: Blackwell Publishers, 1993.

CARADONNA, Jeremy L. *Sustainability*: A History. Oxford: Oxford University Press, 2014.

CARDOSO, Fernando Henrique. *Autoritarismo e democratização*. Rio de Janeiro: Paz e Terra, 1975.

CARVALHO, Denise. Dois irmãos contra a China. *Exame*, 26 jul. 2007. Disponível em: <http://exame.abril.com.br/revista-exame/edicoes/898/noticias/dois-irmaos-contra-a-china-m0134338>. Acesso em: 13 out. 2015.

CARTER, F. W. *Environmental Problems in Eastern Europe*. London: Routledge, 1993.

CHANDLER, Alfred. D. *The Visible Hand*. Cambridge: Harvard University Press, 1977.

CHANG, Jung. *A Imperatriz de Ferro, a concubina que criou a China moderna*. São Paulo: Companhia das Letras, 2013.

CHANLAT, Jean-François. *O gerencialismo e a ética do bem comum*: a questão da motivação para o trabalho nos serviços públicos. Texto para VII Congreso Internacional del CLAD sobre la Reforma del Estado y de la Administración Pública, Lisboa, Portugal, 8-11 out. 2002.

CHOMSKY, Noam. *O lucro ou as pessoas?* Neoliberalismo e a ordem mundial. São Paulo: Bertrand Brasil, 2006.

CHOSSUDOVSKY, Michel. *A globalização da pobreza e a nova ordem mundial*. Lisboa: Editorial Caminho, 2003. Disponível em: <http://resistir.info/chossudovsky/globalizacao_intro.html>. Acesso em: 12 out. 2015.

COCHRANE, Allan; PAIN, Kathy. A Globalizing Society? In: HELD, David (org.). *A Globalizing World?* Culture, Economics, Politics. London: Routledge, 2002.

COLE, Julio H. *Libertad económica y crecimiento económico mundial, 1980-1999*. Disponível em: <http://www.elcato.org/libertad-econ-mica-y-crecimiento-econ-mico-mundial-1980-99>. Acesso em: 6 out. 2015.

CONNELLAN, Tom. *Nos bastidores da Disney*: os segredos do sucesso da mais poderosa empresa de diversões do mundo. São Paulo: Saraiva, 2010.

CORREA, Cristiane. *Sonho grande*: como Jorge Paulo Lemann, Marcel Telles e Beto Sicupira revolucionaram o capitalismo brasileiro e conquistaram o mundo. Rio de Janeiro: Sextante, 2013.

CURTIS, Glenn E. *Russia*: A Country Study. Washington: Government Printing Office/Library of Congress, 1996; *Environmental Problems*. Disponível em: <http://countrystudies.us/russia/25.htm>. Acesso em: 4 out. 2015.

DAHRENDORF, Ralf. *As classes e os seus conflitos na sociedade industrial*. Brasília: Editora da UNB/Fundação Roberto Marinho, 1978.

_____. *As classes e os seus conflitos na sociedade industrial*. Brasília: Editora da UNB, 1982.

D'ANGELIS, Vilmar R.; VEIGA, Juracilda. O trabalho e a perspectiva das sociedades indígenas no Brasil, 2011. Disponível em: <http://www.portalkaingang.org/trabalho_indigena.pdf>. Acesso em: 4 out. 2015.

DEAL, Terrence E.; KENNEDY, Alan A. *Corporate Cultures*: The Rites and Rituals of Corporate Life. Reading: Addison-Wesley, 1982.

DE GRAAF, John; WANN, David; NAYLOR, Thomas. *Affluenza*: The All-Consuming Epidemic. San Francisco: Berrett-Koehler, 2002.

DE MASI, Domenico. *O futuro do trabalho*. Fadiga e ócio na sociedade pós-industrial. Brasília. Editora UNB/José Olympio, 2000.

_____. *A sociedade pós-industrial*. São Paulo: Editora Senac, 1999.

DE PREE, Max. What Is Leadership? *Business Leadership*. A Jossey-Bass Reader. San Francisco: Jossey-Bass, 2003.

DONKIN, Richard. *Sangue, suor & lágrimas*: a evolução do trabalho. São Paulo: Makron Books, 2003.

DRUCKER, Peter. *Fronteiras da administração*. Rio de Janeiro: Campus/Elsevier, 2011.

_____. *Sociedade pós-capitalista*. São Paulo: Pioneira, 1993.

_____. *A nova sociedade*: anatomia do sistema industrial. Rio de Janeiro: Editora Ipanema, 1957.

DUARTE, Alexandra; OTÁVIO, Chico. Brasil faz 18 leis por dia, e a maioria vai para o lixo. *O Globo*, 18 jun. 2011.

DU GAY, Paul. *In Praise of Bureaucracy*. London: Sage, 2000.

DURNING, Alan. *How Much is Enough?* New York: W. W. Norton & Company, 1992.

EAGLETON, Terry. *Ideologia*: uma introdução. São Paulo: Editora da Unesp/Boitempo Editorial, 1997.

ENGELS, Friedrich. A situação das classes trabalhadoras na Inglaterra. *Apud* GORZ, André. *Crítica da divisão do trabalho*. São Paulo: Martins Fontes, 1989, p. 33.

_____. *O papel do trabalho na transformação do macaco em homem*. 1876. Disponível em: <http://www.marxists.org/portugues/marx/1876/mes/macaco.htm>. Acesso em: 4 out. 2015.

ENTEMAN, Willard F. *Managerialism*: The Emergence of a New Ideology. Madison: Wisconsin University Press, 1993.

FARHAT, Saïd. *Lobby*: o que é, como se faz – ética e transparência na representação junto a governos. São Paulo: Aberje, 2007.

FAUSTO, Boris. *O Brasil Republicano 3*. Sociedade e Política (1930–1964). São Paulo: Difel, 1981.

_____. *O Brasil Republicano 1*. História Geral da Civilização Brasileira. São Paulo: Difel, 1975.

FINLEY, Moses I. *Economia e sociedade na Grécia Antiga*. São Paulo: Martins Fontes, 2013.

FREEDMAN, Estelle. *No Turning Back*: The History of Feminism and the Future of Women. New York: Ballantine Books, 2007.

FRIEDMAN, Milton. The Social Responsibility of Business is to Increase its Profits. In: *The New York Times Magazine*, 13 set. 1970. Disponível em: <http://www.colorado.edu/studentgroups/libertarians/issues/friedman-soc-resp-business.html>.

FRIEDMAN, Thomas L. *O Lexus e a oliveira*: entendendo a globalização. Rio de Janeiro: Objetiva, 1999.

FUKYYAMA, Francis. *As origens da ordem política*: dos tempos pré-humanos até a Revolução Francesa. Rio de Janeiro: Rocco, 2013.

_____. *Confiança*: as virtudes sociais e a criação da prosperidade. Rio de Janeiro: Rocco, 2000.

_____. *O fim da história e o último homem*. Rio de Janeiro: Rocco, 1999.

_____. Capital social. In: HARRISON, Lawrence E.; HUNTINGTON, Samuel P. (orgs.). *A cultura importa*: valores que definem o progresso humano. Rio de Janeiro: Record, 2002.

GALBRAITH, John Kenneth. *A sociedade afluente*. São Paulo: Livraria Pioneira Editora, 1987.

GERTH, Hans; MILLS, Charles Wright; WEBER, Max. *Ensaios de Sociologia*. Rio de Janeiro: Zahar, 1971.

GIDDENS, Anthony. *Mundo em descontrole*: o que a globalização está fazendo de nós. Rio de Janeiro: Record, 1999.

GLENNA, Matthews. *Just a Housewife*: The Rise and Fall of Domesticity in America. New York: Oxford University Press, 1989.

GOEBERT, Bonnie. O consumidor e o Focus Group. *Revista HSM Management*, n. 37, mar.-abr. 2003.

GOLDSTONE, Jack. *Why Europe?* The Rise of the West in World History. 1500-1800. New York: McGraw Hill, 2008.

GOLDTHWAITE, Richard. *Wealth and the Demand for Art in Italy – 1300-1600*. Baltimore: Johns Hopkins University Press, 1993.

GÓMEZ, Alejandro. *Creadores de riqueza*: empreendores que cambiaron nuestras vidas. Santiago: Instituto Democracia y Mercado, 2011.

GOODMAN, Douglas J.; COHEN, Mirelle. *Consumer Culture*: A Reference Handbook. Thousand Oaks: Sage, 2003.

GOODWIN, Neva R. Overview Essay. In: GOODWIN, Neva R.; AKERMAN, Frank; KIRON, David (orgs.). *The Consumer Society*. Washington: Island Press, 1997.

GORZ, André. *Crítica da divisão do trabalho*. São Paulo: Martins Fontes, 1989.

GRAY, John. *Falso amanhecer*: os equívocos do capitalismo global. Rio de Janeiro: Record, 1999.

GRIMAL, P. et al. *História Geral da Europa*. Volume 1. Portugal: Publicações Europa-América, 1996.

GRINOVER, Ada Pellegrini et al. *Código brasileiro de Defesa do Consumidor comentado pelos autores do anteprojeto*. São Paulo: Forense Universitária, 1999.

GRINT, Keith (org.). *Leadership, Classical, Contemporary, and Critical Approaches*. Oxford: Oxford University Press, 1997.

_____. *The Sociology of Work*: An Introduction. Cambridge: Polity Press, 1991.

GROBER, Ulrich. *Sustainability*: A Cultural History. Devon: Green Books, 2012.

GRONDONA, Mariano. *Bajo el imperio de las ideas morales*: las causas no economicas del desarrollo economico. Buenos Aires: Sudamericana, 2003.

_____. *A Cultural Typology of Economic Development*. In: HARRISON, Lawrence E.; HUNTINGTON, Samuel P. (orgs.). *A cultura importa*: valores que definem o progresso humano. Rio de Janeiro: Record, 2002.

HALL, Stuart. *Understanding Modern Societies*: an Introduction. Cambridge: Polity Press/Blackwell Publishers/Open University, 1993.

HALL, Stuart; GIEBEN, Bran (orgs.). *Formations of Modernity*. Cambridge: Polity Press/Open University Press, 1992.

HANSON, Victor Davis. *Por que o ocidente venceu?* Massacre e cultura da Grécia antiga ao Vietnã. Rio de Janeiro: Ediouro, 2002.

HARRISON, Lawrence E.; HUNTINGTON, Samuel P. (orgs.). *A cultura importa*: valores que definem o progresso humano. Rio de Janeiro: Record, 2002.

HART, Stuart L. Beyond Greening: Strategies for a Sustainable World. *Harvard Business Review on Green Business Strategy*. Boston: Harvard Business School Publishing Corporation, 2007.

HARVEY, David. *Condição pós-moderna*: uma pesquisa sobre as origens da mudança cultural. São Paulo: Edições Loyola, 1994.

HOBSBAWM, Eric J. Os destruidores de máquinas. In: *Os trabalhadores*: estudos sobre a história do operariado. Rio de Janeiro, Paz e Terra, 1981.

HOLLANDER, Jocelyn A.; EINWOHNER, Rachel. Conceptualizing Resistance. *Sociological Forum*, v. 19, n. 4, 2004.

HOLLERAN, Claire. *Shopping in Ancient Rome*: The Retail Trade in the Late Republic and the Principate. Oxford: Oxford University Press, 2002.

HOUNSHELL, David A. *From the American System to Mass Production*: 1800-1930. Baltimore: The Johns Hopkins University Press, 1985.

HUNT, Edwin S.; MURRAY, James M. *A History of Business in Medieval Europe*: 1200-1550. Cambridge: Cambridge University Press, 1999.

HUNTINGTON, Samuel P. *O choque de civilizações e a recomposição da ordem mundial*. Rio de Janeiro: Objetiva, 1997.

JENKINS, Richard. *Social Identity*. London: Routledge, 1996.

JONES, E. *The European Miracle*: Environments, Economies and Geopolitics in the History of Europe and Asia. Cambridge: Cambridge University Press, 1987.

JONES, Geoffrey; ZEITLIN, Jonathan (orgs.). *The Oxford Handbook of Business History*. Oxford: Oxford University Press, 2007.

KHEL, Maria Rita. *Boemia e malandragem*: a preguiça na cadência do samba. Disponível em: <http://blogdaboitempo.com.br/2011/10/24/a-preguica-na-cadencia-do-samba>. Acesso em: 4 out. 2015.

KIPPING, Matthias; ÜSDIKEN, Behlül. Business History and Management Studies. In: JONES, Geoffrey; ZEITLIN, Jonathan (orgs.). *The Oxford Handbook of Business History*. Oxford: Oxford University Press, 2007.

KLEIN, Maury. *The Genesis of Industrial America*: 1870-1920. Cambridge: University of Cambridge Press, 2007.

KLEIN, Naomi. *This Changes Everything*: Capitalism and the Climate. New York: Simon & Schuster, 2014.

_____. *No Logo*: A tirania das marcas em um planeta vendido. Rio de Janeiro: Record, 2002.

KLIKAUER, Thomas. *Managerialism*: a Critique of an Ideology. New York: Palgrave Macmillan, 2013.

KORTEN, David C. *When Corporations Rule the World*. San Francisco: Berrett-Koehler Publishers, 2001

KOTTER, John. *A Force for Change*: How Leadership Difers from Management. New York: The Free Press, 1990.

KOVEL, Joel. *The Enemy of Nature*: The End of Capitalism or the End of the World? London: Zed Books, 2007.

KRECH III, Shepard. *The Ecological Indian*: Myth and History. New York: W. W. Norton Company, 1999.

KROEBER, A. L. et al. *Culture*: A Critical Review of Concepts and Definitions. New York: Vintage Books, 1952.

KUPER, Adam; KUPER, Jessica. *The Social Science Encyclopedia*. London: Routledge & Kegan Paul, 1985

LANDES, David S. *A riqueza e a pobreza das nações*: Por que algumas nações são tão ricas e outras são tão pobres. São Paulo: Campus/Elsevier, 2003.

LANDES, David et al. (orgs.). *The Invention of Enterprise*. Entrepreneurship from Ancient Mesopotamia to Modern Times. Princeton: Princeton University Press, 2010.

LEBRUN, Gerard. *O que é poder*. São Paulo: Brasiliense, 1981.

LECHNER, Frank J.; BOLI, John (orgs.). *The Globalization Reader*. London: Blackwell Publishers, 2000, p. 283.

LEFTWICH, Adrian. *What is Politics?* Cambridge: Polity Press, 2004.

LEITE, Joaquim da Costa. O transporte de emigrantes: da vela ao vapor na rota do Brasil, 1851-1914. *Revista Análise Social*, vol. XXVI, 1991, p. 744-745

LEOPOLDI, Maria Antonieta P. Estratégias de ação empresarial em conjuntura de mudanças políticas. In: PANDOLFI, Dulce (org.). *Repensando o Estado Novo*. Rio de Janeiro: Ed. Fundação Getulio Vargas, 1999

LÉVI-STRAUSS, C. *Raça e história*. São Paulo: Abril Cultural, 1978 (Coleção Os Pensadores).

LINZ, Juan J. *Totalitarian and Authoritarian Regimes*. Boulder: Lynne Rienner, 2000.

LOCKE, Robert R.; SPENDER, J. C. *Confronting Managerialism*: How the Business Elite and Their Schools Threw Our Lives Out of Balance. London: Zeb Books, 2011

LOPEZ, Robert S. *The Commercial Revolution of the Middle Ages: 950/1350*. Cambridge: Cambridge University Press, 1971

LÖWY, Michael; BETTO, Frei. *Valores de uma nova civilização*. Disponível em: <http://www.dhnet.org.br/direitos/militantes/freibetto/betto02.html>. Acesso em: 12 out. 2015.

LUKES, Steven. *Power*: A Radical View. Houndmills: Palgrave Macmillan, 2005.

MACGILLIVRAY, Alex. *A Brief History of Globalization*. New York: Carroll & Graf Publishers, 2006.

MAREAN, Curtis W. *Quando o mar salvou a humanidade*. Disponível em: <http://www2.uol.com.br/sciam/reportagens/quando_o_mar_salvou_a_humanidade.html>. Acesso em: 1º out. 2015.

MARTINDALE, Don. *The Nature and Types of Sociological Theory*. Prospect Heights: Waveland Press, 1981.

MARX, Karl; ENGELS, Friedrich. *O manifesto do Partido Comunista*.

MASCIANDARO, Nicola. *The Voice of the Hammer*. The Meaning of Work in Middle English Literature. Notre Dame: University of Notre Dame Press, 2007.

MELLO, Evaldo Cabral de. *Nassau, governador do Brasil holandês*. São Paulo: Companhia das Letras, 2006.

McCRACKEN, Grant. *Cultura & consumo*. Rio de Janeiro: Mauad, 2003.

McKENDRICK, Neil; BREWER, John; PLUMB, J. H. *The Birth of a Consumer Society*: The Commercialization of the Eighteenth Century England. London: Hutchinson, 1983.

McLUHAN, Marshall. *A galáxia de Gutenberg*: a formação do homem tipográfico. São Paulo: Editora Nacional/Edusp, 1972

MICKLETWAITH, John; WOOLDRIDGE, Adrian. *Companhia*: breve história de uma ideia revolucionária. Rio de Janeiro: Objetiva, 2003.

MORGAN, Gareth. Interesses, conflito e poder: as organizações como sistema político. *Imagens da organização*. São Paulo: Atlas, 2002.

MULLER, Jerry Z. *The Mind and the Market*: Capitalism in Modern European Thought. New York: Alfred A. Knopf, 2002.

OHMAE, Kenichi. *O fim do Estado-Nação*: ascensão das economias regionais. São Paulo: Campus, 1996.

OUTHWAITE, William; BOTTOMORE, Tom (orgs.). *The Blackwell Dictionary of Twentieth-Century Social Thought*. London: Blackwell, 1993.

OSBORNE, Evan. *The Rise of the Anti-Corporate Movement*: Corporations and the People Who Hate Them. Westport: Praeger Publishers, 2007.

PALMER, Tom. A globalização é ótima. *Instituto Ordem Livre*, 19 out. 2007. Disponível em: <http://www.ordemlivre.org/aglobalizacaoeotima>. Acesso em: 30 out. 2015.

PARKS, Tim. *Banco Medici*: poder, dinheiro e arte na Florença do século XV. Rio de Janeiro: Record, 2005.

PERROT, Michelle. Novas formas de controle fabril. *Os excluídos da História*: mulheres, operários, prisioneiros. Rio de Janeiro: Paz e Terra, 1988.

PFEFFER, Jeffrey. *Managing with Power*: Politics and Influence in Organizations. Boston: Harvard University Press, 1992.

PIERSON, Christopher. *The Modern State*. London: Routledge, 1996.

PIETERSE, Jan Nederveen. *Globalization and Culture*. Global Mélange. Lanham: Rowman & Littlefield Publishers, 2009.

PIPES, Daniel. Europa ou Eurábia? *The Australian*, 15 abr. 2008.

POMERANZ, Kenneth. *The Great Divergence*: China, Europe, and the Making of the Modern World Economy. Princeton: Princeton University Press, 2001.

POPPER, Karl. *A sociedade aberta e seus inimigos*. 2 vols. Rio de Janeiro: Editora Itatiaia, 1987.

PORTAL da História. *Oração de Péricles*. Disponível em: <http://www.arqnet.pt/portal/discursos/abril10.html>. Acesso em: 12 out. 2015.

PORTER, Glenn. *The Rise of Big Business*: 1860-1920. *Arlington Heights*: Harlan Davidson, 1992.

QUINN, Stephen; ROBERDS, Williams. The Evolution of Check as a Means of Payment: A Historical Survey. *Economic Review*, v. 93, n. 4, 2008. Disponível em: <https://www.frbatlanta.org/research/publications/economic-review/2008/vol93no4_evolution-of-the-check.aspx>. Acesso em: 1º out. 2015.

RAJAN, Raghuram; ZINGALES, Luigi. *Salvando o capitalismo dos capitalistas*: acreditando no poder do livre mercado para criar riquezas e ampliar as oportunidades. Rio de Janeiro: Campus/Elsevier, 2004.

RATNER, Henrique. Revisitando o "milagre" japonês. *Revista Espaço Acadêmico*, set. 2003. Disponível em: <http://www.espacoacademico.com.br/028/28rattner.htm>. Acesso em: 8 out. 2015.

RIFKIN, Jeremy. *The End of Work*: The Decline of the Global Labor Force and de Dawn of the Post-Market Era. New York: Putnam's Sons, 1995.

RITZER, George (org.). *The Blackwell Companion to Major Social Theorists*. Oxford: Blackwell Publishers, 2000.

ROBERTHS, Keith. *The Origins of Business, Money and Markets*. New York: Columbia University Press, 2011.

ROBERTSON, Robbie. *The Three Waves of Globalization*: A History of A Developing Global Consciousness. London: Zed Books, 2003.

RUNDEL, John. *Origins of Modernity*: The Origins of Modern Social Theory from Kant to Hegel, to Marx. Cambridge: Polity Press, 1987.

RUSSELL, Ash; HIGTON, Bernard (orgs.). *Fábulas de Esopo*. São Paulo: Companhia das Letrinhas, 1994.

SAMAHÁ, Fabricio. Carro mundial, um antigo conceito que voltou à cena. *Best Cars*, 4 abr. 2014. Disponível em: <http://bestcars.uol.com.br/bc/informe-se/colunas/editorial/425-carro-mundial-um-antigo-conceito-que-voltou-a-cena/>. Acesso em: 12 out. 2015.

SAMPSON, Anthony. *O homem da companhia*: uma história dos executivos. São Paulo: Companhia das Letras, 1996.

SANTOS, Milton. *Por uma outra globalização*: do pensamento único à consciência universal. Rio de Janeiro: Record, 2000.

SAYER, Derek. *Capitalism and Modernity*: An Excursus on Marx and Weber. London: Routledge, 1991, p. 96

SAYLE, Murray. *Apud* MORGAN, Gareth. *Images of Organization*. London: Sage, 1986.

SCAFF, Lawrence. Weber on the cultural situation of modern age. In: TURNER, Stephen (org.). *The Cambridge Companion to Weber*. Cambridge: Cambridge University Press, 2000.

SCHMIDHEINY, Stephan. *Mudando o rumo*: uma perspectiva empresarial global sobre desenvolvimento e meio ambiente. Rio de Janeiro: FGV, 1992.

SICA, Alan. Rationalization and Culture. In: TURNER, Stephen (org.). *The Cambridge Companion to Weber*. Cambridge: Cambridge University Press, 2000.

SILBERMAN, Alan. *El socialismo existente y su crisis económica*. Kindle Edition/Amazon Digital Service.

SILVA FILHO, Paulo Alexandre da. Desvalorização e desprezo ao trabalho manual e mecânico na sociedade escravista colonial. *V Encontro Nordestino de História*, Recife, out. 2004. Disponível em: <http://www.pe.anpuh.org/resources/pe/anais/encontro5/01-imaginario/Artigo%20de%20Paulo%20Alexandre%20da%20Silva%20Filho%202.pdf>. Acesso em: 4 out. 2015.

SLATER, Don. Needs/Wants. In: JENKS, Chris (org). *Core Sociological Dichotomies*. London: Sage, 1998.

SMITH, Adam. *A riqueza das nações*: investigação sobre sua natureza e suas causas. São Paulo: Abril Cultural, 1986.

SMITH, S. A. (org.). *The Oxford Handbook of the History of Communism*. Oxford: Oxford University Press, 2014.

SORELL, Tom. *Scientificism*: Philosophy and the Infatuation with Science. London: Routledge & Kegan Paul, 1991.

SORMAN, Guy. *O Estado mínimo*. Rio de Janeiro: Instituto Liberal, 1988.

STARK, Rodney. The Organizational Age. In: *Sociology*. Stanford: Cengage Learning, 2006.

STARK, Rodney; BAINBRIDGE, William Sims. *The Future of Religion*: Secularization, Revival and Cult Formation. Berkeley: University of California Press, 1985.

STARR, Amory. *Naming the Enemy*: Anti-Corporate Movements Confront Globalization. London: Zed Books, 2000.

STEARNS, Peter N. *Consumerism in World History*: The Global Transformation of Desire. London: Routledge, 2001.

STEDMAN-JONES, Gareth. Saint-Simon and the liberal origins of the socialist critique of Political Economy. *Papers*, Gustave Gimon Conference on French Political Economy, Stanford University, abr. 2004. Disponível em: <http://purl.stanford.edu/jh263kk9829>. Acesso em: 4 out. 2015.

STEGER, Manfred; ROY, Ravi K. *Neoliberalism*: A Very Short Introduction. Oxford: Oxford University Press, 2010.

SRINIVAS, Tulasi. Um encontro com o destino: globalização cultural na Índia. In: BERGER, Peter; HUNTINGTON, Samuel P. *Muitas globalizações:* diversidade cultural no mundo contemporâneo. Rio de Janeiro: Record, 2004.

SWEDBERG, Richard. *Principles of Economic Sociology*. Princeton: Princeton University Press, 2003.

THOMAS, Helen; WALSH, David F. Modernity/Postmodernity. In: JENKS, Chris Core. *Sociological Dichotomies*. London: Sage, 1998, p. 370.

THOMPSON, Grahame. Economic Globalization? In: HELD, David (org.). *A Globalizing World?* Culture, Economics, Politics. London: Routledge, 2002.

TOFFLER, Alvin. *Powershift*: as mudanças do poder. Rio de Janeiro: Record, 1993.

TRIGLIA, Carlos. *Economic Sociology*. State, Market and Society in Modern Capitalism. London: Blackwell, 2002.

TROSTER, Roberto Luis. *Concentração Bancária*. Disponível em: <www.febraban.org.br/arquivo/servicos/imprensa/conc0404.pdf>. Acesso em: 1º out. 2015.

TULGAN, Bruce. *Não tenha medo de ser chefe*. Como combater a epidemia de subgerenciamento e se tornar o líder que a sua equipe precisa. Rio de Janeiro: Sextante, 2009.

TUVESON, Ernest. Progress. In: OUTHWAITE, William; BOTTOMORE, Tom (orgs.). *The Blackwell Dictionary of Twentieth-Century Social Thought*. London: Blackwell, 1993.

VEBLEN, Thorstein. *A teoria da classe ociosa*. São Paulo: Nova Cultural, 1998 (Coleção Os Economistas).

VOGEL, David. *The Market for Virtue*: The Potencial and Limits of Corporate Social Responsibility. Washington: The Brooking Instituition, 2005 (versão Kindle).

WEATHEFORD, John. *A história do dinheiro*. São Paulo: Negócio Editora, 1999.

WEBER, Max. *A ética protestante e o espírito do capitalismo*. São Paulo: Martin Claret, 2001.

_____. *Economia y sociedade*. México: Fondo de Cultura Económica, 1992.

WELCH, Evelyn. *Shopping in the Renaissance*: Consumer Cultures in Italy – 1400-1600. New Haven: Yale University Press, 2005.

WHITE, Roderick Thirkell. Luxury at Rome: *avaritia, aemulatio* and the *mos maiorum*. Ex Historia (jornal on-line da Universidade de Exeter). Disponível em: <https://humanities.exeter.ac.uk/media/universityofexeter/collegeofhumanities/history/exhistoria/volume6/Luxury_at_Rome.pdf>. Acesso em: 9 out. 2015.

WILLARD, Bob. *The New Sustainability Advantage*: Seven Business Cases Benefits of a Triple Bottom Line. Cabriola Island: New Society Publishers, 2012.

WILLIAMS, Raymond. *Palavras-chave*: um vocabulário de cultura e sociedade. São Paulo: Boitempo Editorial, 2007.

WILLIAMS, Richard C. *The Cooperative Movement Globalization from Below*. Hampshire: Ashgate, 2007.

WITTFOGEL, Karl August. *Oriental Despotism*: A Comparative Study of Total Power. New York: Vintage, 1981.

WU, Tuong. Workers under Communism: Romance and Reality. In: SMITH, Stephen A. (org.). *The Oxford Handbook of the History of Communism*. Oxford: Oxford University Press, 2014.

YALOM, Marilyn. *A história da esposa: da Virgem Maria a Madona*. O papel da mulher casada dos tempos bíblicos até hoje. Rio de Janeiro: Ediouro, 2002.

YIANNIS, Gabriel. *Storytelling in Organizations*: Facts, Fictions, and Fantasies. Oxford: Oxford University Press, 2000.

ZEITLIN, Irving M. *Ideología y teoría sociológica*. Buenos Aires: Amorrotu Editores, 1973.

ZIMMER, Carl. Chimps Display a Hallmark of Human Behavior: Cooperation. *New York Times*, 3 mar. 2006.